Adjektive

Reihe
Germanistische
Linguistik

Herausgegeben von
Mechthild Habermann und Heiko Hausendorf

Wissenschaftlicher Beirat
Karin Donhauser (Berlin), Stephan Elspaß (Salzburg),
Helmuth Feilke (Gießen), Jürg Fleischer (Marburg),
Stephan Habscheid (Siegen), Rüdiger Harnisch (Passau)

313

Adjektive

Grammatik, Pragmatik, Erwerb

Herausgegeben von
Carolin Baumann, Viktória Dabóczi
und Sarah Hartlmaier

DE GRUYTER

Reihe Germanistische Linguistik
Begründet und fortgeführt von Helmut Henne, Horst Sitta und Herbert Ernst Wiegand

ISBN 978-3-11-070966-7
e-ISBN (PDF) 978-3-11-058404-2
e-ISBN (EPUB) 978-3-11-058173-7
ISSN 0344-6778

Library of Congress Cataloging-in-Publication Data
Names: Baumann, Carolin, 1985- editor.
Title: Adjektive : Grammatik, Pragmatik, Erwerb / edited by/herausgegeben von
   Carolin Baumann, Viktoria Daboczi, Sarah Hartlmaier.
Description: Boston : Walter de Gruyter, 2018. | Series: Reihe germanistische
   Linguistik ; Band/volume 313
Identifiers: LCCN 2018015856| ISBN 9783110581560 (print) | ISBN 9783110581737
   (e-book (epub) | ISBN 9783110584042 (e-book (pdf)
Subjects: LCSH: German language--Adjective.
Classification: LCC PF3241 .A354 2018 | DDC 435--dc23 LC record available at
   https://lccn.loc.gov/2018015856

Bibliografische Information der Deutschen Nationalbibliothek
Die Deutsche Nationalbibliothek verzeichnet diese Publikation in der Deutschen
Nationalbibliografie; detaillierte bibliografische Angaben sind im Internet über
http://dnb.dnb.de abrufbar.

© 2020 Walter de Gruyter GmbH, Berlin/München/Boston
Dieser Band ist text- und seitenidentisch mit der 2018 erschienenen
gebundenen Ausgabe.
Satz: Dörlemann Satz, Lemförde
Druck: CPI books GmbH, Leck
♾ Gedruckt auf säurefreiem Papier
Printed in Germany

www.degruyter.com

Vorwort

Dieser Band erscheint im Nachgang einer Tagung mit dem gleichen Titel „Adjektive – Grammatik, Pragmatik, Erwerb", die am 16. und 17. Oktober 2015 an der Universität Siegen stattgefunden hat. Ziel der Tagung war es, das Adjektiv als in mehrfacher Hinsicht schwer greifbaren Gegenstand der Linguistik zum Mittelpunkt zu machen in einer Runde ganz unterschiedlicher Perspektiven. Dabei waren mit „Grammatik, Pragmatik, Erwerb" nicht nur drei fachliche Teilbereiche mit ihren je eigenen Problemstellungen vertreten und eingeladen, in Austausch zu gehen. Auch erstreckte sich das Spektrum der Vortragenden von der Masterstudentin zum Professor, die in überschaubarer Runde zusammen und ins Gespräch kamen. Wir haben diese Konstellation sowohl in ihrer fachlichen als auch qualifikatorischen Breite als äußerst anregend erlebt und freuen uns, sie nun auch in Form dieses Bandes, erweitert um zwei zusätzliche Beiträge, zusammenzuführen.

Allen Tagungsteilnehmern danken wir an dieser Stelle für den engagierten Austausch während der Tagung und die Bereitschaft, unserem Bedürfnis nachzukommen, auch nach der Tagung anhand ihrer Beiträge mit ihnen weiter zu diskutieren. Unser Dank gilt auch denjenigen, die nicht an der Tagung teilgenommen, sich aber dennoch in diesem Band mit einem Beitrag eingebracht haben.

Nicht genug können wir Clemens Knobloch danken, der zum einen die Tagung ausgerichtet, zum anderen aber auch jederzeit mit Rat und Tat und unermüdlicher Ermutigung bei der Vorbereitung der Veröffentlichung geholfen hat. Nicht zuletzt schulden wir ihm Dank für den Text zur Tagungseinladung, der in diesem Band in leicht ergänzter Form als Einleitung erscheint.

Marius Albers danken wir ganz herzlich für seinen Anteil an der Organisation der Tagung und seine Hilfe bei der Erstellung des Manuskripts für die Veröffentlichung.

Carolin Baumann, Viktória Dabóczi & Sarah Hartlmaier
Siegen, im November 2017

Inhaltsverzeichnis

Clemens Knobloch, Carolin Baumann, Viktória Dabóczi und Sarah Hartlmaier
Einleitung —— 1

Grammatik

Christian Lehmann
Adjective and attribution. Category and operation —— 13

Sarah Hartlmaier
richterlicher Beschluss, ?richterlicher Mord und *richterlicher Handschuh – Selektionsbeschränkungen von Adjektiven auf *{lich}* zu Personenbezeichnungen —— 77

Ludwig M. Eichinger
Mancherlei Adjektive braucht das Land – Was man aus neuen Adjektiven über die Wortart (im Deutschen) lernen kann —— 107

Clemens Knobloch
Morgen länger sonnig, meist trocken – Kriterien für „Adjektive" im Sprachvergleich —— 129

Viktória Dabóczi
Am Rande der Wortarten: Zum Problem der Klassifikation von Randphänomenen am Beispiel des unflektierten Adjektivs —— 152

Alina Enbrecht
Der Clou von *sein* + Partizip II als Adjektivkonstruktion —— 177

Pragmatik

Michel Lefèvre
Mutmaßlich, vermeintlich, vermutlich, wahrscheinlich in attributiver Stellung —— 193

Carolin Baumann
Wir wollen ehrlich sein ... – Prädikative Adjektive und Modalverblesart oder: Zum Verhältnis von Modalität und Wertung —— 212

Gottfried R. Marschall
Zum Verhältnis von Bewertung und Beschreibung beim Adjektiv —— 252

Stefanie Scholz
Warum Rotkäppchen weder lieb noch gut ist – Adjektive und Adjektivgebrauch im Volksmärchen —— 288

Erwerb

Clemens Knobloch
'I spy with my little eye something ADJ' – Children's acquisition of adjective meanings and adjective functions —— 313

Josephine Krüger
„*Wo sind meine mehr Puppen?*" – Zum Erwerb pränominaler Adjektive —— 328

Agnes Groba & Annick De Houwer
Einschätzungsdaten zum rezeptiven Erwerbsalter von 258 deutschen Adjektiven mit Implikationen für die kindliche Adjektiventwicklung —— 350

Clemens Knobloch, Carolin Baumann, Viktória Dabóczi
und Sarah Hartlmaier
Einleitung

Adjektive, so hört und liest man, führen ein tristes Schattendasein in der linguistischen Theorie. Am ehesten kann man sich noch darauf einigen, das sie „weder noch" bzw. „sowohl als auch" sind: nämlich weder zeitstabile Substantive, die auf Referenz und Kategorisierung von Objekten, noch zeitlabile Verben, die auf rasch wechselnde Prädikation eingestellt sind. Oder eben sowohl als auch. Oder irgendwo dazwischen. In zahlreichen Sprachen sind Adjektive nicht einmal wirklich morphosyntaktisch auskategorisiert, sondern fristen ihr Leben in einer bescheidenen Nische als markierte Unterabteilung attributiv verwendbarer Substantive bzw. Partizipien. In ihrer Weder-noch-sowohl-als-auch-Zwischenwelt haben es die Adjektive schwer, ein eigenes Profil zu behaupten. Dementsprechend sind Kriterien für „Adjektive" sprachenübergreifend sehr unterschiedlich gut zu fassen. Primäre morphologische Kriterien oder nur sekundäre syntaktische Indikatoren lassen dabei eine mehr oder weniger scharfe Grenzziehung gegenüber wiederum je verschiedenen, eher nominalen oder verbalen, Kategorien zu, was **Clemens Knobloch** in seinem Beitrag zur Bahasa Indonesia mit einem Exkurs zum Türkischen zeigt.

Seit Dixon (1977, 1982) wissen wir, dass es Sprachen mit kleinen und tendenziell geschlossenen und Sprachen mit großen und offenen Adjektivklassen gibt. Wo es nur kleine Adjektivklassen gibt, da kodieren sie gerne Dimensionales (*groß/klein, lang/kurz*), physische Eigenschaften (*hart, schwer, glatt*), Farben, Wertungen und *human propensities* (*klug, stolz, frech*). Aber kollidiert dieser semantische Fixierungsversuch nicht haarsträubend mit der notorischen semantischen Plastizität dieser Wortklasse? Es gibt *schwere Fehler, schwarze Tage, harte Bedingungen* und *große Linguisten*! Versuche, diese Plastizität mit Hilfe der grenzenlosen Bereitschaft der „Metapher" aus der Welt zu schaffen, sind jedenfalls nicht überzeugend.

Prof. em. Dr. Clemens Knobloch, Universität Siegen, Germanistisches Seminar,
Adolf-Reichwein-Str. 2, D-57076 Siegen, e-mail: knobloch@germanistik.uni-siegen.de
Dr. Carolin Baumann, Universität Siegen, Germanistisches Seminar, Hölderlinstraße 3,
D-57076 Siegen, e-mail: baumann@germanistik.uni-siegen.de
Dr. Viktória Dabóczi, Universität Siegen, Germanistisches Seminar, Hölderlinstraße 3,
D-57076 Siegen, e-mail: daboczi@germanistik.uni-siegen.de
Sarah Hartlmaier, Universität Siegen, Germanistisches Seminar, Adolf-Reichwein-Str. 2,
D-57076 Siegen, e-mail: hartlmaier@germanistik.uni-siegen.de

https://doi.org/10.1515/9783110584042-001

Dass der (motivierte, nicht-automatische) Gebrauch von Adjektiven *Vergleichsoperationen* involviert, ist eine gut begründete Annahme. Dabei denkt die „kognitive" Sprachwissenschaft der Gegenwart in erster Linie an die Vergleichung von Konzepten und Referenten nach ihren „objektiven" Merkmalen. In jüngster Zeit (vgl. die Beiträge in Schmale 2011) hat man daran erinnert, dass auch die Bewertung durch Sprecher eine Vergleichsoperation ist. In der (vermutlich frühesten) Würdigung der Dimensionsadjektive unterscheidet Leisi (1975: 101–105 [zuerst 1952]) noch zwischen vier verschiedenen „Normbereichen", auf welche sich Dimensionalia beziehen können:

a. die (später allein übrig gebliebene) „Speziesnorm" (ein *kleiner Elefant* ist klein „für" einen Elefanten);
b. die „Proportionsnorm" (ein Raum ist *schmal*, wenn er sehr viel länger als breit ist);
c. die „individuelle Erwartungsnorm" (*du bist aber groß geworden!*);
d. die „Tauglichkeitsnorm" (ein Brett ist (zu) *schmal*, um darauf über den Bach zu gehen).

Hier wird deutlich, dass „hinter" der rein kognitiven Vergleichung eben immer auch die vergleichende Bewertung durch die Sprecher und ihre lebensweltlichen Angelegenheiten steckt. Dies spiegelt sich unter anderem in der Verwendung von Adjektiven in modalen Kontexten, insbesondere in der Domäne handlungsbezogener (deontischer) Modalität. Vor dem Hintergrund einer empirischen Untersuchung zur Kombination prädikativer Adjektive mit Modalverben stellt **Carolin Baumann** in ihrem Beitrag in diesem Band die Frage nach dem Verhältnis von Modalität und Wertung. Es gibt offenbar nicht nur unzählige Adjektive, die dominant bewertende Bedeutungsanteile haben, sondern es gibt offenbar kaum Adjektive, die solche Anteile *nicht* hätten. Selbst so spröde „geometrische" Adjektive wie *rund, eckig, zackig* nehmen nur zu gerne evaluative Werte an, wenn sie mit passenden Nuklei verbunden werden: eine *runde Arbeit*, ein *eckiger Mensch*, *zackiges Auftreten*. Und ein unauffälliges Dimensionsadjektiv wie *lang* evaluiert gerne auch entweder positiv (*ein langes Leben*) oder negativ (*eine lange Sitzung*) – wiewohl man natürlich mit Grund argumentieren kann, dass die Evaluation hier durch den Nukleus beigesteuert wird. Aber ist die nicht (wie alle Adjektiveffekte!) ein *kombinatorischer* Effekt? Farbadjektive, die den Inbegriff kognitiver Objektmerkmale verkörpern, gelten für nicht evaluativ und für nicht gegensätzlich. Aber was ist mit *schwarz-weiß*, und wird die sprichwörtliche *Theorie* nicht auch evaluiert, wenn sie mit Goethe als *grau* bezeichnet wird? Die semantische Kategorisierung und Bestimmung von Adjektiven nach ihrem relativen bewertenden und beschreibenden Bedeutungsanteil, wie **Gottfried Marschall** sie in seinem Beitrag vorschlägt, setzt immerhin eine grundlegende Konventionalisierung bewertender Bedeutungen voraus, die aber im Einzelkontext immer überformt sein kann, wie der Autor betont.

Auch die Empfänglichkeit von Adjektiven für Graduierung und Steigerung wird gewöhnlich mit der *single property* – Eigenschaft (s. u.) in Verbindung gebracht (Bhat & Pustet 2000: 758). Heterogene Merkmalsbündel (= Substantive) kann man nicht graduieren, kein *Tisch* ist **tischer* als ein anderer. Aber ist nicht die Bewertung eine ebenso solide Grundlage für Prozesse der Gradmodifikation, die (wie man weiß) nahezu automatisch einrasten, wenn Adjektive modifiziert werden (*saugut, irre schön, unheimlich wild, ausgesprochen weit*)? Die zweite mögliche modifikative Operation ist bezeichnenderweise – der Vergleich (*zitronengelb, rabenschwarz, blitzschnell, steinhart, steinreich, steindumm*), und wie oft sind Vergleich und Graduierung gar nicht zu unterscheiden!

Dass *degree modification* und Steigerung zur Wortart Adjektiv gehören, wiederholt jede Grammatik. Auch dass der Komparativ eine zusätzliche Argumentrelation an das Adjektiv anbaut (und dass im Deutschen seine attributive Verwendung im nominalen Vorfeld entfällt, wenn dieses Argument realisiert werden soll), kann man durchaus lesen. Nur äußerst selten jedoch erfährt man auch, dass der Superlativ stets als Standbein einer partitiven Relation interpretiert werden muss, bei welcher der singularische Nukleus nicht nur für das ausgesonderte Element steht, sondern auch für die Mehrzahl von gleichartigen Referenten, aus denen er ausgesondert wird: Der *höchste Berg* ist einer von mehreren. Damit rückt der Superlativ ganz auf die referenzrestriktive und „individualisierende" Seite des Spektrums der Adjektivverwendungen, was zu ausgeprägter Unverträglichkeit mit dem unbestimmten Artikel führt. Und treffen sich nicht in dieser Engführung von kognitiver Aussonderung eines Referenten und bewertender Hervorhebung desselben die beiden *strange bedfellows* der adjektivischen Attribution, der kognitive und der evaluative? Die Verwendung von Adjektiven im deutschen Volksmärchen, die **Stefanie Scholz** in ihrem Beitrag beschreibt, spricht jedenfalls dafür, indem diese vor allem dazu dienen, über Charakterisierungen Rollenoppositionen aufzurufen. Das Nebeneinander kognitiver und evaluativer, damit eher objektiv oder subjektiv perspektivierter Attribution im Adjektiv findet sich auch wieder, wenn das pränominale Vorfeld, wo das attributive Adjektiv zuhause ist, als Kontinuum zwischen einem subjektiven und einem objektiven Pol verstanden wird. Adjektive reihen sich demnach ein zwischen dem subjektiven, d. h. dem Determinierer als referenziellem Ursprung nahestehenden Pol und dem objektiven, d. h. beim Kernsubstantiv verorteten Pol. **Josephine Krüger** zeigt in ihrem Beitrag zum Erwerb pränominaler Adjektive, dass es vor allem die determinierernahen Adjektive sind, die im frühen Adjektivgebrauch eine Rolle spielen. Und da der Erwerb stets interaktionsbezogen erfolgt, erscheinen die nach erwachsensprachlichen Maßstäben „objektiveren" Adjektive insgesamt später und zunächst in einer „subjektiven", auf die Interaktionssituation bezogenen Funktion.

Seit es halbwegs methodische Untersuchungen über den kindlichen Erstspracherwerb gibt, kann man lesen, dass kaum eine Wortklasse so viele Auffälligkeiten bereit hält wie die Adjektive, und in Besonderheit die (erwachsensprachlich eher „objektiven") Farbadjektive. Schon Darwin notiert den Verdacht, seine Kinder könnten farbenblind sein, weil sie in der frühen Verwendung der Farbadjektive so häufig Fehler machen. Diese Beobachtung ist seither unzählige Male repliziert worden. Eltern halten Farbadjektive für total einfach, und Kinder tun sich, zum Entsetzen ihrer Eltern, damit ziemlich schwer. Zu diesem Entsetzen scheint im Widerspruch zu stehen, dass Erwachsene rückblickend einen Zugang zum eigenen kindlichen Erwerb von Adjektiven haben. Dies legen die Ergebnisse von **Agnes Groba** und **Annick De Houwer** nahe, die in ihrem Beitrag zeigen, dass Einschätzungsdaten bezüglich des eignen Alters, in dem bestimmte Adjektive erstmals verstanden wurden, mit Befunden anderer Bestimmungsmethoden korrelieren. Und schließlich wussten die Kognitionspsychologen (auch schon, als sie noch gar nicht so hießen, wie in den Zeiten der Psychophysik des mittleren 19. Jahrhunderts), dass die Fähigkeit, Farbnuancen zu unterscheiden, bei Kindern früh und elementar ausgeprägt und leicht nachzuweisen ist. Offensichtlich gibt es hier einen markanten Bruch zwischen kognitiver Fähigkeit und sprachlicher Kodierung.

Bis heute ist es ein kanonisches und stehendes Vor-Urteil der kognitiven Psychologie, dass Adjektive „einzelne Merkmale" ihrer substantivischen Kernkonzepte oder von deren Referenten kodieren. Hier gelten die Form-, Farb- und (viele) Dimensionsadjektive als prototypisch. Ein *kleiner Bär* ist ein Referent, der sortal ein Bär und darüber hinaus für einen Bären „klein" ist. Adjektive, so wird notorisch wiederholt, dienen der Unterscheidung von Referenten, die zum gleichen sortalen Konzept gehören. „An adjectival description will serve to distinguish between two members of the same species, that are referred to by a single common noun", schreibt Dixon (1977: 63). Substantivische sortale Konzepte kombinieren gestalthaft bzw. konstellativ *viele* Merkmale: Ein „Haus" besteht aus Räumen, Fenstern, Türen, Dach, Wänden etc., Adjektive spezifizieren *ein* Merkmal: „groß, schön, weiß, geräumig ...". Bestenfalls wird noch unterschieden, ob es sich um ein Merkmal handelt, das in der Intension des Nukleus bereits vorhanden, also eigentlich tautologisch ist (*das weite Meer, das grüne Gras*) – Karl Ferdinand Becker (1842: 455) hat dafür die hübsche Bezeichnung *müßiges Attribut*, die selbst ein solches ist – oder ob es an der Extension bzw. am Referenten andockt (*das grüne Auto, die linke Hand*). Das ist die *single-property*-Annahme. Mit diesem Vor-Urteil kollidieren nicht allein die „unlogischen" Adjektivattribute der traditionellen Grammatik (vom Typ: *die alten Tage, die höhere Tochter, der große Verehrer von ...*; Sommer 1928: 14, 20), sondern auch die orientierenden Adjektive (*der obere, linke, letzte, vorige, damalige ...*), die vielfach als freie Prädikative gebauchten Evaluativa (*schön, toll, klasse, prima ...*) sowie die Vielzahl der Relationsadjektive (oder ist in der *häuslichen Pflege* häuslich ein Einzelmerkmal von Pflege?). Im Spracherwerb ist schließlich ganz offensichtlich, dass mit Adjektiven keine singulären Eigenschaften kodiert werden; sie dienen vielmehr zunächst vor allem der Bewertung im aktuellen Handlungskontext, was **Clemens Knobloch** in seinem zweiten, englischsprachigen Beitrag betont. Anhand von Daten aus dem CHILDES-Korpus für das Erwerbsalter von 2;3 bis 4;3 zeigt er, dass der Erwerb von Adjektiven anderen Regeln folgt als ihre kognitivistische Beschreibung nahelegt. Ist die *single-property*-Annahme also womöglich nur eine optische Täuschung, ein Sapir/Whorf-Effekt, eine *linguistic ideology* (Silverstein 1979), suggeriert durch die Art und Weise, wie wir uns das Zusammenspiel von individuativen-identifizierenden-referenziellen Substantiven und nichtindividuativen, modifizierenden Adjektiven zurechtlegen?

Jedenfalls scheint die Welt der attributiven Adjektive doch um einiges *bunter* zu sein als es die Phantasien der kognitiven Linguistik wahrhaben wollen. Und womöglich wäre es sinnvoll, die Frage nach der *Lexemklasse* „Adjektiv" von der Frage nach dem attributiven Vorfeld der Nominalphrase (und den dort verfügbaren Optionen) abzukoppeln. Setzt man hingegen eine morpho-syntaktisch basierte Wortartenklassifikation voraus, ergeben sich für das Adjektiv notorische Zuordnungsprobleme. Das diskutiert **Viktória Dabóczi** in ihrem Beitrag am konkreten Beispiel der Abgrenzung oder Nicht-Abgrenzung zwischen dem attributiven Adjektiv (Kernbereich) und den unflektierten Verwendungen (Randbereich) und zeigt in einer parallelen Betrachtung der Wortartzuordnung von *es*, dass sich die Grammatiken insbesondere dann für eine Nicht-Ausdifferenzierung nach Wortart entscheiden, wenn die homonymen Formen teils flektiert, teils unflektiert sind.

Jedenfalls scheint die Tatsache, dass es im Deutschen knapp 200 primäre lexikalische Adjektive (vgl. u. a. Eichinger 2007: 150) (unter diesen viele mit höchst spärlicher Tokenfrequenz!) und abertausende sekundäre, aus anderen Wortklassen abgeleitete Adjektive gibt, für eine systeminterne (und sprachtheoretisch interessante) Polarisierung zwischen Lexemklasse und syntaktischem Verwendungsmuster zu sprechen. Entsprechend zeigt **Ludwig M. Eichinger** in seinem Beitrag, dass unter den prototypischen Adjektiven eher Simplizia vertreten sind, während sich morphologisch komplexe Adjektive in der Gruppe der häufigen Adjektive finden. Neue Adjektive schließlich machen von den etablierten Bildungsmustern, teils registerspezifisch, regen Gebrauch und sind darüber hinaus durch besondere Bildungsmuster wie Partizipialformen oder fremde Bildungstypen gekennzeichnet.

Von jeher streiten die Linguisten über die prototypische *syntaktische Verwendung* von Adjektiven. Meist gelten sie primär als *Attributiva*, was schon darum naheliegt, weil Substantive typischerweise referenziell und Verben typischerweise prädikativ verwendet werden. Da bleibt ja für die Adjektive lediglich die „mittlere" attributive Option. Entsprechend verortet **Christian Lehmann** in seinem Beitrag das Adjektiv über seine Funktion der referenzbezogenen Modifikation. In einer sprachenübergreifenden Perspektive stellt er Möglichkeiten der Realisierung von Modifikation in verschiedenen Sprachen dar, wobei die Wortart „Adjektiv" als Niederschlag einer möglichen, aber keinesfalls notwendigen, Implementierung von referenzbezogener Modifikation, d. h. Attribution, im Sprachsystem erscheint.

Manchmal gelten Adjektive auch, wegen der Unschärfen des grammatischen Attributbegriffs (Fuhrhop & Thieroff 2005) für Modifikativa, was dann auch Adverbien einschließt, die modifizierend am Verb oder am Satz andocken. Allerdings gibt es eine Vielzahl von Beobachtungen, die diesem einfachen Muster widersprechen. Für das gesprochene amerikanische Englisch notiert Sandra Thompson (1988) ein klares Übergewicht der Adjektive, die zwar formal-syntaktisch attributiv, aber in der Sache rhematisch und prädikativ sind, weil ihr substantivischer Nukleus lediglich ein phorischer *dummie* ist: *Das war eine TOLLE Sache!* ist zwar eine attributive *Konstruktion*, aber das attributive Adjektiv ist klar rhematisch und funktional das „eigentliche" Prädikat, während der Nukleus ganz in den Schatten tritt. Die jedenfalls in der gesprochenen Sprache häufige Verwendung namentlich evaluativer Adjektive als freie Rhemata taucht in den Grammatiken meist nicht einmal auf.

Von jeher wird notiert, dass es Unterklassen von Adjektiven gibt, die auf die prädikative Verwendung beschränkt sind (in der IDS-Grammatik Adkopula-Ausdrücke wie *pleite, klasse, los, quitt, schade*, die freilich bei näherer Betrachtung *sehr* heterogen sind), sowie Unterklassen, die auf die attributive Verwendung beschränkt sind (formale und orientierende Adjektive, deadverbiale wie *heutig, hiesig, damalig*, praktisch alle reinen Relationsadjektive). Dabei werden prädikative (und koprädikative wie in *Er kam gesund nach Hause*) gerne auf die „verbale", nicht zeitstabile Seite gestellt, während attributive Adjektive als „nominaler" und leichter substantivierbar gelten (Vogel 1996: 207–210). Aber sind es nicht gerade die auf das Attributive beschränkten Unterklassen der Adjektive, die sich der Substantivierbarkeit entziehen? Und gibt es „Merkmale", die weniger zeitstabil wären als die von den orientierenden Adjektiven (*der vorige, nächste, linke, mittlere...*) kodierten? Entsprechendes gilt für Adjektive wie *mutmaßlich, vermeintlich, vermutlich, wahrscheinlich*, für die **Michel Lefèvre** in seinem Beitrag zeigt, dass die epistemisch modalisierende Funktion, die die betrachteten Adjektive in adverbialer Verwendung haben, als Beschreibung der attributiven Verwendung nicht angemessen ist, sondern diese Adjektive eher dem Ausdruck von Polyphonie dienen. Und bei den Relationsadjektiven, die zugleich auch charakterisierende Lesarten haben, gilt die Substantivierbarkeit sogar als Test, mit dessen Hilfe man die Lesarten unterscheiden kann. Das Relationsadjektiv ist zwar an die attributive Position gebunden, aber *nicht* substantivierbar: *die wirtschaftliche Unternehmung -> die Wirtschaftlichkeit der Unternehmung – das menschliche Verhalten -> die Menschlichkeit des Verhaltens.* Die Substantivierung „geht" nur bei der charakterisierenden Lesart solcher „ambivalenter" Adjektive, beim Relationsadjektiv geht sie nicht. Ebenso wenig wie die bedeutungsgleiche Transformation ins Prädikative: *Das Verhalten ist menschlich, die Unternehmung ist wirtschaftlich* sind nur charakterisierend lesbar. Das kann man damit begründen, dass die Bildung von Relationsadjektiven pure syntaktische Derivation sei, die Bildung charakterisierender Adjektive aber darüber hinaus auch lexikalische Derivation (Eichinger 1982). Relationsadjektive könnten dann nicht substantiviert werden, weil sie *eigentlich* schon Substantive sind. Charakterisierende Adjektive sind dagegen keine Substantive mehr, auch wenn sie von Substantiven abgeleitet sind, und (oh Wunder!) sie nehmen fast immer wertende Bedeutungen bzw. Bedeutungskomponenten auf, wenn sie aus der relationalen in die charakterisierende Verwendung übergehen: *wirtschaftlich, wissenschaftlich, ärztlich, gesetzlich, unternehmerisch, ökologisch, häuslich, mütterlich* uvam. Das gilt selbst für etliche deonymische Herkunftsadjektive wie *preußisch*, die jedenfalls typisieren müssen, um das Feld der Relationsadjektive zu verlassen. Was immerhin auf eine ziemlich intime Beziehung zwischen Wertung und eigentlichem Adjektivgebrauch hindeutet.

Recht unübersichtlich geht es weiterhin zu im Bereich der kombinatorischen Eigenschaften von Adjektiven. Neben starken und direkten Beschränkungen des Typs *blond/Haare* gibt es schwächere Kombinationsbeschränkungen anderen Typs wie etwa bei *nackt, kahl* etc., die (von Leisi 1975: 45 „Privativa" genannt) nur mit Substantiven bzw. Referenten kombiniert werden können, die gewöhnlich bekleidet, behaart etc. sind (was den *nackten Affen* mehr oder weniger automatisch zu einer – ziemlich evaluativen – Bezeichnung für den Menschen macht). Viele sekundäre Adjektive übernehmen grammatikalisierte Kombinationsbeschränkungen von ihren Basen: *-bar*-Adjektive verbinden sich mit Substantiven, die Objekte ihrer transitiven Verbbasen sein können, Partizipien I auf *-end* mit Substantiven, die Subjekt ihrer Verbbasen sein können etc. Das gilt für die Partizipien II entsprechend, nach deren Adjektivstatus **Alina Enbrecht** implizit fragt, wenn sie mögliche Interpretationen der Konstruktion „*sein* + Partizip II" als Kopulakonstruktion, daneben als *sein*-Perfekt oder Zustandspassiv, diskutiert und abschließend für eine zusammenfassende Betrachtung aller Fälle als Resultativkonstruktion plädiert. Zu Relationsadjektiven insgesamt ist argumentiert worden, dass sie die Selektionsverhältnisse zwischen Nukleus und

Adjektiv umkehren, indem das Relationsadjektiv jeweils einen Bereich angibt, in den das Nukleussubstantiv „passen" muss (Frevel & Knobloch 2005), weshalb es *kommunale* Behörden, Beamte, Schwimmbäder, Straßen, Angelegenheiten etc. geben kann, aber kaum *kommunale* Amseln, Fenster oder Adjektive. Und *kommunal* ist ein Relationsadjektiv, in dessen Bereich sehr vieles fallen kann. Ebenso ungewöhnlich ist auch der **richterliche Handschuh*. Entsprechend zeigt **Sarah Hartlmaier** anhand der drei Beispiellexeme *richterlich*, *väterlich* und *behördlich*, wie Relationsadjektive mit ihrer spezifischen Semantik die attributive Struktur ausfüllen, indem sie einerseits in Abhängigkeit von ihrer nominalen Basis Selektionsbeschränkungen über das Bezugssubstantiv entfalten, andererseits aber selbst von ihm abhängen in ihrer relationalen oder qualifizierenden Interpretation. Schon seit Ferdinand Sommers (1928) klassischer Untersuchung kennt man das Phänomen der „attributiven Verdichtung" aller möglichen Beziehungen, bei denen es auf Beziehbarkeit überhaupt ankommt und nicht auf die exakte Kombinatorik mit dem Nukleus. Hierher rechnet Sommer die *alten Tage*, die *faulen Ferien, den engen Freund* und *die leckere Flasche Wein*, aber neben den substantivierten Adverbialia vom Typ *zufälliger Mitwisser, feiner Beobachter* auch die bei Sprachpflegern so unbeliebten Bildungen, bei denen Adjektiv-Substantiv-Syntagmen das „Bestimmungswort" eines Kompositums bilden: *Gebrannte Mehlsuppe, Bayrische Bierstube, Deutsche Sprachwissenschaft*. Womöglich ist es hauptsächlich die Schreibkonvention, die diese Bildungen so anstößig macht. Ansonsten gilt kanonisch die Annahme, dass Selektionsbeschränkungen von den (substantivischen) Nuklei ausgehen und nicht vice versa. Dem wiederum widersprechen Psycholinguisten, indem sie experimentell zu zeigen suchen, dass in modifizierenden Syntagmen (bis hin zum Kompositum) ganz allgemein das modifizierende Element das modifizierte viel stärker bahnt (bzw. vorhersagt) als umgekehrt (Gagné & Spalding 2006). Und ob solche Daten aus Verarbeitungsprozessen überhaupt mit den strukturellen Verhältnissen zwischen Adjektiv und Substantiv zu tun haben (und wenn ja: wie?), das ist weitgehend unklar.

Die Probleme, die das Adjektiv aufwirft, sind, soviel sollte bis hierher deutlich geworden sein, vielfältig; und zahlreich sind die Bezüge zwischen ihnen. Beides ergibt sich aus einem charakteristischen „Dazwischen" des Adjektivs. Und wenn der vorliegende Band seine Beiträge geordnet in drei Sektionen: Grammatik, Pragmatik, Erwerb präsentiert, dann vor dem Hintergrund, dass sich in allen drei Zugangsweisen dieses „Dazwischen" in spezifischer Form wiederfindet:

Grammatisch sind die Adjektive als Wortart definiert über ihre primär attributive Funktion, die zwischen Referenz und Prädikation rangiert; in ihrem pragmatischen Nutzen bewegen sich Adjektive kaum greifbar zwischen Bewertung und Beschreibung; und im Adjektiverwerb scheinen Sprecher einen diachron aufgespannten Zwischenraum zu überwinden zwischen primärem Interaktionsbezug und allmählich zunehmender Konzeptualisierung – einen Zwischenraum jedoch, der auch im „fertigen" grammatischen und pragmatischen Dazwischen der Wortart nicht überwunden, sondern nur differenzierter ausgestaltet erscheint.

Die Pointe dieses Bandes liegt so in der gemeinsamen Präsentation von grammatischen und pragmatischen Aspekten des Adjektivs sowie von Problemen des (oft stiefmütterlich behandelten) Adjektiverwerbs, in der die immer analog auftretende Zwischenposition offenbar zugangsübergreifend die beiden Seiten derselben adjektivischen Medaille konstituiert.

Literatur

Becker, Karl Ferdinand (1842): *Ausführliche deutsche Grammatik als Kommentar der Schulgrammatik*. Zweite neubearbeitete Auflage. Frankfurt a. M.: Kettembeil.

Bhat, D.N.S./Pustet, Regina (2000) Adjective. In Geert Booij, Christian Lehmann & Joachim Mugdan (Hrsg.), *Morphology/Morphologie*. Teilband 1, 757–769. Berlin, New York: de Gruyter. (= Handbücher zur Sprach- und Kommunikationswissenschaft (HSK), 17.1).

Dixon, Robert M. W. (1977): Where have all the adjectives gone? *Studies in Language* 1, 19–80.

Eichinger, Ludwig M. (1982): *Syntaktische Transposition und semantische Derivation. Die Adjektive auf -isch im heutigen Deutsch*. Tübingen: Niemeyer (Linguistische Arbeiten, 224).

Eichinger, Ludwig M. (2007) Adjektiv und Adkopula. In Ludger Hoffmann (Hrsg.), *Handbuch der deutschen Wortarten*, 143–187. Berlin, New York: de Gruyter.

Frevel, Claudia & Clemens Knobloch (2005): Das Relationsadjektiv. In Clemens Knobloch & Burkhard Schaeder (Hrsg.), *Wortarten und Grammatikalisierung: Perspektiven in System und Erwerb*, 151–175. Berlin, New York: de Gruyter.

Fuhrhop, Nanna & Rolf Thieroff (2005): Was ist ein Attribut? In *Zeitschrift für germanistische Linguistik* 33, 306–342.

Gagné, Christina L. & Thomas L. Spalding (2006): Conceptual Combination: Implications for the mental lexicon. In Gary Libben & Gonia Jarema (Hrsg.), *The representation and processing of compound words*, 145–168. Oxford University Press.

Leisi, Ernst (1975): *Der Wortinhalt. Seine Struktur im Deutschen und Englischen*. Stuttgart: UTB.

Schmale, Günter (Hrsg.) (2011): *Das Adjektiv im heutigen Deutsch. Syntax, Semantik, Pragmatik*. Tübingen: Stauffenburg (= Eurogermanistik, 29).

Silverstein, Michael (1979): Language Structure and Linguistic Ideology. In Paul Clyne, William F. Hanks & Carol L. Hofbauer (Hrsg.), *The Elements. A parasession on linguistic units and levels*, 193–248. Chicago: Chicago Linguistic Society.

Sommer, Ferdinand (1928): *Zum attributiven Adjektivum*. München: Bayerische Akademie der Wissenschaften.

Thompson, Sandra A. (1988): A Discourse Approach to the Cross-Linguistic Category 'Adjective'. In John Hawkins (Hrsg.), *Explaining Language Universals*, 167–185. Oxford: Basil Blackwell.

Vogel, Petra M. (1996): *Wortarten und Wortartenwechsel: Zu Konversion und verwandten Erscheinungen im Deutschen und in anderen Sprachen*. Berlin, New York: de Gruyter (Studia Linguistica Germanica, 39).

Grammatik

Christian Lehmann
Adjective and attribution.
Category and operation

Abstract
Modification is subservient to either reference or predication. Modification at the service of reference is attribution. These operations appear in language at two levels. At the level of discourse, they manifest themselves in complex constructions establishing referential, predicative and modifying relations among units. At the level of the language system, they take the form of syntactic operations whose products crystallize in the form of categories like noun, verb and adjective. This alternative is the basis for different ways of fulfilling the function of modification in a language.

At the uppermost functional level, the hierarchical inequality of the three linguistic operations allows for modification to be treated as a subtype of predication. From this derive differences in the extent to which the syntactic operation of modification is formalized in a language. The ancillary function of a modifier may be left to discourse prosody. Contrariwise, if modification is formalized, it may take the form of a syntactic operation at higher levels starting from the sentence level downwards. Within the linguistic system, the function may be fulfilled at the interface between grammar and lexicon, by the primary categorization of a set of concepts as modifiers, i.e. as adjectives and adverbs.

The levels of discourse and of the system are interdependent in such a way that what is fixed in the system does not need to be brought about in discourse. If a language possesses the category of the adjective, its lexemes enter discourse with a predisposition ('primary function') of serving as modifiers. Whenever such a lexeme actually has a modifying function, no operation of (re-)categorization is necessary. Whenever it has a different function, it is recategorized. The task in developing a language system which supports economy in discourse is therefore to confer a primary categorization to a class of concepts such as to minimize the need for recategorization in discourse. One property of precategorial concepts able to serve as a criterion in a regular way is their semantic class. In this respect, the question is: is there a semantic class of concepts whose primary function is modification?

Prof. em. Dr. Christian Lehmann, Universität Erfurt, Philosophische Fakultät, Seminar für Sprachwissenschaft, Postf. 90 02 21, 99105 Erfurt, e-mail: christian.lehmann@uni-erfurt.de

https://doi.org/10.1515/9783110584042-002

However, since word classes are semiotic entities, they have both a semantic and a formal side without a perfect mapping between the two. Consequently, there are also asemantic categorizations of lexical concepts, in other words, subdivisions of word classes and assignment of items to word classes by asemantic criteria. Given this, the semantic basis of a word class like the adjective can only be a cross-linguistic tendency rather than a universal law.

1 Propositional and syntactic operations

1.1 Reference, predication and modification

Linguistic operations which create a proposition are called propositional acts in Searle (1969) and may here be called propositional operations on the understanding that an act may be composed of operations, while an operation is by definition elementary. Moreover, in speech act theory, propositional acts are bound up with a speech act, whereas propositional operations, as we shall see shortly, may grammaticalize at lower levels of linguistic structuring, where conscious control is not necessarily involved.

Two propositional operations are firmly established in semantic theory: Reference is "an act of identifying some entity that the speaker intends to talk about" (Searle 1969: 85). Predication (Searle 1969: 102) ascribes a property to a referent. While the idea behind the latter definition is hardly improvable, the choice of the term 'property' is unfortunate in two respects: First, in the underlying logical theory, a property is by definition a monovalent predicate. This definition, thus, presupposes a binary division of a proposition into subject and predicate. Such a division is indeed often reflected in linguistic structure, but not always. Predications that predicate a relation between arguments should not be excluded by definition (cf. Lyons 1977: 434–435). Second, in the conception used in what follows, a property is a predicate of a special semantic kind, contrasting, among other things, with the concepts of state and of event. It therefore seems preferable to say that a predication ascribes some semantic content to referents. Both of the operations of reference and predication are necessary for a proposition.[1]

---

[1] With some simplification and with Chafe (1970), we may assume that an avalent predication like *it's cold*, where *it* is neither deictic nor anaphoric, ascribes the predicate *cold* to a referent to be construed.

In (1a), *the chalk* is used as a referring expression. In #b, *an argument* is used as a predicate, and so is *argued* in #c.

(1) a. *Would you pass me the chalk?*
    b. *That is an argument.*
    c. *Peter argued.*

For a long time, linguistics has deviated from logic in counting with a third operation of a similar kind, viz. modification.[2] Modification enriches a concept. It is neutral to the alternative of whether the modified is a referential or a predicable concept.[3] With or without the modification, the former may then function as an anchor in reference, i.e. as the notional core of a referential expression, as in (2a), or be converted into a predicable, as in #b, while the latter may directly function as a predicate, as in #c.

(2) a. *Would you pass me the red chalk?*
    b. *That is an invalid argument.*
    c. *Peter argued erroneously.*

As revealed by a comparison of (1) and (2), the referential and predicative operations are constitutive for the propositions in question, while the modifications are optional. They are optional not only in syntactic terms; from a semantic point of view, too, the sentences of (1) are complete and meaningful and may succeed if used in utterances. By contrast, the heads of the referential and predicative expressions of (2) fail on the syntactic condition: If the modified heads are dropped, as in (3), the sentences become ungrammatical.

(3) a. **Would you pass me the red?*
    b. **That is an invalid.*
    c. **Peter erroneously.*

---

2 Vindicated explicitly in the present theoretical context in Croft (1991, ch. 2–3).
3 The term 'referential concept' is slightly oxymoric, as concepts by definition do not refer. What is meant is a kind of concept which (without adaptation) forms the semantic core of an expression referring to the entity occupying its logical argument position, as opposed to a predicable concept, which predicates on these entities. And again, it is a logical, rather than grammatical, argument position, since only in predicate calculus do all concepts, including those corresponding to nouns, have an argument position, while in terms of grammatical valency, only relational nouns like 'mother' have a valency slot, and this is not occupied by the referent of such a noun and therefore remains out of consideration here.

Given this, it is hard to judge about semantic acceptability or completeness. Certainly there are languages in which the counterparts to (3) would be grammatical – even if elliptic – and meaningful, e.g. in Latin and Russian. This, however, presupposes one of two things: Either further operations are involved which provide empty heads to the modifiers, as would be the case in the two languages mentioned. Or else the translation equivalents of the modifiers of (2) are not born modifiers, but instead of a nominal or verbal category.

The members of some word classes are "born modifiers"; members of other word classes must be converted before they can serve as modifiers. The modifiers in (2a) and #b are simply preposed to their heads, without any further structural apparatus being required. By contrast, the modifier in (4) is not identical with the referential expression it is based on.

(4) *This is Sheila's handkerchief.*

Sheila is a pure noun phrase and semantically a referential expression. *Sheila's* is a cased noun phrase which does not refer to Sheila but to the set of things which are hers. This gets clearer in constructions like (5).

(5) *This handkerchief is Sheila's.*

(5) obviously does not say that the handkerchief is Sheila but that it is in the set of things that are related to Sheila as a possessor. Applying the genitive to a nominal expression like *Sheila* thus downgrades it to the syntactic function of a modifier and semantically converts the referring expression into a function. Such a function is, semantically, a subordinate predicate in the same sense as the modifiers in (2).[4] The crucial difference is that the function in (4) has been created by an operation, while the modifier in (2a) and #b is the product of no visible operation.

All modifiers share their combinatory potential, which is some kind of self-subordination to a syntagma of a certain category so that the syntagma resulting from the combination again belongs to the same category. In other words, modification forms endocentric constructions. This combinatory potential may be modeled, or hypostatized, in the theory as an argument position born by the modifier and occupied by the modified.

Within the general category of modifiers, there are two subcategories with respect to operational complexity: A "born" modifier is a stem whose grammat-

---

[4] Cf. Kaznelson 1974: 189–200 on mutual derivational relations between predicative and attributive categories.

ical categorization at the lexical level embodies a modifying argument position, which enables it to combine as a modifier with a head without the intervention of any further grammatical operation. Consequently, modification is its primary function. (§ 2 will be devoted to the concept of the primary function and the methodological problem of determining it for some word class.) The other modifiers are created by the application of a modifying operation to bases of different categories whose primary function is not modification. Such an operation is modeled in the theory as the equipment of the base with a modifying argument position. For instance, the adjective *red* has a modifying argument position as part of its lexical-grammatical equipment, while the cased NP *Sheila's* in (4) and (5) is the result of an operation which equips the referring expression *Sheila* with a modifying argument position.

Not all kinds of concepts are used as modifiers with equal naturalness. We will return in § 3 to the question of whether there is a conceptual category particularly suitable to serve as modifiers. The literature mostly uses the term 'property concept' for such a category. However, since we need this term for something else (s. § 3.2), we will speak of quality concepts instead, emptying thus the notion of quality of most of the features it may be associated with. A quality concept here is a qualifying concept, a quality being any concept which is not taken as a self-standing entity (like a referential concept) but rather as a feature appearing on an entity – thus, a concept used as a modifier. Likewise, a word designating a quality concept will be called a quality word (rather than an "adjectival" or "word with adjectival meaning", as in other sources).

Modification of a referential concept produces an endocentric nominal expression. This kind of modification is attribution. At this point, we can propose a provisional definition of the adjective: An adjective is a member of a word class whose primary function is attribution. This definition of the adjective thus takes recourse not to the semantic category of modifier concepts, but instead to its role in the operation of modification. It presupposes the definition of the noun s.s. within the theory of parts of speech. Such a definition will, in turn, appeal to the operation of reference introduced above. At any rate, the definition of the adjective cannot directly mention referring expressions as the semantic category of the modified, since the set of referring expressions includes expressions of other syntactic categories, importantly pronouns and sentences, which cannot be modified.[5]

---

[5] What can refer is a sentence as provided by sentence modality, not just the propositional core of a sentence. The latter, however, is what is modified by a sentence adverbial; cf. § 4.3.2 below and Hengeveld 1989.

This definition of the adjective leaves open at least two further possibilities that must be briefly mentioned. First, there can be adjectives which, although being (by definition) primary modifiers, do not modify a concept by characterizing it by another concept and instead serve element selection (s. §3.1.3). This may be the case for certain semantic classes of adjectives, e.g. provenience adjectives like *French* and *German*. We will come back to these in §3.2.3. Second, there can be, in a language, word classes whose primary function is modification, but which modify expressions of other syntactic categories, for instance verbs and adjectives. These modifiers are commonly subsumed under the general category of adverb. Just like adjectives, adverbs may be subdivided into primary adverbs like *fast* and derived adverbs like *quickly* and *erroneously* (2c). Moreover, this heterogeneous class may also be subdivided according to the category of the modified head; s. §2.2. Adverbs are, thus, members of a word class whose primary function is the modification of non-nominal expressions. Adverbial modification is also called adjunction. We will come back to it in §4.3.2.

As gets clear from the respective definitions, reference and predication are propositional operations, while modification is not. Its *definiens* involves the demoted rank of the modifier, where the demotion in question may be signaled by any linguistic means. Modification is consequently a linguistic operation which may take the form of a grammatical operation whose prototype is realized at the level of syntax (s. Lehmann 2013, §4.4.3.1). It is therefore no wonder that it does not figure in a theory of speech acts. We shall see in §3 whether anything general can be said about the semantic correlate of the subordinate nature of modification and the propositional or discourse functions of modifiers which would be valid at the same level as the semantic, propositional or discourse properties of referential expressions and predicates.

1.2 Modification, government and apposition

Modification – and, more in particular, attribution – has been established as a certain linguistic operation. Its reflex in grammatical structure is a relation of the same name. Now modification must be delimited against two concepts of the same theoretical level, viz. government and apposition. Nominal government (called complementation in Matthews 1981, ch. 7) is illustrated by (6).

(6) a. *I met Peter's daughter.*
    b. *She is an ambassador of the Argentinian Republic.*

(6a) and #b are analogous to (2a) and #b in featuring a nominal expression expanded by a dependent, in referential and predicative function, resp. However, paraphrases of these constructions involving predications, as in (7), are much worse than (5) (or (16) below).

(7) a. *I met a daughter who is Peter's.
    b. *She is an ambassador who is of the Argentinian Republic.

Like the modifiers of (2), the referential expressions constituting the modifier in (6) pin down the reference to a subset of the set designated by their head and possibly even to one individual, as in (6a). In addition, however, they occupy a semantic argument position of their head. In semantic terms, they are therefore not modifiers, but arguments of a relational concept. This is the semantic feature that distinguishes government from modification. However, in quite a few languages including English, the same syntactic construction is used for nominal modification ((2a) and #b) and nominal government ((6)), so that semantic tests must be appealed to in order to distinguish the two. A similar situation obtains for verbal dependents.

(8) a. Sheila opened the door with force.
    b. Sheila quarreled with Peter.

The prepositional phrase *with force* in (8a) is a modifier – more specifically, an adjunct – just as the synonymous adverb *forcefully* would be (cf. (2c)), while the phrase *with Peter* in #b, apparently of the same structure, is an argument of the verbal predicate. As is the case with nominal dependents, not structural, but behavioral properties of the dependents in question allow us to distinguish an adjunct from an actant of a verb.

Although constructions of the type of (6) are thereby excluded from modification, the borderline between government and modification is clear-cut only in theory. In operationalizing the concepts, the main problem is to ascertain whether the head – the nominal head in (6) or the verbal head in (8) – does or does not possess the argument position in question. In the absence of structural correlates, operationalization of the concept of argument position involves the criterion of latency (advocated in Matthews 1981: 125–126, 153). A syntactic component is latent in a construction if it is missing from it but is understood to fill an argument position of it; that is, the meaning of the construction is construed by inserting the latent component in it. In this sense, the prepositional dependent of (8b) is latent in (9).

(9) *Sheila quarreled.*
(10) *She is an ambassador (of the Argentinian Republic).*

Likewise in (10), we may assume that an ambassador is necessarily the ambassador of some state, which would be latent if the attribute were omitted. However, certainly a sentence such as (10) can be used successfully in a discourse where that state remains unidentified. Consequently, is *the Argentinian Republic* in (10) a governed or a modifying dependent? Such cases occupy the fuzzy area between government and modification. There is no need here to try and convert a polar opposition into a categorical opposition.

Apposition is illustrated by (11).

(11) *Would you pass me the chalk, the red one?*

Comparing (11) with (2a), we observe that they are synonymous at discourse level, while they are not synonymous with regard to the particular grammatical operations that achieve reference. The semantic difference resides in the fact that the intended referent is identified in a two-step procedure in (11), but in one step in (2a). Of course, in both sentences the referent is identified in the intersection of the set of pieces of chalk with the set of red things. Structurally, however, this is achieved in (2a) by just one referential expression identifying the same referent which is identified by the combination of two referential expressions in (11). As may be seen, the difference between attribution and apposition has a structural and a semantic side. Structurally, apposition is the combination of two syntagmas of the same category into a construction which is again of the same category. Foregoing the possibility of apposition in other spheres of syntax, we restrict our attention here to the category of nominal expressions. Also foregoing the construction of close apposition (of the type *Queen Elizabeth*), the nominal expressions in question are noun phrases, thus referential expressions. The semantic correlate of this construction is then the use of two (or more) referential expressions which may or may not be coreferential but which jointly apply to only one referent.[6]

Again, the borderline between attribution and apposition is sharp in theory: Both create binary syntactic constructions; but the construction resulting from

---

[6] For instance in (11), the two referential expressions *the chalk* and *the red one* are meant to apply to the same referent. They would therefore be considered as coreferential by definition. However, a normal use of (11) in a discourse would imply that the speaker does not consider the expression *the chalk* to be sufficient to identify the referent in question.

attribution, being endocentric, is asymmetric,[7] while the loose appositive construction is symmetric in terms of component categories. More specifically, the attribute (being a modifier) contains an argument position for the other member of the construction, while in apposition, no member is relational in this sense. As a matter of fact, however, linguistic variation – typological and diachronic variation – creates a transition zone between these two opposites.

(12) a.   *raudon-ą*   *skarel-ę*
LITHUANIAN   red-ACC.SG   scarf-ACC.SG
          'red scarf [acc.]'
   b.   *raudon-ą-ją*   *skarel-ę*
           red-ACC.SG-DEF   scarf-ACC.SG
           '(the) red scarf [acc.]'

Thus, the Lithuanian adjective attribute of (12a) (Holvoet & Spraunienė 2012: 66) is clearly a modifier, agreeing with its head in gender, number and case. The corresponding component of #b bears what is diachronically the mark of definiteness; it literally means 'the white one'.[8] The construction is thus similar to the one in (11), which is clearly appositive. As we shall see in §4.5.2, appositive constructions of the kind of (11) are a frequent diachronic source of attributive constructions.

2 Distribution and primary function

2.1 The concept of word class

We now have to ask how a word class is defined. In linguistic methodology, the identification of the word class 'adjective' in a language works like the identification of any other word class:
1. One posits, on the basis of some linguistic theory, those properties which characterize the prototypical member of the word class in question independently of a specific language.[9]

---

[7] In the conception of endocentricity presupposed here, apposition is not endocentric (cf. Matthews 1981: 147–151).
[8] The historically definite form of the adjective also occurs in indefinite contexts in Modern Lithuanian; s. Holvoet & Spraunienė 2012.
[9] Cf. Lyons 1977: 440 on the prototypical nature of ontological concepts of parts of speech.

2. One identifies, in language L, those words – if any – which correspond to the prototypical characterization.
3. One analyzes the distribution of these words and thus formulates those structural properties which distinguish them from words of other classes of L.
4. One defines, for L, the word class in question on the basis of these structural properties and subsumes under it all the words of L which share these properties.

The crucial question is, of course: Which are those properties that the entire definitional procedure is based on? Since they are independent of a particular language, they cannot be structural, but can only be functional properties. Given cognition and communication as the two basic functions of language, such functional properties are essentially of two kinds, viz. cognitive and communicative properties of linguistic signs. The entire business of word classes is to make sets of concepts available in different communicative functions (cf. Dabóczi in this volume). What these communicative functions are differs for major and minor word classes (Lehmann 2010, §7). For the major ones, they are such high-level functions as reference, predication and modification. For a sign to be available in some such function means that its combinatory potential comprises the corresponding syntactic function, and this ultimately means that its distribution covers this function. The starting point, however, for setting up a word class is a propositional or syntactic function. In the definition of the adjective, it is the modificative function that plays this basic role.

This approach contrasts with so-called 'notional theories of parts of speech' which base a word class on categories of concepts designated by its members, and where the adjective is a property word because it is the essence of the adjective to designate a property. Such definitions of the adjective are as old as modern linguistics. We shall see in §5 that while it is true that the prototypical adjective designates a property, this fact is not a constitutive component of the concept of the adjective.

Once one has established the word class 'adjective' for language L, one can then proceed to a semasiological analysis with the goal of identifying the kinds of concepts coded in this word class. This procedure allows the analyst to say such things as that adjectives of L1 include concepts of state, while adjectives of L2 exclude them (states being coded as verbs in L2, for instance).[10]

---

[10] Cf. Knobloch ("Kriterien für 'Adjektive' im Sprachvergleich") in this volume.

2.2 Distribution of modifiers

A modifier is a grammatical component which depends on some head in an endocentric construction. Categories which are common for heads in endocentric constructions include the ones shown in Table 1.[11]

Table 1: Endocentric constructions.

endocentric construction	head	modifier	example
nominal group	noun s.s.	*attribute*	*exact* measure
verbal group	verb	*adverbial (adjunct)*	hit *exactly*
adjectival group	adjective	*adverbial*	*exactly* rectangular
adverbial group	adverb	*adverbial*	*exactly* tomorrow

Table 1 shows several things. First, a modifier may modify a primary clause component, viz. a noun (including in subject function) and a verb (including the main predicate); but it may also modify a dependent and in particular a modifier, viz. an adjective or an adverb. Second, established linguistic terminology provides a special term only for the adnominal and the adverbial modifier, viz. the attribute and the adjunct. All the non-adnominal modifiers are adverbials. Likewise, for the word classes dedicated to these modifier functions there is a separate term only for the adnominal function, viz. the adjective. All the others are commonly called adverb. Third, a given lexeme may be used in several of these functions. English has lexemes distributed over all of the functions of Table 1. Finally, use of a lexeme in any of these modificative functions may or may not require an operation of categorization. In English, all of those functions which traditional terminology dubs 'adverbial' may involve overt adverbialization for those lexemes for which the process is regular and productive, as in (2c).

Just as English does not distinguish formally between adverbal, adadjectival and adadverbial adverbs, so a language may fail to distinguish formally between all of these adverbials and adjectivals. This is the case for the modifiers of Hixkaryana (s. § 4.4.2).[12]

---

[11] Table 1 simplifies the situation in various respects. For instance, it leaves out sentence adverbials; cf. fn. 4.

[12] In German, most members of the adjective class are used in attribute and in adjunct function without any derivation. Thus, the same lexemes serve in both functions, the formal difference residing only in the declension in the former function.

Just like several other kinds of construction may be used in predicative function, the same goes for modifiers. In English, the adverbial functioning as predicate in (13b) requires a copula just like the adjectival in #a.

(13) a. *It is hot.*
    b. *It is here / tomorrow.*

This set of examples is evidence that adjective and adverb even in a language like English, where they are clearly separate word classes, share several traits in their distribution which allow them to be classed together in a superclass 'modifier'.

2.3 The concept of primary function

While the notional approach to parts of speech is notoriously laden with methodological problems of operationalization, the approach based on propositional and syntactic functions is not without such problems, either. The function in which speakers want to have a certain concept available depends on the moment of the discourse they are engaged in.[13] The distribution of a linguistic sign is therefore rarely limited to just one syntactic function; it will typically be available in more than one. Then if there is a class of words which are used in modification, but also in some other function, one needs some such methodological concept as 'primary function' in order to be able to identify adjectives on the basis of the modifying function.

Consequently, some considerations must be devoted to the methodological problem of determining the primary function of some word class. The idea behind this concept is that a word class is a distribution class and that the whole business of word classes is to have concepts available with a certain combinatory potential, i.e. with a certain distribution. Now if members of some word class have a distribution such that they appear in more than one syntactic function, then it may be of methodological relevance for their linguistic categorization to determine their primary function. This may be defined as that syntactic function which requires no grammatical operation to use a member of that word class in it.[14]

---

[13] Coseriu (1972) insists that this is exactly why parts of speech are called this (instead of 'parts of the language system'). Cf. also Lehmann 2008, §2.
[14] This approach to the formation of word-class concepts is due to Kuryłowicz (1936: 43): "Si le changement de la fonction syntaxique d'une forme A entraîne le changement formel de A en B

The problem in operationalizing this definition is, of course, to ascertain whether, in a given context, a grammatical operation has been applied. In Kuryłowicz's original conception, a "formal change" from a "base form" to a "derived form" is assumed. This seems to presuppose some kind of markedness relation such that the derived form bears some additional grammatical formative lacking from the base form. There are many cases where application of such a criterion is straightforward. For instance in English, the bare adjective combines as a prenominal attribute with a head noun, while its use as a predicate requires a copula. A similar situation obtains in Romance and many other languages. Here attribution is clearly the primary function of this distribution class, and therefore the category that its members are in is called 'adjective'.

In other languages, the situation is more complicated. Often, members of a certain word class are marked by a certain grammatical formative in attributive use and by another formative in predicative use. One such language is German, where adjectives show agreement and, consequently, desinences in attributive position, but show nothing of the sort, and instead require a copula, in predicative position. As long as there is no theory according to which the agreement morphemes would not count as formatives marking attributive use, structural complexity in attributive and predicative use is almost equal. Then we either have to conclude that German and many other languages lack the category of adjective, or we need a different criterion to determine the primary function.

There are, in fact, alternative ways of determining the primary function of a word class. Often, a subset of the members of a word class has a reduced distribution. Assume a situation where the adjective, by default, occurs as an attribute, as a nominal predicate and as an adverbial. Then if there are adjectives with a reduced distribution, they should be limited to the primary function. In other words, the primary function of a word class is that function which may be the only one in a language, or the only one for a subset of the class in a language.

This criterion seems theoretically well-founded and does work for several languages. Languages with a word class whose members can exclusively function as attributes include Japanese (s. below), Takelma, Supyire and Tinrin (Bhat & Pustet 2000: 764). Furthermore, a small subset of the adjectives of Kassena (Gur)

(la fonction lexicale reste la même), est fonction syntaxique primaire celle qui correspond à la forme-base, et fonction syntaxique secondaire celle qui correspond à la forme dérivée." On this criterion, Kuryłowicz bases the thesis (p. 44) "qu'il existe une *hiérarchie* entre les différentes fonctions syntaxiques d'une partie du discours donnée, et que pour chaque partie du discours il existe une fonction-base ou fonction primaire." This is taken up, among others, in Croft (1991) and Bhat & Pustet (2000: 757).

and of Babungo (Bantu) are only used in attribution (Wetzer 1996: 72–73). It is methodologically straightforward to consider these classes as adjectives.

However, this operationalization of the criterion of primary function again meets with problems in a language like German. While the default adjective is used in attributive, predicative and adverbial function, there are (sub-)classes of words whose distribution is limited to one or two of these. Table 2 shows words which occur in any or more of these three contexts. The set of contexts in which a word occurs defines its distribution. Since all of the logical combinations of these three contexts occur, this yields the seven distribution classes constituting the rows of Table 2.

Table 2: Some German distribution classes.

distribution class	example	meaning	context		
			attributive	predicative	adverbial
standard adjective	fleißig	'industrious'	+	+	+
purely nominal adjective	gewillt	'willing'	+	+	–
non-predicative adjective	ständig	'constant'	+	–	+
purely attributive adjective: adnoun	dortig	'there'	+	–	–
non-attributive adjective	getrost	'confident'	–	+	+
purely predicative adjective: adcopula	quitt	'quits'	–	+	–
adverb	gern	'with pleasure'	–	–	+

The question is which of these classes are adjectives. Assume that a word is limited to attributive function. Then the primary criterion by which we recognize it as an adjective is its agreement with the head noun.[15] A word that is limited to adverbial function does not inflect. A word that is limited to predicative function would be a verb if it conjugated. The question of whether it might be an adjective arises only if it does not conjugate and instead combines with a copula in predicative function. If it declined, this would entail – for German – that it is not limited to predicative function, which however is the distribution presupposed here. Consequently, the words which are limited to adverbial or predicative function may, in principle, belong to any of the word classes which do not inflect (cf. Dabóczi in this volume).

---

[15] Some words which occupy the same syntactic slot but do not inflect in the standard language (like *lila* 'lilac') are (explicable) exceptions.

A word that is limited to adverbial function is an adverb. There seems to be no way to diagnose an adjective which is limited to adverbial function. The problem of adjectives which are not used as attributes therefore concerns words which occur in predicative function. (14) provides a select list of German items which are listed[16] as adjectives which are limited to predicative position. The adcopulas under #a are non-relational, those under #b take a complement.

(14) a. *entzwei* 'broken', *futsch* 'gone, blown', *pleite* 'bankrupt'
 b. *schuld* 'guilty', *eingedenk* 'remembering, mindful'

A special class of words that are limited to predicative function but do not conjugate is not provided for by current word-class theories. One solution is to subsume such words under the class of adverbs if they are non-relational, and under the class of adpositions if they are relational. In German grammar, *eingedenk* is categorized as an adjective and as a homonymous preposition in *Duden online*[17]. The categorization of such words as adverbs and adpositions does not, however, actually solve the problem of their peculiar distribution, since adverbs and adpositions are not generally limited to use in the predicate after a copula, either. The categorization of such words as adjectives seems plausible on a semantic basis, since at least some of them like *entzwei* and *schuld* characterize the subject as being in a specific state, something not generally afforded by adverbs and adpositions. Moreover, the categorization of *eingedenk* as an adjective may be supported by the existence of its negative counterpart *uneingedenk* 'forgetful', as this derivation is typical of adjectives and generally not available for prepositions.[18]

It may therefore be concluded that there are, in German, some adjectives whose distribution is limited to predicative function. Now there are classes of words limited to attributive function and classes of words limited to predicative function. Both of these might be categorized as subclasses of that distribution class which occurs in all three functions. But again, there is so far no ground for calling this class 'adjective', since we have not been able to determine modification as its primary function. It seems that ultimately only a productivity consideration would resolve this dilemma: the set of words restricted to attributive function is far larger and even productive, while the set of words restricted to

---

[16] They are still listed under this rubric in Drosdowski et al. (1984: 272). More recently, Zifonun et al. (1997: 44), 56 coined the term 'adcopula' for this class. S. also Eichinger (2011).
[17] http://www.duden.de/rechtschreibung/
[18] Paradigmatic lexical relations may also be considered: *entzwei* is synonymous with the adjective *kaputt* 'broken' and antonymous to the adjective *heil* 'intact'.

predicative function is very small and unproductive. So much for methodological considerations which would save the category 'adjective' for languages like German.

The case of the Japanese verb may be even more intricate methodologically.

(15) a. Ano   hito=ga   hon=o   kai-ta.
JAPANESE D3   person=NOM   book=ACC   write-PST
         'That person wrote a book.'
     b. Kore=wa   ano   hito=ga   kai-ta   hon   desu.
         D2=TOP   [D3   person=NOM   write-PST]   book   COP
         'This is the book (which) that person wrote.'

The verb of an independent declarative clause, as in (15a), shows tense, but no person or number. The same is true of the verb in an attributive clause, marked by brackets in #b. Since the same form may be used in predicate and in attribute function, there is no formal criterion of its primary use. In such a situation, the entire word-class system must be considered (cf. §4.4.3.3). The language possesses, in addition, a small class of words which are only used in attributive function – so-called adnouns (Iwasaki 2013: 65 and Lehmann & Nishina 2015, §4.1.1) – and which, by this criterion, can be regarded as adjectives. On the other hand, if the class of which *kai-* 'write' is a member did not constitute the class of verbs, then Japanese would lack the word class 'verb'. It is by such higher-level considerations that a word class with unmarked attributive function is nevertheless not categorized as adjective.

3 The semantics of modification and modifiers

3.1 Semantics of modification

The semantic side of modification may be approached from the point of view of predicate logic. There, the meaning of a syntagma like Latin *homo novus* 'newcomer' would be formalized as something like 'entity x such that HOMO(x) and NOVUS(x)'. In this perspective, the noun s.s. and the adjective appear to be on a par and coreferential. That is, the structural side of modification, viz. the subordination of the modifier under the modified, has no reflex in this kind of semantic representation. This may or may not be adequate for an adjective like the Latin one which, by its declension, includes a pronominal element and might therefore be analyzed as a referential expression. It is not adequate for the English counterpart of this example, *new man*. The meaning of *new one* differs from the meaning of *new*: while the former expression may possibly refer in a discourse, the latter cannot. Consequently, the semantic side of modification does not reduce to coreference.

The expression *enrich* in the characterization of 'modification' offered in §1.1 is vague. Actually, two kinds of modification must be distinguished according to the nature of the modifier, which may be called concept characterization and concept anchoring (cf. Lehmann 1984, ch. 2.4).

3.1.1 Concept characterization

In the examples of (2), the modifier is itself a concept. Its syntagmatic relation to its head may be paraphrased by a predication, as in (16).

(16) a. *Would you pass me the chalk which is red?*
  b. *That is an argument which is invalid.*
  c. *Peter's argument was erroneous.*

While these paraphrases may be clumsy, they serve to show that the semantic relation of *red* to *chalk* in #a, of *invalid* to *argument* in #b and of *erroneously* to *argued* in #c is a kind of predication, rendered explicit in (16). Depending on the category of the modified, this is achieved in either of two ways: In (2a) and #b the modified is a referential concept; so here in (16a) and #b, the modifying concept is the predicate of a relative clause, which latter is syntactically subordinate to the modified head. In (2c), the modified is a predicable concept; so in (16c), the main predication has been nominalized into the subject of a proposition, on which the modifying concept is now predicated. In either case, two operations are involved in (16), predication and downgrading. They render explicit what is implicit in modification as present in (2): On the one hand, modification is a kind of predication. On the other, it is at a lower level than the predication that completes the proposition, as it is subordinate to one of the components of the latter. Thus, in comparison with the predications of (16) considered i n s i d e their clause, the modifiers of (2) are demoted. To be precise, they are demoted to a lower level of syntactic structure, as they depend on the head of a referential expression or of a predicate, respectively.[19]

---

[19] The fundamentals for this approach were laid in Jespersen (1924, ch. 7).

From a semantic point of view, the modifiers in (2) are concepts. They combine with the concepts represented by their heads in such a way as to form a more specific concept. Let us call this kind of modification concept characterization.

3.1.2 Concept anchoring

The adnominal dependents in (17) also come under the traditional concept of modifier. These modifiers, however, are no concepts.

(17) a. *Peter picked up Sheila's handkerchief.*
　　 b. *This must be a handkerchief of Sheila's.*

(17a) and #b are analogous to (2a) and #b in that the modified expression in #a is a referential expression, while the modified expression in #b is a predicate. The sentences of (17) differ from those of (2) in that the modifier *Sheila's* in (17a) is not a concept, but based on a referential expression, and the modifier *of Sheila's* in #b is based on the same referential expression.

While the modifier in concept characterization enriches the intension of the core concept, the modifiers of (17) do not do this. Instead, they select, from the extension of the core concept, that subset of elements which bears a certain relation to the referent represented by the modifier (a "reference point" according to Langacker 1993). This kind of modification may be called concept anchoring. Since the anchor is not a concept, but a referent, concept anchoring may be seen as an operation on the extension rather than on the intension of a concept. Its function may be called element selection.

Nominal attributes like the ones in (17) are the simplest way to achieve concept anchoring. Another strategy implementing this operation is provided by relative clause formation, as in (18).

(18) a. *Peter picked up the handkerchief which belonged to Sheila.*
　　 b. *This must be a handkerchief which has often been deployed for other purposes.*

As suggested by the examples, relative clauses are more complex, but also more powerful than other kinds of attributes. As already argued by means of (16a) and #b, they are downgraded predications not only in purely semantic terms, but visibly at the level of syntactic structure.

Relative clauses are the most versatile among all attributes. They may reduce to a property verb (cf. §4.4.3.2), in which case they afford concept characterization. By means of a plurivalent dynamic predicate, they may relate their head to a set of other referents, thus allowing even more specificity than a nominal attribute. For this reason, the relative construction as such cannot be assigned a fixed position on the continuum between concept characterization and concept anchoring. It may, however, be said that whatever a relative clause can achieve in terms of concept characterization can be achieved more efficiently by a simple adjective attribute, while no other type of attribute achieves the same degree of detail in element selection as afforded by a relative clause.

Just as the concept of concept characterization applies equally to referential and predicable concepts, the concept of concept anchoring here applied to referential concepts would equally apply to predicable concepts. However, this is too distant from the topic of this paper.

3.1.3 Restriction

The modifiers in all of the above examples are restrictive. A modification is restrictive iff it reduces the extension of the modified core. In concept formation, this may be achieved both by concept characterization and by concept anchoring. Restriction of concepts allows enhanced precision both in reference and in predication.

As suggested above, concept anchoring is more powerful for the purpose of element selection than is concept characterization, as it may track down a referent by its relations to other, pre-established referents instead of merely by its properties. Under favorable conditions, element selection suffices to identify exactly one referent, as may be the case in (17a). However, neither restriction in general nor element selection in particular are at the exclusive service of reference. On the one hand, in a given situation, a given ball may be equally well or even better identified as the blue ball (characterization) than as the ball which is closest to the table (anchoring). And on the other hand, an attribute – be it a characterizing or anchoring attribute – does not by itself execute the operation of reference and does not even produce specific – as opposed to non-specific – reference of its nominal group. A nominal group provided by an attribute can still function as a predicate or in a non-specific referential expression, as in (18b).

3.2 Adjectival semantics

3.2.1 Quality concepts

For a long time, notional theories of parts of speech have defined the adjective as a word that designates a property. While this holds for the prototype of the adjective where it exists as a word class, it is of little help in the analytic operations of determining whether a language has adjectives in the first place and, in a second step, identifying the members of the class. As far as the semantic side is concerned, in languages with a rich class of adjectives, only a subset of them designates properties. The others designate states, emotions, the quality of being related to something and even the size and cardinality of sets. This is a rather heterogeneous set of semantic fields. Recent onomasiological approaches to word classes have set up a certain conceptual domain and investigated how its concepts are categorized in languages. From its start, application of this approach to the adjective faces the terminological problem of providing a term that covers such a heterogeneous conceptual domain. They have mostly been called property concepts. This term, however, is needed for just one of the semantic fields commonly covered by adjectives. This is why the terms 'quality concept' and 'quality word' are used in the present treatise.

At least some deductive reasoning is possible in the question of what kind of modification is typical for adjectives. As was seen in § 3.1, nominal attributes achieve concept anchoring because they relate their head concept to a referent, while adjectival attributes achieve concept characterization. Now relative adjectives like *Palestinian* are usually based on nominal attributes. It is thus foreseeable that these will not belong to the core of adjectival concepts (cf. Kaznelson 1974: 206).

The question remains whether there is a particular kind of concepts which are especially apt for attribution, and if so, which kind. The empirical approach to this question consists in collecting the set of adjectives (identified by the procedure outlined in § 2) in a set of languages and determine their semantic intersection set. This was first done in Dixon (1977). The approach has brought to light a set of conceptual fields which constitute the core of adjectival meanings.[20]

---

[20] Raskin & Nirenburg (1995) is a thorough survey of the literature on the semantics of English adjectives, considering both their attributive and predicative use.

3.2.2 Gradable concepts

The very core of concepts which are designated by adjectives if at all the language has any, and which reappear in endocentric nominal derivation (§ 4.5.1), is constituted by a set of gradable concepts like 'big' and 'good'. Overall, prototypical adjectives are gradable, either by degree modifiers like 'very' and 'rather' or even by a morphological category, viz. comparison like *bigger, biggest*. With some marginal exceptions, only adjectives and deadjectival adverbs are susceptible of this operation.

Gradability is intimately related to antonymy: if x is bigger than Y, then Y is relatively small. Again, there are antonymous adjectives, but no antonymous nouns or verbs (other than those derived from antonymous adjectives) and very few antonymous adverbs. The explanation of this fact must derive from the nature of the quality concept: The most basic quality concepts consist of a simple, i.e. non-composite quality, while referential entities are carriers of a cluster of qualities; referential concepts are constituted by the agglomeration of a set of diverse features (Jespersen 1924 *apud* Lyons 1977: 447). If this is so, then there is no single dimension in which a referential concept might be graded, while this is possible for an elementary quality concept (Jespersen 1924, Wierzbicka 1986, Bhat & Pustet 2000, § 2.1).

The set of semantic categories which are represented in even the smallest closed adjective classes comprises the ones of Table 3 (according to Wetzer 1996):[21]

Table 3: Semantic categories of prototypical adjectives.

category	examples
(geometric) dimension	big, small
value	good, bad
age	old, new
color	white, black

The examples given in Table 3 exhaust the adjectives of Igbo (Dixon 1977 *apud* Bhat & Pustet 2000: 767). It is noteworthy that they all designate properties, not states. One may safely conclude that the semantic core of adjectives is constituted by property concepts, although adjective classes that are slightly more comprehensive may include some state concepts like 'hot' and 'cold'.

---

[21] Dixon (1977) lists, as additional domains, physical property, human propensity and speed.

Color concepts are not gradable by default and are therefore less prototypical than the other three categories of Table 3. Even in a language that does have adjectives, color concepts may belong to a separate (sub-)category with more nominal properties. This is the case, for instance, in Chemehuevi (Wetzer 1996: 9f, Bhat & Pustet 2000: 767). In Japanese, color terms are basically nouns (§ 4.4.3.3); color modifiers are derived in the quality-verb class.

The difference between properties and states essentially lies in time-stability: properties are more time-stable than states. Putting it in simple terms, a property is something characterizing a given entity for its lifetime, while a state is something that it may be in for some time span. There are some clear examples of states like 'warm', 'wet' and 'sick'. This is, however, a gradual distinction; and not all quality concepts are easily attributed to either the category of property or of state. Emotions include concepts such as 'angry', 'happy', 'sad', 'love'. They are sometimes listed separately from states, but may be included as a subtype of this category.

Some languages make a formal distinction between properties and states. It was already mentioned that the set of adjectives of some languages includes properties, but excludes states. In Maori, adjectives designate properties and states. In attributive use, there is no difference between the two subclasses. In predicative use, property adjectives are preceded by a classifier which accompanies predicate nominals, while state adjectives are equipped with verbal tense particles (Bhat & Pustet 2000: 766). Cf. also § 4.4.3.3 for Latin.

3.2.3 Non-gradable concepts

If a language has a large and productive class of adjectives, this will include non-gradable concepts. This negative characterization leaves room for much semantic variation. The two most prominent subcategories of non-gradable concepts which tend to figure in the class of adjectives are cardinality and 'possessive' relation. Cardinality is certainly a dependent concept, but it is unlike the other conceptual classes often categorized as adjectives in that it has no specific semantic content but is a purely quantitative concept. As a consequence, it is open to diverse lexical categorizations. There are both differences among languages and differences between lower and higher numbers as to the categorization of cardinality in the word classes. Some languages like the modern Indo-European languages categorize the lower numbers as adjectives, Lakota categorizes them as verbs, and yet others like Yucatec Maya categorize them as prefixes to numeral classifiers. The categorization of numerals as adjectives must be seen on the background of a universal implicational hierarchy (Lehmann 2010, § 4) according to which lower numbers tend more to be conceived as quality concepts and, thus, to be categorized as adjectives, than higher numbers, which tend to be hypostatized to referential concepts and, thus, to be categorized as nouns.

As already indicated in §1.1, the fact that an entity x bears a certain relation to another entity Y may be conceived as a property of X, which may manifest itself in structural terms in its categorization as an adjective. This yields the class of relative adjectives.[22] We will first say a few words on the semantics of such adjectives and then turn to their productive formation. 'Relative adjective' is here used as a cover term for adjectives that relate their head to the entity designated by their base. The class comprises several semantic subclasses, among them adjectives of provenience like *Palestinian* and *French*. They are based on nominal attributes, which anchor rather than characterize the modified concept (§3.1). However, in a language with a binary opposition between an adjectival attribute like *French* and a nominal attribute like *of France*, the structural contrast may be paired with a semantic contrast: the adjective brings the function of the modifier closer to concept characterization. On the one hand, an adjective like *French* tends to designate less a function that relates a thing to France and more a certain (national, cultural, social etc.) quality. Also compare the expressions in (19):

(19) a. *Japanese garden*
     b. *German garden*

A web search by a certain search engine on 05/10/2015 produces 7,130,000 hits for (19a) and 106,000 hits for #b. This is not because the extension of the concept behind (19a) is so much larger – it need not even be. It is because the attribute in (19a) designates a quality which restricts the core concept in such a way as to evoke a type that may be found anywhere in or outside Japan, while the attribute in #b just relates the core concept to Germany without evoking any quality commonly associated with this relation.

On the other hand, the far majority of the adjectives which do relate elements of the set designated by the head to elements of the set designated by their base are d e r i v e d adjectives like *Bulgarian, wooden, masterly, verbal*, which tells us that the primary function of their bases is not modification. They are converted

---

22 These adjectives have often been called relational adjectives. This term, however, is needed for adjectives which take a complement, like those in (14b).

into adjectives not on account of their meaning, but in order to have them available as modifiers.

The class of relative adjectives is a large and productive one in many modern Indo-European languages, notably the Slavic languages. Examples (20) are taken from German.

(20) a. *behördliche Maßname*
GERMAN   'administrative measure'
  b. *amtliche Beglaubigung der Urkunde*
      'official authentication of the document'

Formation of relative adjectives may be productive and regular to an extent that allows the paradigmatic relation between the adjective and its base to be formulated as a transformation. Diagram 1 represents a transformational analysis of (20a),[23]

| [[A_N – B_{Rel}]$_{Adj}$ | C_N]$_{Nom}$ | ⇔ | [C_N | [G_{Det} | A_N]$_{NP.Gen}$]$_{Nom}$ |
| behörd-liche | Maßnahme | | Maßnahme | einer | Behörde |

Diagram 1: Derivation of relative adjective.

where the genitive in the nominal attribute plays the role of B in the adjectival attribute. Even more specific transformational relations may obtain if C itself is a regularly derived noun, notably an action noun, as in (20b). Then the ultimate base of the derivation may be found at an even more elementary level, as shown in Diagram 2.

	1	[[[A_N – B_{Rel}]$_{Adj}$	[C_V – D_{NR}]$_N$]$_{Nom}$	$E_{NP.Gen}$]$_{Nom}$		
		amt-liche	Beglaubig-ung	der Urkunde		
⇔	2	[[[C_V – D_{NR}]$_N$	$E_{NP.Gen}$]$_{Nom}$	[F_{Rel}	[G_{Det} A_N]$_{NP}$]$_{PrepP}$]$_{Nom}$
		Beglaubigung	der Urkunde	durch	ein Amt
⇔	3	[[G_{Det} A]$_{NP.Sbj}$	[$C_{V.fin}$	$E_{NP.Obj}$]$_{VP}$]$_S$	
		ein Amt	beglaubigt	die Urkunde	

Diagram 2: Derivation of relative adjectival attribute of action noun

---

[23] In this, I am honoring Frevel & Knobloch's (2005: 165) wish to describe the formation of such adjectives as a "grammatical procedure".

In Diagram 2, the step from construction 2 to 1 is the derivation of the denominal relative adjective, while the step from 3 to 2 is the nominalization of a transitive clause.

On account of transformational relationships as in Diagram 2, such derived adjectives are known in the descriptive literature as agentive and instrumental denominal adjectives (Frevel & Knobloch 2005: 159-161 and Hartlmaier in this volume). Three observations may be noted here:
1. Such derived adjectives are often limited in their distribution to the attributive function. This is true of the relative adjectives described by Diagram 1 and Diagram 2.
2. The semantic fields occupied by such derived adjectives are typically outside the area delineated by prototypical adjectives.
3. As shown by the constituency bracketing, the derivation has the effect that the element A – an argument of the underlying verb – gets into a closer structural and semantic combination with the element C – the underlying verb.

The opposition between the nominal and the adjectival attribute may also manifest itself on the syntagmatic plane. While the adjectival attribute in Diagram 2.1 specifies the kind of action designated by the head, the prepositional attribute in Diagram 2.2 identifies an argument of this action. Therefore the adjectival attribute is compatible with a nominal attribute involving a different noun as argument (Frevel & Knobloch 2005: 172), as in (21).

(21)   *amtliche Beglaubigung der Urkunde durch den Justizbeamten*
GERMAN 'official authentication of the document by the law clerk'

When relative adjectives of this type are first formed, they are limited to attributive function (Raskin & Nirenburg 1995). While some may secondarily become usable in predicative function – see below –, some remain confined to the primary function, like *täglich* 'daily' and *behördlich* 'official'. This constraint is comparable to a constraint on derived transitive verbs: While transitive base verbs like German *bauen* 'build [sth.]' often have an optional direct object, the direct object of products of a transitivizing derivation, e.g. the applicative verb *bebauen* 'build on [sth.]', is always obligatory. Typically, if an operation has the goal of creating expressions with a certain combinatory potential, the distribution of its products is limited to just the context where this potential is needed and deployed.

The distribution of the typical German adjective covers the attributive, predicative and adverbial function (§ 2.3). An adjective that is only usable as attribute is, although confined to the primary function of the adjective, not a typical adjective. What is more, once such a derived adjective does become usable in predicative function, like *amtlich* 'official', it typically assumes semantic features representative of the typical adjective, viz. it assumes an evaluative function.

One must conclude that the purpose of such derivational processes is not to enrich a certain semantic field but instead to make concepts available in attribute function. The semantic side of the process is not to be sought in a lexical domain – in particular, it is not the formation of concepts of intermediary time stability – but instead at the level of constructional semantics: the modifier thus formed backgrounds the function of concept anchoring inherent in the nominal attribute that it is based on and becomes capable of concept characterization. This is the functional goal of the derivational operation.

3.2.4 Categorial meaning of the adjective?

The search for a categorial meaning of a word class hits upon a theoretical obstacle (Lehmann 2012, §3.1): Word classes are based on parts of speech; and parts of speech bear syntagmatic, not paradigmatic relations to each other. No two word classes form an opposition, and consequently there is no systematic basis for a semantic distinction between them. What we do find are different kinds of attributes. In many languages, the adjectival attribute contrasts with the nominal attribute and the relative clause. While the latter two kinds of attribute owe their existence to a conversion operation (§1.1), the adjective is a "born" attribute. One is therefore entitled to ascribe, with some caution, to the adjective those semantic features in which the adjectival attribute contrasts with the other attributes. As a consequence, the capacity of concept characterization, as opposed to concept anchoring, is inherent in the adjective.

Beyond this, there is no particular semantic feature shared by all the concepts underlying adjectives which would render them singularly apt for attribution.[24] Instead, two results may be noted:
1. The creation of an adjective is not motivated by the meaning of the underlying concept, but by the goal to use the concept in question as an attribute.[25]
2. A small set of concepts, viz. gradable concepts, are intrinsically apt to serve as attributes and are therefore categorized as adjectives in many languages.

---

[24] The negativity of this finding is also reflected in Wierzbicka's (1986: 360) statement that adjectives are words "designating properties which are not 'meant' to be used for categorizing".
[25] Already Lyons (1977: 448) surmises that the essence of the adjective may be its modifier status rather than some semantic prototype.

These then serve as the categorial, not as the semantic, model for the creation of more adjectives.

4 Modification at different linguistic levels

At the end of §1.1, modification is defined as a linguistic operation whose prototype is instantiated at the level of syntax. It has semantic and structural correlates. Given a prototypical concept, it is possible to generate deviations from the prototype by dropping selected definitional criteria. Some phenomena which border on modification have already been reviewed in §1.2. We now keep the semantic nature of modification as formation of complex concepts constant and vary the level of linguistic structure at which it operates. We will pass through all of the levels from discourse down to lexical semantic structure. This is not just an exercise in scientific concept formation. Instead, we will review a set of linguistic strategies which can partially stand in for attribution proper and which enable a language to do partly or even wholly without this operation.

4.1 Attribution vs. predication

Modification was characterized in §1.1 as demoted predication.[26] Consequently, the feature distinguishing modification from predication is its downgraded status. The term 'subordinate', which suggests itself here, is limited to the syntactic downgrading of a clause, as seen in (16) above. The downgrading of a component of linguistic structure should be understood in a more general sense, as its demotion to a lower rank of prominence.

The semantic side of the concept of demotion intended here can be approximated by first considering a difference between reference and predication (Searle 1969: 123): "reference always comes neutrally as to its illocutionary force; predication never comes neutrally but always in one illocutionary mode or another." This is at least true of predication in independent sentences. Now it makes sense to ask whether modification in general and attribution in particular can be fruitfully characterized with respect to this distinction. This was first tried to explicate, in the terms available at the time, in Becker (1841: 101–102):

---

[26] Eichinger (2007, §3.2.2) calls it "implicit predication".

> Das Adjektiv ... unterscheidet sich aber von dem Verb wesentlich dadurch, daß es nur die ausgesagte Thätigkeit, und nicht, wie das Verb, auch die /p. 102/ Aussage ... ausdrückt. Dieser Unterschied der Bedeutung tritt auf eine sehr bestimmte Weise in der Flexion des Verbs und Adjektivs hervor: die Flexion des Adjektivs, z. B. *ein blank-er Degen, mit blank-em Gelde*, bezeichnet durch die Kongruenz die Einheit der ausgesagten (prädizirten) Thätigkeit mit dem Sein; die Flexion des Verbs hingegen, z. B. *Der Degen blink-et*, drückt die Aussage selbst (das Urtheil) aus.[27]

This attempt at an explanation was taken up and expanded in Steinthal (1847):

> [Mens humana] quas cogitationes saepius tanquam subjectum et praedicatum una junxerat comprehensione, eas quamvis copulatione sublata arctius tamen denuo comprehensas tanquam unam sumsit cogitationem ad novamque cum aliis junxit sententiam constituendam. (p. 22)
>
> Inter has sententias: *corona splendet* et *corona est splendida* nullum fere cognoscitur discrimen. A quibus *corona splendida* non notione tanquam materia distinguitur, sed expressionis lingua effectae forma. Sed cum forma mutatur sensus. Nam illis sententiam enunciamus quam ab aliis probari volumus; sed verbis: *corona splendida* rem exprimimus tanquam jamdudum ita judicatam ab omnibusque concessam, ita ut una habeatur composita notio. Enuncationis igitur unitas in notionis unitatem mutata est. (p. 74)[28]

According to this explication, modification is a kind of subservient predication; attribution is predication at the service of concept formation. By the downgrading, the predicative force gets lost, i.e., it is, even in independent clauses, no longer associated with illocution. Although this seems, in principle, to be an ade-

---

[27] 'The adjective, however, differs essentially from the verb in that it expresses only the predicated activity and not, like the verb, also the predication itself. This semantic difference becomes evident in a very specific way in the inflection of the verb and the adjective: the inflection of the adjective, e.g. 'a shiny[nom.sg.] epée', 'with shiny[dat.sg.] money', indicates by its agreement the unity of the predicated activity with the being; by contrast, the inflection of the verb, e.g. 'the epée shine-s', expresses the predication (the judgement) itself.'

[28] 'The thoughts that the human mind has frequently joined as subject and predicate in one sentence, those, despite lifting their nexus [copula], yet uniting them again more tightly, he has taken as one sole thought and joined with others into the constitution of a new sentence.

Between these sentences: *the crown shines* and *the crown is shining*, almost no difference is discerned. From these, *shining crown* differs not by the notion as some matter [the *designatum*], but by the form of the expression effectuated by language. With the form, however, the sense changes. For with those expressions we utter a sentence which we want to be approved of by others; but by the words *shining crown*, we express the thing as long decided and conceded by everybody, so that it is regarded as one composite notion. The unity of the sentence has, thus, changed into the unity of the notion.' [literal non-idiomatic translations by CL]

quate characterization of the semantic side of modification, we will see in the following section that in actual usage, things can be more complicated.

4.2 Discourse level: predication instead of modification

For the applicability of modification to a referential concept, it makes a difference whether a referent based on this concept is already in the universe of discourse or is to be introduced into it. In the former case, any further predications cannot delimit the referent meant, since this is *ex hypothesi* completed. Additional predications on it just accumulate information on it. Since modification is downgraded predication, this also excludes modification of identified (*vulgo* "definite") referents. Things are different if a modification applies to a concept which is not used to designate an identified referent, be it that the referent is just being introduced into the universe of discourse, be it that the concept serves as a predicate. A predication can then restrict the concept in question, thus enabling the selection of a more narrowly delimited referent. Anaphoric reference to the complex entity thus formed by predication identifies the referent thus selected. For instance, if a king reports (22), then the anaphoric *these* in the second clause does not take up the expression *some countries*, but instead refers to the countries left in place.

(22) *Some countries, however, I left in place; to these I set borders.*

Under the conditions described, the predication of the first clause has the discourse effect of a modifier of its subject. No operation of modification is necessary, since predication achieves all that is necessary. Discourse prosody tells the hearer that the first clause sets up the topic for the second clause. However, the paratactic construction of (22), with an indefinite determiner in the first clause and an anaphoric demonstrative in the second clause, may be grammaticalized into a complex sentence. This is what happened in Late Proto-Indo-European and is still visible in Hittite sentences like (23).

(23)   *pēdi=ma=kan*   *kw-ē*   Kur.Kur[Meš]
Hittite   place:LOC=however=down   REL-ACC.PL   countries:PL
     daliyan-un
     leave:PST-1.SG
     'Which countries, however, I left in place,'
     nu=smas   Zagḫ[I.A]-*us*   *tehh-un*
     CONN=ANA.DAT.PL   border:PL-ACC.PL   put:PST-1.SG
     'to these I set borders.' (KBo IV 7, 116f)

(23) illustrates a standard case of grammaticalization of a paratactic into a hypotactic construction. The relative pronoun *kwi-* is etymologically identical with the indefinite pronoun 'some'. Since the initial clause of this correlative diptych is subordinated, its predication is downgraded, i.e. it is a kind of modification. Consequently, it can apply to the referential concept 'countries' b e f o r e this is determined. As a consequence, this modificative construction may also be used to identify a referent ('those countries that I had left in place') which already is in the universe of discourse.

This example shows two things: First, under the conditions explained, predication can do the service of modification at discourse level. Second, a modificative construction can evolve diachronically out of a predicative construction by grammaticalization.

4.3 Sentence level: trade-off between predication and modification

4.3.1 Predication by attribution

The typical adjective has a secondary use as a nominal predicate. In (24a), the adjective is the core of the predicate.

(24) a. *Gaius   audax   est.*
LATIN   Gaius.M:NOM.SG bold:NOM.SG.M   be.PRS:3.SG
        'Gaius is bold.'
     b. *Gaius   homo   audax   est.*
        Gaius.M:NOM.SG   man.M:NOM.SG   bold:NOM.SG.M   be.PRS:3.SG
        'Gaius is a bold man.'

In the same position, a nominal modified by an adjective may be used, as in #b. The two sentences are essentially synonymous: since *Gaius* is a male anthroponym, the addition of *homo* as the head noun of the predicate nominal adds no information. Structurally, *audax* is a modifier here. However, given that its head is a hyperonym – no matter whether of the subject or of the predicative adjective –, the attribute is the rhematic component of the sentence. As a result, this modification has the same discourse effect as the predication of (24a) (cf. Knobloch 1988: 224f, Thompson 1988, §4).

In languages where the adjective in the occidental sense plays a prominent role in syntax and discourse, texts contain many attributive constructions which are structural condensations of what has the semantic value of a predication at discourse level.[29] Given a construction [Det A N], then adjective A has predicative sense if the syntagma means 'independently identified referent [Det N] is A', and this does not exclude that other referents subsumed under the concept represented by N are A, too. (25) is an example.

(25)   *Pfingsten, das liebliche Fest, war gekommen*; (Goethe, *Reineke Fuchs*, Kap. 2, erster Gesang)
GERMAN 'Whitsuntide, the lovely feast, had come;'

The function of the adjective attribute is not to select the one lovely feast from among all the feasts, but rather to predicate loveliness on the pre-identified feast of Whitsuntide. This function of the attribute becomes clearer if it is presupposed by the semantic structure of the immediate context, as it is in (26).

(26)   *Das milde Urteil wurde mit dem umfassenden Geständnis des Angeklagten begründet.* (WDR 15/02/1995)
GERMAN 'The mild judgement was justified by the accused's full confession.'

Here, it is not the judgement that is justified by the confession (it is presumably justified on the basis of applicable law), but rather the mildness of the judgement. Thus, the main predicate of (26) relates not to the head of its subject, but rather to the proposition coded in the subject and, consequently, to the predication comprised by it. One might thus paraphrase the sentence by 'that the judgement was mild was justified by the accused's full confession'. The same phenomenon is frequent in English discourse. In (27), we are not dealing with consequences of obedience, but with consequences of the state-of-affairs that some obedience is incomplete.

(27) *consequences of incomplete obedience*
(http://mkperry.blogspot.de/2006/04/consequences-of-incomplete-obedience.html)
(28) *The weak support has made me doubt.*

Similarly, if I say (28), it is not the support that has made me doubt but rather its weakness. In such examples, the attribute appearing in the construction is not even deverbal; a simple adjective may do.

---

[29] The idea of 'predication by attribution' goes back to Kaznelson 1974: 199. S. also Lehmann (1984: 175).

In Latin, there is even a specific syntactic construction whose structure involves attribution but whose value is a predication. The *ab urbe condita* construction is an NP consisting of a head nominal H and an attribute A such that the *designata* of H and A form an argument and a predicate, respectively, of a proposition which is the meaning of the NP. In other words, the meaning of the NP is not (as usual) '(kind of) H which is A', but instead 'the fact/event/circumstance that H is A'. The construction is named after a Latin instantiation of it like (29).

(29)   *anno   DLI   ab   urbe   condita*
LATIN year.M:ABL.SG 551   from city.F:ABL.SG found:PTCP.PASS:F.ABL.SG
'in the year 551 after the foundation of the city ...,'
bellum   cum   rege   Philippo
war.N:NOM.SG with king.M:ABL.SG Philipp.M:ABL.SG
'a war with king Philip'
initum   est
begin:PTCP.PASS:NOM.SG.N be:3.SG
'was begun' (Liv. AUC 31, 5, 1, 1)

Structurally, *ab urbe condita* is a prepositional phrase with a preposition governing a noun phrase in the ablative, whose head is the noun *urbe*, which in turn has an attribute which is the participle *condita*. However, years are not counted from the city but from the event of its foundation. Semantically, therefore, *urbe condita* is a manifestation of a reified proposition, something that would generally be represented by a nominalization like *urbis conditio* 'foundation of the city'.

In certain syntactic domains, there is rule-governed interlingual and intralingual variation between adjectival attribution and predication. This concerns, above all, existential clauses and their subtype, ascriptions of possession. Given the ascription of possession of entity Y which has quality Z to possessor X ('X has a Y of quality Z'), one is actually confronted with two predications at once, one which ascribes possession of Y to X, and another one which characterizes Y. Either of the two can be the (main) predication of the sentence, while the other is downgraded to an attribute, as shown in (30).

(30) a.   *Sie hatte drei Hühner.*
GERMAN 'She had three hens.' (contemporary German)
     b.   *Ihrer   Hühner   waren   drei ...*
her:GEN.PL hen:PL be.PST:3.PL three
'Her hens were three ...' (Wilhelm Busch 1865, *Max und Moritz*, Erster Streich)

In modern German just as in English, Spanish and several other European languages, possession of a specified quantity is commonly coded as in (30a): ascription of possession of Y is the main predication, while the modifier Z designating the size of the set is an attribute of noun Y. The opposite possibility is to treat the relation to X as a possessive modifier of Y and predicate its size Z on it, as in the (now obsolete) (30b).

The choice among the alternatives does not appear to matter much in the case of alienable possession as represented by (30). If a language possesses a 'have' verb, it may prefer the first alternative, and otherwise, the latter. Languages which account in their grammar for the alienability contrast would not be able to dissociate syntactically the possessive determiner from an inalienable possessum Y, so that any construction involving 'have' or its more common equivalent EXIST becomes inapplicable. Yucatec Maya, represented by (31), is among these languages.

(31)　　　*chowak-tak　u　　　　múuk'　　yook　le　　x-ch'uppaal=e'*
YUCATEC　long-PL　　[POSS.3　strength　foot　DEF　F-girl=D3]
　　　　'the girl has long legs' (Lehmann 2002, ch. 4.3.2)

Literally, (31) says 'long are the legs of the girl' (the clause subject is bracketed in the gloss). Considering the inalienability of legs, this is, in fact, a natural way of coding this thought. By contrast, the construction appearing in the translation, which is preferred in English (and German), is not functionally motivated, since the intention here is not to ascribe possession of Y to X. What is actually subject to illocutionary force (and exposed to acceptance or contradiction by the hearer) is the ascription of quality Z to Y. This kind of example therefore shows that in certain contexts, predication and attribution may be in complementary distribution or free variation and, by this criterion, isofunctional. They may alternate in a language, as in (30), or among languages, as in (31). And there may even be attributive constructions of a high degree of grammaticalization – viz. the constructions of (29) and of the translation of (31) – which are less well motivated in terms of discourse function than their corresponding predicative construction.

In all the above cases, attribution is the structural manifestation of a predication. Naturally, whenever a predication can stand in for an attribution, no adjective is needed as the head of the predicate; it may as well be a verb. On the other hand, there is in languages with well-developed attribution a wide range of constructions which make use of it, but which would not enable a linguistic argument for the need of attribution.

4.3.2 Adverbial adjunction and predication

An analogous argument can be made for adverbial adjunction. The subsequent series of examples shares the following structure: There is a core proposition P which is the operand of a modifier or outer predicate M (cf. Kaznelson 1974: 256-258). German is notorious here for coding M as a modifier where many languages would abide by a matrix predication.

(32) *Möglicherweise hängt dies vom Sprachtyp ab.*
GERMAN 'It is possible that this depends on the linguistic type.'
(33) *Hans hat sich vermutlich verspätet.*
GERMAN 'I suppose John has been late.'
(34) *Ich habe dummerweise den Schlüssel vergessen.*
GERMAN 'It is unfortunate that I forgot the key.'
(35) *Das war zugegebenermaßen ein Fehler.*
GERMAN 'One has to admit that that was a mistake.'

In (32)–(35), German combines a sentence adverb as a modifier with a clause where most languages would make the clause depend on a matrix predicate, as shown by the English translations. To be sure, in all of these cases, English could use a sentence adverb as well. In other languages, however, this would not be so easy. For instance, a Spanish translation of (35) would run along the English, not the German lines.

Again the same observation may be made with respect to adverbials integrated into the verb phrase. The example series of (36)–(40) opposes Portuguese, in the #a versions, and German, in the #b versions, with respect to coding some M that is semantically a predication on proposition P (cf. Lehmann 1991, §5.1).

(36) a. *João está lendo um livro.*
PORTUGUESE John is reading a book
b. *Hans liest gerade ein Buch.*
GERMAN 'John is reading a book.'
(37) a. *O preço da carne vai aumentando.*
PORTUGUESE the price of:the meat goes increasing
b. *Der Fleischpreis steigt ständig.*
GERMAN 'The meat price is rising constantly.'
(38) a. *João anda contando mentiras.*
PORTUGUESE John walks telling lies
b. *Hans erzählt dauernd Lügen.*
GERMAN 'John is telling lies all the time.'

(39) a.　　　*João continuou correndo.*
PORTUGUESE　John　kept　　running
　　b.　　　*Hans lief weiter.*
GERMAN　　'John kept running.'
(40) a.　　　*João gosta de desenhar bonecos*
PORTUGUESE　John likes of draw:INF puppets
　　b.　　　*Hans malt gern Männchen.*
GERMAN　　'John likes drawing stick men.'

As may be gathered from the comparison, Portuguese codes this kind of M consistently by the matrix predicate – some kind of semi-grammaticalized auxiliary – and German equally consistently by an adverb or adverbial. English sides with either of the two languages.

Ancient Greek has a few more predicates on situations coded as verbs. In the series (41) – (45), the Greek examples in #a show a higher verb M taking P as a participial subject complement, while the German translations code M as an adverbial inside the modified clause.

(41) a. *ên   gàr   katà   tền   kapnodókēn*
GREEK   was   for   downwards   DEF:F.ACC.SG   chimney:F.ACC.SG
       es   tòn   oîkon   esékhōn
       into   DEF:M.ACC.SG house:M.ACC.SG   extend:PTCP.ACT:M.SG.NOM
       ho   hḗlios
       DEF:M.SG.NOM   sun:M.SG.NOM
       'for the sun was just shining down the chimney into the house' (Herodotus *Hist.* 8, 137)
    b. die Sonne schien nämlich gerade durch den Rauchfang in das Haus hinunter

(42) a. *eîta   tòn   loipón   bíon*
GREEK   afterwards   DEF:M.ACC.SG   remaining:M.ACC.SG life:M.ACC.SG
       katheúdontes   diateloîte   án
       sleep:PTCP.ACT:NOM.PL   spend:POT:2.PL   POT
       'then you would keep spending the rest of your life sleeping' (Plato *Apol.* 31a)
    b. danach würdet ihr den Rest des Lebens weiterschlafen

(43) a. *etúgkhanon   próēn   eis   ástu   oíkothen*
GREEK   PST:happen:1.SG   before.yesterday   into   town   house:ABL
       aniṑn
       up:go:PTCP.ACT:M.SG.NOM
       'day before yesterday I happened to walk uptown from home'

b. vorgestern ging ich zufällig von Hause in die Stadt hinauf (Plato
　　　　Symp. 172a)
(44) a. *hoì*　　　　　　　　*Héllēnes*　　　　　　*éphthasan*　　　　　　*toùs*
GREEK　DEF:M.PL.NOM　Greek:M.PL.NOM　preempt:AOR:3.PL　DEF:M.PL.ACC
　　　polemíous
　　　enemy:M.PL.ACC
　　　epì　*tò*　　　　　　　*ákron*　　　　　*anabántes*
　　　on　DEF:N.ACC.SG　top:N.SG.ACC　climb:AOR.PTCP:M.PL.NOM
　　　'the Greeks climbed the top earlier than the enemies' (lit.: the Greeks
　　　preempted the enemies climbing the top) (Menge 1965 s.v. *phtháno*)
　　　b. die Griechen erstiegen die Höhe eher als die Feinde
(45) a. *pántas*　　　　　*elánthane*　　　　　　　*dákrua*
GREEK　all:M.PL.ACC　PST:escape.notice:3.SG　tear:N.PL.ACC
　　　leíbōn
　　　shed:PTCP.M.SG.NOM
　　　'unseen by everybody he shed tears' (Hom. *Od.* 8, 93)
　　　b. heimlich vor allen vergoss er Tränen

We have seen two sets of examples: Those in §4.3.1 show that certain kinds of attribution may be substituted by predication with no change in the discourse-semantic effect. Those in §4.3.2 show that certain kinds of adjunction may be substituted by predication without harm to the discourse-semantic effect. Together, the two sets manifest intralingual and interlingual variation between modification and predication. Predication is a universal propositional operation; it is irreplaceable. Modification is a linguistic operation developed to different degrees and in different areas of grammar in different languages. It is largely replaceable by predication. Modification involves a kind of downgrading. To the extent this is reflected in syntactic dependency, it creates more complex structures at the clause level. Language systems assigning modification a prominent role in the syntax use it to condense two predications into one clause.

In the spirit of Becker and Steinthal quoted in §4.1, one might suppose that if there are two syntactically stacked predications M and P such that M is at a lower structural level than P, such a hierarchical structure would reflect some kind of semantic prominence. In other words, if M is an attribute or an adverbial adjunct to P, then probably P bears the main communicative load, while M is somehow backgrounded. For instance, P might be rhematic or focal or assertive, while M is thematic or presupposed. The examples given in the preceding sections do not bear this out. Not only do the higher or main predicates in those examples which show no modification bear the rhematic force of the utterance, i.e. they are what the illocutionary force applies to; but also the adnominal and adverbial modifiers in the modificative counterparts bear the rhematic force of the sentences in question.[30] To explain this with just one example: What (39) is about in both the Portuguese and the German version is not that John runs, but that his running continues. To the extent that this is true, strategies of modification which are deeply entrenched in the system of a language may have counter-iconic uses, ones not foreseen in the early accounts quoted in §4.1. This is another instance of a general typological principle: If a strategy is highly grammaticalized in a language, it expands beyond its functional locus into uses which appear arbitrary in cross-linguistic perspective and which characterize the language typologically.

4.4 Lexical-syntactic categorization of quality concepts

4.4.1 Syntactic operation and categorization

Modification as a grammatical operation involves the provision of an operator – the modifier – which is relational in such a way that it subordinates itself in an endocentric construction to the head occupying its argument position. There are regular syntactic operations that afford this. Among these are the following:
1. for attribution (already briefly mentioned in §1.1)
   a) of nominal bases: dependency of a cased nominal expression on a nominal expression, nominal attribution for short
   b) of verbal bases: relative clause formation;
2. for adjunction
   a) of nominal bases: conversion into adjuncts, e.g. by adverbializers or adpositions
   b) of verbal bases: conversion into adverbial subordinate clauses, gerunds etc.

To the extent such operations are formally and semantically general, they can convert almost anything into a modifier. We will come back to them in the fol-

---

30 This is born out by investigations of stress assignment to such constructions, too. It may also be recalled that in many constructions where D depends on H, H is only the structural head, while D bears the semantic information and is therefore rhematic. Constructions for which this is true include familiar periphrastic verb forms, the Australian converb construction and the light-verb construction world-wide.

lowing subsections. At this point, it suffices to record that many languages (e.g. Bororo as discussed in §4.4.3.2) have such operations regardless of the extent to which they possess adjectives and/or adverbs.

As defined in §1.1, an adjective is a member of a word class whose primary function is attribution. This entails that no operation of the sort just enumerated is necessary to use it in attributive function. Many languages possess such a word class, notably modern Indo-European languages like English. These require no illustration here.

4.4.2 Adjunction instead of attribution

In some European languages, forms that could modify a nominal expression, typically participles and adjectives, may instead be constructed as a participant-oriented adjunct (called *praedicativum* in traditional grammar and depictive in Himmelmann & Schultze-Berndt (eds.) 2005). The construction is illustrated by (46).

(46) a. *We found Mary weeping.*
 b. *We found a girl weeping.*
(47) a. *We found a weeping Mary.*
 b. *We found a weeping girl.*

The participant-oriented adjunct makes a secondary predication on one of the nominal expressions of the clause, relating to the latter's referent exactly as an attribute would. In fact, the attributive versions of (46) shown in (47) differ minimally in meaning from the former.

The parallelism of (46) and (47) is, however, partly misleading. While the typical attribute is restrictive, the typical participant-oriented adjunct is not. If the head of the construction bears no definite determination, as in the #b examples, both constructions are possible and differ little in meaning. If the head is definite, no restriction is possible; despite structural appearances, modification in (47a) is not restrictive. Instead, this is the typical configuration for a participant-oriented adjunct, as in (46a). The same may be seen in Cabecar (Chibchan, González & Lehmann 2018, ch. 12.1.3). (48) shows a predicative adjective oriented towards a definite antecedent.

(48)   i   ksêi   sig-lĕ=wa   taní
CABECAR 3   string:SPEC   draw-O.PRF=TOT   tense
            'he drew its string taut'

In this language, adjectival and participial modifiers may either be positioned immediately following their head, as in (49a), or displaced, as in #b and in (48). In the former case, the modifier is restrictive; and only under this condition can the complex nominal group be semantically definite. In the latter case, viz. in (49b), the modifier may always be non-restrictive and is necessarily so if the head is semantically definite, as in (48).

(49) a. yís   te   yís   chíchi surúú   sų-ạ́   Túrí   ska
CABECAR 1.SG   ERG   1.SG   dog   white   see-PFV   Turrialba LOC
'I saw my white dog in Turrialba'
   b.   yís   te   chíchi sų-ạ́   surúú   Túrí   ska
         1.SG   ERG   dog   see-PFV white   Turrialba LOC
'I saw a white dog in Turrialba'

The semantic configuration of (49b) is comparable to the one of the first clause of (22)f above: on an indeterminate antecedent in the same clause, restriction need not be coded by attribution.

The Cariban languages (Meira & Gildea 2009) have been described as lacking a class of adjectives and using adverbs in their stead. The situation in Hixkaryana may serve as an example (Derbyshire 1979). The language has a very small set of postnominal quality words including 'big', 'bad' and 'dead'. There are also some stative verbs like 'be dry'. The bulk of quality words are adverbs. This class includes typical adverbial meanings such as 'here' and 'fast', typical property and state concepts such as 'good', 'bad', 'strong', quantifiers and numerals (Derbyshire 1979: 41). It is fed by a variety of derivational processes. The primary use of adverbs is as adjuncts, as in (50) – (52). They are normally positioned at the clause periphery, no matter whether they are interpreted as predication-oriented, as in (50), or as participant-oriented, as in (51).

(50)   ohxe   n-hananɨh-yatxhe   wosɨ
HIXKARYANA   good   SBJ.3>OBJ.3-teach-NPST.COLL   woman
             'the woman teaches them well' (Derbyshire 1979: 24)
(51) a.   asak   kanawa w-en-yo
HIXKARYANA   two   canoe   SBJ.1>OBJ.3-see-IMM.PST
     b.   kanawa w-en-yo,   asako
             canoe SBJ.1>OBJ.3-see-IMM.PST   two
             'I saw two canoes' (Derbyshire 1979: 44)
(52)   to-txowɨ   bɨryekomo   komo   asako/omeroro
HIXKARYANA   (SBJ.3)go-PST boy   COLL   two/all
             'two boys / all the boys went' (Derbyshire 1979: 104)

(53)   ohxe   rmahaxa   n-a-ha   ...
HIXKARYANA good   very   SBJ.3-be-NPST
            'it is really good' (Derbyshire 1979: 91)

Equipped with the copula, an adverb functions as predicate, as in (53). Alternatively, it can be nominalized, *inter alia* by the suffix *-no* which nominalizes anything, e.g. *ohxa-no* 'good one' (Derbyshire 1979: 169). Just as any noun, such a noun can be in apposition with another noun. This is the closest to attribution that the language system gets.

Among the hundreds of example constructions in Derbyshire (1979), there is not a single one that would show an adverb as a component of a nominal expression or in restrictive function (the prenominal position, alleged for (51a) l.c., is probably only apparent). Moreover, the language lacks relative clause constructions such that a relative clause would be an attribute to a nominal. It does have possessive constructions in which a prenominal possessor NP depends on a nominal head. However, it is the latter which is marked as relational in the construction, so that the construction does not come under modification (s. § 1.2). One has to conclude that Hixkaryana not only lacks a word class whose primary function would be attribution, but also lacks attribution as a grammatical operation. Instead, it abides by the second main variety of modification and modifiers, viz. adjunction and adverbs.

4.4.3 The adjective between noun and verb

The secondary status of the adjective in systems of parts of speech manifests itself in many respects. Often, quality concepts are categorized just as a subcategory of nouns or of verbs (cf. Knobloch "Adjektive im Sprachvergleich", this volume). These will be treated in §§ 4.4.3.1 – 4.4.3.3. However, even in a language where this is not so, or at least where grammatical tradition has always treated the adjective as an independent word class, it tends to share properties with nouns and/or with verbs.[31] It is possible to set up a gradation of such properties and to assign the adjective of different languages a place on a continuum between the nominal and verbal poles.[32] This will not be done here. The following rather concentrates on

---

[31] This is the main topic of Wetzer (1996).
[32] One of the first to postulate that the adjective occupies a middle position between the verb and the noun is Becker (1841: 101).

the question of which operations are involved if a quality concept is categorized one or another way.

4.4.3.1 Noun-like quality words: quality nouns
In the occidental grammaticographic tradition starting with Ancient Greek and Latin grammar, adjectives were classified as a kind of nouns s.l. From a theoretical point of view, the major difference between noun s.s. and adjective consists in the fact that the adjective is a modifier, the noun not. A structural manifestation of the modifying argument slot of the adjective is the possibility of its agreement in morphological categories with the head noun. If a quality concept is, instead, categorized as a noun s.s., it lacks this modificative potential.

There are two basic ways of coding quality concepts as nouns s.s.:
a) A noun designating a property may designate a carrier of the property, like 'green one' instead of 'green'. Call this the concrete quality noun.
b) A noun designating a property may designate the property itself, like 'greenness' instead of 'green'. Call this the abstract quality noun.

A language with a clearly distinct class of adjectives like English possesses distinct syntactic or derivational processes to transfer an adjectival stem into either kind of noun s.s. The regular way of obtaining a concrete quality noun on the basis of an adjective consists in attributing the latter to the dummy noun *one*, as in *green one*. The regular way of getting an abstract quality noun on the basis of an adjective stem consists in applying a hypostatizing suffix like *-ness* to the latter, as in *greenness*.

4.4.3.1.1 Ambivalent quality nouns
Among those languages which categorize quality concepts as nouns there are quite a few which ignore the above distinction, i.e. whose quality nouns have both a concrete and an abstract meaning. One of these is Warrungu (Maric, Pama-Nyungan; Tsunoda 2011). The language lacks a separate class of adjectives. The class of nouns comprises many words designating properties like 'good' and 'big' and states like 'hot', 'hungry' and 'asleep'. Such words therefore constitute a semantic subclass of nouns. They have the same grammatical properties as substance-designating nouns. This means they take case suffixes and function as actants, as in (54)f.

(54)　　　 *mori~mori*　　 *nyawa*　 *goyba-gali-n*
WARRUNGU　greedy~greedy　NEG　　give-ANTIP-NFUT
　　　　　'the greedy one does not give [anything]' (Tsunoda 2011: 240)

(55)   *jangarago-nggo   ganyji-n   gagabaraa*
WARRUNGU   small-ERG   carry-NFUT   big
            'small ones carry big ones' (Tsunoda 2011: 268)

There is no number or gender in which quality nouns could agree. More than one nominal expression in a clause sharing their referent agree in case, as in (56)[33] and (57).

(56)   *goyi-nggo   ngaya   wajo-n*
WARRUNGU   hungry-ERG   1.SG.NOM   cook-NFUT
            'being hungry, I cooked [sth.]' (Tsunoda 2011: 352)
(57)   *bama-nggo   yoray-jo   gamo   bija-n*
WARRUNGU   man-ERG   quiet-ERG   water   drink-NFUT
            'the man drank water quietly' (Tsunoda 2011: 240)

Any two coreferential nominal expressions in a clause, as in (56), are in no dependency relation with each other, but in a relation of syntactic phora (often called 'apposition' in the literature). This is also true of quality nouns, as in (57). Such coreferential nominal expressions move around the clause freely, as shown in (58).

(58)   *gajarra   nyola   ganyji-n   goman*
WARRUNGU   possum   3.SG.ERG   carry-NFUT   other
            'she carried another possum' (Tsunoda 2011: 349)

Most of these nouns have a concrete meaning when they designate the carrier of the quality, as in (59a), and an abstract meaning when they designate the quality itself, as in #b.

(59) a.   *ngaya   woga   wona-n*
WARRUNGU   1.SG.NOM   sleep(ABS)   lie-NFUT
            'I lay asleep'
     b.   *ngaya   yani   woga-wo*
            1.SG.NOM   go(NFUT)   sleep-DAT
            'I went for a sleep' (Tsunoda 2011: 159)

---

[33] The coreferential words in (56) actually show different cases, but they could not agree more closely.

The same is true of the quality nouns which mean 'ill(ness)', 'anger/angry' and many more. Neither is there a difference between concrete and abstract quality nouns when they function as predicates, as the language lacks a copula.

4.4.3.1.2 Concrete quality nouns

Quality concepts are categorized as concrete quality nouns in several languages across the globe. Well-described examples include Arabic and Nkore-Kiga (Bantu; Taylor 1985). In Imbabura Quechua (Cole 1982), quality nouns and other nouns do not differ morphologically; both take case and plural suffixes. Either can constitute a complete noun phrase, e.g. *wasi* '(a/the) house', *yuraj* '(a/the) white (one)' (Cole 1982: 76). The two kinds of nouns behave alike both in referential and in predicate function: both combine with the case suffix required by their syntactic function, as shown in (60); and both combine with a copula, as shown in (61).

(60) a. *Juzi   jatun-ta-mi   chari-n*
QUECHUA Joe   big-ACC-VAL   have-3
'Joe has a big one' (Cole 1982: 97)

b. *pay-paj   tayta-ka   chay   wambra-ta-mi   wajta-rka*
he-GEN   father-TOP   that   child-ACC-VAL   hit-PST(3)
'his father hit that child' (Cole 1982: 69)

(61) a. *Juan-ka   mayistru-mi   ka-rka*
QUECHUA John-TOP   teacher-VAL   be-PST(3)
'John was a teacher'

b. *ñuka   wasi-ka   yuraj-mi   ka-rka*
I   house-TOP   white-VAL   be-PST(3)
'my house was white' (Cole 1982: 67)

However, nouns s.s. and adjectives differ in their combination with formatives of intensity and derivational operators. A difference in their syntactic combinatory potential appears if they are combined in a noun phrase: then the quality noun precedes the other noun, as in (62).

(62)   *yuraj   wasi*
QUECHUA white   house
'white house' (Cole 1982: 77)

The language that has provided the prototype for the adjective in the occidental grammar tradition for two thousand years, viz. Latin, actually possesses adjectives of the concrete-quality-noun subtype, and even in a marked way. There is no restriction on the relative order of attribute and head noun. The conversion of adjectives into concrete quality nouns requires no operation whatsoever. What is less known for Latin, and what amounts to an extreme molding of this subtype, is that many nouns s.s. can function as adjectives. The nominal group of (63) features two nominal words, either of which may be the (substantival) head or the (adjectival) attribute in it.

(63) inimici   Germani
LATIN enemy:M.NOM.PL   German:M.NOM.PL
      'German enemies' or 'hostile Germans'

In (64), two nouns s.s. are combined in an attributive construction. The second of them, *asinos*, is graded; so it must be the attribute.

(64) homines   magis   asinos   numquam vidi (Pl. Pseud. 136)
LATIN man.M:ACC.PL more   ass.M:ACC.PL never   see\PRF:1.SG
      'I have never seen human beings who were such asses'

Thus, adjectives and nouns s.s. share all grammatical properties except that adjectives inflect for gender and comparison. If one considers, in addition, the fact that many animate nouns show motion (sex-conditioned change of gender), it is little wonder that ancient grammarians only recognized one category of noun s.l., of which the adjective was just a semantic subclass.

4.4.3.1.3 Abstract quality nouns

Let us first illustrate the proper attributive and predicative constructions of abstract quality nouns from a language which presents them in a clean form, viz. Latin. It should be understood that abstract quality nouns do not represent the primary categorization of quality concepts in this language; they are mostly derived nouns. They are used here for illustration because no language is at hand which would represent the archetype of the abstract quality noun more neatly. (65) shows it in attributive function; (66) shows it in predicative function. In both cases, the quality noun goes into the genitive (the *genitivus qualitatis*). (67) features an abstract quality noun in adverbial function, into which it is converted by the ablative.

(65) cum   Lysander   Lacedaemonius
LATIN when   Lysander(NOM.SG)   Spartan:M.NOM.SG
      vir   summae   virtutis
      man.M(NOM.SG)   highest:F.GEN.SG   virtue.F:GEN.SG
      venisset   ad   eum
      come:PQP.SUBJ:3.SG   to   ANA:ACC.SG.M
      'when Lysander from Sparta, a man of the highest virtue, came to him'
      (Cic. *Sen.* 59, 9)

(66) Sed   haec
LATIN but   this:N.ACC.PL
      quae   robustioris   improbitatis   sunt
      REL:N.NOM.PL   robust:COMP:GEN.SG   badness.F:GEN.SG   be:PRS. 3.PL
      omittamus
      omit:PRS.SUBJ:1.PL
      'but let us skip over these things, which are of a hardier sort of villainy'
      (Cic. *Phil.* 2, 63, 1)

(67) isti   intellexerunt   summa
LATIN that:M.NOM.PL   understand:PRF:3.PL   highest:F.ABL.SG
      diligentia   vitam
      diligence.F:ABL.SG   life.F:ACC.SG
      Sex.   Rosci   custodiri
      Sextus   Roscius:GEN.SG   guard:INF.PASS
      'those guys understood that Sextus Roscius's life was being guarded with the highest diligence' (Cic. *S. Rosc.* 28, 1)

The examples are typical in that the quality noun is accompanied by its own attribute; an unqualified quality would preferably be coded by an adjective and by an adverb, respectively. However, what matters here is that in attributive, predicative and adverbial function, the quality word evinces regular grammatical features of a noun. This is little wonder, since the purpose of a nominal derivation is precisely the need for nominal properties.

The primary categorization of quality concepts as abstract quality nouns is found in LoNkundo (Bantu language of the Mongo people, Kongo; Hulstaert 1938). They are the closest to adjectives that the language can muster. There is a possessive attribute construction [X_{Nom} Y_{At} Z_{NP}], where X is the possessed noun or nominal, Z is the possessor NP and Y is the attributor -*a*. Y takes a prefix by which it agrees with X in class and number, while Z has its own class and number, as shown in (68).

(68) a.   bo-nkáná   ó-a   bŏ-me
LoNkundo CL1.SG-grandchild CL1.SG-AT   CL1.SG-husband
          'grandchild of the husband'
     b.   ba-nkáná   b-a   bŏ-me
          CL1.PL-grandchild CL1.PL-AT   CL1.SG-husband
          'grandchildren of the husband' (o.c. 26)

The attributive construction for quality nouns is like for any other noun. Compare (69) with (68).

(69) a.   y-omba   y-a   bɔ-lɔ́tsi
LoNkundo CL5.SG-thing   CL5.SG-AT   CL2.SG-goodness
          'good thing (lit.: thing of goodness)'
     b.   t-oma   tsw-a   bɔ-lɔ́tsi
          CL5.PL-thing   CL5.PL-AT   CL2.SG-goodness
          'good things (lit.: things of goodness)' (o.c. 35)
     c.   e-tóo   é-â   w-ĕlɔ
          CL3.SG-garment CL3.SG-AT   CL2.SG-whiteness
          'white garment (lit. garment of whiteness)' (cf. o.c. 32)

Four quality nouns deviate from this simple pattern, viz. 'good', 'bad', 'big' and 'long' (o.c. 36). First, they show the plural number of the head noun if and only if its prefix is *ba-* (which is the case in classes 1, 4 and 8, but not in (69)). This subpattern is illustrated by (70).

(70) a.   bo-nto   ó-â   bɔ-lɔ́tsi
LoNkundo CL1.SG-person   CL1.SG-AT   CL2.SG-goodness
          'good person'
     b.   ba-nto   b-ă   ba-lɔ́tsi
          CL1.PL-person   CL1.PL-AT   CL1.PL-goodness
          'good persons'
          (o.c. 26, 35)

Second, if the head noun is plural but its class prefix is not *ba-*, then these quality nouns retain their own singular class prefix and do not (optionally) go into the plural. The exception of these four quality words is noteworthy in our context because they code some of the very most basic property concepts (s. §3.2.2).

In predicative function, the quality noun combines with a copula like any other noun. While the copula agrees with the subject (as any other verb would), the predicate noun does so only optionally, as can be checked in (71).

(71) a. *e-tóo*   *e-le*   *w-ĕlɔ*
LoNkundo CL3.SG-garment CL3.SG-COP CL2.SG-whiteness
         'the garment is white'
   b. *bi-tóo*   *bi-le*   *w-ĕlɔ*   ~ *by-ĕlɔ*
       CL3.PL-garment CL3.PL-COP CL2.SG-whiteness CL2.PL-whiteness
       'the garments are white' (l.c. 25)

Finally, quality words may also be used in adverbial function, as in (72).

(72)   *á-kɛndá-ki*   *i-kɔ́ké*
LoNkundo SBJ.CL1.SG-go- PST CL4.SG-quiet
           'he went slowly/quietly' (o.c. 97)

The set of notions for which the above-described is the primary categorization properly includes 'good', 'bad', 'big', 'small', 'long', 'short', 'clean', 'clever', 'white', 'strong', 'slow', thus, practically all of the basic quality concepts. Languages which categorize quality concepts primarily as abstract nouns are relatively rare across the globe. LoNkundo is one of the few available cases.[34] Nor is this an entirely clean case. The ideal system would have the abstract quality noun in some marked nominal dependency relation under all circumstances, as illustrated above for Latin. Evidently, the categorization as nouns s.s. is less clear-cut in LoNkundo than in the Latin case precisely because the basic lexical category is less distinct than an overtly derived, and thus, explicitly fixed, category.

---

34 Hausa is repeatedly mentioned in the specialized literature, e.g. in Wetzer (1996: 70f), as a language which has abstract quality nouns instead of adjectives. However, according to Jaggar (2001, ch. 5 and 9.3), the language has a large and productive class of adjectives proper. On the other hand, a set of quality concepts such as 'cold', 'bitter', 'nice' is categorized as "abstract nouns of sensory quality" (ch. 5.2.6), thus, 'coldness', 'bitterness', 'nicety' .... This set comprises "60 or more" (p. 104) members, all of which "are analyzable as derived nominals", whether or not their (nominal!) base is synchronically identifiable. These are abstract quality nouns and do behave as such in attribution and predication.

4.4.3.2 Verb-like quality words: quality verbs

Wayãpi (Tupí-Guaraní, French Guiana and Brazil; Grenand 1980) has active-inactive alignment of verbal actants. Active intransitive verbs are dynamic, inactive ones are stative. The personal prefix cross-referencing the inactive actant (the undergoer) is identical to the nominal prefix cross-referencing the possessor. It is shown by (73).

(73)   *i-luwã   kaalu   mɛ*
WAYĀPI U.3-cold   evening   to
       'it is cold tonight' (Grenand 1980: 83)

Luwã 'cold' belongs to a subset of predicative words – quality words – which share the following distribution:
1. predicate (like 'be cold')
2. abstract quality noun (like 'coldness')[35]
3. concrete quality noun (like 'cold one')
4. attribute (like 'cold')
5. adverbial (like 'coldly').

In contexts 1 and 2, these words take the inactive person prefix as shown in (73). Otherwise, there is no derivational element marking a conversion; these words display category-indeterminacy with respect to stative verb, abstract quality noun, concrete quality noun, and adverb.

For stative just as for active verbs in general, there is an oriented nominalization X=*mãʔɛ* (X=OR.NR) 'one that is (involved in) X', where 'is involved in' paraphrases any argument relation. It is illustrated by (74). If the base is a quality word, as in (75), it alone suffices to yield a concrete quality noun for context #3 above.

---

[35] Grenand (1980: 46f) advocates the thesis of the nominal character of quality words in Wayãpi, glossing them mostly by French abstract quality nouns. Unfortunately, all of the examples adduced of stative bases in nominal use show concrete quality nouns; there is in the grammar not a single example which would require an analysis as an abstract quality noun. P. 59 reads: "c'est ainsi que l'on dira ... "la beauté de ce bébé-calebasse", que l'on rend en français par "cette jolie petite calebasse." Likewise, Dietrich (2000: 261) claims that a phrase like *wira-ʔaʔɛʔɛ* (tree-fruit sweet) literally means 'sweetness of the fruit', while 'sweet fruit' is only a eurocentric interpretation. This is impossible because a concrete noun and an abstract noun satisfy different selection restrictions of the verb on which they depend. What would be possible is that the same stem displays categorial indeterminacy between a modifier and an abstract quality noun; but this would precisely have to be shown by adducing them in contexts with verbs selecting concrete vs. abstract arguments.

(74)	aku=mãʔɛ̃
Wayãpi	hot=OR.NR
	'the hot one [i.e. the fever]' (Grenand 1980: 100)
(75)	piʔa ɔ-y-aɔ ɛnɛ lɛwanũ
Wayãpi	small A.3-RFL-cry you because.of
	'the little one is crying because of you' (Grenand 1980: 67)

Attributes (context #4) are postnominal (while word order in general is left-branching). This includes relative clauses, which are nominalizations of verbal constructions, as in (76). Again, if the base is a quality word, as in (77)f, the mere stem serves as a postnominal attribute.

(76)	y-aʔɨ i-nupi=mã̃ʔɛ̃ lɛwɛ
Wayãpi	DEF-child U.3-laugh=OR.NR with
	'with the laughing child / child who laughs' (Grenand 1980: 62)
(77)	pila iwɛ a-ɛkɨi
Wayãpi	fish good A.1.SG-catch
	'I caught good fish' (Grenand 1980: 58)
(78)	apɨka katuali mũ
Wayãpi	bank beautiful for
	'for a nice bank' (Grenand 1980: 66)

Moreover, the sheer stem of quality words is used in adverbial function (context #5), as in (79b) and (80).

(79) a.	i-katu=tɛ
Wayãpi	U.3-good=FOC
	'it is really good' (Grenand 1980: 92)
b.	a-ɛnu katu
	A.1.SG-understand good
	'I understand well' (Grenand 1980: 68)
(80)	panãkũ lɛwanũ malã=tɛ a-ata
Wayãpi	pannier because.of slow=FOC A.1-walk
	'because of my pannier I am walking slowly' (Grenand 1980: 67)

A few quality concepts are coded by modifying nominal suffixes. These are *-(l)u* and *-(wa)su* (Augm) 'big', *-i* (Dim) 'small', *-tĩ* 'white', *-(l)ũ* 'black', *-ɛʔɛ̃* 'authentic', *-lã(nga)* 'quasi-, would-be' and *-kɛ/-ngɛ* 'past' (Grenand 1980: 49–52). It will be noted that these include some of the most elementary quality concepts. However, it is inadvisable to assume that the language has a closed class of adjectives constituted by these nominal suffixes, since then one would have to count the diminutive and augmentative suffixes in any other language as a closed class of adjectives, too (cf. §4.5.1).

It is possible for a language to possess modification as a syntactic operation, but no process of word formation to enrich the lexical class of modifiers. One such language is Bororo (Macro-Jê, Brazil; Crowell 1979). Constituent order is left-branching. The syntactic strategies of modification are relative clause formation for attribution (81) and postpositional phrase formation for adjunction.

(81)   E-re   jo-rɨdɨ-re   ji-wɨ   ki   bi-të.
BORORO 3.PL-NTR   OBJ.3.SG-see-NTR   REF-REL   tapir   die-CAUS
         'They killed the tapir they saw.' (Crowell 1979: 214)

Quality concepts are categorized as stative verbs. There is a class of adverbs which do function as adjuncts; but it is closed, there are no processes to form adverbs. The regular way of attributing a quality to a verbal construction is to make the latter depend on a matrix stative verb, as already seen in §4.3.2. This is done with ((82), (83)) or without ((84), (85)) overt nominalization.

(82)   A-re   i   kadë-di   pemega-re.
BORORO 2.SG-NTR   tree   cut-NR   good-NTR
         'You cut the tree well.' (lit.: 'your cutting of the tree was good.')
(83)   E-re   karo   kadë-dɨ   pega-re.
BORORO 3.PL-NTR   fish   cut-NR   bad-NTR
         'They cut the fish incorrectly.'
(84)   E-meru   jae-re.
BORORO 3.PL-walk   far-NTR
         'They walked a long way.' (lit.: 'their walking was far') (Crowell 1979: 27, 120)
(85)   E-ra   kuri-re.
BORORO 3.PL-sing   big-NTR
         'They sang a lot.' (Crowell 1979: 135)

This language, thus, has modification both at the syntactic and at the lexical level. However, the modifier lexemes are adverbs, and there is no way of forming such lexemes.

4.4.3.3 Twofold categorization

Japanese is one of those relatively rare languages[36] which possess two intermediate word classes between the nominal and the verbal poles of the continuum (Lehmann & Nishina 2015), quality nouns and quality verbs. The Japanese noun may be identified as the distribution class whose members may be immediately followed by a case particle. In attributive function, this is the attributor *no*, as in (86a). In predicative function, nouns do not conjugate and instead combine with an enclitic copula. Japanese quality nouns are abstract quality nouns. This may be defined as a noun which is attributed by means of the attributor *na*, as in #b, instead of the *no* used for nouns s.s.

(86) a. byooki=no   hito
JAPANESE illness=GEN person
         'ill person'
     b. genki=na   hito
         vitality=AT person
         'healthy person'

Some quality nouns may function as a verbal actant just like nouns s.s., as in (87).

(87)   genki=ga   de-ta
JAPANESE vitality=NOM come.out-PST
          '(I) got awake/lively'

A minority of quality nouns is of Japanese origin. Morphological analysis or etymology reveals many of these to be deverbal derivations. The majority, however, is of foreign – mainly Chinese or English – origin. This is, thus, a productive word class.

Japanese verbs conjugate directly, i.e. without the use of a copula, for tense and aspect, as illustrated by (88a) and (89a). There is no change in form if they function as attributes, as in the #b examples. This is true both of verbs s.s., here called energetic verbs ((88)), and for quality verbs ((89)).

(88) a. onnanoko=wa yom-u
JAPANESE girl=TOP   read-PRS
         'the girl reads'

---

[36] Languages with two classes of quality concepts, one nominal, the other verbal, are listed as "split-adjective languages" in Wetzer (1996).

b. *yom-u   onnanoko*
   read-PRS girl
   'reading girl'
(89) a. *kutu=wa   aka-i*
JAPANESE shoe=TOP red-PRS
   'the shoes are red'
b. *aka-i   kutu*
   red-PRS shoe
   'red shoes'

Quality verbs share with energetic verbs most of their grammatical properties. However, they differ from them both at the syntactic and at the morphological level: While energetic verbs may have any valency, quality verbs are intransitive. In conjugation, quality verbs show different allomorphs from energetic verbs, among them the present tense morph displayed in the examples. There are yet other differences concerning periphrastic forms. All in all, the conjugation of quality verbs is more laborious than the conjugation of energetic verbs. Moreover, the addressee-honorific form of quality verbs involves the auxiliary *desu*, which is otherwise reserved for nominal predicates. All of this amounts to a position of quality verbs slightly off the verbal pole of the noun-verb continuum.

The set of quality-verb roots is relatively small. The core group comprises basic property and state concepts, including almost all the antonymous pairs and the basic color terms. Their origin is Japanese. An etymological analysis reveals most of their conjugation forms to result from the agglutination of a conjugated form of the existential verb *aru* to an erstwhile adjective stem. This suggests that this was once the class of core adjectives of the language.

Another language illustrating a two-fold categorization of quality concepts as nouns s.l. and as stative verbs is Latin (Lehmann 1995). Here, however, roots are not distributed among two categories; instead, a set of roots may be derived either into an adjective or into a verb stem. In some contexts, the two formations contrast; and then the adjective designates a more intrinsic, permanent quality, while the verb designates a more transitory state. The root *val-* 'strong' is one of these: the adjective *val-id-us* (strong-ADJR-M.NOM.SG) is paradigmatically opposed to the stative verb *val-e-o* (strong-STAT-1.SG). (90) features the verb in a relative clause; the gloss is deliberately slightly etymological.

(90)   *Plus   potest   qui   plus   valet.*
LATIN   more   powerful:be.3.SG REL:M.NOM.SG   more   strong:STAT:3.SG
        'He has more power who is stronger.' (Pl. Truc. 813)

The (contextual) meaning is just 'the stronger one gets his way'; so instead of the relative clause we might simply have *val-id-ior* (strong-ADJR-COMP(M.SG.NOM)) '(the) stronger (one)'. However, in this particular situation, too, one may assume that a state rather than a property is being referred to.

4.5 Morphological level

4.5.1 Modificative derivation

A derivational operation may or may not change the syntactic category of the base. For instance, in deriving *bookish* from the base *book*, we recategorize the nominal base into an adjective; but in deriving *booklet* from the same base, we conserve its category. In the latter case, the only change brought about is a semantic one: the semantic composition of the base is enriched by the features contributed by the derivational operator. This kind of derivation is modificative derivation. In the present context, it is impossible to present a survey of modificative nominal derivation. A few examples must suffice.

Modificative derivation which attaches a quality concept to a referential concept is endocentric denominal nominal derivation. While this purely structural delimitation seems to leave everything open on the semantic side, the semantic range of such formations is actually cross-linguistically quite narrow. A few examples from Italian illustrate this:

(91)   cavall   -ino   /-one   /-otto   /-uccio
ITALIAN   horse   -DIM   -AUG   -MEL   -PEJ
           'little/big/dear/miserable horse'

Beside numerous similar suffixes which are in free or idiomatically fixed variation with some of the suffixes illustrated by (91), there is, in Italian, one more suffix which affords this kind of endocentric derivation but is outside the semantic field of (91), viz. *-oide* SIMIL, as in *suffissoide* 'suffixoid'. Apart from this,[37] (91) is entirely representative of the interlingual variation here: what one finds in this area are processes of diminution, augmentation and (positive or negative) evaluation.

Now it is clear that these derivations transport the qualitative concepts of 'good', 'bad', 'big' and 'small', which constitute the core of the set of concepts

---

[37] It might be worth investigating whether the similitive meaning here does step out of the line; s. the set of Wayãpi quality suffixes in § 4.4.3.2.

coded by adjectives in the languages of the world. Moreover, as mentioned before, this kind of derivation is found not only in languages which possess adjectives in the traditional sense, but also in languages which categorize quality concepts as verbs or nouns. This tells us two things: First, it is theoretically and methodologically valid to include this kind of derivation in an investigation of modification and the categorization of quality concepts. Second, since derivation is more entrenched in the language system than a lexical field, the semantic core of quality concepts appears to be universally this: evaluation and the basic geometric dimension concepts.[38]

4.5.2 Agreement inflection

At the morphological level, the modificative function of a word may be marked by some inflection, generally agreement with the head nominal. Agreement is Janus-headed in terms of its functions (Bhat & Pustet 2000:762): On the one hand, it is an asymmetric relation: the attribute shows grammatical categories of its head, not vice versa. In this respect, agreement is clearly a mark of the dependency of the attribute on the head. On the other hand, agreement morphemes are pronominal in nature, both diachronically and in their grammatical feature composition (Lehmann 1982, §7.2). Consequently, a Latin adjective like *novus* does not only mean 'new', but also '(the/a) new one'. This pronominal inflection is of the category noun s.s.; it is, so to speak, the functional head of the agreeing adjective. It therefore renders the adjectival attribute relatively independent of its head noun. This means that it can be separated from it on the syntagmatic plane and may even function like a noun s.s. without any further operation of substantivization (s. §4.4.3.1.2).

The diachronic path along which agreement of the modifier with its head develops has long been known in Indo-European studies. At a first stage, a nominal expression is followed by another nominal syntagma consisting of an adjective provided with a pronoun or determiner, formalizable as [x]$_{N.i}$ [[Y]$_{Adj}$ [Z]$_{Pro}$]$_{NP.i}$ (where the order of Y and Z is immaterial). The syntagma YZ bears a relation of syntactic phora to X, indicated by the referential index. This is why Z shows morphological categories of X. XYZ may also form an appositive construc-

---

[38] It is worth noting that the first definition of the adjective extant in history, viz. the one given by Dionysius Thrax in his *Tékhne grammatiké*, ch. 12 "On the noun" (Uhlig (ed.) 1883: 34), defines the 'epítheton' as a noun "which is put next to proper or common nouns and signifies praise or blame".

tion, thus, a noun phrase, as in (11). This is the phase of development shown by Ancient Greek (92), where Z is the definite article.

(92)   ho   ánthrōpos   ho   agathós
GREEK DEF:NOM.SG.M man.M:NOM.SG   DEF:NOM.SG.M   good:NOM.SG.M
        'the good man'

The reverse order of head and attribute is all but excluded, as already taught by Apollonios Dyscolos (Householder 1981: 76). This leaves little doubt that the construction illustrated by (92) owes its origin to some kind of syntactic phora, paraphrasable as 'the man, the good one'. At the language stage represented by (92), however, this has become a variant of normal adjective attribution. This diachronic pathway has been used repeatedly in the Indo-European family. The Balto-Slavic definite inflection (as in (12b)) is a case in point. Here, Z probably stems from a relative pronoun (Hajnal 1997), so the entire construction originally was a relative construction. This, however, makes no difference for the phoric relation of Z to X. In either case, the latter is the presupposition for the agreement of Z with X. In the next phase of the development, Z coalesces with Y. As a result, Y now agrees with X through its declension desinence. Ancient Greek illustrates this phase, too: The agreement of the adjectival attribute with its head is another, much more advanced and consequently much more archaic, instance of the development on the same diachronic pathway. In other words, attribution by means of the definite article as illustrated by (92) is just a renewal of an inherited strategy.

Just as in Ancient Greek the definite determination of the adjective is restricted to attributive use, so the Balto-Slavic definite adjective is not found in predicative use. Similarly, in the Germanic languages, the adjective agrees with its head in the attributive construction, whereas there is no agreement of the predicative adjective. Moreover, as soon as the phoric function of the agreement is lost, the attributive adjective is also found in prenominal position. All of this is in consonance with the development just sketched. At the same time, it has the consequence, for the languages named, that the adjective bears morphological marks in the attributive construction which it does not bear in the predicative construction, with the methodological consequences mentioned in § 2.3.

4.6 Lexical level: Modification in lexical semantics

In the lexicon, modification takes place at two levels:
1. At the level of primary grammatical categorization, a concept may be categorized as a modifier. It may be an adnominal modifier, in which case it is an

adjective, or an adverbial modifier, in which case it is an adverb. This type of categorization in the lexicon was treated in § 4.4 and is not what is presently at stake.
2. At the level of lexical semantics, i.e. of the meaning of a lexeme, a modifying concept may be a semantic component of the meaning of a lexeme, specifically of a nominal or verbal lexeme. This is the topic to be briefly treated here.

As was seen in § 4.5.1, quality concepts may be derivational concepts. Now quite in general, any concept – or semantic feature – constituting a derivational meaning may also be part of the semantic composition of a root. Features such as 'good', 'bad', 'big', 'small' were shown to be operators of modificative derivation. Similar features have a modificative function in lexical meanings: A bad horse is a jade, a female horse is a mare, a young horse a foal, and so on. Modification of verbal concepts works the same way: To lollop is to walk clumsily, to stroll is to walk leisurely, to sneak is to walk stealthily, and so on. Enriching the inventory of the system by hyponyms of X is an alternative to combining, at the level of 'parole', X with a modifier to create an expression hyponymous to it. While the lexicalization of modified concepts can save many adjectives and adverbs, it is clear that it does not provide complete freedom in the creation of such hyponyms; this is only possible in syntax.

The state of the art in lexical semantics is a representation of the feature composition of a lexical meaning in terms of predicate calculus. Each feature is represented by a proposition containing at least one predicate and a set of arguments. The propositions could, in principle, be linked by any of the logical connectives. As a matter of fact, practically only the conjunctor ($\wedge$) is found in lexical semantic representations. This puts all those propositions at the same level; like for instance an armchair is a piece of furniture, and it is upholstered, and it has armrests, and it is for one person, and so forth. The actual use of nouns in discourse suggests rather that all of these features are not, in fact, on the same level. Instead, to the extent that lexical items are in paradigmatic relations, some features are presupposed as a kind of basic classification, while one of them is the ultimate distinctive feature which sets the *designatum* apart from its cohyponyms. Consider the examples in (93) – (95).

(93) a. *That is not a bachelor; he is married.*
 b. *That is not a rooster, but a hen.*
(94) a. *That is not a bachelor, it is a spinster.*
 b. *That is not a rooster, but a drake.*
(95) a. *That is not a man, it is a woman.*
 b. *That is not a chicken, but a duck.*

The sentences of (93) seem natural; apparently the most discriminative feature of the noun in the first clause is being negated and corrected in the second one. Contrariwise, the sentences in (94) are special. They might be appropriate in metalinguistic use, so that (94a) would mean 'in such a case, the word *bachelor* does not apply; instead you say *spinster*'. In contexts of use rather than mention, it would be much more natural to use (95) instead of (94). The oddness of the sentences in (94) is due to the hierarchy among the semantic features composing the meaning of these nouns. A bachelor is a male person who is unmarried; it is not an unmarried person who is male. Similarly, a rooster is not a male which is a chicken, but rather a chicken that is male. Thus, in the odd sentences of (94), one is disputing not the distinctive feature, but the presupposed classification.[39] It thus seems that a kind of modification which is discriminative obtains even inside the semantic composition of a lexical meaning. The rhematicity observed in §4.3.2 for syntactic modifiers appears to be condensed here in lexical semantic structure.

5 Modification and time-stability

There is unanimity in the literature that the category of the adjective has both a labile and an ambivalent status in the word-class system. Labile, because in contrast to the noun and the verb, it is not present in all languages. Ambivalent, because in any given language, it usually shares features with either or both of the categories 'noun' and 'verb'.

Both of these properties of the class have usually been attributed to the position of the adjective on a continuum extending between the poles of the noun and the verb. The adjective is labile because the logic of the continuum requires only two categories on it, the ones that occupy the poles. Any intermediate categories are optional; there may be none, or there may be more than one. The adjective is ambivalent because the properties constituting the continuum are most distinctive at its poles. Any category in the middle necessarily shares a subset of the features of either of the polar categories.

The continuum itself has often been based on the time-stability of the concepts designated. It is plausible that concepts designated by verbs usually have a low time-stability, while concepts designated by nouns usually have a high time-stability. However, as has repeatedly been observed (Thompson 1988,

---

39 Cf. also the proposal already made in McCawley 1968 to conceive selection restrictions as presuppositions associated with a lexical meaning.

Knobloch 1999), adjectival concepts do not necessarily have a distinct time-stability intermediate between these poles, and for many of them the entire concept of time-stability does not seem to be relevant or even applicable. Moreover, it has been shown (Croft 1991, Lehmann 2013) that the functional foundation of word classes in languages does not reside in semantic categories covered by them, but instead in linguistic operations in which they are involved.

It is true that the prototypical noun designates a maximally time-stable concept and that nouns in general tend to designate time-stable concepts. But this is not because time-stability is the *raison d'être* of nouns, but because nouns are the category in which referential expressions are lexicalized. And while essentially any concept can be made referential, time-stable concepts are typically used for reference, so it makes sense to lexicalize these in the word class destined for reference.

And again, it is true that the prototypical verb designates a minimally time-stable concept and that verbs in general tend to designate time-labile concepts. But this is not because low time-stability is the *raison d'être* of verbs, but because verbs are the category in which predicative expressions are lexicalized. And while essentially any concept can be made predicative, concepts of low time-stability are typically used for predication, so it makes sense to lexicalize these in the word class destined for predication.

The same reasoning in a slightly more complex form applies to adjectives. An adnominal modifier, by its very nature, shares properties with verbs and with nouns. Since it is a modifier, it is predicative like a verb, even though at a subordinate level. And since it is adnominal, it shares the referential potential of its head noun, even though at a subordinate level. The subordinate level at which a modifier functions explains the labile nature of the adjective. And the predicative and referential features deriving from its being an adnominal modifier explain its ambivalence between the noun and the verb.

One of the manifold interdependencies between discourse and the system consists in the fact that what is fixed in the system does not need to be generated in discourse. If a language possesses the category of the adjective, its lexemes enter discourse with a predisposition ('primary function') of serving as modifiers. Whenever such a lexeme actually has a modifying function, no relevant discourse operation is necessary. Whenever it has a different function, it is recategorized. The task in developing a language system which supports economy in discourse is therefore to confer a primary categorization to a concept and a class of concepts such as to minimize the need for (re-)categorization in discourse. One property of precategorial concepts able to serve as a criterion in a regular way is their semantic class. In this respect, the question is: is there a semantic class of concepts whose primary function is modification?

The notion of time-stability here comes into play in a very indirect way. The above review echoes and supports the thesis that the core of quality concepts is constituted by gradable concepts, which are a subcategory of property concepts. These are, at the same time, the simplest and most generally applicable quality concepts by which referential concepts may be further specified. While the feature of time-stability is essentially inapplicable to evaluative concepts such as 'good' and 'bad', dimension concepts like 'big' and 'small' yield rather stable subclasses of referential concepts – a little less stable than the entities themselves. It is, thus, the prototype of quality concepts that has led to the generalization of the intermediate time-stability of adjectives. In actual fact, however, in languages with a rich and productive class of adjectives, most adjectives designate neither properties nor states nor concepts of intermediate time-stability, be it that their time-stability is rather closer to the poles occupied by the noun and the verb, be it that they designate concepts outside the dimension of time-stability. Instead, the category 'adjective' is simply the receptacle for the lexicalization of adnominal modifiers.

6 Conclusion

For a language to maintain a word class of adjectives and/or of adverbs in the lexicon means for it to categorize a set of concepts as modifiers at the lexical-syntactic level. In other words, a subset of lexical items is provided by syntactic features which determine their primary function as modifiers. On the background of the availability of modificative operations briefly reviewed in § 4.4.1, this categorization amounts to a shift of a certain linguistic function from the operational plane to the categorial plane.

To explain: The modification of a noun (or nominal group) by an adjective is a simple operation, viz. attribution. It reduces to the syntagmatic combination of the modifier with the nominal expression as its head, for instance by putting it in front. The modification of a noun by a nominal attribute is a complex procedure. It first involves an operation of conversion of a nominal base into a modifier, for instance by putting it into the genitive case. This is presupposed by the operation of attribution proper, which again consists in the combination of the genitival modifier with its head. The same goes for a relative clause. The first step is the conversion of a verbal clause into a modifier, called relativization. In a second step, the relative clause is combined, as an attribute, with its head noun.

As a consequence, if something is to be modified by M, then there are two possibilities: Either one selects for M a linguistic sign of just any category. Then one first requires a conversion of this sign into a modifier. Technically speaking, this amounts to the equipment of M with a modificative argument position, i.e. an argument position to be occupied by a head in an endocentric construction. Once M has this combinatory potential, the second step is then modification proper. Or else one selects for M a linguistic sign which already comes equipped with a modificative argument position. Then all one has to do is the second step. This latter option, however, presupposes that there is, in the linguistic system, a stock of signs of the category in question. In this perspective, for a language to possess adjectives means that the system spares the speakers a conversion operation. Categorization of a set of concepts in a certain category is a shift of an operation that would have to be executed at the level of discourse (Saussurean 'parole') into the language system (Saussurean 'langue').

As we have seen in §4, the operation of modification is largely dispensable in a language. It is not entirely dispensable, as it will always be present at the level of lexical semantics. Furthermore, no language without modification at any grammatical level has been found yet. At any rate, modification complicates the syntax of a language by introducing a level of subordinate predication. This complicates both linguistic activity and the constructions created by it. The maintenance of a category of adjectives and the storage of a set of lexical items of this category complicates the system, but relieves 'parole'. It is a partial relief for speakers of a language which makes heavy use of attribution.

The presence of adjectives in a language, however, presupposes the availability of the operation of attribution. Even if the language possesses adjectives and these may be used in a given context, the speaker may ignore them. Although certain systematizations are prefabricated in the language system, speakers can free themselves of such "pre-done systematizations"[40] and take recourse to the operation (cf. Lehmann 2013, §2). In this perspective, the operation of attribution has a higher position in the conceptual hierarchy and in the constitution of a language system than the adjective.

---

40 Knobloch (1999, §1) speaks of "vorgetanen sprachlichen Ordnungen".

Abbreviations

a) In glosses

A	actor [verbal index function]	NEG	negative
ABL	ablative	NFUT	non-future
ABS	absolutive	NOM	nominative
ACC	accusative	NPST	non-past
ACT	active	NR	nominalizer
ADJR	adjectivizer	NTR	neutral aspect
ANA	anaphoric pronoun	OBJ	object [verbal index function]
ANTIP	antipassive	OR	oriented
AOR	aorist	PTCP	participle
AT	attributor	PASS	passive
AUG	augmentative	PEJ	pejorative
CAUS	causative	PL	plural
CLx	class x COLL collective	POSS	possessive
COMP	comparative	POT	potential
CONN	connective	PQP	pluperfect
D3	distal demonstrative	PRF	perfect
DAT	dative	PRS	present
DEF	definite	PST	past
DIM	diminutive	PTCP	participle
ERG	ergative	REF	referential case
F	feminine	REL	relative
FOC	focus	RFL	reflexive
GEN	genitive	SBJ	subject [verbal index function]
IMM	immediate	SG	singular
INF	infinitive	STAT	stative
LOC	locative	SUBJ	subjunctive
M	masculine	TOP	topic
MEL	meliorative	U	undergoer [vbl. index function]
N	neuter	VAL	validator

b) In formulas

Adj	adjective	Obj	object
At	attributor	PreP	prepositional phrase
Det	determiner	Pro	pronoun
fin	finite	Rel	relationalizer
Gen	genitive	Sbj	subject
N	noun	s.l.	sensu lato 'in the wide sense'
Nom	nominal (group)	s.s.	sensu stricto 'in the strict sense'
NP	noun phrase	V	verb
NR	nominalizer		

References

Bakema, Peter & Dirk Geeraerts (2004): Diminution and augmentation. In Geert Booij, Christian Lehmann, Joachim Mugdan & Stavros Skopeteas (eds.), *Morphologie. Ein internationales Handbuch zur Flexion und Wortbildung. 2. Halbband*, 1045–1052. Berlin, New York: de Gruyter (Handbücher zur Sprach- und Kommunikationswissenschaft, 17.2).

Becker, Karl F. (1841): *Organism der Sprache*. Frankfurt a. M: G.F. Kettenbeil (2. neubearb. Aufl. Reprint: Hildesheim: Olms, 1970).

Bhat, D.N.Shankara & Regina Pustet (2000): Adjective. In Geert Booij, Christian Lehmann, Joachim Mugdan & Stavros Skopeteas (eds.), *Morphologie. Ein internationales Handbuch zur Flexion und Wortbildung. 2. Halbband*, 757-769. Berlin, New York: de Gruyter (Handbücher zur Sprach- und Kommunikationswissenschaft, 17.2).

Chafe, Wallace L. (1970): *Meaning and the structure of language*. Chicago & London: Chicago University Press.

Cole, Peter (1982): *Imbabura Quechua*. Amsterdam: North-Holland (Lingua Descriptive Studies, 5).

Coseriu, Eugenio (1972): Sobre las categorías verbales ("partes de la oración"). *Revista de Lingüística Aplicada* (Concepción, Chile) 10, 7–25.

Croft, William (1991): *Syntactic categories and grammatical relations. The cognitive organization of information*. Chicago: Chicago University Press.

Crowell, Thomas Harris (1979): *A grammar of Bororo*. Cornell University PhD diss. Ann Arbor & London: University Microfilms International.

Derbyshire, Desmond C. (1979): *Hixkaryana*. Amsterdam: North-Holland (Lingua Descriptive Studies, 1).

Dietrich, Wolf (2000): Problema de la categoría del adjetivo en las lenguas tupí-guaraníes. In Hein van der Voort & Simon van de Kerke (eds.), *Indigenous languages of lowland South America*, 255–263. Leiden: Research School of Asian, African, and Amerindian Studies (Indigenous Languages of Latin America, 1).

Dixon, Robert M.W. (1977): Where have all the adjectives gone? *Studies in Language* 1, 19–80.

Drosdowski, Günther et al. (1984): *Duden. Grammatik der deutschen Gegenwartssprache*. Mannheim etc.: Dudenverlag (Der Duden in 10 Bänden, 4).

Eichinger, Ludwig M. (2007): Adjektiv (und Adkopula). In Ludger Hoffmann (ed.), *Handbuch der deutschen Wortarten*, 143–187. Berlin, New York: de Gruyter.

Foley, William A. (1980): Toward a universal typology of the noun phrase. *Studies in Language* 4, 171–199.

Frevel, Claudia & Clemens Knobloch (2005): Das Relationsadjektiv. In Clemens Knobloch & Burkhard Schaeder (eds.), *Wortarten und Grammatikalisierung. Perspektiven in System und Erwerb*, 151–175. Berlin & New York: W. de Gruyter (Linguistik – Impulse & Tendenzen, 12).

González Campos, Guillermo & Christian Lehmann (2018): *The Cabecar language*. [ms.]

Grenand, Françoise (1980): *La langue wayãpi*. Paris: Société d'études linguistiques et anthropologiques de France (SELAF) (Langues et Civilisations à Tradition Orale, 41).

Hajnal, Ivo (1997): Definite nominale Determination im Indogermanischen. *Indogermanische Forschungen* 102, 38–73.

Hengeveld, Kees (1989): Layers and operators in Functional Grammar. *Journal of Linguistics* 25, 127–157.

Himmelmann, Nikolaus P. & Eva Schultze-Berndt (eds.) (2005): *Secondary predication and adverbial modification. The typology of depictives.* Oxford: Oxford University Press.
Householder, Fred W. (ed.) (1981): *The syntax of Apollonius Dyscolus.* Translated, and with commentary. Amsterdam: J. Benjamins (Amsterdam Studies in the Theory and History of Linguistic Science, III: Studies in the History of Linguistics, III, 23).
Holvoet, Axel & Birutė Spraunienė (2012): Towards a semantic map for definite adjectives in Baltic. *Baltic Linguistics* 3, 65-99.
Hulstaert, Gustaaf (1938): *Praktische grammatica van het Lonkundo (Lomongo) (Belgisch Kongo).* Anvers: De Sikkel (Kongo-overzee Bibliothek, 1).
Jaggar, Philip J. (2001): *Hausa.* Amsterdam & Philadelphia: J. Benjamins (London Oriental and African Language Library, 7).
Jespersen, Otto (1924): *The philosophy of grammar.* London: G. Allen & Unwin.
Kaznelson, Solomon D. (1974): *Sprachtypologie und Sprachdenken.* Ins Deutsche übertragen und herausgegeben von Hans Zikmund. München: M. Hueber (Sprachen der Welt).
Knobloch, Clemens (1988): *Sprache als Technik der Rede. Beiträge zu einer Linguistik des Sprechens.* Frankfurt/M etc.: P. Lang (Theorie und Vermittlung der Sprache, 9).
Knobloch, Clemens (1999): Kategorisierung, grammatisch und mental. In Angelika Redder & Jochen Rehbein (eds.), *Grammatik und mentale Prozesse,* 39–50. Tübingen: Stauffenburg.
Kuryłowicz, Jerzy (1936): Dérivation lexicale et dérivation syntaxique (contribution f la théorie des parties du discours). *Bulletin de la Société de Linguistique de Paris* 37, 79–92.
Langacker, Ronald W. (1993) : Reference-point constructions. *Cognitive Linguistics* 4, 1–38.
Lehmann, Christian (1982): Universal and typological aspects of agreement. In Hansjakob Seiler & Franz Josef Stachowiak (eds.), *Apprehension. Das sprachliche Erfassen von Gegenständen. Teil II: Die Techniken und ihr Zusammenhang in den Einzelsprachen,* 201–267. Tübingen: G. Narr (Language Universals Series, 1/II).
Lehmann, Christian (1984): *Der Relativsatz. Typologie seiner Strukturen – Theorie seiner Funktionen – Kompendium seiner Grammatik.* Tübingen: G. Narr (LUS, 2).
Lehmann, Christian (1990): Strategien der Situationsperspektion. *Sprachwissenschaft* 16, 1–26.
Lehmann, Christian (1995): Latin predicate classes from an onomasiological point of view. In Dominique Longrée (ed.), *De usu. Études de syntaxe latine offertes en hommage à Marius Lavency,* 163–173. Louvain: Peeters (Bibliothèque des Cahiers de l'Institut de Linguistique de Louvain, 70).
Lehmann, Christian (2002): *Possession in Yucatec Maya.* Erfurt: Seminar für Sprachwissenschaft der Universität (ASSidUE, 10).
Lehmann, Christian (2008): Roots, stems and word classes. *Studies in Language* (Special Issue) 32, 546–567.
Lehmann, Christian (2010): On the function of numeral classifiers. Franck Floricic (ed.), *Essais de typologie et de linguistique générale. Mélanges offerts à Denis Creissels,* 435–445. Lyon: École Normale Supérieure.
Lehmann, Christian (2013): The nature of parts of speech. *Sprachtypologie und Universalienforschung* 66(2), 141–177.
Lehmann, Christian & Yoko Nishina (2015): Das japanische Wortartensystem. In Yoko Nishina (ed.), *Sprachwissenschaft des Japanischen,* 163–200. Hamburg: H. Buske (Linguistische Berichte, Sonderheft, 20).
Lyons, John (1977): *Semantics.* 2 vols. Cambridge etc.: Cambridge University Press.

Matthews, Peter H. (1981): *Syntax*. Cambridge etc.: Cambridge University Press (Cambridge Textbooks in Linguistics).
McCawley, James D. (1968): Concerning the base component of a transformational grammar. *Foundations of Language* 4, 243–269.
Meira, Sérgio & Spike Gildea (2009): Property concepts in the Cariban family: adjectives, adverbs, and/or nouns? In W. Leo Wetzels (ed.), *The linguistics of endangered languages. Contributions to morphology and morphosyntax*, 94–133. Utrecht: LOT.
Menge, Hermann (1965): *Enzyklopädisches Wörterbuch der griechischen und deutschen Sprache*. Erster Teil. 19. Aufl. Berlin etc.: Langenscheidt.
Raskin, Victor & Sergei and Nirenburg (1995): Lexical semantics of adjectives: A microtheory of adjectival meaning. *Memoranda in Computer and Cognitive Science* MCCS-95-288. Las Cruces, N.M.: New Mexico State University. (web.ics.purdue.edu/~vraskin/adjective.pdf)
Searle, John R. (1969): *Speech acts. An essay in the philosophy of language*. Cambridge: Cambridge University Press.
Taylor, Charles (1985): *Nkore-Kiga*. London etc.: Croom Helm (Croom Helm Descriptive Grammars).
Thompson, Sandra A. (1988): A discourse approach to the cross-linguistic category 'adjective'. In John A. Hawkins (ed.), *Explaining language universals*, 167–185. Oxford & New York: B. Blackwell.
Tsunoda, Tasaku (2011): *A grammar of Warrongo*. Berlin, New York: Mouton de Gruyter (Mouton Grammar Library, 53).
Uhlig, Gustav (ed.) (1883): *Dionysii Thracis ars grammatica*. Leipzig: B.G. Teubner (Grammatici Graeci, I/1).
Wetzer, Harrie (1996): *The typology of adjectival predication*. Berlin, New York: Mouton de Gruyter (Empirical Approaches to Language Typology, 17).
Wierzbicka, Anna (1986): What's in a noun? (Or: How do nouns differ in meaning from adjectives?). *Studies in Language* 10, 353–389.
Zifonun, Gisela, Ludger Hoffmann, Bruno Strecker et al. (1997): *Grammatik der deutschen Sprache*. Berlin, New York: de Gruyter (Schriften des Instituts für Deutsche Sprache, 7.1-3).

Sarah Hartlmaier
*richterlicher Beschluss, ?richterlicher Mord und *richterlicher Handschuh* – Selektionsbeschränkungen von Adjektiven auf *{lich}* zu Personenbezeichnungen

Abstract: Im vorliegenden Beitrag werden exemplarisch drei Adjektive des Wortbildungsmodells {lich} zu Personenbezeichnungen auf ihre Bedeutung innerhalb von Nominalphrasen hin untersucht. Es zeigt sich, dass sich die Bedeutungsrelationen abgeleiteter Adjektive teils aus denen ihrer Basis ergeben, teils aus dem Spektrum kategorialer Adjektivbedeutungen. Einige semantische wie morphologische Substantivgruppen werden von diesen Adjektiven bevorzugt attribuiert. In diesen Adj+N-Verbindungen zeigen die Adjektive deutliche Präferenzen hinsichtlich ihrer Lesart.[1]

1 Vorbemerkungen

Selektionsbeschränkungen sind semantisch motivierte Beschränkungen der Kombinierbarkeit von Ausdrücken, die nach syntaktischen und syntagmatischen Regeln durchaus kombinierbar wären. So sind Selektionsbeschränkungen dafür verantwortlich, dass **Das Auto trinkt Steine* nicht möglich ist, während *Das Pferd trinkt Wasser* ein möglicher Satz des Deutschen ist. Syntaktisch ähnlich, sind für die unterschiedliche Akzeptabilität beider Sätze semantische Restriktionen verantwortlich: Das Verb *trinken* selegiert ein Subjekt, das eine belebte Entität benennt, und fordert zudem ein direktes Objekt, das eine Flüssigkeit denotiert. Ähnliche Beschränkungen gelten auch bei attributiven Adjektiven, deren Bedeutungen oder Lesarten erst durch Berücksichtigung des Bezugsausdruckes, des Substantivs, offengelegt werden können. Je nach substantivischem Nukleus sind

---

[1] Die Forschungsfrage dieses Artikels leitet sich aus meinem Promotionsvorhaben ab, in dem Selektionsbeschränkungen komplexer attributiver Adjektive untersucht werden.

Sarah Hartlmaier, Universität Siegen, Germanistisches Seminar, Adolf-Reichwein-Str. 2, D-57076 Siegen, e-mail: hartlmaier@germanistik.uni-siegen.de

https://doi.org/10.1515/9783110584042-003

Adjektive dann mehr oder weniger an der nominativen Leistung der gesamten Nominalphrase (NP) beteiligt.

Es wird daher zunächst die Struktur von Nominalphrasen beschrieben, die zumindest zu Teilen deren kommunikative Funktion spiegelt.

2 Die Nominalphrase im Deutschen: von Referenz- zu Konzeptmodifikation

Aus funktionaler, die „ ‚synthetische' Perspektive [...] des Sprechens" (Knobloch 1992: 335, Fn 2) fokussierender Perspektive kommt der NP die Aufgabe der Nomination, der Apprehension, des „‚sprachliche[n] Erfassens[s] von Gegenständen'" (Seiler 1982: 3) zu, wobei ‚Gegenstände' hier, mit Knobloch (1992: 337), „ganz ohne ontologische Implikation zu nehmen [ist] [und alles, S.H.] umfasst [...], was mit nominativen Techniken aufgefaßt werden kann [...]". Die Nomination, die Benennung von Gegenständen, wiederum hat erheblichen Anteil an der Herstellung von Referenz als der Bezugnahme auf Außersprachliches.

Zwar liegt die Verantwortung für erfolgreiche Referenzherstellung insbesondere bei den an der Kommunikationssituation beteiligten Interaktanten, die diese Referenz erst herstellen können. Die Nominalphrase ist jedoch gemäß dieser kommunikativen Funktion gestaltet: Möglich wird die Referenzherstellung erst durch das Zusammenspiel sprachlicher Ausdrücke, der Konstituenten der NP, deren Aufgabe teils die Auswahl geeigneter und das *singling out* möglicher Referenten (Referenzmodifikation), teils die Benennung des Konzeptes ist.

So handelt es sich bei Nominalphrasen um solche Einheiten, die sowohl referieren als auch benennen, wobei die nennende Funktion in der Regel durch das Substantiv realisiert wird, während das substantivische Vorfeld im Deutschen der Referenz dient. Das Substantiv nennt somit den Referenten „beim Namen", während die Aktualisierung in der gegebenen Kommunikationssituation durch das substantivische Vorfeld erfolgt (vgl. Knobloch 1992: 339). Das substantivische Vorfeld, dessen Besetzung im Einzelnen nicht obligatorisch ist, besteht in der Regel aus Determinierern und Adjektiven, wobei die Funktion der Determination nicht durch einen eigens hierfür vorgesehenen Determinierer erfolgen muss, sondern auch durch ein (dann stark flektiertes) Adjektiv erfolgen kann wie in den NPs *blaue Blumen, trockenes Holz* oder *heißes Wasser*.

Modellieren lässt sich die NP daher als eine Einheit, deren linker äußerer Rand der Referenz dient und deren rechter äußerer Rand schließlich das Konzept (durch das Substantiv) benennt (vgl. Seiler 1978). Zwischen diesen beiden Polen stehen Ausdrücke, denen somit eine Doppelrolle zukommt oder zukommen kann: Sie dienen einerseits der Referenzherstellung, können aber andererseits auch das im Substantiv benannte Konzept inhaltlich modifizieren. Dieser Zwischenraum wird im Deutschen von Adjektiven okkupiert.

Das Kontinuum von Referenz- zu Konzeptspezifikation, die gemeinsam der (möglichst disambiguierten) Referenz auf Außersprachliches dienen, schlägt sich in der Grammatik der Nominalphrase nieder, was eine Auseinandersetzung auch mit der innersprachlichen, „analytischen" (Knobloch 1992: 337) Struktur der NP erforderlich macht (vgl. zu dieser Notwendigkeit auch Knobloch 1992: 336): Grammatische Informationen und Einheiten (mit Ausnahme der Numerus- und Kasusflexion am Substantiv selbst) werden am linken Rand der Substantivgruppe kodiert, sofern vorhanden ‚eröffnet' der Determinierer die NP. Der Determinierer kann ein definiter oder ein indefiniter Artikel sein, ebenso ein Possessiv- oder ein Demonstrativpronomen (bzw. dann als Determinativ, vgl. Zifonun et al. 1997: 35, 37). Die Wahl des definiten oder indefiniten Artikels gibt darüber hinaus Hinweise, ob phorische Referenz vorliegt oder nicht. Orientierende anaphorische Adjektive wie *obig-* oder *vorherig-* und quantifizierende Ausdrücke wie *viele*, *diverse* oder *mehrere* können folgen. Der linke Rand der NP enthält zudem die flexivischen Elemente, bei vorhandenem Determinierer werden die folgenden Adjektive lediglich schwach bzw. gemischt flektiert (vgl. Eichinger 2007: 157; Eisenberg 2013a: 172)[2].

Der Determinierer kodiert das am Substantiv nicht markierte Genus und flektiert hinsichtlich Kasus und Numerus in Kongruenz mit dem Bezugssubstantiv (vgl. Eichinger 2007: 152; Eisenberg 2013a: 167). Sofern ein definiter, genusmarkierender Artikel vorhanden ist, werden die folgenden Adjektive schwach flektiert (vgl. (1) a), ohne Artikel folgt starke Adjektivflexion (vgl. (1) b) und bei unbestimmtem (nicht genuskodierendem Artikel) wird das folgende Adjektiv stark dekliniert (vgl. (1) c), bzw. nach Eisenberg ‚gemischt' (s. Fn 1), sodass in jedem Fall ein starker flexivischer Marker enthalten ist[3] (vgl. Eichinger 2007: 152–154; Eisenberg 2013a: 172; Eisenberg 2013b: 240).

---

2 Eisenberg spricht vom ‚gemischter' Deklination bei Adjektiven, die einem unbestimmten Determinierer folgen, wenngleich es sich hierbei um entweder starke oder schwache Flexive handelt. Die flexivischen Elemente sind somit jeweils entweder stark oder schwach – von ‚gemischt' kann man folglich nur in Bezug auf das gesamte Paradigma sprechen.

3 Die gemischte Deklination des Adjektivs enthält sowohl Flexive der starken als auch der schwachen Deklination (vgl. Eisenberg 2013a: 172, der dies am Beispiel von Kontinuativa, die auch artikellos vorkommen können, zeigt).

(1) a. Nom: *heißes Wasser;* Dat: *heißem Wasser*
    b. Nom: **das** *heiße Wasser;* Dat: **dem** *heißen Wasser*
    c. Nom: *kein heißes Wasser;* Dat: *keinem heißen Wasser*[4]

Bei ausbleibendem Determinierer wird das Genus somit an der nächstmöglichen Stelle, dem Adjektiv, kodiert.

Auch aus systemlinguistischer Perspektive lässt sich die Nominalphrase also als ein Kontinuum modellieren, das am linken Rand grammatische Informationen kodiert und am rechten Rand lexikalische Informationen enthält, wobei Kasus und Numerus hier ggf. auch unmittelbar am Substantiv kodiert werden können.

Hansjakob Seiler entwickelt in seinem 1978 publizierten Aufsatz *Determination* ein dem oben beschriebenen Aufbau der NP entsprechendes funktionales Kontinuum, indem er an der Nominalphrase *alle diese meine erwähnten zehn schönen roten hölzernen Kugeln* (1978: 307) zeigt, dass die Reihenfolge der einzelnen Elemente im Vorfeld abhängig ist von ihrer Funktion als Referenz- bzw. Konzeptmodifikatoren und dass eine Abweichung von dieser Reihenfolge zwar möglich, aber markiert ist. Ein dem Substantiv vorangestelltes Adjektiv denotiert eine Eigenschaft des substantivischen Nukleus. Je näher ein Adjektiv bei Adjektivreihung am substantivischen Nukleus steht, desto näher steht es ihm in Bezug auf seine denotierte Eigenschaft bzw. desto tiefer verankert ist seine Bedeutung in der intensionalen Bedeutung des Substantivs. Je größer die Distanz zwischen Adjektiv und Substantiv, d.h. je weiter links das Adjektiv steht, desto weniger denotiert es eine intensional in der Substantivbedeutung angelegte Eigenschaft und desto mehr dient es der extensionalen Einschränkung möglicher Referenten, also der Referenz des substantivischen Konzepts (vgl. Seiler 1978: 309–310); im Seiler'schen Beispielsatz bspw. denotiert *mein* keine intensional angelegte Eigenschaft des Substantivreferenten, während die Dimension Farbe intensional angelegt ist und durch *rot* expliziert wird. Adjektive, die ihr Bezugssubstantiv derart modifizieren, also an der intensionalen Bedeutung andocken, werden häufig auch als Qualitätsadjektive oder qualitative Adjektive bezeichnet (vgl. Eichinger 2007: 144, 163).

Abweichungen von der von Seiler 1978 ermittelten Reihenfolge sind jedoch nicht selten und auch nicht immer markiert, denn das Seiler'sche Kontinuum gilt für solche NPs, deren Kopf ein prototypisches Substantiv ist, das durch entsprechende Adjektive hinsichtlich seiner Extension zunehmend eingeschränkt wird. Prototypisch sind „unter semantischen Gesichtspunkten Substantive mit

---

[4] Beispiele entnommen aus Eisenberg 2013a: 172.

substantieller Bedeutung (*Tisch, Baum, Stuhl*)" (Frevel 2005: 140; Hervorhebung im Original). Vielfach handelt es sich jedoch bei den Nuklei von NPs z. B. um Deverbativa, die im Gegensatz zu prototypischen Substantiven (Konkreta) häufig relational sind. Nicht selten werden diese Substantive von desubstantivischen Adjektiven attribuiert (vgl. Frevel 2005: 143–144), die dann ein Argument der verbalen Basis des Substantivs realisieren können. Die nominative Leistung kann dann zumindest teilweise vom Adjektiv übernommen werden (vgl. Frevel 2005: 135). Häufig stehen daher unmittelbar vor dem substantivischen Nukleus solche Adjektive, die ausdrucksseitig mit Kompositionserstgliedern und nachgestellten Genitiv- oder Präpositionalattributen konkurrieren (vgl. Schäublin 1972: 99, 121; Frevel 2005: 144–147):

(2) a *wirtschaftliche Interessen* vs. *Wirtschaftsinteressen* vs. *Interessen der Wirtschaft*
 b. *sommerliches Outfit* vs. *Sommeroutfit* vs. *Outfit für den Sommer*
 c. *kindliche Äußerungen* vs. *Kindesäußerungen* vs. *Äußerungen des/eines Kindes*

Adjektive dieses Typs werden auch häufig als Relationsadjektive (vgl. Leitzke 1986; Eichinger 2007: 144, 165–166; Frevel/Knobloch 2005) bezeichnet, worauf ich im folgenden Abschnitt näher eingehe.

3 Das Adjektiv im Deutschen

3.1 Gesamtbestand

Neben den Wortarten Substantiv und Verb handelt es sich bei Adjektiven um die dritte große lexikalische Wortart im Deutschen[5], deren Bestand prinzipiell uneingeschränkt durch Wortbildung erweitert werden kann. Die Gruppe der morphologisch primären Adjektive ist vergleichsweise gering und wird zumeist auf nur einige Hundert geschätzt (vgl. Fleischer/Barz 2012: 297; Eichinger 2007: 150 und i.d.B.)[6], „weswegen es [...] einen erheblichen Bedarf an weiteren Adjektiven"

---

[5] Die Klasse der Adverbien ist vergleichsweise klein, dies nicht zuletzt wohl auch deshalb, weil Adjektive syntaktisch adverbial verwendet werden können.
[6] Die Angaben exakter Zahlen variieren hier; Eichinger (2007: 150) zufolge werden zumeist „Zahlen zwischen 150 und 200" genannt.

(Eichinger 2007: 150) gibt. Hierfür stehen im Deutschen eine Reihe indigener und exogener Wortbildungsmodelle, insbesondere zur desubstantivischen und deverbalen Ableitung, zur Verfügung (vgl. Fleischer/Barz 2012: 297–310), von denen das Deutsche häufig Gebrauch macht.[7] Die alternative Bezeichnung „Eigenschaftswort" versucht, die Adjektiven meist zugesprochene kategoriale Bedeutung zu fassen (vgl. Glück 2010: 10 ‚Adjektiv').

3.2 Syntaktische Distribution und kategoriale Semantik

Neben der attributiven Position kann das Adjektiv im Deutschen auch prädikativ und adverbial verwendet werden, wobei die attributive Position als „primary, categorial function" (Bhat/Pustet 2000: 757) gilt (vgl. Eichinger 2007: 167, Frevel 2005: 140, Vogel 1996: 202 und Lehmann i.d.B.).[8] Ein Charakteristikum der Wortart ist, dass viele zu ihr gerechneten Lexeme häufig nicht allen syntaktischen Slots zugänglich sind, was in einigen Arbeiten zu einer weiteren Unterteilung innerhalb der Adjektive in (echtes) Adjektiv, Adkopula und Attributivum führt (vgl. Eichinger 2007: 144, Hoffmann 2013: 47–49).

Allen drei Verwendungsweisen, der attributiven, der prädikativen und der adverbialen ist gemein, dass es sich um dependente Verwendungen handelt: Attributiv dockt das Adjektiv an das Bezugssubstantiv an, dessen Genus, Kasus und Numerus es in Kongruenz zum Substantiv flexivisch wiedergibt, prädikativ bildet es gemeinsam mit der Kopula das Prädikat zum Satzsubjekt und adverbial schließlich dockt es an ein Bezugsverb, Bezugsadjektiv oder einen ganzen Satz an. In allen Fällen also gibt es einen innersprachlichen Bezug, bei dem das Adjektiv syntaktisch attribuiert[9] und semantisch modifiziert.

Durch diese Abhängigkeit von anderen Elementen in der Redekette ergibt sich auch im Falle transponierter Substantive und Verben immer eine kategoriale (=adjektivspezifische) semantische (wie syntaktische) Leerstelle, die der Bezugsausdruck füllt (vgl. Eichinger 2007: 168). Dies gilt unabhängig von anderen Valenzen oder Leerstellen, die die Derivationsbasis ggf. bereits besitzt.[10] Ungeachtet

---

[7] Muthmann (2001) verzeichnet allein rund 10.000 Adjektive auf {bar}, {en}, {fach}, {haft}, {ig}, {isch}, {lich} und {sam}.
[8] Wenngleich dies für das Deutsche insofern verwunderlich erscheinen mag, als es sich bei der attributiven um die einzige morphologisch markierte Verwendung handelt (hierzu Vogel 1996: 204).
[9] Zur Frage danach, was ein Attribut ist – und was es nicht ist – siehe Fuhrhop/Thieroff 2005.
[10] So z. B. durch Ergänzungen, die auch im substantivischen Vorfeld realisiert werden können: *eine ihm lästige Angelegenheit.*

der Frage nach der prototypischen Adjektivposition ergeben sich aus dem ausschließlich in dependenten Positionen realisierten Vorkommen von Adjektiven Konsequenzen für die kategoriale Semantik, die Wortartsemantik des Adjektivs: Adjektive sind Modifikatoren, ihre Semantik muss folglich so ‚vage' beschaffen sein, dass ein semantisches Andocken an eine Vielzahl unterschiedlicher Bezugsausdrücke möglich wird. Eindeutig bestimmen lässt sich eine Adjektivbedeutung daher allenfalls im Rahmen der jeweiligen Einzelrealisierung, also unter Einbezug des syntagmatischen Kontextes bzw. des Bezugsausdrucks.

3.3 Qualitäts- und Relationsadjektive

Differenziert wird innerhalb der Adjektive häufig zwischen den beiden ‚großen' adjektivischen Untergruppen der Qualitätsadjektive einerseits und der der Relationsadjektive, die „per definitionem Basen mit junktionalen Elementen verknüpfen" (Eichinger 2007: 150), andererseits.

Bei Relationsadjektiven handelt es sich Leitzke (1986: 91) zufolge um solche Adjektive, die ihr

> „[...] Bezugsnomen nicht direkt [modifizieren], [sie, S.H.] bezeichnen demzufolge auch keine inhärenten Eigenschaften desselben, sondern drücken lediglich eine Beziehung zwischen den sprachlichen Elementen, auf die sie (d. h. die Adjektive) rückführbar sind, und dem Bezugsnomen aus."

Ihnen gegenüber stehen Qualitätsadjektive, die „das Bezugsnomen direkt charakterisieren, d.h. inhärente Eigenschaften desselben benennen [...]" (Leitzke 1986: 91). Morphosyntaktisch liegt bei Relationsadjektiven eine desubstantivische Ableitung vor (vgl. Glück 2010: 561, ‚Relationsadjektiv'; Schäublin 1972: 88)[11], während Qualitätsadjektive morphologisch simplizisch oder komplex (desubstantivisch, deverbal, deadjektivisch, deadverbial) sein können. Dass es sich um zwei verschiedene Adjektivtypen handelt, spiegelt sich in den morphosyntaktischen Operationen, die Adjektiven prototypisch zugänglich sind (vgl. Schäublin 1972: 87–88, s. auch Eichinger 2007: 169).

---

11 Eichinger fasst unter Relationsadjektiven nicht ausschließlich desubstantivische Adjektive (vgl. 2007: 147–148), sondern nennt auch deadverbiale Adjektive. Weitgehend scheint der Terminus jedoch insb. für desubstantivische Adjektive zu gelten.

So lassen sich Qualitätsadjektive in der Regel
- mittels morphologischer Markierung {er} bzw. {(e)st} synthetisch graduieren oder
- mittels vorangestellter Adverbien wie *sehr, viel, eher* etc. analytisch graduieren,
- entweder mittels präfigiertem {un} oder {nicht} negieren und
- prädikativ verwenden.

Dieses morphosyntaktische Verhalten spiegelt die kategoriale Semantik von Adjektiven insofern, als Adjektive Eigenschaftsbegriffe sind (vgl. Eichinger 2007: 163). Eigenschaften können einer Entität zugesprochen werden, vollumfänglich oder zu Teilen, sie können daher diese Entität in unterschiedlichen Graden attribuieren oder gar als eben nicht zutreffend kodiert werden.

Relationsadjektiven sind diese morphosyntaktischen Operationen nicht zugänglich, sie sind auf die attributive Position im substantivischen Vorfeld beschränkt und denotieren keine attributsfähigen Eigenschaften. Formal lässt sich jedoch ohne Berücksichtigung des jeweiligen Bezugsausdrucks nicht eindeutig unterscheiden, ob es sich bei einem abgeleiteten Adjektiv um ein Qualitäts- oder ein Relationsadjektiv handelt. Lediglich die morphologisch primären Adjektive (*lang, schmal, alt, schwarz, gut*) sowie die nicht von Substantiven abgeleiteten Adjektive sind von einer Lesart als Relationsadjektiv ausgeschlossen, die desubstantivischen Wortbildungsmodelle {isch} und {lich} hingegen leiten Adjektive beider Gruppen ab (vgl. Eichinger 2007: 148). In einigen Fällen lässt ein Adjektiv sogar beide Verwendungen zu: So kann *häuslich* zum einen als Qualitätsadjektiv verwendet werden, bspw. in *mein häuslicher Freund*, zum anderen sind ebenso Verwendungen als Relationsadjektiv möglich wie in *häusliche Pflege*. Bereits dieses Beispiel macht deutlich, dass sich die Bedeutung eines Adjektivs nicht ohne Einbezug des Bezugsausdrucks (eindeutig) bestimmten lässt (für weitere Beispiele vgl. Schäublin 1972: 92–93).

Frevel (2005: 141–144) zeigt, dass Relationsadjektive insbesondere deriviert werden von Substantiven, die bei „primär substantielle[r] Bedeutung" (2005: 141) Kollektiva oder Institutions-, Personen- oder Material-/Stoffbezeichnungen und bei „primär nichtsubstantielle[r] Bedeutung" (2005: 142) nicht-abgeleitete Abstrakta darstellen. Mit Blick auf das Bezugssubstantiv stellt Frevel zudem fest, dass ein Relationsadjektiv vor allem dann vorliegt, wenn das attribuierte Substantiv der „Klasse der Substantive mit primär nichtsubstantieller Bedeutung" (Frevel 2005: 148) entstammt. Hierunter fallen nach Frevel (vgl. 2005: 143) Derivate mit konkreter Bedeutung (z. B. Personenbezeichnungen, Kollektiva, Instrumente/ Maschinen), Nominalisierungen mit abstrakter Bedeutung und morphologisch unmarkierte Abstrakta.

Inwieweit das attribuierende Adjektiv also eine im Substantiv intensional verankerte Bedeutung denotiert oder lediglich eine Relation zwischen Bezugssubstantiv und adjektivischem Basissubstantiv herstellt, hängt folglich auch bei Relationsadjektiven immer vom attribuierten Substantiv ab.

4 Selektionsbeschränkungen des attributiven Adjektivs

4.1 Begriffsbestimmung ‚Selektionsbeschränkung'

Der Begriff der Selektionsbeschränkungen verweist insbesondere auf zwei Traditionen der Grammatikbeschreibung, namentlich die Generative Grammatik und die Valenzgrammatik (vgl. Glück 2010: 600), deren theoretische Axiomatik hier im Einzelnen nicht geteilt wird. In beiden Ansätzen geht es letztlich aber um die Frage nach den Kombinationsbeschränkungen insbesondere von Verben oder der Unvereinbarkeit lexikalischer Ausdrücke, die nach den Regeln der einzelsprachlichen Syntax kombinierbar wären.

Croft (2001: 179) versteht Selektionsbeschränkungen als „restrictions on possible combinations of words which are determined only by the semantics of the concepts denoted by the word", wobei hinzuzufügen ist, dass es ein "continuum between ‚syntactic' collocational dependencies and 'semantic' ones" (Croft 2001: 179) gibt. Insbesondere für abgeleitete Adjektive gilt ein solches Kontinuum von Selektionsbeschränkungen einmal mehr, als hier einerseits kategoriale adjektivspezifische – und dann semantische – Beschränkungen existieren, andererseits aber sowohl kategorial, als auch ‚latent grammatisch' (Kaznelson 1974: 103–115) bedingte Beschränkungen der Basisausdrücke in die Adjektivsphäre transportiert werden. Darüber hinaus werden Adjektive immer in dependenter Position realisiert, wodurch bedingt sich auch die Frage stellt, inwieweit Adjektive die Selektionsbeschränkungen oder Argumentstellen ihrer Bezugsausdrücke füllen können.

Für den hier zugrunde gelegten Begriff von ‚Selektionsbeschränkung' bedeutet dies, dass der eigentlich semantisch motivierte Begriff um eine syntaktische Komponente erweitert wird: Die Kombinierbarkeit lexikalischer Ausdrücke kann durch die lexikalische Semantik wie auch durch die kategoriale Semantik beeinflusst werden.

4.2 Begriffsbestimmung ‚Selektionsbeschränkung attributiver Adjektive'

Das attributive Adjektiv ist von Selektionsbeschränkungen insofern betroffen, als es gemeinsam mit seinem Bezugssubstantiv den lexikalischen Teil der Nominalphrase stellt und gemeinsam mit ihm außersprachliche Referenz auf ein Objekt herstellt. Bei von verbalen und insbesondere substantivischen Basen abgeleiteten Adjektiven wird der lexikalische Gehalt des Adjektivs zum einen durch die Basisbedeutung, die Basiswortart und zum anderen durch die kategoriale adjektivische Bedeutung bestimmt. Bisher lässt sich die Frage danach, welchen Anteil die genannten Aspekte jeweils an der Gesamtbedeutung des (attributiven) Adjektivs tragen, nicht beantworten und aller Wahrscheinlichkeit nach wird es hierfür weder eine Formel noch ein ‚Patentrezept' geben.

Ich postuliere nun, dass sekundäre Adjektive, also aus dem verbalen und dem substantivischen Bereich transponierte Lexeme[12], mit Eintritt in die Sphäre des Adjektivs auch dessen kategoriale Bedeutung annehmen – andernfalls wäre es nicht notwendig, sie zu ‚adjektivieren' (vgl. auch Eichinger 2000: 91–93). Dies zeigt sich syntaktisch auch darin, dass sie nun einen Bezugsausdruck benötigen, den sie modifizieren können. Es entsteht also eine syntaktische Leerstelle – das adjektivisch transponierte Verb oder Substantiv benötigt nun ein Relatum. Dies bedeutet jedoch nicht, dass die kategoriale Bedeutung des Basislexems gänzlich verloren gehen muss. Das derivierte Adjektiv changiert also, je nach Bezugssubstantiv, zwischen seinen ‚mitgebrachten' Bedeutungen/Bedeutungsrelationen und den kategorialen, adjektivspezifischen.

Dass auch die Selektionsbeschränkungen der Basis eine Rolle für das komplexe Adjektiv spielen, zeigt das Wortbildungsmodell {bar} deutlich: Synchron deriviert werden nahezu ausschließlich transitive Verben, die dann mittels {bar} in die adjektivische Sphäre transponiert werden, sodass sie attributiv verwendet werden können, jedoch nur mit solchen Bezugsausdrücken, die wiederum auch Akkusativobjekt des Basisverbs sein können:

(3)   a. *Frucht / Fleisch / Eintopf essen → essbare(s/r) Frucht / Fleisch / Eintopf*
   b. *ein(e/n) Schrift / Buch / Brief lesen → lesbare(s/r) Schrift / Buch / Brief*
   c. *eine Position vertreten → eine vertretbare Position*

Die Subjektposition wird dann getilgt bzw. nicht innerhalb der NP realisiert. Das {bar}-Modell ist jedoch nicht einfach nur ‚Adjektivator', sondern hat selbst Anteil

---

[12] Es gibt jedoch auch einige deadjektivische Ableitungen: *weichlich, genialisch, langsam*.

an der Gesamtbedeutung des Derivats, indem es (zumindest in den o. g. Beispielen) „passivisch-modale" Bedeutung beisteuert (Fleischer/Barz 2012: 333).[13]

So ergeben sich Beschränkungen für komplexe Adjektive im weiteren Sinne zum einen bereits auf der Wortbildungsebene, denn erstens lässt sich nicht jedes Lexem von jedem Derivationssuffix adjektivisch ableiten. Vielmehr müssen funktionale Differenzen angenommen werden (vgl. Eichinger 2000: 88–90). Zweitens können sich die Wortbildungsbedeutungen der verschiedenen Derivationsmodelle unterscheiden, sodass sich mitunter mehrere Ableitungen mit formal gleicher Basis finden wie *kindisch* und *kindlich* oder *männlich, männisch, mannbar, mannhaft*.

Andererseits ergeben sie sich nun auf semantosyntaktischer Ebene Einschränkungen hinsichtlich ihrer Kombinierfähigkeit mit Bezugssubstantiven, das entspricht den Selektionsbeschränkungen im Sinne von Croft (2001). So ist a) nicht jedes Adjektiv mit jedem Substantiv überhaupt kombinierbar und b) die jeweilige Bedeutungsausprägung oder Lesart des Adjektivs dann abhängig vom Bezugssubstantiv. Die Kombinierbarkeit und Bedeutungsausprägung ist dann auch bedingt durch Bedeutung und Relationsmöglichkeiten der Basis.

Das Adjektiv *richterlich* beispielsweise attribuiert vornehmlich bestimmte deverbale Substantive und steht zu diesen in den für Personenbezeichnungen (hier: *Richter*) typischen Relationen: So kann eine Person üblicherweise Agens sein, ebenso Patiens, Benefizient und Rezipient oder Possessor. In Verbindung mit ebenfalls abgeleiteten Bezugssubstantiven verschränken sich also beidseitig die Leerstellen bzw. füllt das Adjektiv die vom Basisverb geerbte Valenz des Bezugssubstantivs, die ohne das attributive Adjektiv ggf. anderweitig zu realisieren wäre.

Je nach Bezugsausdruck und dessen Valenzrahmen kann das Adjektiv *richterlich* in den verschiedenen Relationen zu einer Personenbezeichnung stehen (mit eindeutiger Präferenz) und könnte zudem – zumindest systemisch gesehen – auch in adjektivtypischer Relation zum Bezugsausdruck stehen.[14] Die Kombinierbarkeit obliegt dabei bestimmten Beschränkungen (s. u.).

---

13 Hiermit geht nicht zwangsläufig einher, dass die Wortbildungsbedeutung eines Suffixes immer dieselbe ist. In den genannten Beispielen handelt es sich stattdessen wohl eher um eine semantische Tendenz. Dass {bar} jedoch, in Abhängigkeit von Basis und schließlich auch – kategorial bedingt – von modifizierendem Bezugsausdruck, unterschiedliche Bedeutung tragen kann, zeigen Fleischer/Barz (2012: 332–335).
14 *Richterlich* changiert in der hier vorgenommenen Belegauswahl allerdings nicht zwischen diesen beiden Bedeutungstypen, *väterlich* hingegen schon: Hier überwiegt je nach Bezugssubstantiv meist die qualitative oder die relationale Lesart; in einigen Fällen ist das Adjektiv ambig (s. u.).

5 Untersuchung der Selektionsbeschränkungen dreier Adjektive auf {*lich*} zu Personenbezeichnungen

Im Folgenden werden Selektionsbeschränkungen im oben beschriebenen Sinne ermittelt, die sich aus der Kombination eines abgeleiteten Adjektivs mit einem Substantiv wechselseitig ergeben können.[15]

Es wird grundsätzlich angenommen, dass Selektionsbeschränkungen sich ergeben können aus
- der Basis des komplexen Adjektivs durch
  - kategoriale Beschränkungen und/oder
  - die lexikalische Bedeutung,
- dem Wortbildungsmodell,
- dem attribuierten Bezugssubstantiv
- und schließlich aus der kategorialen Semantik der Wortart Adjektiv, in die die Basis durch Wortbildung transponiert wird.

Die Bedeutung des komplexen Adjektivs innerhalb der Nominalphrase, oder vielmehr: die möglichen Bedeutungen des jeweiligen Adjektivs, ergeben sich dann aus diesen genannten Einflussfaktoren. Dass auch unter Berücksichtigung des Bezugssubstantivs die Bedeutung eines Adjektivs nicht immer eindeutig bestimmbar ist, zeigt Schäublin (1972: 92–93), indem er für mehrere NPs zeigt, dass in ein und derselben Adj+N-Kombination das Adjektiv sowohl Relations- (vgl. (4) a.) als auch Qualitätsadjektiv (vgl. (4) b.) sein kann, wie etwa in (4):

(4) a. *Die plastische Kunst ist die Krone der bildenden Künste.*
    b. *Er strebt nach einer möglichst plastischen Kunst.*
       (Beispiele von Schäublin 1972: 92)

Bevor in 5.4, 5.5 und 5.6 die Adjektive *richterlich*, *väterlich* und *behördlich* auf ihre Selektionsbeschränkungen hin untersucht werden, erfolgen eine Bestimmung dessen, was unter ‚Personenbezeichnung' verstanden wird, sowie die Beschreibung der Datengrundlage.

---

[15] Beschränkungen auf der Ebene der Wortbildung, wie sie in 4.2 erwähnt wurden, werden dabei keine weitere Rolle spielen.

5.1 Personenbezeichnungen

Das Metzler Lexikon Sprache (2010) verweist in seinem Eintrag zu ‚Personenbezeichnung' lediglich auf das Lemma ‚Personenname', worunter man Ausdrücke versteht, die „[...] Personen oder Gruppen von Personen bezeichnen. Personenbez[eichnungen, S.H.] beruhen auf Eigenschaften, Attributen oder Funktionen von Menschen (z. B. *Schreiner*, Schwabe, *Tante, Inspektorin, Hausmeister*) oder auf wertenden Einschätzungen (z. B. *Dumpfbacke, Dreckspatz, Herrenreiter*)" (Glück 2010: 503). Unter Personennamen werden dann auch Eigennamen gefasst. In Bußmanns Lexikon der Sprachwissenschaft (2002: 507) hingegen fallen Eigennamen nicht unter Personenbezeichnungen. Lediglich eine einzige Monographie, „Personenbezeichnungen. Der Mensch in der deutschen Sprache" von Peter Braun aus dem Jahr 1997, beschäftigt sich ausführlich mit der Kategorie Personenbezeichnung. Braun (1997) ermittelt unter Zuhilfenahme des Deutschen Universalwörterbuchs (1989) einen (standardsprachlichen) Bestand von 15.000 Personenbezeichnungen, die er hinsichtlich lexikographischer, morphologischer, semantischer, etymologischer und textlinguistischer Aspekte untersucht, allerdings nicht um so eine exhaustive Typologie aufzustellen – vielmehr beobachtet er heuristisch verschiedene latente Tendenzen und widmet daher z. B. ein (Teil-)Kapitel den Personenbe- und -zuschreibungen in Kontaktanzeigen. Im Grunde zeigt diese Herangehensweise einmal mehr, dass eine systematische Betrachtung von Personenbezeichnungen schwierig ist, da es sich in mehrfacher Hinsicht um eine bunte, gemischte Kategorie handelt.

Bei *Personenbezeichnungen* handelt es sich folglich nicht um eine (struktur-)linguistische Kategorie im eigentlichen Sinne. Vielmehr ist dieser Terminus Sammelbecken für eine Vielzahl sprachlicher Erscheinungsformen, deren Gemeinsamkeit in ihrer kommunikativen Funktion, der Bezugnahme/Referenz auf Personen, liegt. So können z. B. Ausführende von Handlungen morphologisch transparent durch Agensderivate auf {er} benannt werden. Morphologisch ebenfalls komplex sind Komposita wie *Backfisch* und *Trotzkopf* oder auf Syntagmen zurückgehende Personenbezeichnungen wie *Kleinbauer* und *Dickschädel*. In die Kategorie der Personenbezeichnung fällt jedoch auch eine Vielzahl von primären Personenbezeichnungen des Typs *Kind, Mann, Tölpel*.

In der vorliegenden Untersuchung spielen Eigennamen keine Rolle, ebenso werden (nominalisierte) Adjektive wie z. B. *die Kleinen, die Grünen, die Reichen und Schönen* sowie Pronomina nicht beachtet, wenngleich sie ebenfalls zur Bezeichnung von (oder Referenz auf) Personen herangezogen werden können.

5.2 Das Wortbildungsmodell {lich}

Der folgenden Untersuchung liegt eine Adjektivsammlung zugrunde, die mittels des Rückläufigen Wörterbuchs von Gustav Muthmann (2001) zusammengestellt wurde. Muthmann (2001) verzeichnet insgesamt 1.564 Adjektivderivate auf {lich}. Bei {lich} handelt es sich neben {isch} und {ig} um das dritte große adjektivische Wortbildungsmodell. Wie auch die beiden anderen genannten Wortbildungsmodelle transponiert {lich} Substantive und Verben und leitet außerdem eingeschränkt Adjektive ab.

In der vorliegenden Untersuchung wurde in einem ersten Schritt die Wortart der Basen der 1.564 Adjektive auf {lich} bestimmt. Innerhalb der 552 eindeutig desubstantivischen (*kunstgewerblich, handlich, ländlich*) und der 173 morphologisch ambigen Adjektive (*lieblich, widerruflich, fraglich*) wurden dann 129 auf Personenindividual- und Personenkollektivbezeichnungen zurückgehenden Adjektive ermittelt.

5.3 Kategorisierungen der Personenbezeichnungen

Die Personenbezeichnungen, die als Basen der 129 abgeleiteten Adjektive in der Sammlung erscheinen, lassen sich sowohl im Hinblick auf ihre Semantik als auch auf ihre Morphologie weiter unterteilen. Ich habe hierzu auf semantischer Ebene zwischen Individual- und Kollektivbezeichnungen sowie relationalen und nichtrelationalen Personenbezeichnungen und auf morphologischer Ebene wiederum zwischen simplizischen und komplexen Personenbezeichnungen unterschieden.

Innerhalb der desubstantivischen Adjektive auf {lich} konnten insgesamt 129 Adjektive auf Personen- und Personenkollektivbezeichnungen zurückgeführt werden, die erneut nach verschiedenen Parametern subklassifiziert wurden (s. Abb. 1), um sowohl semantische als auch morphologisch bedingte Selektionsbeschränkungen ermitteln zu können für den Fall, dass sich morphologische Markierungen wie das Agens-Suffix {er} in irgendeiner Weise auf die Selektionsbeschränkungen auswirken. Als relationale Basen gelten dabei solche, die ihrer Semantik nach eine zu füllende Leerstelle mitbringen wie z. B. *Vater* immer die Leerstelle von NAME/PERSONENBEZEICHNUNG impliziert. *Kind* demgegenüber hat sowohl eine relationale als auch eine nicht relationale Lesart und wurde der Überschaubarkeit halber hier als nicht-relational klassifiziert.[16]

---

[16] Dieser Effekt zeigt sich bspw. bei Bezugssubstantiven: während das Adjektiv in *wissenschaftlicher Mitarbeiter* den Verbalstamm des Bezugssubstantivs modifiziert und nicht etwa

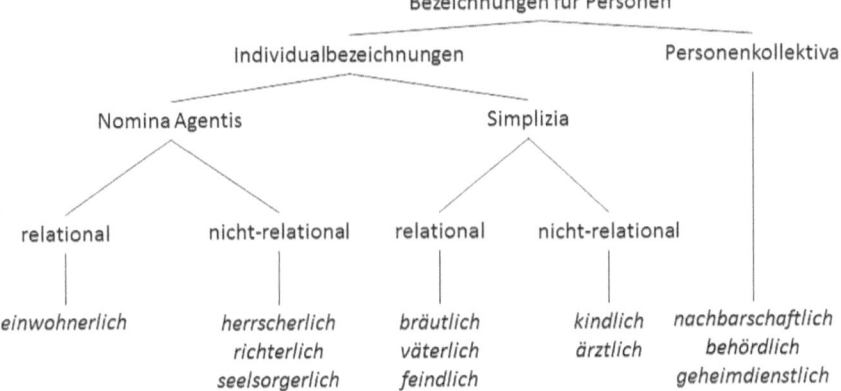

Abb. 1: Kategorisierung der Personenbezeichnungen, die als Basis für Ableitungen mit {lich} dienen

Untersucht wurden nun exemplarisch drei Adjektive: *richterlich* für die Gruppe der morphologisch komplexen nicht-relationalen Basen, *väterlich* für die morphologisch simplizischen relationalen Basen und *behördlich* für die Gruppe der auf eine Personenkollektivbezeichnung zurückgehenden Adjektive. Datengrundlage für die Auswertung ist jeweils eine Stichprobenerhebung von 500 Adj+N-Verbindungen (Tokens), die in COSMAS II im nicht-getaggten Korpus *W-öffentlich* innerhalb des *Deutschen Referenzkorpus* (DeReKo) erfolgte.

Die gefundenen Bezugssubstantive wurden dann klassifiziert nach den Parametern ‚morphologisch einfach/komplex', ‚Basiswortart'[17] (bspw. ‚deverbal' für *Vernehmung*), ‚Bedeutungsklasse' und schließlich nach ihrer Bedeutungsrelation zum attribuierenden Adjektiv. Hierzu wurde im Zweifelsfall auch der sprachliche Kontext hinzugezogen.

5.4 *richterlich*

Ein erster Befund ergibt sich in Bezug auf die Morphologie der Bezugssubstantive. Augenfällig ist bei den Bezugssubstantiven zunächst, dass es sich mehrheit-

---

die Personenbezeichnung, handelt es sich bei dem Adjektiv in *schüchterner Mitarbeiter* um die Modifikation des gesamten Bezugsausdrucks, also der Personenbezeichnung, sodass sich die morphologische Komplexität des Bezugssubstantivs offensichtlich in verschiedenen Selektionsbeschränkungen des Adjektivs niederschlägt.

17 Dieser Parameter gilt selbstverständlich nur für morphologisch komplexe Substantivbasen.

lich um deverbale Abstrakta handelt: So finden sich hier 324 (von insgesamt 500 Belegen) morphologisch komplexe von Verben abgeleitete Substantive (vgl. (5)) – zudem 43 Komposita, bei denen wiederum in 29 Fällen ein deverbales Abstraktum als Zweitkonstituente fungiert (vgl. (6)):[18]

(5) *richterlicher Beschluss*
richterliche Anordnung
richterliche Entscheidung
richterliche Genehmigung
richterliche Vernehmung
richterliche Kontrolle
richterliches Handeln/Handlung
richterliche Aufforderung
richterliche Anhörung
richterliche Befragung
(6) *richterlicher Urteilsspruch*
richterliche Arbeitsanweisung
richterlicher Haftbefehl
richterliche Amtsausübung
richterliches Verfügungsverbot

Folglich gibt es vergleichsweise wenige deadjektivische Bezugsausdrücke, die sich lediglich auf 5 verschiedene Types beliefen: *Freiheit, Befangenheiten, Unbefangenheiten, Tätigkeiten* und *Unabhängigkeit*, das mit 40 Tokens am stärksten vertreten ist. *Befangenheiten* (und auch das präfigierte *Unbefangenheiten*) und *Tätigkeiten* sind letztlich jedoch auf Verben bzw. Partizipialformen zurückzuführen, sodass ihr Status als deadjektivisch wohl nicht unumstritten sein dürfte.

Im Falle von *Unabhängigkeiten* zeigt sich ein umgekehrtes Prädikations- oder Adjektiv-Substantiv-Verhältnis in Bezug auf die ‚primäre' Bedeutung der beteiligten Wortarten, sofern man einen lexikalischen Standpunkt auch hinsichtlich der kategorialen Bedeutung von Wortarten vertritt: Die eigentliche dieser Adj+N-Verbindung zugrunde liegende Prädikation – *Richter sind unabhängig* – wird hier in Bezug auf die syntaktischen Verhältnisse umgekehrt. Gleiches gilt auch für die anderen deadjektivischen Bezugssubstantive: Die kategoriale adjektivische Leer-

---

[18] Auf absolute oder prozentuale quantitative Angaben wird fortan verzichtet, da die Stichprobe mit einer Tokenzahl von 500 Belegen ohnehin nicht repräsentativ für das gesamte Sprachsystem ist. Stattdessen sollen qualitative Befunde, die sich dann vielleicht als Tendenzen verstehen lassen, im Vordergrund stehen.

stelle des Bezugssubstantivs (Adjektiven wird zumeist eine kategorial bedingte einwertige Valenz zugesprochen) wird nun durch das attribuierende Adjektiv gefüllt (siehe hierzu auch die Diskussion von *väterlich*).

Mit Blick auf die relativ klaren Verhältnisse hinsichtlich der Morphologie der Bezugssubstantive ergibt sich nun die Frage, welche Bedeutung dies für die Lesarten – die Semantik – des Adjektivs hat, bzw. wie sich diese Verhältnisse semantisch niederschlagen. So steht das Adjektiv in Kombination mit Nomina Actionis[19] überwiegend in einer Agens-Relation wie in *richterliche Handlung, richterliche Anhörung, richterliche Beurteilung* und *richterliche Anordnung*. Engelen (1990: 142) spricht hier von Adjektiven in agentiver Funktion, die nur bei solchen Verben (hier: deverbalen Substantiven) möglich ist, die „[...] Handlungen [bezeichnen], für die die im Adjektiv genannten Institutionen zuständig sind, also Amtshandlungen und Dienstaufgaben" (Engelen 1990: 146).

Im Syntagma *richterliche Handlung* ist die handelnde Person ein Richter, eine *richterliche Anhörung, Anordnung* oder *Beurteilung* meint, dass es der Richter ist, der jemanden anhört, etwas anordnet oder beurteilt – in allen Fällen handelt es sich bei den Bezugssubstantiven um Ableitungen transitiver Verben, deren Subjektstelle nun durch das Adjektiv bzw. die darin enthaltene Personenbezeichnung besetzt wird. Im Falle von attribuierten Nomina Acti steht das Adjektiv in einer Agens-, genauer: Emittenten-Relation zum Bezugssubstantiv: *richterlicher Beschluss, richterliche Entscheidung, richterlicher Rat, richterliche Quittung, richterliche Auflage* und *richterlicher Auftrag*. Hier benennt das Substantiv jeweils die Produkte, oder Ergebnisse, die aus Tätigkeiten resultieren, die wiederum in das Tätigkeitsspektrum eines Richters fallen.

In beiden Fällen attribuiert das Adjektiv ausschließlich deverbale Substantive, die auf Verben zurückgehen, die solche Tätigkeiten und Handlungen bezeichnen, die in das berufsbezogene Tätigkeitsspektrum eines Richters fallen (vgl. hierzu auch Engelen 1990: 142–144), was also nicht die Person, sondern lediglich die Funktion des Richteramtes meint: Eine *richterliche Vorführung* ist daher nicht die zu Unterhaltszwecken auf einer Bühne künstlerische Darbietung von Richtern – dies würde nicht dem beruflichen Tätigkeitsfeld eines Richters entsprechen. Da eine Agens-Relation hier nicht möglich ist – selber etwas vorzuführen entspricht grundsätzlich nicht dem Tätigkeitsspektrum der Berufsgruppe der Richter – ist die nun naheliegendste Relation die des Rezipienten: Es ist der

---

[19] Eine scharfe Trennung zwischen Nomina Actionis und Nomina Acti ist auf formaler Ebene und auch auf inhaltlicher Ebene häufig nicht möglich, dies gilt auch für die hier dargestellten Ergebnisse. Die beiden hier als distinkte Klassen vorgestellten Gruppen sind daher lediglich zur groben Orientierung getrennt.

Richter, dem jemand vorgeführt wird, der Richter, der die Vorführung des Betreffenden zudem veranlasst. Ähnlich stellen sich die Verhältnisse in einem weiteren, ohne Zweifel stark markierten Fall, dar, dessen Frequenz (lediglich 1 Beleg) auch in einer anderen Zufallsauswahl nicht wesentlich höher ausfallen dürfte: *der richterliche Mord* bezeichnet nicht den Mord durch einen Richter, dies würde dem Tätigkeitsprofil des Richteramtes nicht nur nicht entsprechen, sondern ihm gänzlich zuwider laufen – ein Richter verurteilt wegen Mord, aber kann niemals unter Ausübung des Richteramtes (und nur um dieses geht es ja), in seiner Funktion als Richter also, selbst einen Mord begehen. Stattdessen ist auch hier der Richter Leidtragender, wobei das zu ertragende Leid im Fall von Mord ausgesprochen hoch sein dürfte – in jedem Fall entspricht *richterlich* hier der thematischen Rolle des Patiens, also dem direkten Objekt des transitiven Verbs *morden*.

Insgesamt zeigt sich hieran auch, dass – dies mag basal anmuten – der verbale Valenzrahmen auf das Substantiv übertragen wird und dass darüber hinaus dieser geerbte Valenzrahmen durch das attribuierende Adjektiv gefüllt werden kann, sofern die Selektionsbeschränkungen beider lexikalischer Ausdrücke es zulassen: Die im Substantiv genannte Tätigkeit fordert in allen der o. g. Fällen ein menschliches Subjekt, sprachlich realisiert z. B. durch eine Personenbezeichnung. Das attribuierende Adjektiv enthält eine solche Personenbezeichnung und tritt somit in die Agensrolle ein. Nur, wenn diese Konstellation einen sehr großen semantischen Konflikt erzeugt (*richterlicher Mord*), kann dasselbe Adjektiv auch eine andere als die handelnde Person benennen, etwa die, an der dem im Bezugssubstantiv enthaltenden Verb entsprechend gehandelt wird (Patiens). Dies bestätigt die grundsätzliche semantische Flexibilität von Adjektiven.

Im Falle der wenigen Konkreta, die unter den Substantiven der Zufallsauswahl auftauchen, lassen sich ebenfalls Regularitäten ausmachen: Zum einen ist hier das oben aufgeführte Substantiv *Quittung* erneut zu nennen, zum anderen finden sich auch einige simplizische[20] Konkreta. In *richterliche Agenda*, *richterliche Akte* und *richterlicher Brief* bezeichnet das Adjektiv jeweils den Emittenten oder Possessor – eine Bedeutungsrelation, die sich auch in anderen von Personenbezeichnungen abgeleiteten Adjektiven in Verbindung mit konkretem Substantiv findet (s. *väterlich*).

Die Negativfolie, also die Frage nach den Phänomenen, die sich nicht in Kombination mit *richterlich* finden lassen, zeigt, dass es lediglich einige wenige ganz bestimmte Konkreta sind, die sich mit *richterlich* attribuieren lassen – so finden sich z. B. nicht:

---

[20] Simplizisch sind die angeführten Beispiele zumindest aus synchroner Sicht.

(7) ?*richterliches Anwesen*
(8) ?*richterliche Autoschlüssel*
(9) ?*richterlicher Handschuh*

Es zeigt sich also auch hier, im Fall der Possessorrelation, dass nicht die Person selbst gemeint ist, sondern diese immer nur in ihrer Funktion als Amtsträger agieren oder besitzen kann: Anwesen, Autoschlüssel und Handschuhe gehören nicht zum Inventar oder zur Büroaustattung etc. eines Richters und sind daher kaum frequent und – bestenfalls – stark markiert.

Zudem finden sich auffallend wenige Personenbezeichnungen unter den Bezugssubstantiven: Lediglich vereinzelt treten attribuierte Personenkollektivbezeichnungen auf, so in *richterliches Gremium* und *richterliches Personal*. Hier stehen Adjektiv und Substantiv in einer Identitätsrelation – das *richterliche Gremium* besteht aus Richtern, ebenso das *richterliche Personal*[21]. Die Bezugssubstantive fungieren hier – da Kollektivbezeichnungen – als Holonyme, die zu der Individualbezeichnung des Richters also in einem Verhältnis der Meronymie stehen. Ähnlich verhält es sich mit der Personenbezeichnung in *richterliche Beamte*. Darüber hinaus finden sich keine weiteren Personenbezeichnungen, Kombinationen wie

(10) ?*richterlicher Vater*
(11) ?*richterliches Kind*
(12) ?*richterlicher Ganove*
(13) ?*richterlicher Koch*
(14) ?*richterlicher Priester*
(15) ?*richterlicher Diener*

treten in der Zufallsauswahl nicht auf und scheinen allenfalls in stark restringierten Kontexten möglich, sie sind also ebenfalls – falls überhaupt denkbar – stark markiert.

In der Mehrheit der Adj+N-Verbindungen wird *richterlich* also als Relationsadjektiv interpretiert – wobei die Art der Relation – Agens, Patiens, Rezipient, Emittent, Possessor – sich erst unter Einbezug des Bezugssubstantivs ergibt und teils ohne weiteren Kontext auch dann nicht gänzlich disambiguiert werden kann.

---

[21] Hier wäre wohl auch eine Possessorrelation denkbar. In diesem Fall wäre es das einem Richter zugeordnete Personal wie etwa eine Sekretärin etc.

5.5 *väterlich*

Im Falle des Adjektivs *väterlich* zeigt sich gegenüber *richterlich* eine stärkere ‚Adjektivierung' in Bezug auf die Bedeutung bzw. die semantische Relation des Adjektivs zu einem Bezugssubstantiv. *Väterlich* neigt eher zu einer Eigenschaftszuschreibung; die in der Basis enthaltene Personenbezeichnungen dient hier als Vergleichsfolie, was wiederum Grundlage oder ‚Einfallstor' für die Zuschreibung von Eigenschaften ist. In dieser Lesart ist *väterlich* dann Qualitätsadjektiv.

Unter den Bezugssubstantiven finden sich auch hier viele deverbale Abstrakta:

(16) *väterlicher Wunsch*
(17) *väterliche Zuneigung*
(18) *väterliche Unterstützung*
(19) *väterliche Warnung*
(20) *väterlicher Wille*

Es handelt sich in diesen Fällen, wie auch bei *richterlich*, um eine agentive Lesart des Adjektivs, die sich durch die geerbte Valenz des deverbalen Bezugssubstantivs ergibt. Die so attribuierten Substantive drücken wiederum allesamt Handlungen oder Dispositionen aus, die mit der Vaterrolle assoziierbar sind, wobei hier das Tätigkeitsfeld gemessen an *richterlich* wesentlich umfangreicher ist: Vatertypische Handlungen können Handlungen umfassen, die entweder an die Vaterrolle gebunden sind oder aber an die Person selbst, da es sich hierbei zwar um eine relationale Personenbezeichnung handelt, nicht aber um eine Berufs- bzw. Amtsbezeichnung. Ebenfalls gibt es eine Reihe psychischer Dispositionen, die vatertypisch sind und durch ein deadjektivisches Bezugssubstantiv realisiert werden:

(21) *väterlicher Stolz*
(22) *väterliche Zärtlichkeit*
(23) *väterliche Einfühlsamkeit*

Hier kann die enthaltene Personenbezeichnung den Valenzrahmen des Bezugssubstantivs füllen – in diesem Fall ist dann der Vater stolz/zärtlich/einfühlsam. Ähnlich wie bei *richterlich* entspricht die Personenbezeichnung auch hier dem Valenzrahmen der adjektivischen Basis des Bezugssubstantivs. Im Fall von *Geborgenheit* scheint m. E. die verbale Lesart des ansonsten adjektivisch kategorisierten *geborgen* durch: Hier ist es der Vater, der Geborgenheit spendet bzw. der „birgt" und somit wie auch bei den deverbalen Bezugssubstantiven die Agensrolle füllt. Im weiteren syntaktischen Kontext müsste dann auch die Patiensrolle (bzw. das direkte Objekt des Verbs) auftreten, andernfalls wäre die Leerstelle unbesetzt. Tritt *väterlich* in ein solches ‚grammatisches' Verhältnis, d. h. greifen die einzelnen (mitgebrachten wie geerbten) Valenzen der beteiligten lexikalischen Ausdrücke, ist *väterlich* ein Relationsadjektiv.

Eine eindeutig relationale Verwendung ist jedoch auch in den Fällen (30)– (33) nicht immer gegeben: In mindestens einem der Belege mit *väterlichem Stolz* zeigt sich eine nicht-relationale Lesart:

(24) *„Nur ein paar Monate», meinte der Zahnarzt, betrachtete mit fast schon* **väterlichem** *Stolz Fotos meines Gebisses von 1987 bis 1993 und wies seine Assistentin an, das Unding auf meinen Schaufeln zu fixieren ..."* (St. Galler Tagblatt, 05.03.2010, S. 20)

Hier bedeutet *väterlich* nicht ‚in der Funktion des Vaters', setzt den Vater somit nicht als möglichen Referenten, sondern dient viel eher dem Vergleich mit einem (indefiniten) Vaterkonzept: ‚Stolz in der Art eines Vaters'. Dies entspricht insofern der kategorialen Adjektivbedeutung als eine Vergleichsrelation im Grunde eine Eigenschaftsform ist – was mit einem Relatum (einem Vater) verglichen wird, kann diesem mehr oder weniger entsprechen, kann ggf. auch negiert werden. Bezugssubstantive, die eine Charaktereigenschaft oder Verhaltensweisen bezeichnen, wie in

(25) *väterliche Art*
(26) *väterlicher Ton*
(27) *väterliche Fürsorge*
(28) *väterliche Hingabe*
(29) *väterliche Geste*

lassen daher sowohl eine relationale Lesart als auch eine vergleichende Lesart des Adjektivs zu, da Verhalten und Charaktereigenschaften nicht vaterspezifisch, sondern personenspezifisch sind, was wiederum eine Vergleichsrelation mit einer Personenbezeichnung als Relatum ermöglicht. Disambiguiert werden kann hier durch Graduierung z. B. mit *fast*, *sehr* oder *beinahe*: *seine fast väterliche Art*, *der sehr väterliche Ton* und die *beinahe väterliche Fürsorge*. In diesen Fällen ist die im Adjektiv enthaltene Personenbezeichnung nicht mehr als Relatum zugänglich, die Adjektivoperation der Graduierung blockiert eine Relationslesart – ‚Vater' kann nun nur noch Vergleichsobjekt sein, *väterlich* ist dann in jedem Fall Qualitätsadjektiv.

Ähnlich ist dies mit deadjektivischen Bezugssubstantiven,

(30) *väterliche Strenge*
(31) *väterliche Zärtlichkeit*
(32) *väterliche Bleiche*,

die hinsichtlich ihrer Adjektivbedeutung ambivalent sein können, weswegen hier nicht automatisch wie im Fall von *richterlich* eine umgekehrte Prädikation bzw. umgekehrtes Adjektiv-Substantiv-Verhältnis vorliegt: Die im Adjektiv enthaltene Personenbezeichnung kann hier den (einstelligen) Valenzrahmen des im Substantiv enthaltenen Adjektivs füllen, dann ist der/ein Vater streng/zärtlich/bleich. In diesen Fällen würde es sich um eine relationale Lesart handeln. Bei Vergleichslesart hingegen, *mit beinahe väterlicher Bleiche*, wäre stattdessen syntaktisch die adverbiale Umformung möglich: *er war (beinahe) väterlich bleich*. *Väterlich* wäre dann Qualitätsadjektiv.

Dass *väterlich* in Adj+N-Verbindungen zwischen diesen zwei Bedeutungstypen changiert und nicht nur die Lesart als Qualitätsadjektiv zulässt, zeigt sich einmal mehr, wenn man eine weitere Gruppe von Bezugssubstantiven hinzuzieht, namentlich Konkreta:

(33) *väterlicher Hof*
(34) *väterliche Schokoladenfabrik*
(35) *väterlicher Betrieb*
(36) *väterliche Firma*
(37) *väterlicher Garten*
(38) *väterliches Auktionshaus*
(39) *väterliches Bauerngut*

In allen Fällen liegt eine Possessorrelation zwischen Adjektiv und Substantiv vor: Der väterliche Hof gehört dem Vater – oder wird von ihm geerbt, ebenso die Schokoladenfabrik, der Betrieb, die Firma, etc. Dies zeigt sich auch darin, dass der Possessorslot nicht nochmals besetzt werden kann: **mein väterlicher Betrieb*, **der väterliche Garten meiner Eltern*.

Der jeweilige Referent der relationalen Personenbezeichnung *Vater*, auf die das Adjektiv zurückgeht, kann lediglich in der Kommunikationssituation eingelöst werden – hierzu müssen Sprecher bzw. Interaktanten und/oder phorische Verkettungen ggf. hinzugezogen werden – der Unterschied zu der anderen, der nicht-relationalen, vergleichenden Lesart des Adjektivs liegt jedoch darin, dass ein Referent existiert.

Im anderen Fall, der Vergleichslesart, ist die Vergleichsmenge indefinit, ein Referent kann daher nicht eingelöst werden. Diese Lesart tritt insbesondere in Kombination mit Personenbezeichnungen auf:

(40) *väterlicher Mensch*
(41) *väterlicher Typ*
(42) *väterlicher Pädagoge*
(43) *väterlicher Mandela*

In diesen Fällen stellt *väterlich* lediglich eine Vergleichsrelation her, die paraphrasiert werden kann mit *in der Art eines Vaters* oder *einem Vater ähnlich*. Diese Vergleichsrelation wird dadurch möglich, dass beide zueinander in Bezug gesetzten Ausdrücke Personenbezeichnungen sind, also in einem paradigmatischen Verhältnis zueinander stehen und sich somit für einen Vergleich besonders eignen. Possessorlesarten scheinen hier blockiert.

Relationale Personenbezeichnungen verfügen über einen (semantischen) Valenzrahmen, der gewöhnlich in der syntaktischen Umgebung realisiert wird, wie die folgenden Beispiele aus dem DeReKo zeigen:

(44) *Bei seinem Eintritt ins Militär habe der Vater ihm nicht einmal ein Wort des Abschieds geschrieben, behauptete der Sohn* (St. Galler Tagblatt, 24.04.1997)
(45) *Markus Rohner ist verheiratet und Vater von zwei Kindern* (St. Galler Tagblatt, 25.04.1997)

Wird die relationale Personenbezeichnung jedoch zu einem Adjektiv abgeleitet, kann die semantische Leerstelle der Basis nun nicht durch das Bezugssubstantiv gefüllt werden – anders als bei deverbalen Adjektiven mit syntaktischer Valenz (vgl. (3)): Das Einlösen des Relatums der relationalen Personenbezeichnung *Vater* ist nicht möglich: *?väterlicher Sohn, ?väterliche Tochter, ?väterliche Kinder*. Die eingangs formulierte Frage, was mit dem Valenzrahmen relationaler Personenbezeichnung im hiervon derivierten Adjektiv passiert, lässt sich daher zumindest für *väterlich* recht eindeutig beantworten mit: Nichts. Adjektive können folglich zwar den (geerbten) Valenzrahmen ihres Bezugssubstantivs füllen, nicht aber ihre eigene Relationalität im Bezugssubstantiv realisieren. Entsprechende Belege existieren daher auch in meiner Zufallsauswahl nicht, die Kombination aus *väterlich + Sohn/Tochter/Kinder* in dieser Lesart muten tautologisch an und sind daher blockiert.

Eine Untergruppe der Personenbezeichnungen, die als Bezugssubstantive fungieren, ist wiederum dadurch gekennzeichnet, dass sie ihrerseits relational ist und somit ein Relatum benötigt, weswegen neben der Vergleichslesart auch die relationale Lesart möglich sein kann. Nur über den sprachlichen Kontext bzw. durch Einbezug der Kommunikationssituation kann – sofern überhaupt – eindeutige Disambiguierung hinsichtlich der vorliegenden Lesart, vergleichende oder relationale, erfolgen:

(46) *väterlicher Freund*
(47) *väterlicher Kumpel*
(48) *väterlicher Partner*
(49) *väterlicher Chef*

Hier könnte es sich jeweils sowohl um den *Freund, Kumpel, Partner, Chef des Vaters* handeln oder aber um *einen einem Vater ähnelnden Freund, Kumpel, Partner, Chef*.

Im Fall einer Personenkollektivbezeichnung, *väterliche Verwandtschaft*, ist wiederum ausschließlich die relationale Lesart möglich. Dies ergibt sich zum einen aus dem meronymischen Verhältnis, in dem beide Ausdrücke zueinander stehen – Individual- vs. Kollektivbezeichnungen – zum anderen aus der semantischen Nähe der beiden Ausdrücke.

Auch im Falle der bereits genannten deverbalen Abstrakta als Bezugssubstantive ist eine Disambiguierung nur durch Einbezug weiteren Kontextes – also über die Nominalphrase hinaus – möglich, da diese ein für einen Vater typisches Verhalten denotieren, was jedoch ebenso durch eine andere Person – dann in einer vaterähnlichen Art – verübt werden kann: So kann sich auch ein nahestehender Freund mit väterlicher Fürsorge um jemanden kümmern.

Anders als *richterlich* erlaubt *väterlich* also mit einer großen Anzahl von Substantiven eine vergleichende adjektivtypische Lesart, so mit
- deverbalen Substantiven, die menschliches Verhalten oder Handlungsweisen denotieren,
- deadjektivischen Substantiven, die Charaktereigenschaften oder psychische Dispositionen kodieren und
- Personenbezeichnungen.

Im Falle der Personenbezeichnung scheint diese Lesart, mit Ausnahme der nicht ganz so eindeutigen relationalen Personenbezeichnungen, zu überwiegen.

Gänzlich anders hingegen sieht es bei *väterlich* + Konkretum aus, bei dem es sich in der ausgewerteten Stichprobe ausschließlich um eine possessive, also eine relationale Lesart handelt.

5.6 *behördlich*

Die Basis des dritten hier vorgestellten Adjektivs bezeichnet ein (institutionelles) Personenkollektiv. Die Befunde ähneln daher in Teilen denen von *richterlich* – vielfach finden sich attribuierte deverbale Abstrakta, zu denen das Adjektiv in einer Agens-Relation steht:

(50) *behördliche Bewilligung*
(51) *behördliche Genehmigung*
(52) *behördliche Hindernisse*
(53) *behördliche Unterstützung*
(54) *behördliche Verfügung*
(55) *behördliches Versäumnis*
(56) *behördliche Anleitung*
(57) *behördliche Auflösung*

Bei attribuierten Komposita handelt es sich ebenfalls häufig um Komposita mit deverbaler Zweitkonstituente:

(58) *behördliches Bewilligungsverfahren*
(59) *behördliches Genehmigungsverfahren*
(60) *behördliche x-Prozesse*

In diesen Fällen sind die Basisverben der Substantive erneut solche, die institutionell verankerte Tätigkeiten bezeichnen, also solche, die in das Tätigkeitsspektrum einer Behörde fallen (hierzu findet man erwartungsgemäß eine blühende Landschaft behördensprachlicher Komposita). Eine Betrachtung ex negativo liefert ähnliche Ergebnisse wie auch *richterlich*: Es finden sich beispielsweise anders als bei *väterlich* keine deverbalen Abstrakta, die menschliche Verhaltensweisen oder psychische Dispositionen bezeichnen:

(61) *?behördliche Zuneigung* (anders: *behördliche Ablehnung*)
(62) *?behördliche Sorge*
(63) *?behördliche Liebe*
(64) *?behördliche Fürsorge*

Im Falle attribuierter deadjektivischer Substantive handelt es sich, ähnlich wie bei *richterlich* und bei *väterlich*, um eine Umkehr des Attributionsverhältnisses bzw. eine Realisierung des ererbten Valenzrahmens des Bezugssubstantivs durch das attribuierende Adjektiv, insofern als eigentlich das Substantiv etwas über das im Adjektiv enthaltene Substantiv prädiziert:

(65) *behördliche Arroganz*
(66) *behördliche Sachlichkeit*
(67) *behördliche Verschwiegenheit*

Zeigen *richterlich* und *behördlich* in Bezug auf deverbale Abstrakta als Bezugssubstantive ähnliche Beschränkungen, schlägt sich der Unterschied des Denotationsumfangs – Individualbezeichnung vs. Personenkollektivbezeichnung – insbesondere bei attribuierten Personenbezeichnungen nieder:

(68) *behördliche Amtsärztinnen*
(69) *behördliche Archäologen*
(70) *behördliche Frauenbeauftragte*
(71) *behördlicher Vormund*
(72) *behördlicher Planer*

Eine Vergleichslesart scheint blockiert, in sämtlichen Fällen drückt das Adjektiv stattdessen eine Zugehörigkeit aus. Die Relation ist hier ebenfalls eine meronymische, nur mit dem Unterschied, dass nun das Adjektiv das Holonym ausdrückt und das Substantiv das Meronym bezeichnet: Eine behördliche Frauenbeauftragte ist Teil der Behörde, ihr zugeordnet oder von ihr abbestellt. Attribuiert werden können nur solche Personenbezeichnungen, die im Namen einer Behörde agieren können, vielfach handelt es sich folglich um Amts- oder Berufsbezeichnungen, Kombinationen wie

(73) *?behördlicher Mörder*
(74) *?behördlicher Bruder*
(75) *?behördliches Kind*

scheinen nicht oder allenfalls unter restriktiven Bedingungen möglich und sind folglich stark markiert.

Darüber hinaus findet sich noch eine Gruppe, zu der die folgenden Kombinationen zu rechnen sind:

(76) *behördliche Hürden*
(77) *behördliche Hindernisse*
(78) *behördliche Obstruktion*
(79) *behördliche Schwierigkeiten*

Hier handelt es sich um eine kausative Relation, die Behörde ist Verursacher von Hürden, Hindernissen, Obstruktionen und Schwierigkeiten. Bemerkenswert ist am Rande, dass sich in der Belegsammlung keine einzige positiv konnotierte Adj+N-Verbindung findet: Kombinationen wie

(80) ?*behördliche Euphorie*
(81) ?*behördliche Erleichterung*
(82) ?*behördliche Annehmlichkeiten*

sucht man in der vorliegenden Belegauswahl vergeblich. Anschlussfähig an diesen Befund ist die Beobachtung, dass sich neben den oben beschriebenen Kombinationen auch eine Gruppe von Ad-hoc-Bildungen und umgangssprachlichen Substantiven findet; hierunter fallen

(83) *behördliche Kopfgeburt*
(84) *behördlicher Schlendrian*
(85) *behördliche Führerscheinodyssee*
(86) *behördliches Hau-Ruck-Verfahren*

die allesamt ebenfalls negativ konnotiert sind. Begründen lässt sich dies wohl damit, dass es sich beim Umgang mit Behörden häufig um ein (beliebtes) Reizthema handelt, das häufig zu negativen Bewertungen veranlasst, was sich in Internetforen, Tageszeitungen und dergleichen niederschlägt.

6 Schlussbemerkungen

Die Untersuchung der Adj+N-Kombinationen der drei Adjektive *richterlich*, *väterlich* und *behördlich* zeigen, dass die möglichen Relationen der adjektivischen Basen eine entscheidende Rolle für die Gesamtbedeutung der Nominalphrase bzw. für die Relation des Adjektivs zu seinem Bezugssubstantiv spielt. Somit sind auch die kategorialen Selektionsbeschränkungen der Basis entscheidend für das abgeleitete Adjektiv. Die relationale Personenbezeichnung *Vater* scheint ihren Anspruch auf Einlösung des Relatums jedoch mit Eintritt in die Adjektivsphäre aufzugeben.

Die möglichen Adjektivbedeutungen können jedoch nicht auf die bloßen Bedeutungsrelationen des Basissubstantivs reduziert werden; stattdessen wird das Spektrum möglicher Bedeutungen und Bedeutungsrelationen bei Transposition in die Wortart Adjektiv noch um das Repertoire der kategorialen Bedeutung(en) der Wortart Adjektiv erweitert. Dies zeigt sich insbesondere bei *väterlich*: Hier kann sich neben der relationalen Lesart, die sich bei desubstantivischen Adjektiven häufig ergibt, auch eine komparierende, eine vergleichende Lesart ergeben, die insofern adjektivspezifisch ist, als Eigenschaftsbeilegung und Bewertung die Domäne der Adjektive ist. In dieser Bedeutung ist *väterlich* dann auch wie andere Qualitätsadjektive der prädikativen wie der adverbialen Position, der Graduierung und der Negierung zugänglich.

Das Adjektiv *väterlich* schwankt zwischen einer relationalen Lesart, bei der ein substantivischer Begriff lediglich in die Sphäre des Adjektivs transponiert wird – alternative Konstruktion wäre das nachgestellte Genitivattribut – *väterlicher Hof* vs. *Hof des Vaters* – und der kategorialen, ‚echten' Adjektivbedeutung. Im Falle der beiden anderen Adjektive scheinen die originäre Wortart und ihre möglichen Relationen (noch) stärker durchzuscheinen, hier werden die Basis- also die Substantivrelationen präferiert, echte Adjektivlesarten lassen sich kaum finden, wobei gerade *behördlich* eigentlich zu einer (vermutlich eher selten positiven) Bewertung seitens des Sprechers förmlich einzuladen scheint, was sich auch an der Kombination mit diversen Ad-hoc-Komposita zeigt. In einer entsprechenden wertenden Bedeutung wären Wendungen wie *mit diesem ausgesprochen behördlichen Vorgehen* zumindest denkbar, wenngleich die Belegauswahl diese Fälle nicht zeigt. Hierfür kann gegebenenfalls die Begrenzung auf (medial und weitgehend konzeptionell) schriftliche Texte innerhalb des Korpus verantwortlich gemacht werden.

Dass die morphologische Komplexität der Basis-Personenbezeichnung des Adjektivs sich auf irgendeine Weise auf die Selektionsbeschränkungen auswirkt, konnte sich an der dieser Untersuchung zugrunde gelegten Stichprobe nicht zeigen lassen. Eher ist wohl zu vermuten, dass sich – auch mit Blick auf den Verlust der Relationalität von *Vater* in *väterlich* – die morphologischen Bestandteile von Personenbezeichnungen in abgeleiteten Adjektiven auf die Selektionsbeschränkungen (oder die kategoriale Semantik) des attributiven Adjektivs nicht weiter auswirken.

Dass für die Lesart und Bedeutung des Adjektivs das Bezugssubstantiv entscheidend ist, zeigt sich insbesondere an deverbalen und deadjektivischen Bezugssubstantiven, die die kategoriale und/oder lexikalische Valenz ihrer Basis nun auf das Adjektivattribut projizieren: Sofern semantisch möglich, realisiert die im Adjektiv enthaltene Personenbezeichnung das Argument des deverbalen Bezugssubstantivs oder die Bezugsgröße, über die mittels deadjektivischem Bezugssubstantiv prädiziert wird. Bei semantischer Blockierung greift die kategoriale Adjektivbedeutung. Hier kommt es zu einer Verschränkung kategorialer und lexikalischer Selektionsbeschränkungen von beiden Seiten.

Literatur

Bhat, Darbhe N.S. & Regina Pustet (2000): Adjektive. In G.E. Booij, C. Lehmann, J. Mugdan (Hrsg.), *Morphologie. Ein internationales Handbuch zur Flexion und Wortbildung.* 1. Halbband, 757–769. Berli, New York: de Gruyter (Handbücher zur Sprach- und Kommunikationswissenschaft (HSK), 17.1).

Braun, Peter (1997): *Personenbezeichnungen. Der Mensch in der deutschen Sprache.* Tübingen: Niemeyer.

Bußmann, Hadumod (Hrsg.) (2008): *Lexikon der Sprachwissenschaft.* 4., durchgesehene und bibliographisch ergänzte Auflage unter Mitarbeit von Hartmut Lauffer. Stuttgart: Kröner.

Croft, William (2001): *Radical Construction Grammar.* Oxford: Oxford University Press.

Eichinger, Ludwig M. (2007): Adjektiv (und Adkopula). In Ludger Hoffmann (Hrsg.), *Deutsche Wortarten*, 142–188. Berlin, New York: de Gruyter.

Eichinger, Ludwig M. (2000): *Deutsche Wortbildung. Eine Einführung.* Tübingen: Narr.

Eisenberg, Peter (2013a): *Das Wort. Grundriss der deutschen Grammatik. Band 1.* 4., aktualisierte und überarbeitete Auflage. Stuttgart, Weimar: Metzler.

Eisenberg, Peter (2013b): *Der Satz. Grundriss der deutschen Grammatik. Band 2.* 4., aktualisierte und überarbeitete Auflage. Stuttgart, Weimar: Metzler.

Engelen, Bernhard (1990): Adjektive in agentiver Funktion und in einigen weiteren ‚Sonder'funktionen. *Muttersprache* 100, 140–151.

Fleischer, Wolfgang, Barz, Irmhild (2012): *Wortbildung der deutschen Gegenwartssprache.* 4., völlig neu bearbeitete Auflage. Berlin, Boston: de Gruyter.

Frevel, Claudia (2005): Verwendungen und Funktionen des Relationsadjektivs im Spanischen und Deutschen. In Clemens Knobloch & Burkhard Schaeder (Hrsg.), *Wortarten und Grammatikalisierung. Perspektiven in System und Erwerb*, 131–149. Berli, New York: de Gruyter.

Frevel, Claudia & Clemens Knobloch (2005): „Das Relationsadjektiv". In Clemens Knobloch & Burkhard Schaeder (Hrsg.), *Wortarten und Grammatikalisierung. Perspektiven in System und Erwerb*, 151–175. Berlin. New York: de Gruyter.

Fuhrhop, Nanna & Rolf Thieroff (2005): Was ist ein Attribut? *Zeitschrift für germanistische Linguistik* 33 (2-3), 306–342.

Glück, Helmut (Hrsg.) (2010): *Metzler Lexikon Sprache.* Stuttgart, Weimar: Metzler.

Hoffmann, Ludger (2013): *Deutsche Grammatik. Grundlagen für Lehrerausbildung, Schule, Deutsch als Zweitsprache und Deutsch als Fremdsprache.* Berlin: Erich Schmidt.

Kaznelson, Solomon D. (1974): *Sprachtypologie und Sprachdenken.* Berlin: Akademie Verlag. (Sprache und Gesellschaft, 5).

Knobloch, Clemens (1992): Funktional-grammatischer Aufbau der Nominalphrase im Deutschen. In Ludger Hoffmann (Hrsg.), *Deutsche Syntax. Ansichten und Aussichten*, 344–362. Berlin, New York: de Gruyter.

Leitzke, Eva (1986): Transpositionelle Adjektive: Argumente für eine erneute Auseinandersetzung mit dem Marchand'schen Begriff. In Armin Burkhardt & Karl-Hermann Körner (Hrsg.), *Pragmantax. Akten des 20. Linguistischen Kolloquiums.* Braunschweig, Tübingen: Niemeyer.

Muthmann, Gustav (2001): *Rückläufiges Wörterbuch. Handbuch der Wortausgänge im Deutschen, mit Beachtung der Wort- und Lautstruktur.* 3. Auflage. Tübingen: Niemeyer.

Schäublin, Peter (1972): *Probleme des adnominalen Attributs in der deutschen Sprache der Gegenwart. Morpho-syntaktische und semantische Untersuchungen.* Berlin, New York: de Gruyter.

Seiler, Hansjakob (1982): Das sprachliche Erfassen von Gegenständen (Apprehension). In Hansjakob Seiler & Christian Lehmann (Hrsg.), *Apprehension. Das sprachliche Erfassen von Gegenständen. Teil I: Bereich und Ordnung der Phänomene*, 3–11. Tübingen: Narr.

Seiler, Hansjakob (1978): Determination. A functional dimension for inter-language comparison. In Hansjakob Seiler (Hrsg.), *Language Universals. Papers from the conference held at Gummersbach, Germany*, 301–328. Tübingen: Narr.

Vogel, Petra M. (1996): *Wortarten und Wortartenwechsel: Zu Konversion und verwandten Erscheinungen im Deutschen und in anderen Sprachen.* Berlin, New York: de Gruyter (Studia Linguistica Germanica, 39).

Zifonun, Gisela, Ludger Hoffmann, Bruno Strecker et al. (1997): *Grammatik der deutschen Sprache.* Berlin, New York: de Gruyter (Schriften des Instituts für Deutsche Sprache, 7.1-3).

Ludwig M. Eichinger
Mancherlei Adjektive braucht das Land – Was man aus neuen Adjektiven über die Wortart (im Deutschen) lernen kann

Abstract: In der attributiven Verwendung von Adjektiven zeigt sich die funktionale Breite dieser Wortart. Ein Adjektiv wie *gut*, aufgrund seiner allgemeinen wertenden Bedeutung vielseitig verwendbar, steht für den prototypischen Kern der Wortart, der von der Determination bzw. der nominalen Klassifikation zugeneigten Subgruppen gerahmt wird. Häufig genutzte Adjektive sind in hohem Ausmaß Qualitätsadjektive. Der kontinuierliche Bedarf in diesem Bereich wird über die vorhandenen Simplicia hinaus vor allem durch die Bildung mit zentralen Suffixen – also durch einfache Morphologie – gestillt. Für Neubildungen – mit oder ohne stilistischen Sondereffekt – sind eher die komplexeren Bildungsmuster mit reihenbildenden junktionalen oder partizipialen rechten Elementen zuständig, also komplexere morphologische und syntaxnahe Techniken. Zudem werden in informelleren Kontexten verstärkt die Möglichkeiten der Entlehnung und formal reduzierterer Übergänge in den Adjektivbereich („Adkopula") genutzt.

1 Gute Adjektive

1.1 *Gut*

1.1.1 Auf allen Ebenen

Vielleicht ist *gut* das beste Adjektiv, oder zumindest eines von den besten. Wenn man sich fragt, warum das gut sein kann, findet man mindestens drei gute Gründe.
    Es gibt zwei miteinander zusammenhängende morphologische Indizien. *Gut* gehört zu den Simplizia, von denen es im Deutschen vergleichsweise wenige gibt. Ohne jetzt über die genaue Zahl streiten zu wollen, befindet man sich auf jeden Fall im niedrigen dreistelligen Bereich. Das andere Indiz ist, dass es sein Stei-

---

Prof. Dr. Dr. h. c. mult. Ludwig M. Eichinger, Institut für Deutsche Sprache, R 5, 6-13, D – 68161 Mannheim, e-mail: direktor@ids-mannheim.de

gerungsparadigma suppletiv auffüllt: Nur wenn man ein häufig vorkommendes Element einer Klasse ist, kann man sich eine solche Auffälligkeit leisten.

Syntaktisch scheint es ein guter Kandidat dafür zu sein, jene alte grammatische Annahme zu stützen, dass Verben eigentlich auf Adjektive zurückgeführt werden könnten,[1] die mit einem Finitheitsmarker versehen sind, was vielleicht andersherum vergleichsweise banal heißt: Sie sind prädikativ verwendbar. Und es fällt uns leicht, in der Steigerung über den adjektivischen Komparativ in den adverbialen Superlativ zu gehen – *gut, besser, am besten* pflegt man aufzuzählen – es gehört zu den im engeren Sinn adverbialen Elementen, also in der Fokusabstufung dessen, was wir alles adverbial nennen, zu den Verbmodifikatoren.[2] Vielleicht ist diese Nähe zum Verb, die Qualifikation von Handlungen und Vorgängen, noch grundlegender als die attributive Zuordnung.

Semantisch lässt sich *gut* als eine Art Metaeigenschaft verstehen: die reine Bewertung, und zwar die reine positive Bewertung. Es ist fast ein Passepartout positiver Qualifikation. Es hat dann auch einen – oder für verschiedene Kategorien – einige antonymische Partner, ebenfalls Simplizia: Auf jeden Fall spielt dabei *schlecht* eine prominente Rolle, daneben stehen jedenfalls *böse* und *übel*. Insofern *gut* als eine Metaeigenschaft verstanden werden kann, wird ihr Bezugsbereich erst über das Bezugselement im Kontext klargelegt. Die Bezugselemente lassen uns in unterschiedlicher Weise sehen, was es denn jeweils heißt, als *gut* bezeichnet zu werden. Der Kontext liefert auch den Maßstab für die Eigenschaft.[3] Zudem handelt es sich um ein Wort für eine jedenfalls relative Eigenschaft, es ist daher steigerbar. Das gilt auch für das andere Ende des Antonymenpaars, allerdings hat *gut* als das positive Ende auch die Rolle des unmarkierten Normalfalls einzunehmen. Man fragt, wie *gut* jemand in der Schule sei, selbst wenn die Antwort ist, ziemlich *schlecht*.

Pragmatisch, oder gebrauchsorientiert, passt dazu, dass es als unflektierte Entität funktional flottieren kann. Wie gesagt, da ist schon die Sache mit den

---

1 Diese Interpretation eines erweiterten Prädikatsbegriffs schlägt sich etwa in Johann Christoph Adelungs Feststellung nieder, ein Satz bestehe aus dem Subjekt, einem „Einverleibungswort" (der Kopula) und dem Prädikat, das eine Beschaffenheit des Subjekts bezeichnet (s. Gardt 1999: 190–191); zu diesem Prädikat im weiteren Sinne („maximales Prädikat") s. Zifonun et al. (1997: 677 und 682–683); Zum Status der Adjektive wird dort (693) letztlich auch festgestellt: „Auch prädikative Adjektive sind definitiv zum Ausdrucksbestand minimaler Prädikate zu rechnen". Zum systematischen Zusammenhang s. auch Eichinger (2004: 442–443).
2 Neuerdings (z. B. Telschow 2014: 182–188) wird wieder mehr darüber gesprochen: Das (lexikalische) Adjektiv sei auch (syntaktisch) ein Adverb. Kritisch diskutiert wird das bei Harnisch/Trost (2009: 19–20).
3 Umgekehrt zu Kontextabhängigkeit zur wertenden Bedeutung vgl. Baumann i.d.B.

Adverbien, die Steigerungspartikel (*gut zwanzig Meter – gute zwanzig Meter*), die auf Umwegen wieder zur Attribution zurückkehren, die Gesprächspartikel (*gut, gehen wir es an*), aber auch die Verwendung als eine Art von (unbetonter) Abtönungspartikel (*das mag gut sein*).⁴

1.1.2 Im Kontext

Für ein gutes Adjektiv in diesem Sinne – wir werden sehen, dass man *gut* hier unterschiedlich definieren kann – gilt, dass es in der Lage ist, auf einer Abstraktionsstufe zu agieren, die eine Verbindung zu recht vielen substantivischen oder verbalen Elementen zulässt.⁵ Oder, wie bei Eichinger (2004: 7–8) steht:

> Adjektive sind vergleichsweise wenig wählerisch in der Auswahl ihrer Bezugssubstantive, und man sieht, dass damit die „eigentliche" Abhängigkeit doch vom Adjektiv ausgeht, das so in thematischer Position weitere Informationskerne in einen Satz einbringt. Aber eigentlich können wir, und bei unseren relativ wenigen primären Adjektiven ist das besonders deutlich, gar nicht so recht sagen, was denn z. B. alles *gut* sein könne, aber umgekehrt fällt uns durchaus ohne statistische Analyse schon auf, dass ein *Rat* in positiver Richtung sowohl ein *guter* ist, als auch nicht einfach zu haben, und das heißt: *teuer*.

So ist die Beschreibung des Lemmas *gut* eine Herausforderung für jede lexikographische Erfassung. Die letzte Auflage des Paul'schen Wörterbuchs z. B. kennt in diesem Eintrag acht Bedeutungspositionen. Es ist allerdings auf den ersten Blick sichtbar, dass man diese Unterteilung in drei funktionalen Bereichen unterbringen könnte, wie sie sich in etwa auch aus der Korpusanalyse ergibt, die zur Beschreibung in *elexiko* führt. Dort wird eine erste Gruppe mit dem Bedeutungsmerkmal ‚positiv bewertet'⁶ den beiden Verwendungstypen ‚mehr als' und ‚in Ordnung' gegenübergestellt.⁷ Der Zusammenhang dieser Gruppen wird folgendermaßen erläutert:

---

4 Zu den Funktionen von *gut* vgl. Dabóczi i.d.B..
5 vgl. Hartlmaier i.d.B..
6 Mit den Untertypen ‚wohlwollend' und ‚wertvoll'.
7 Den Paul'schen Positionen 1 (‚passend'), 2 (‚günstig'), 4 (‚einwandfrei') und 5 (‚freundschaftlich') entspräche die Kategorie ‚positiv bewertet'; der Position 3 (‚reichlich') die Kategorie ‚mehr als'; die gesprächsstrukturierende Kategorie ‚in Ordnung' wird dort ausdifferenziert in 6 (‚abschließend'), 7 (‚reaktiv') und 8 (‚gesprächseinleitend'); s. bei Paul (¹⁰2002) s.v. *gut*.

> Die Lesart ‚wertvoll' ist eine Meliorisierung der Lesart ‚positiv bewertet'. Zu den Lesarten ‚mehr als' und ‚in Ordnung' besteht eine semantische Verwandtschaft, diese lässt sich jedoch nicht einer bestimmten Verschiebungsrelation (wie z. B. Metaphorisierung oder Generalisierung) zuordnen. (www.owid.de/artikel/270635 [letzter Zugriff: 11.08.2016])

Man kann im Hinblick auf die gefestigte Stellung des Adjektivs *gut* in der Wortart ein paar Punkte festhalten. Positiv bewertet mit *gut* werden zunächst Handlungen oder Sachverhalte, bei Personen, Gegenständen und anderen Kategorien geht es um eine Qualifikation im Hinblick auf entsprechende Eigenschaften. Es ist naheliegend – auch wenn diese Sache noch nicht so recht erforscht zu sein scheint – dass in dieser Übertragung verschiedene Optionen für das Festwerden von Kollokationen stecken. Je unspezifischer das Bezugsobjekt, desto wahrscheinlicher ist das Festwerden einer Verwendung, bis hin dazu, dass man z. B. *guter Dinge* ist.[8] Auch das passt eigentlich zu Elementen dieser Art, sie gehören zum Kern des Wortschatzes, sind daher häufig und können sich genau aus dem Grund Besonderheiten leisten. Als solche kann man es auch ansehen, dass gerade bei diesem Typ von Adjektiv die notorischen Wortbildungsmöglichkeiten des Deutschen an ihre Grenzen stoßen. Häufige Adjazenz, die in unterschiedlichem Ausmaß zur Univerbierung führt, findet sich vor allem im Kontext von Partizipien – also bei der Bildung von positiven Adjektiven, die auf einer vorhergegangenen Handlung o. ä. beruht. So verzeichnet die Lemmaliste von *elexiko* immerhin die folgenden Bildungen:[9]

(1) *gut angezogen, gut ausgebaut, gut ausgebildet, gut ausgerüstet, gut ausgestattet, gut besetzt, gut bestückt, gut besucht, gut bewacht, gut bewaffnet, gut bezahlt, gut eingeführt, gut erzogen, gut geführt, gut gefüllt, gut geheizt, gut gehütet, gut gekleidet, gut gekühlt, gut gelungen, gut gemeint, gut genährt, gut geölt, gut gepflegt, gut gepolstert, gut getarnt, gut gewachsen, gut informiert, gut organisiert, gut platziert*
(2) *gut aufgelegt, gut bekannt, gut betucht, gut dotiert, gut erhalten, gut fundiert, gut gebaut, gut gelaunt, gut gesinnt, gut situiert, gut sortiert, gut gestellt*

Schon diese Beispiele zeigen, dass *gut* im adverbalen Kontext gut vertreten ist, ja Muster weiterbildet, die gar nicht mehr auf ein Verb bezogen werden können (vgl. (2)) und in einer differenzierenden Beziehung zu Bildungen mit *wohl* stehen.

---

8 Hierher gehören dann auch die sprichwörtlichen Redensarten: *Guter Rat ist teuer*, oder sogar unflektiert: *Gut Ding will Weile haben*.
9 Die hier der Einfachheit halber alle einfach in getrennter, syntaktischer Form zitiert werden.

(3) *wohl ausgebildet, wohl ausgestattet, wohl bekannt, wohl dotiert, wohl erhalten, wohl fundiert, wohl gefüllt, wohl gehütet, wohl gekleidet, wohl gelaunt, wohl gelungen, wohl gemeint, wohl genährt, wohl gewachsen, wohl situiert*

Es gibt also eine Reihe von Momenten, die es uns erlauben, *gut* als ein besonders gutes Adjektiv anzusehen, als jedenfalls eines der besten seiner Art.[10] Als letzter Punkt sei noch genannt, dass im Akademieprojekt „Reichtum und Armut der deutschen Sprache", im Teil über den Wortschatz (Klein 2013), die am häufigsten verwendeten Adjektive ermittelt wurden, und zwar in einem Vergleich der Befunde von 1900, 1920 und 2000. Wolfgang Klein resümiert:

> Die drei häufigsten Adjektive sind *ander, gut, neu*. Gold, Silber und Bronze wechseln, aber die Häufigkeiten bleiben fast gleich. (Klein 2013, S. 43)[11]

1.2 *Viel*

Dass es einen guten Fall für seine Art von Adjektiven darstelle, ließe sich vielleicht auch von *viel* sagen, einem der quantifizierenden Wörter von der linken Seite von Nominalgruppen.[12] *Viel* ist vielleicht auch nicht schlecht, allerdings in anderer Weise, nämlich wenn man die Grenze zu den Determinativen hin ausloten will.

Jedenfalls ist es auch ein Simplex, ist adverbial verwendbar, in dieser Funktion steigerbar, und zeigt dabei ein suppletives Paradigma. Es stellt in den entsprechenden Verwendungen den unmarkierten Pol des Antonymiepaars *viel* vs. *wenig* dar. Zudem kann es quasi nominal allein stehen, es gibt eine spezifische Verteilung von flektierten und unflektierten Formen in nicht adverbialen Positionen. Die Beschreibung in *elexiko*[13] kennt drei adjektivische Verwendungsgruppen, zwei adverbiale und eine als Partikel.

Dabei stellen die beiden ersten Gruppen – ‚zahlreich' und ‚große Menge' – im Wesentlichen indefinite Quantifikationen einer überdurchschnittlichen Größe

---

[10] Die essentielle Anbindung an den adverbialen Gebrauch – neben attributivem und prädikativem – lässt es fast noch typischer erscheinen als das im Kern attributive und prädikative *groß*. Vgl. zur Differenzierung in diesem zentralen Bereich der „Eigenschaftswörter" Eichinger (2007: 163–170), Trost (2006: 110).
[11] Deutlich anders sind die Befunde bei adjektivischen Anglizismen, hier hat sich in Menge und Auswahl einiges getan, s. Eisenberg (2013: 84 und 93).
[12] S. Eichinger (1991: 319–321; 2007: 166) zur Stellung von „Artikelklassifikatoren: Quantificativa und Situativa".
[13] Vgl. www.owid.de/artikel/289815?module=elex_b

für zählbare (*viele Menschen*) und nicht zählbare Entitäten (*viel Lärm, dem vielen Lärm*) dar. Die dritte, dort ‚genaue Menge' genannt, ist eigentlich die Realisierung der unmarkierten Verwendung als „Quantitätsadjektiv" (*wie viele, genauso viele*). Die vierte Variante ‚bedeutend' (*nicht viel anders, viel zu schnell, viel besser*) ist eine Art Steigerungspartikel in komparativen Kontexten, verwandt also den beiden ersten Varianten mit der ‚quantitativ-über-dem-Durchschnitt'-Bedeutung. Auch die letzte, die Verwendung als Abtönungspartikel (*‚schon', was soll schon viel passieren*), nutzt in rhetorischer Verkehrung einer Art Litotes diese Bedeutung der ‚erwähnenswerten Größe'. Daneben gibt es eher nominal (*produziert viel*), auch als adjektivische Nominalisierung (*wer Vieles bringt*), oder adverbial verstehbare (*er arbeitet viel*) Verwendungen. Auch im flexivischen Bereich der Nominalgruppe schwankt die formale Zuordnung – vermutlich auch in Abhängigkeit von Fragen der formalen Deutlichkeit – zwischen der deutlichen Tendenz der flektierten Form zumindest im Nominativ und Akkusativ, sich als artikelartiger Determinator zu verstehen (*?viele guten Leute*), während das im Genitiv eher anders ist (*vieler guter Leute*), und typisch adjektivischen Verwendungen (*die vielen guten Leute*). Auffällig ist auch die Verwendung der unflektierten Form in festen Wendungen (*Viel Feind viel Ehr, viel hilft viel*). Was immer man sagen kann, *viel* ist auf jeden Fall vielfältig, und ein Beleg dafür, dass jenseits der formalen Wortartzuordnung gerade die Übergänge zwischen Adjektiv und Determinativ einen Kern der Wortklasse Numerale kennzeichnet.

1.3 *Preußisch*

Wenn *gut* uns etwas von der Mitte der Wortart gezeigt hat und *viel* von den Charakteristika des determinativen Randes sprach, ist ein Wort wie *preußisch* zunächst einmal ein Beleg für den klassifizierenden rechten Rand des flexivischen Feldes links vom Nomen, also von jenen typischerweise derivierten Bildungen, die das Bezugssubstantiv klassifikatorisch einordnen: ‚von Preußen'.[14]

(4) *Hilfreicher ist es, sich klar zu machen, dass die Zubereitung guter Salate so planbar sein kann wie das preußische Beamtengesetz.* (SZ, 03.05.2013)

Man kann gerade an diesem Beispiel sehen, wie hier ein Sog in Richtung „Eigenschaftswort" entsteht, eine Neigung zur Bewertung. Ein erster solcher Schritt,

---

[14] S. zum Folgenden Eichinger (2000: 210–211; 2007: 169), Trost (2006: 272–273 und 378).

eine Anspielung auf geteilte Stereotype, ist wohl bei vielen solchen Adjektiven denkbar. Die Deutungsrichtung wird explizit gemacht:

(5) *Und Harald Wohlfahrt in einer Kochshow wäre wohl ungefähr so unterhaltsam wie ein preußischer Spitzenbeamter beim Promi-Dinner.* (SZ, 03.09.2010)

In manchen Fällen, so in diesem, verfestigt sich die bewertende Variante als einigermaßen selbständiges Adjektiv, im folgenden Beleg klargemacht als eine Art *contradictio in adjecto*:

(6) *Sein Vater Ulrich war nicht nur Generalinspekteur der Bundeswehr, sondern wohl auch im Umgang mit den Kindern von eher preußischem Temperament.* (SZ, 03.06.2013)

Damit hat das Adjektiv eine kontextunabhängige Geltung als ‚geordnet, wenig emotional' erreicht, die verschiedene Richtungen der Bewertung erlaubt. So können die positiven Aspekte der ‚Verlässlichkeit' akzentuiert werden:

(7) *„Draghi erschien uns als preußischer Südeuropäer".* (SZ, 25.10.2012)

Daneben steht die negative Einschätzung der mit diesem Vergleich verbundenen ‚pedantischen Inflexibilität':

(8) *„Medienansiedlungen kann man nicht preußisch verwalten, sondern man muss sie aktiv gestalten.* (SZ, 04.04.2008)

Und manchmal ist zwar die Eigenschaftszuordnung klar (‚wenig emotional'), die Bewertung liegt aber mehr oder minder im Auge des Betrachters:

(9) *Die Bundeskanzlerin ist bekanntlich nicht sonderlich vergnügungssüchtig. Sondern in Temperament, Habitus und Sprache eher preußisch.* (SZ, 21.06.2012)
(10) *Aus der Nähe betrachtet, sind die Franzosen viel preußischer, als man glauben mag.* (taz, 09.01.2008)
(11) *Edmund Stoiber (geboren 1941): Der preußischste Bayer, der protestantischste Katholik, der jemals an der CSU-Spitze war.* (www.manager-magazin.de/fotostrecke/fotostrecke-35679-6.html, [letzter Zugriff: 11.08.2016])

Jedenfalls sind so auch diese klassifizierenden Zugehörigkeitsadjektive eine Quelle für das Inventar qualitativer Adjektive, und erlauben all die einschlägigen syntaktischen Verwendungen, einschließlich der Komparation, wie man an den Belegen (7) bis (11) sieht – auch wenn der Superlativ etwas auffällig erscheint.

1.4 Der Kern und die Ränder

Die Wortart Adjektiv hat eine weite Funktionsbreite, wobei die im zentralen Raum stehenden Qualitätsadjektive wie *gut* zweifellos den adjektivischsten Charakter zeigen. Die klassifikatorischen Adjektive wie *preußisch*, die ja im Deutschen funktional wie räumlich zwischen diesen Adjektiven und substantivischen Erstgliedern stehen, stehen, wie gezeigt, auch dem adjektivischen Eigenschaftskern nicht völlig fern. Dagegen changieren die der Text- und Aussageneinbindung dienenden Elemente einer modifizierenden Quantifikation (attributives *viel*) oder einer quantifizierenden Modifikation (adverbiales *viel*) zwischen den Wortarten im klassischen Sinn.[15]

2 Häufige Adjektive

2.1 Die Zahlen

Wenn man diese funktionalen Überlegungen durch eine Betrachtung der Häufigkeitsverhältnisse ergänzt, wird man unmittelbar auch auf Fragen der strukturellen Eigenschaften der Adjektive gelenkt. Und letztlich ist das ebenfalls unvermeidlich eine funktionale Sicht, insofern der Grad an Komplexität interpretierbar erscheint.

Wenn man die nach ihrer Häufigkeit in den Korpora des IDS ausgesuchten Adjektive betrachtet, die in *elexiko* als Stichwörter behandelt sind, lassen sich folgende zusammenfassende Feststellungen machen: Es geht insgesamt um ca. 240 Adjektive. Darunter sind etwa 35 Simplicia von *alt* bis *wahr*, was insofern bemerkenswert, aber vielleicht nicht überraschend ist, als es im Deutschen insgesamt nur um die 200 adjektivische Simplicia gibt. Von daher ist nun andererseits ganz und gar nicht überraschend, dass praktisch die Hälfte der Adjektive dieser Liste sich aus Suffix-Derivationen rekrutiert, Adjektive wie *freiwillig*, *kindlich* oder *moralisch*, um hier die drei großen Suffixe anzuzitieren. Dazu kommt ein

---

[15] S. dazu auch Adam/Schecker (2011: 160–161), Marillier (2011: 53).

größerer Teil der nicht autochthonen Suffixbildungen – vorzüglich aus dem Bildungswortschatz – wie *effektiv* oder *regional*.[16] Etwa zehnmal finden sich Bildungen aus dem Bereich der sogenannten Halbaffixe, wie *erfolgreich* oder *grenzenlos*. Häufiger (etwa 25) sind partizipiale Bildungen verschiedener Art von *anerkannt* bis *ungebremst*. Hier sieht man schon an den Beispielen den wechselnden Idiomatisierungsgrad in denkbaren Verwendungen.

2.2 Merkmalhaftigkeit

Logischerweise decken diese Adjektive einen prominenten Bedarf in den oben geschilderten dreierlei Richtungen ab. Dabei seien die eher situativ determinierenden (*bisherig*, *jetzig*) und die klassifikatorischen (*sammlerisch*, *katholisch*) beiseitegelassen. Denn am augenfälligsten ist vielleicht doch die große Breite der Möglichkeiten im Eigenschaftsbereich. Die Gruppe der Simplicia, die vor allem grundlegende kategoriale Gegensätze benennen, wie *alt* und *neu* oder *groß* und *klein*, ist insgesamt nicht sehr groß. Häufig sind u. a. noch:[17]

(12) *blind, bunt, frei, gut, hart, hoch, krank, leer*

Man erkennt, dass es sich um vergleichsweise grundlegende Eigenschaften handelt, die hier auf diese primäre Weise ihr Wort gefunden haben. Ihre Rolle der Zuordnung zu einem nominalen oder auch verbalen Bezugskern ist in die Wortartfestlegung eingebunden.[18] In den anderen, notwendig komplexen adjektivischen Lexemen ist die Komplexität dadurch erzeugt, dass explizite Junktionsmarkierungen an lexematische Stämme treten, die so zu Adjektiven werden.[19] Eine fast grammatikalisiert zu nennende Option sind hier desubstantivische und deverbale Adjektive, die daher auch einen großen Raum bei den behandelten häufigen Bildungen ausmachen:

---

[16] Wir wollen uns hier nicht um eine genaue Differenzierung der „Fremdbildungen" kümmern, bei denen häufig eine eigene Art paradigmatischer Zusammenhänge besteht, etwa vom Typ: *individuell – Individualität – Individualist* o. ä., vgl. Eichinger (2000: 19–21).
[17] In den Korpora, die den Untersuchungen von Akademie (2013) zugrunde liegen, sind um 2000 die am häufigsten belegten zwanzig Adjektive die folgenden: *ander, neu, gut, ganz, erst, deutsch, weit, klein, alt, eigen, letzte, lang, politisch, zweit, hoch, kurz, einfach, schnell, wichtig, jung*, vgl. Klein (2013: 43).
[18] vgl. dazu auch Lehmann i.d.B
[19] Zu den folgenden Ausführungen zur junktionalen Abstufung s. Eichinger (2000: 88–100).

(13) *erheblich, golden, günstig, jugendlich, kindisch, kindlich, kritisch, lebendig, lustig, nachhaltig, preußisch, richtig, überflüssig, vergeblich, vernünftig*

Offenkundig ist der unterschiedliche Grad an Motiviertheit bzw. Idiomatisierung sichtbar, zudem bestimmte prototypische Kerne der großen Bildungsmittel: {-*lich*} in der Generalisierung eines adverbialen Bezugs (vgl. *kindliche Äußerung* ↔ etw. *äußern wie/als ein Kind*), {-*isch*} als Generalisierung über Zugehörigkeit (vgl. *preußischer Beamter* ↔ *Beamter von/aus Preußen*) und {-*ig*} als direktes Charakteristikum eines Eigenschaftsworts (vgl. *vernünftige Idee* ↔ *Idee aus/mit Vernunft*).[20] Aber auch in den nichtautochthonen Bildungstypen findet sich hier ein reichhaltiges Inventar von Mitteln einfacher Adjektivierung:

(14) *aktuell, attraktiv, autonom, demokratisch, effektiv, effizient, flexibel, hochmobil, human, immobil, intellektuell, intelligent, interessant, konsequent, konservativ, kreativ, mobil, normal, radikal, riskant*

Die Techniken sind dabei etwas anders, die Affixbildungen sind zumeist in ein System von Bildungen eingebunden, die das Feld um ein nur in solchen Verbindungen vorkommendes Basislexem ausbauen, wie etwa *Konservatismus – konservativ*. Das gilt auch für die als Suffixe zu lesenden Elemente, die auf die Partizipialbildung des Lateinischen bezogen sind: *Interesse – interessant – Interessent*.

Für junktionale Effekte, die über die explizite Sicherung des adjektivischen Charakters hinausgehen, finden sich Bildungen, die im Prinzip kompositionsnahe Techniken nutzen, bei denen aber in unterschiedlichem Ausmaß eine Grammatikalisierung eingetreten ist, durch die ein graduierender Übergang zu „schweren" Suffixen geschaffen wird.

(15) *arbeitslos, bandförmig, bundesweit, erfolgreich, grenzenlos, waschmaschinenfest*

Zu benennen ist dann auch noch, dass unter den Nominalformen des Verbs das Partizip auf dem Weg der Umkategorisierung eine Vielzahl von Optionen und Grade der Adjektivierung bietet:

(16) *anerkannt, angemessen, gebildet, gefragt*

---

20 Bis hin zur Verdeutlichung des adjektivischen Charakters, s. *lebend-ig*; zu diesem generellen Effekt des Suffixes {-ig} s. Eichinger (2007: 177–178).

Gerade auch über inkorporative Bildungen lassen sich hier sehr spezifische und komplexe junktionale Elemente bilden:

(17) *grenzüberschreitend, mobilitätsbehindert*

Gerade die Interaktion dieser komplexeren Techniken erlaubt es, gegebenenfalls auch neu interessant werdende Eigenschaftsbereiche differenziert abzudecken. So finden sich in unserer Liste etwa folgende Bildungen zu ökologischen Zusammenhängen:

(18) *umweltfreundlich, umweltgerecht, umweltschonend, umweltverträglich*

2.3 Feldausbau und Differenzierungsstufen

Wie das letzte Beispiel schon zeigt, kann man in einer anderen Sichtweise die verschiedenen Bildungsmittel als eine Möglichkeit sehen, möglichst viele relevante Facetten eines Sachverhaltsbereichs besprechbar und damit auch miteinander korrelierbar zu machen. In einer Reihe von Wortgruppenartikeln in *elexiko* werden solche Zusammenhänge dargestellt, z. B. für die folgende Reihe von Adjektiven:

(19) *örtlich – lokal – regional – national – international – weltweit – global*[21]

Was man hier sieht, ist, dass verschiedenste formale Mittel ihren Teil zum Ausbau solcher Verhältnisse beitragen. Im vorliegenden Fall sind das nur vergleichsweise gängige Adjektive. Die Beispiele in (18) zeigen, wie die junktional deutlicheren Elemente aus dem partizipialen und dem sogenannten Halbaffixbereich dazu genutzt werden, neuen Differenzierungsbedürfnissen zu entsprechen. Da Umweltfragen im öffentlichen Diskurs eine große Rolle spielen, finden sie sich vergleichsweise häufig.

In realen Texten kann man sehen, dass die Variabilität der Bildungsmuster in vielfältiger Weise genutzt wird.

(20) *im langfristigen Verlauf der historischen Entwicklung* (Osterhammel, Die Verwandlung der Welt 13)
(21) *[...] ein materialsattes Interpretationsangebot* (Verwandlung 16)

---

[21] www.owid.de/wb/elexiko/gruppen/oertlich-skala.html [letzter Zugriff: 11.08.2016].

(22) *Inzwischen sinkt jedoch altersbedingt der Hormonspiegel der Generation der sexuellen Revolution, und bildüberfütterte, gelegenheitssatte Generationen jenseits der Sünde wachsen nach.* (Gerhard Schulze, Die Sünde 39)

(23) *Hinter der oft geäußerten Verachtung des hedonistischen Alltags als banal, oberflächlich, billig, maßlos, sinnlos, unmoralisch und gesundheitsschädlich verbirgt sich eine Liebe zum Diesseits, wenn auch eine verschämte und verkniffene.* (Sünde 16)

Sie geht von der einfachen über die komplexe Derivation, partizipiale Adjektive und reihenbildende paradigmatische Zweitelemente zu partizipialen Inkorporationen und eigentlichen Adjektivkomposita (etwa die kausalen Muster von Typ *liebeskrank*). Man sieht zum Beispiel an den Belegen (20) und (23), dass gerade im Bereich der Suffixderivation[22] eine Vielfalt lexikalisierter Bildungen für verschiedene Funktionen vorliegt, auch, dass zum Beispiel das Suffix {-ig} bezüglich der zu adjektivierenden Basen sehr variabel ist. Es geht – zumindest bei entsprechenden qualitativen Adjektiven darum, eine Basis zu haben, die informationstheoretisch interessant ist. So gibt es *kurz- mittel-, lang-* und *längerfristig*, aber kein **fristig*, was man eigentlich auch an dem folgenden Beleg sieht, der dem auf den ersten Blick zu widersprechen scheint.

(24) *Heute werden Spareinlagen mit einer vereinbarten Kündigungsfrist von zwölf Monaten und darüber mit 5 v. H. und entsprechend fristige Kündigungsgelder mit 4 1/2 v. H. verzinst.* (ZEIT, 19.06.1958)

Andererseits kann man an den Belegen in (21), (22) und (23) sehen, dass vor allem die expliziteren Bildungen Anlass zu anlogen Weiterbildungen geben. Das gilt – hier am Beispiel von {-satt} – für die reihenbildenden Elemente im Übergangsbereich zwischen Komposition und Derivation.[23] Die folgende Reihe von Belegen aus den IDS-Korpora belegt, dass diese Bildungen an den „Normalwortschatz" anschließen, aber ein gut erweiterbares Muster präsentieren:

(25) -satt: *erfahrungs-, fakten-, ideen-, gefühls-, klang-, klangfarben-, lebens-, macht-, pointen-, quellen-, überraschungs-*

---

[22] Zu denen wir hier auch die Bildungen mit {-los} zählen würden, s. dazu Eichinger (2011: 171).
[23] Die sich häufig auf Verwendungen dieser Bildungen mit präpositionaler Rektion beziehen lassen, *arm an, reich an, satt an, voll von*.

Entsprechendes gilt für die prinzipiell noch formbareren partizipialen Adjektive und entsprechend inkorporierenden Bildungen, die als Partizipialkomposita geführt werden. Dabei sind die partizipialen Beispiele in (23) ein guter Beleg dafür, dass die Partizipialmorphologie zur Bildung unstrittig adjektivischer Lexeme genutzt wird, die ohne binäre Auflösung auf anschließbare verbale Muster bezogen werden (in diesem Fall etwa: *verkümmern/verkümmert*).

Stilistisch auffälliger, damit auch statistisch seltener, sind die im Prinzip hochvariablen partizipialen Inkorporationen wie das Adjektiv *bildüberfüttert* in (22):

(26) *-überfüttert: akten-, beamten-, bienen-, menschen-, messe-, reiz-, stern-*

Wie idiosynkratisch auch diese Bildungen erscheinen mögen, sie passen dann doch in spezifische Ausbaumuster – so hier in den Rahmen von Bildungen der Graduierung des Habens und Enthaltenseins. Hier und an anderen Stellen[24] wird ein diskursiv bedingter Benennungsbedarf mit diesen Mitteln abgedeckt, oft auch in interner paradigmatischer Festigkeit, so sind etwa bei dem partizipialen Bestandteil {-bedeckt} die Formen *schneebedeckt* und *staubbedeckt* eindeutig dominant. Verschiedene präpositionale Rektionstypen prägen die Muster. In den bisherigen Fällen ist das der *mit*-Typ, es sind aber auch andere Relationen prägend, so bei dem *durch*-Muster, das sich in *altersbedingt* in (22) findet.

(27) *-bedingt: abbau-, abbildungs-, abgaben-, abgabestress-, abgas-, abitur-, abkämpfungs-, ablauf-*

Das gilt dann auch für bestimmte Bildungen mit adjektivisch-relationalem Zweitglied wie *gesundheitsschädlich*, ‚schädlich für', das einen recht produktiven Typ repräsentiert:

(28) *-schädlich: arbeitsmarkt-, augen-, beschäftigungs-, europa-, finanzkraft-, gesundheits-, inflations-, image-, innenstadt-, klima-, Maastricht-, Publicity-, sozial-, steuer-, umwelt-, vereins-, vergaberechts-, wettbewerbs-, wirtschafts-, zulagenun-, zuschuss-*

---

[24] bevorzugt z. B. auch noch im Bereich der Modalität; s. Eichinger (2000: 94–96; 2011: 174–176).

2.4 Stilistischer Wert

Wenn man schon die Listen der bisher dokumentierten Bildungstypen ansieht, ist es offenkundig, dass sie im Einzelnen in recht unterschiedlich einzuschätzende Kontexte gehören. Je komplexer die Bildungsmittel, desto eigenwilligere Kombinationen innerhalb analog nachgestalteter Vorgaben sind möglich und werden mit deutlichem Stilwillen genutzt.[25] Es gibt zweifellos eine Reihe von Bildungen, die sich praktisch einer stilistischen Normalebene verschließen – sie haben einen übernormalen Touch, der in der Welt öffentlicher Texte häufig eine sanfte ironische Brechung erfährt, selbst in pathosnäheren Texttypen:

(29) *Das Orchester trumpft groß auf (Tybalts Motiv), mal blechlastig mit schwerem Posaunen-, Trompeten und Horn-Geschütz, mal klavier- und harfenumtost* (Nürnberger Nachrichten, 23.02.2009, S. 7)

Manchmal ist es schwer zu entscheiden, wann mittels solcher Bildungen Emphase in einem sprachlich insgesamt gehobenen Umfeld angestrebt wird, wie in (30), wo stilistisch analoge Substantive einen gleichmäßigen Rahmen bilden, und wo andererseits die Auffälligkeit der Bildung schon zu einer leichten Distanzierung genutzt wird (31), wo v. a. die *herrschaftlichen Häuserzeilen*[26] intern an einem stilistischen Bruch leiden und auch die *höckerigen Hügel* nicht ganz bruchlos erscheinen. Letztlich wird durch die Kontrastierung mit einem möglichst unfeierlichen Kontext endgültig die Ernsthaftigkeit der Verwendung gebrochen (32).

(30) *edle Herrenhäuser, sturmumtoste Felsküsten* (Hannoversche Allgemeine, 30.05.2009)
(31) *Hier stehen höckerige Felshügel und meerumtoste Klippen einträchtig neben herrschaftlichen Häuserzeilen.* (Braunschweiger Zeitung, 24.01.2009)
(32) *dass meine Frau mit unseren beiden Töchtern stundenlang am Rande windumtoster Zuckerrübenäcker ausharrte.* (Braunschweiger Zeitung, 16.02.2009).

Das betrifft eine Vielzahl von Bildungen, auch etwa den Typ, bei dem neben diesem Wortbildungstyp eine weitgehend unbeschränkte syntaktische Konstruktion steht:

---

25 Ausführlicheres zu den folgenden Überlegungen s. in Eichinger (2011: 175–181).
26 Vermutlich ein Fall des sogenannten „schiefen Adjektivattributs" (s. z. B. Eichinger 2000: 13).

(33) [...] der Boden ist mit Scherben und Schutt übersät, (Der Tagesspiegel, 07.05.2007)
(34) Von einem mit Scherben übersäten Parkplatz [...] berichtete Roland Räuber (Badische Zeitung, 23.09.2010)
(35) Der Hang war mit Müll übersät. (Saarbrücker Zeitung, 12.06.2010)
(36) Anwohner und Passanten stehen staunend vor dem mit Müll übersäten Areal. (Basler Zeitung, 02.05.2011)
(37) Erst klettert man über einen scherbenübersäten Deich, dann rutscht man einen müllübersäten Abhang hinunter. (Braunschweiger Zeitung, 22.01.2009);

Es ist hier eine funktionale Differenzierung erkennbar, nämlich, dass prädizierend und beschreibend die präpositionale syntaktische Fügung gewählt wird, während die univerbierte Form über den Aufruf spezifischer verbaler Szenentypen wichtige Kategorien, wie hier etwa das ‚Versehensein mit' bzw. allgemeiner ‚Haben', benennend aufzurufen erlaubt[27] – gerne in attributiven Fügungen.[28]

Im Prinzip gilt das auch im folgenden Fall, allerdings gilt, wie schon die Anführungszeichen in (39) andeuten, hier die inkorporierte Form als auffällig. Hier ist – auch nach dem Mengenausweis der Korpora – das wertende Schema mit -verseucht die normale sprachliche Inszenierung für diesen Kontext.

(38) Neuesten Studien zufolge sind öffentliche Bankomaten genauso mit Bakterien übersät wie Bedürfnisanstalten. (Klagenfurter Tageszeitung, 15.01.2011)[29]
(39) Dieser nötigte seine Frau, «bakterienübersäte Taschentücher» zu waschen. (St. Galler Tagblatt, 30.01.2009),
(40) Dann kam mir der Gedanke, dass der Mann mit seiner bakterienverseuchten Hand die Tür anfassen würde. (Main-Taunus-Kurier, 21.02.2015)

Man kann aus diesen Anmerkungen auch Grundsätzlicheres zur Strukturierung der Gesamtstrecke der Optionen adjektivischer Wortbildung schließen: Die (Suffix-)Derivation ist morphologisch geprägt, dient zur möglichst neutralen Adjektivierung – mit generelleren Kategorisierungsunterschieden. Am anderen

---

27 Vgl. dazu Eichinger (2000: 158–160).
28 Nicht ausschließlich, zumindest bei häufigeren Bildungen finden sich prädikative Verwendungen, vgl. „Ein Paradies zwischen Wald und Wasser, blumenübersät im Frühjahr, wild schneesturmumtost im Winter." (PNP 08.05.2003).
29 Attributive Fügungen scheinen in diesem Fall weniger oberflächenbezogen formuliert, es finden sich vorzugsweise Partizipien wie verseucht.

Ende stehen die inkorporierenden komplexen Bildungen, die aufgrund der inhärenten Relationen der Zweitelemente und der tendenziell beschränkten lexikalischen Wahl als syntagmatisch-paradigmatische Muster, als Konstruktionen am Rande der Syntax stehen.

3 Neue Adjektive

3.1 Wie neu, wie dauernd

Wenn der Wortschatz des Deutschen im letzten Jahrhundert um ein Viertel bis ein Drittel zugenommen hat (Klein 2013, S. 34-35), sollte das auch für die Adjektive gelten. Nun kommt es darauf an, was man hier zählt. Auch hier gilt die Gesetzmäßigkeit, dass es, wenn man Korpora daraufhin untersucht, recht wenige häufig belegte Wörter und eine enorme Zahl an nur in geringer Zahl oder nur einmal belegten gibt. Von der Reaktionsfähigkeit der Schreiber und der Variabilität der Bildungen kann man sich einen Eindruck verschaffen, wenn man Verzeichnisse neu erscheinender Wörter betrachtet. So sind in der „Wortwarte"[30] für Juli und August 2016 neben einer recht großen Menge Substantive (fast 160) die folgenden sieben Adjektive verzeichnet, über deren Status über diese ad-hoc-Verwendungen hinaus man nicht viel sagen kann. Allerdings passen sie erkennbar zu (jeweils) zeitgenössischen Diskursen. Und immerhin bestätigen sie die wortschöpferische textbezogene Produktivität in den oben diskutierten Fällen von expliziteren, syntaxnahen Bildungstypen (in (41)) und reihenbildenden Elementen mit lexematischem Kern (in (42)).[31]

(41) *zahnbegrenzt, bewegungsdefizitär, breitbandintensiv*
(42) *eventarm, burkaphob*
(43) *hyperdigital, neomaskulin*

Am IDS wurde mit dem Konzept des Neologismen-Wörterbuchs ein Weg gesucht, zu ermitteln und zu dokumentieren, welche Neuwörter, Neuwendungen und Neubedeutungen eine weitere Verwendung gefunden haben – in Häufigkeit, Ver-

---

30 Vgl. www.wortwarte.de/
31 Sowie bestimmte Präfigierungstypen, nicht zuletzt der Steigerung, die hier nicht weiter berücksichtigt wurden (s. (43)).

breitung über Texttypen und Zeitdauer.[32] Dabei muss man auch hier zunächst festhalten, dass bei häufigeren und etwas beständiger bleibenden neuen Wörtern – Neologismen im Sinne des Neologismen-Wörterbuchs des IDS – Adjektive eher eine Nebenrolle spielen. Wenn man in der Online-Fassung die Liste der Bildungen betrachtet, die in letzter Zeit neu aufgekommen sind, bestätigt sich dieser Befund sehr deutlich – es findet sich kein einziges Adjektiv, die Substantive sind erwartungsgemäß in der überwältigenden Mehrheit:

(44) *3-D-Drucker, Antänzer, aufpoppen, Bodycam, Computeruhr, Craftbier, Emoji, Fairteiler, Fakeshop, Fitnessarmband, Fotobombe, fracken, Fukushima-Effekt, Gettofaust, Guerillastricken, hätte – hätte – Fahrradkette, Leo, Mingle, Natural Running, Pop-up, Second Screen, Selfiestick, Seniorazubi, Smartwatch, Stadtgärtnern, stromern, tindern, Tofutier, ziemlich beste X* [Nomen] (www.owid.de/service/stichwortlisten/neo_neuste [letzter Zugriff: 11.08.2016])

Das ist aber nicht das ganze Bild. Wenn man zusammenstellt, was seit den 1990er Jahre in dieser Form an neuen Adjektiven aufgekommen und etwas länger geblieben ist, findet sich doch auch eine ganz erhebliche Liste:

(45) *abgerockt, abgezockt, aggro, alarmistisch, all-inclusive, analog, angefasst, angefressen, aufgestellt, bildungsnah, bombe, chillig, denglisch, episch, fett, gefühlt, gelbgesperrt, gelbrotgesperrt, grottig, halbrund, hammer, Hartz-IV-sicher, kultig, löffelfertig, mega-in, mega-out, metrosexuell, minimalinvasiv, multikulti, ostalgisch, ostig, politically correct, porno, probiotisch, proll, prollig, retro, rotgesperrt, scheinselbstständig, schwul, sexy, stutenbissig, stylisch, supi, systemrelevant, to go, umami, unkaputtbar, unplugged, unterirdisch, vegan, virtuell, zeitnah*
www.owid.de/suche/neo/erweitert?wort=&neoTyp=ka&aufkommen=ka&wortart=adj&gram=ka&wobi=ka&wobiProd=ka [letzter Zugriff: 11.08.2016])

---

32 S. Herberg & Kinne & Steffens (2004); Steffens & al-Wadi (2015); www.owid.de/wb/neo/start.html (in der Online-Version kann man die im Folgenden besprochenen Beispiele dokumentiert und ausführlich dargestellt finden).

3.2 Formale Optionen

Wir finden die Bildungstypen, von denen wir gesprochen haben, daneben allerdings auch noch direkte Entlehnungen (*politically correct, to go, umami*) und eine größere Menge von Kurzwortbildungen, ein Befund, der auf die Dominanz von Textinstanzen hindeutet, die als informeller betrachtet werden. Formal finden wir neue Adjektive aller verschiedenen Bildungstypen. Das beginnt mit dem zentralen morphologischen Muster adjektivischer Wortbildung, der Suffixderivation bzw. bei nichtautochthonen Basislexemen Typen mit so etwas wie „Suffixersatz":

(46) *chillig, grottig, kultig, ostig, prollig, unkaputtbar; alarmistisch, ostalgisch, probiotisch, vegan*

Hier kann man sehen, dass die Suffixe im Kern ihrer jeweiligen Funktionen genutzt werden. So dient {-ig} offenkundig zur Adjektivierung bzw. Verdeutlichung des Adjektivcharakters bei sehr spezifischen Fällen, {-isch} hat offenbar nach wie vor Optionen im fachlich-fachnahen Bereich. Für die neuen Bildungen in gewissem Sinne signifikanter sind die anderen Bildungstypen, also zunächst einmal die Reihe der Bildungen mit partizipialer Morphologie, die von den Mustern und Verwendungsbedingungen der Partikelverben leben und entsprechende adjektivische Bedeutungen entwickeln.

(47) *abgerockt, abgezockt, angefasst, angefressen, (gut/schlecht) aufgestellt*

An den komplexeren Bildungen sind offenbar die reihenbildenden Elemente mit systematisierten Bildungsmitteln mit lexikalischen Kernen von einer gewissen Dauer, so dass es so scheint, als wären die szeneninkorporierenden Bildungen (s. oben Punkte 2.3 und 2.4) stärker text- oder auch zeitbezogen als in irgendeiner Weise „lexikonintendiert":

(48) *bildungsnah, Hartz-IV-sicher, löffelfertig, systemrelevant, zeitnah*

Auffällig ist, dass Bildungstypen vergleichsweise prominent sind, die bei der wortartmäßig „ambivalenten" Stelle der Adkopula ins System kommen, mit Mitteln, die sich auf Elemente lockerer Kurzwortbildung beziehen,[33] aber auch Raum für bestimmte entlehnte Konstruktionstypen bieten:

---

[33] Einschließlich der typischen Auslaute [o] und [i].

(49) *aggro, multikulti, porno, proll, retro, supi; mega-in, mega-out; sexy*

Daran schließen sich unmittelbar direkt entlehnte oder in gewisser Weise in das Deutsche integrierte Bildungstypen an:[34]

(50) *all-inclusive, fett, metrosexuell, minimalinvasiv, stylis(c)h, umami, unplugged*

In anderer Weise – nämlich ebenfalls irgendwie ambivalent im Wortbildungssystem – tun das die doch recht häufigen Rückbildungen, wo jeweils Substantive in passende Adjektivtypen transformiert werden, von *Gelbsperre* über *political correctness* bis zu *Stutenbissigkeit*:

(51) *gelbgesperrt, gelbrotgesperrt, rotgesperrt, politically correct, scheinselbständig, stutenbissig*

Einen nicht unerheblichen Part spielen veränderte Verwendungsbedingungen existierender Adjektive, also ein Bedeutungswandel, der sich seine neuen Verwendungen zum Teil entlehnt (z. B. *episch*), zum Teil selbst entwickelt (etwa die allgemeinere Verwendung von *unterirdisch*):

(52) *analog (vs. digital), episch, fett, schwul, sexy, unterirdisch, virtuell*

3.3 Diskurswelten und Lebensstile

Die wenn man so will wortbildungsmäßig interessanteren Dinge scheinen in Texten und deren Diskursassoziationen zu spielen und dazu häufiger auch die expliziteren inkorporierenden Formen zu brauchen, die nicht im Horizont dieser lexikalisch orientierten Neologismen-Sicht erscheinen.[35]

Tatsächlich genereller prägend scheinen Bildungen aus einem informelljugendsprachlichen Umfeld zu sein, die auch entsprechende, im Wesentlichen in den Wortbildungslehren nicht als zentral gekennzeichnete, Bildungen nutzen.

---

34 Zum Gesamtgefüge der Bildungen mit entlehnten Elementen der verschiedensten Art vgl. Eisenberg (2013: 112–113).
35 Man muss dazu nicht ein so extremes Beispiel wählen wie den Beispieltext in Eichinger (2000: 147–148); s. z. B. auch Eichinger (2002: 600–603; 2004: 449–450, 2005: 162–163).

(53) *abgerockt, abgezockt, aggro, angefasst, angefressen, chillig, episch, fett, grottig, kultig, mega-in, mega-out, porno, proll, prollig, schwul, sexy, stutenbissig, stylisch, supi, unterirdisch*

Ähnliche Techniken finden sich auch bei weniger stilistisch markierten Wörtern aus einer „modernen Welt". Bei ihnen werden allerdings neben Entlehnungen und partizipialen Bildungen auch klassischere distanzsprachliche bzw. fachsprachliche Muster realisiert. Auch diese Gruppe trägt in dieser technischer wirkenden Weise zum Charakter eines modernen Stils bei.

(54) *probiotisch, vegan, (irgendwie) aufgestellt, metrosexuell, minimalinvasiv, politically correct, stylisch, umami, unplugged*

Nun ist der Alltag in modernen Gesellschaften aber oft einfach alltäglich und daher auch etwas bürokratisch, hier findet sich dann neben neutral Technischem manches amtlich komplex Eingeordnete von *bildungsnah* bis *systemrelevant*, das dann auch komplexere Formen braucht.

(55) *analog, bildungsnah, Hartz-IV-sicher, scheinselbständig, systemrelevant, virtuell*

3.4 Folgerungen

Wenn man so den systematischen Zustand und jetzigen Gebrauch des Adjektivwortschatzes ansieht, kann man einerseits sehen, dass es ein wohlgewachsenes Inventar an Bildungsmitteln gibt, das in seinem morphologischen Kern im Wesentlichen den Ausbau des Wortschatzes in diesem Bereich geleistet hat und dass das Neue, im Adjektivwortschatz verstärkt, auf andere Muster zurückgreift, die zum Teil auch in einem stark systematischen Ausbau begriffen sind, etwa die reihenhaften Bildungen mit lexikalisch geprägten Zweitelementen („Halbaffixen" u. ä.). Stilistisch reizvoll und vielfach variierbar erscheinen dann vor allem die syntaxnahen inkorporierenden Bildungen (etwa: „Partizipialkomposita"), die häufig stark textorientiert und gerade aufgrund dessen und der daraus folgenden Vielfalt lexikalisch-statistisch nicht so recht sichtbar werden, aber die Ausdrucksmöglichkeiten enorm erhöhen.

Literatur

Adam, Séverine & Michael Schecker (2011): Position und Funktion: Kognitive Aspekte der Abfolge attributiver Adjektive. In Günter Schmale (Hrsg.), *Das Adjektiv im heutigen Deutsch. Syntax, Semantik, Pragmatik*, 157–172. Tübingen: Stauffenburg.

[Akademie 2013] Deutsche Akademie für Sprache und Dichtung/Union der Akademien der Wissenschaften (Hrsg.) (2013): *Reichtum und Armut der deutschen Sprache. Erster Bericht zur Lage der deutschen Sprache*. Berlin, Boston: de Gruyter.

Eichinger, Ludwig M. (1991): Ganz natürlich – aber im Rahmen bleiben. Zur Reihenfolge gestufter Adjektivattribute. *Deutsche Sprache* 19, 312–329.

Eichinger, Ludwig M. (2000): *Deutsche Wortbildung. Eine Einführung*. Tübingen: Narr.

Eichinger, Ludwig M. (2002): Adjektive postmodern: wo die Lebensstile blühen. In Ulrike Haß-Zumkehr, Werner Kallmeyer & Gisela Zifonun (Hrsg.), *Ansichten der deutschen Sprache. Festschrift für Gerhard Stickel zum 65. Geburtstag*, 579–604. Tübingen: Narr.

Eichinger, Ludwig M. (2004): Passende Adjektive. Wortart, Wortbildung, Stil. In Maik Lehmberg (Hrsg.), *Sprache, Sprechen, Sprichwörter. Festschrift für Dieter Stellmacher zum 65. Geburtstag* (= ZDL-Beiheft 126), 441–451. Stuttgart: Steiner.

Eichinger, Ludwig M. (2005): Das rechte Wort am rechten Platz – und wie die Wortbildung dabei hilft. In Ulla Fix, Gotthard Lerchner, Marianne Schröder & Hans Wellmann (Hrsg.), *Zwischen Lexikon und Text. Lexikalische, stilistische und textlinguistische Aspekte*, 154–167. Leipzig: Sächsische Akademie der Wissenschaften.

Eichinger, Ludwig M. (2007): Adjektiv (und Adkopula). In Ludger Hoffmann (Hrsg.), *Handbuch der deutschen Wortarten*, 143–187. Berlin/New York: de Gruyter.

Eichinger, Ludwig M. (2011): Aktuelle Tendenzen in der Wortbildung des Deutschen. In Sandro Moraldo (Hrsg.), *Deutsch aktuell 2. Einführung in die Tendenzen der deutschen Gegenwartssprache*, 151–193. Roma: Carocci.

Eisenberg, Peter (2013): Anglizismen im Deutschen. In Deutsche Akademie für Sprache und Dichtung/Union der Akademien der Wissenschaften (Hrsg.), *Reichtum und Armut der deutschen Sprache. Erster Bericht zur Lage der deutschen Sprache*, 57–119. Berlin, Boston: de Gruyter.

Gardt, Andreas (1999): *Geschichte der Sprachwissenschaft in Deutschland: vom Mittelalter bis ins 20. Jahrhundert*. Berlin, New York: de Gruyter.

Harnisch, Rüdiger & Igor Trost (2009): Adjektiv. In Elke Hentschel & Petra Maria Vogel (Hrsg.), *Deutsche Morphologie*, 17–37. Berlin, New York: de Gruyter.

Herberg, Dieter, Michael Kinne & Doris Steffens (2004): *Neuer Wortschatz. Neologismen der 90er Jahre im Deutschen*, Berlin, New York: de Gruyter.

Klein, Wolfgang (2013): Von Reichtum und Armut des deutschen Wortschatzes, In Deutsche Akademie für Sprache und Dichtung/Union der Akademien der Wissenschaften (Hrsg.), *Reichtum und Armut der deutschen Sprache. Erster Bericht zur Lage der deutschen Sprache*, 15–55. Berlin, Boston: de Gruyter

Marillier, Jean-François (2011): Adjektiv, Quantoren und Determinative: auch ein Beitrag zur Theorie der NG. In Günter Schmale (Hrsg.), *Das Adjektiv im heutigen Deutsch. Syntax, Semantik, Pragmatik*, 43–56. Tübingen: Stauffenburg.

OWID: elexiko: http://www.owid.de/wb/elexiko/start.html, [Letzter Zugriff: 11.08.2016].

OWID: Neologismenwörterbuch; http://www.owid.de/wb/neo/start.html, [Letzter Zugriff: 11.08.2016].

Paul, Hermann (2002): *Deutsches Wörterbuch*. 10. Aufl. von Helmut Henne et al., Tübingen: Niemeyer.
Schmale, Günter (Hrsg.) (2011): *Das Adjektiv im heutigen Deutsch. Syntax, Semantik, Pragmatik*. Tübingen: Stauffenburg.
Steffens, Doris & Doris al-Wadi (2015): *Neuer Wortschatz. Neologismen im Deutschen 2001–2010*. 2 Bände. 3. Aufl. Mannheim: Institut für Deutsche Sprache.
Telschow, Claudia (2014): *Die Adjektiv-Adverb-Abgrenzung im Deutschen. Zu grundlegenden Problemen der Wortartenforschung*. Berlin, Boston: de Gruyter Mouton.
Trost, Igor (2006): *Das deutsche Adjektiv. Untersuchungen zur Semantik, Komparation, Wortbildung und Syntax*. Hamburg: Buske.
Wortwarte: http://wortwarte.de/, [letzter Zugriff: 11.08.2016].
Zifonun, Gisela, Ludger Hoffmann, Bruno Strecker et al. (1997): *Grammatik der deutschen Sprache*. Berlin, New York: de Gruyter (Schriften des Instituts für Deutsche Sprache, 7.1-3).

Clemens Knobloch
Morgen länger sonnig, meist trocken –
Kriterien für „Adjektive" im Sprachvergleich

> Sämtliche nichtsubstantiellen Bedeutungen können, unabhängig davon, ob sie durch Nomina oder Nichtnomina ausgedrückt sind, sowohl als Attribute als auch als Prädikate funktionieren. Die Wörter, die sie ausdrücken, müssen daher Formen haben, die den attributiven Gebrauch der nichtsubstantiellen Bedeutungen von dem prädikativen abgrenzen. Hinge die Verteilung der Formen nicht vom Inhalt der nichtsubstantiellen Bedeutungen ab, so wäre die Korrelation der Formen in sämtlichen nichtsubstantiellen Wörtern völlig gleich. Unter diesen Bedingungen könnte man erwarten, dass eine Funktion, z. B. die attributive, in einem Wort mit nichtsubstantieller Bedeutung durch eine merkmallose Form und die ihr entgegengesetzte prädikative Form durch eine merkmalhafte Form ausgedrückt würde. Indessen bestätigt die in den verschiedenen Sprachen zu beobachtende Wirklichkeit unsere Erwartungen nicht. Unseres Wissens gestaltet keine einzige Sprache ihre nichtsubstantiellen Bedeutungen so, dass alle ihre prädikativen Bedeutungen von den attributiven oder umgekehrt alle ihre attributiven Bedeutungen von den prädikativen abgeleitet wären. Das reale Bild ist komplizierter. Manche nichtsubstantiellen Bedeutungen sind in der attributiven Funktion merkmallos und in der prädikativen Funktion merkmalhaft; andere wiederum sind merkmallos in der prädikativen Funktion und merkmalhaft in der attributiven Funktion. Die nichtsubstantiellen Bedeutungen der ersten Art bezeichnen wir als attributiv und die nichtsubstantiellen Bedeutungen der zweiten Art als prädikativ. (Kaznelson 1974: 196)

Abstract: In der einzelsprachlichen grammatischen Tradition gibt es gewöhnlich kanonische Merkmale, mittels derer wir die Mitglieder der Wortklasse Adjektiv identifizieren. Schon im Deutschen sind diese Merkmale durchaus widersprüchlich. So gilt für die meisten Grammatiken des Deutschen, dass sie die attributive Verwendung als prototypisch für die Wortart ansehen, aber gleichwohl auch Ausdrücke als Adjektive führen, die „nur prädikativ" verwendet werden können (*leid, schuld, wert, schade* etc.). Am Beispiel der *Bahasa Indonesia* (BI) geht der Beitrag der Frage nach, welche latenten Kriterien für „Adjektivität" in einer Sprache in Anschlag gebracht werden, deren Lexeme überwiegend reine Prädikate sind, welche auf nennende, prädizierende und modifizierende Funktionen erst in der Redekette verteilt werden. Die Verhältnisse in der BI stützen die These des Motto-Zitates von Kaznelson, wonach in der Regel sowohl Techniken der „Entreferenzialisierung" von Nennwörtern/Substantiven als auch Techniken der „Entprädizierung" von Verben/Prädikaten die adjektivische Klasse der modifizie-

---

Prof. em. Dr. Clemens Knobloch, Universität Siegen, Germanistisches Seminar, Adolf-Reichwein-Str. 2, D-57076 Siegen, e-mail: knobloch@germanistik.uni-siegen.de

https://doi.org/10.1515/9783110584042-005

renden Ausdrücke bestücken können. Eine Schlüsselrolle spielt diesbezüglich in der BI das „relativierende" Element *yang*.

1 Vorab

In der einzelsprachlichen grammatischen Tradition verfügen wir gewöhnlich über ein kanonisches Set von Kriterien, mit deren Hilfe die „Mitglieder" einer Wortklasse bestimmt werden.[1] Für die Adjektive des Deutschen gehören zu diesem Set:

Die Trias von attributiver, prädikativer, adverbialer Verwendbarkeit („syntaktisches Kriterium"), mit der stillschweigenden oder expliziten Einschränkung, der attributive Gebrauch sei in irgend einer Weise „primär" oder „prototypisch".

Die Konstellation aus unflektierter Grundform (prädikativ, adverbial) und kongruenzflektierter Attributform, nebst den Komplikationen, die sich aus der Abhängigkeit des zu wählenden Flexionsmusters von der Determinierung der Nominalgruppe ergeben, bilden ein insofern widersprüchliches Formmuster („morphologisches Kriterium"), als die für primär geltende Verwendung, die attributive, mehr morphologischen Aufwand erfordert als die „sekundären" Funktionen. Hier wird meist noch die (nicht weniger widersprüchliche) morphologische Graduierung als einzige „adjektivspezifische" Flexions- (oder Derivations-?)kategorie angehängt.

Wie eine jede solche Bestimmungstradition erzeugt auch diese systematisch „Baustellen" an den Rändern ihrer Anwendbarkeit. Bekannte Baustellen für die deutsche Grammatik sind etwa die unscharfen Ränder zwischen „Adjektiv" und „Adverb" (vgl. dazu auch Dabóczi i. d. B.), Lexeme, die „intuitiv" als Adjektive angesehen werden, aber nur attributiv oder nur prädikativ gebraucht werden können wie:

(1) *leid, schuld, wert, schade, pleite, futsch, entzwei, gram* ... (nur prädikativ)
heutig, jeweilig, erwähnt... (nur attributiv)

---

[1] Auf die Zirkularität, die in solchen distributionellen Praktiken lauert: Kategorien werden durch die slots definiert, die sie in Konstruktionen einnehmen können, und Konstruktionen werden ihrerseits definiert durch die Kategorien, aus denen sie zusammengebaut werden, hat Croft (2001) hingewiesen.

Partizipien, traditionell als infinite Verbformen klassifiziert, können ebenso als defiziente oder „abweichende" Adjektive klassifiziert werden und so weiter (vgl. auch Enbrecht i. d. B.).

Im Sprachvergleich stellen sich die Dinge grundsätzlich anders dar. Nicht nur, weil es kanonische Bestimmungstechniken nur in der einzelsprachlichen Grammatik gibt, auch darum, weil im Sprachvergleich ein *begrifflicher* „Gehalt" von (sagen wir) „Adjektivität" bestimmt werden muss, während in der einzelsprachlichen grammatischen Tradition Lexeme (oder Wortformen), jedenfalls „Objekte", einer praktisch tradierten Kategorie eingeordnet werden.[2] Als „Gussformen, in denen sich der lexikalische Inhalt im Sprechen organisiert" (Coseriu 1987: 28), müssen die übergreifenden „partes orationis" jedoch begrifflich definiert werden, sobald wir die Grammatik der Einzelsprache verlassen.

Eine Reihe solcher Bestimmungsversuche für „Adjektivität" konkurrieren auf dem linguistischen Marktplatz. Ich nenne einige, stichwortartig und ohne auf die theoretischen Probleme im Einzelnen einzugehen: „An adjectival predicate is a predicate which, without further measures being taken, can be used as a modifier of a nominal head." (So lautet die oft zitierte Basisdefinition von Hengeveld 1992: 58). Abgehoben wird hier auf die „natürliche" Attributivität einer lexikalischen Bedeutung, die als „adjektivisch" gelten soll. Abgehoben wird hier (ähnlich wie bei Lehmann i.d.B.) auf die Standardoperation des „Modifizierens" einer anderen, bevorzugt substantivischen, Wortklasse. Das Definitionskriterium ist syntaktisch. Der Pferdefuß steckt in der Formulierung „without further measures being taken": Definiert man den Flexionsaufwand als „further measure", so führt nichts an der Schlussfolgerung vorbei, dass prädikativer und adverbialer Gebrauch der deutschen Adjektive „primär" sind, attributiver Gebrauch aber „sekundär" ist.

Selten explizit formuliert, aber meist mitlaufend ist die Ansicht, Adjektive seien von Nomina durch das Fehlen eines „principium individuationis" unterschieden. Man könnte diese Lehre die „Ich sehe was, was du nicht siehst"-Auffassung des Adjektivs nennen. Das Spiel lässt sich bekanntlich mit Nomina nicht sinnvoll spielen, allerdings wohl mit stativen Verben. Diese Lehre nähert Adjektive dem Pol [-individuativ] bei den Nomina an, also etwa den Abstrakta und Stoffnomina. Es handelt sich gewissermaßen um eine semiotische Lehre. Ihre Hauptschwierigkeit besteht darin, dass die Individuierung von „Referenten" im Kern (auch bei Nomina appellativa) eine Redefunktion ist und keine Sprachfunktion (wie gelegentlich für Eigennamen argumentiert wird).

---

2 Auf die Verwirrung, die eine Vermischung dieser beiden Aufgaben hervorruft, hat Coseriu (1987 und öfter) hingewiesen.

Diese Lehre ist verwandt mit (und leicht beziehbar auf) syntaktische Attributivität: Die nominalen Nuklei identifizieren eine Objektklasse, die attributiven Adjektive restringieren und teilen diese Klasse (teils referenziell, teils sortal oder konzeptuell) mittels Bedeutungen, die für den Nukleus nicht definitorisch sind: „Gute, böse, kleine, große, graue, rote Katzen" sind eben alles „Katzen" (Kaznelson 1974: 167–172).[3] Aber keine dieser adjektivisch kodierten Eigenschaften ist für „Katzen" definitorisch. Dass es auch Adjektivattribute gibt, die intensionale Merkmale des substantivischen Nukleus aufnehmen und hervorheben (Karl Ferdinand Becker hatte dafür die hübschen Bezeichnung: „müßige Attribute"), versteht sich: *das grüne Gras, die helle Sonne, das weite Meer* etc.

Hiermit eng verwandt sind bestimmte Muster der semantischen Merkmalsübertragung und Selektionsbeschränkung[4] zwischen Adjektiven und „ihren" Nuklei, auf die bereits Leisi (1975) hinweist: Zum einen haben Adjektive selbst Nukleusbeschränkungen (zwischen *gelb* – auf Wahrnehmbares – und *blond* – auf Haare), zum anderen gehen umgekehrt semantische Normskalen und Normalwerte von den Nuklei aus, auf die sich Adjektive beziehen. Das ist am gründlichsten für die Dimensionsadjektive untersucht, bezieht sich aber z. B. auch auf privative Adjektive wie *nackt*, die nur dann gebraucht werden, wenn der (Referent des) Nukleus' normalerweise bedeckt ist (Leisi 1975: 45).

Ein anderer Definitionsversuch betrifft die Zentralität bestimmter semantischer Felder für „Adjektivität". Genannt werden die Bereiche: Alter, Dimension, Evaluation, Farbe als semantisch zentral, einige andere Bedeutungsfelder als semantisch peripher für die Lexemklasse Adjektiv („human propensity", „speed", „physical property") und nur dann adjektivisch realisiert, wenn die jeweilige Sprache eine große und offene Wortklasse Adjektiv hat. Dixon (1982) hat diese These wirkungsmächtig vertreten.

---

[3] Kaznelson (1974: 169) hebt darauf ab, dass Nomina bei der intensionalen Identifizierung einer Klasse, Adjektive bei der extensionalen Aktualisierung ihrer Mitglieder ihre Hauptrolle spielen: „Die Intension enthüllt in den verschiedenen Gegenständen die für sie in diesem Sinne invariante Konfiguration von Merkmalen, die die Grundlage für die Bildung der Klasse abgibt; die Extension hingegen hat es bereits mit der fertigen Klasse zu tun, deren Elemente als Varianten erscheinen, von denen sich jede durch irgendetwas von den anderen unterscheidet. So sehr sich die verschiedenen Elemente derselben Klasse auch gleichen mögen, sie setzen notwendigerweise nicht nur Ähnlichkeit, sondern auch Verschiedenheit voraus". Anna Wierzbickas (1986: 358–362) Position, wonach Nomina merkmalsmäßig komplex und „plus typisierend", Adjektive merkmalsmäßig einfach und „minus typisierend" sind, scheint mir nur eine ungenaue Reformulierung dieser Beobachtungen zu sein. Ähnlich argumentiert auch schon Otto Jespersen (1924: 80).

[4] Zu den Selektionsbeschränkungen vgl. auch Hartlmaier i.d.B..

Zu nennen ist schließlich noch die auf Talmy Givón (1979) zurückgehende Theorie des Kontinuums von „Zeitstabilität". Dieses Modell ist in der Auseinandersetzung mit Dixon entstanden. Ich zitiere einen zentralen Passus:

> What we are faced with is then a continuum of time stability: The most time-stable percepts, the ones that change slowly over time, the ones that are likely to be identical to themselves (in terms of properties), are lexikalised as nouns. The least time-stable percepts, events, and actions, which involve rapid change in the universe, are lexikalised as verbs, which by and large characterize changes from one steady state to another. While percepts of intermediate time-stability, that is, those which depict states of varying degree of intermediate duration, lexicalise as adjectives. (Givón 1979: 322)

Als Konzepte „mittlerer" Zeitstabilität stehen die Adjektive, wo es sie gibt, zwischen den Verben und den Nomina. Der empirisch-typologische Befund, wonach es Sprachen gibt, in denen die (existierende) Adjektivklasse mehr den Nomina, und andere, in denen sie mehr den (stativen) Verben gleicht, ist aus dieser Perspektive ebenso vorhersehbar wie die Existenz von Sprachen, in denen es gar keinen kategorial eigenständige „Zwischenzone" zwischen Nomina und Verben gibt und also auch keine Adjektive. Die einschlägigen lexikalischen Bedeutungen würden dann kategorial gleichsam auf die benachbarten Ränder der Nomina und der Verben verteilt. Eine deutliche Schwäche dieser Lehre ist ihre missverständliche ontologische Formulierung: Was ist ein „zeitstabiles" Konzept? Sind nicht *Konzepte* immer zeitstabil? Offenbar ist die Opposition *darstellungstechnisch* zu verstehen, obwohl sie ontologisch formuliert ist. Man kann daran zweifeln, ob es sich wirklich um mehr handelt als um eine Ontologisierung der universalen Opposition zwischen singularisierender „Referenz" und generalisierender Prädikation. Wenn Zeitstabilität überhaupt ein sinnvoller linguistischer Terminus sein soll, dann kann er sich nur beziehen auf die Relation zwischen einer nominalistisch konzipierten „Gegenstandswelt" und Klassen von sprachlichen Bedeutungen.[5]

Bleibt noch der Verweis auf eine weitere eher semiotische Theorie des Adjektivs, die von Otto Jespersen (1924) mit guten Argumenten vertreten und in der neueren Zeit von Anna Wierzbicka (1986) erneuert worden ist. Sie besagt, dass typische Nomina (identifikatorisch zugespitzte) Merkmalskomplexe bilden,

---

5 Als Grammatikhistoriker beeile ich mich hinzuzufügen, dass diese Lehre zwar heutzutage mit Givón in Verbindung gebracht wird, aber geistesgeschichtlich spätscholastische Wurzeln hat. Bei Julius Caesar Scaliger (1484–1558) ist die Unterscheidung der Konzepte in „permanentes" und „fluentes" der wahre Kern der Unterscheidung von Nomen und Verb, die Nomina sind Bezeichnungen des Bleibenden, die Verben des Vergänglichen.

während die Bedeutung typischer Adjektive aus einfachen Merkmalen besteht. In der kognitiven Semantik der Gegenwart dürfte diese Ansicht weithin geteilt werden. Ich gebe hier nur ein Zitat aus Otto Jespersen (1924), ohne es weiter zu kommentieren, weil diese Theorie im Fortgang keine wesentliche Rolle spielen wird:

> The adjective indicates and singles out one quality, one distinguishing mark, but each substantive suggests, to whoever understands it, many distinguishing features by which he recognizes the person or thing in question. (Jespersen 1924: 75)

2 Die „Adjektive" im Indonesischen

Sprachsoziologisch ist das Indonesische, die Bahasa Indonesia (BI), eine Misch- und Verkehrssprache, die die zahllosen regionalen Sprachen der Inseln als Staats-, Bildungs- und Erziehungssprache überdacht und aus der Lingua Franca der südostasiatischen Inseln ausgebaut wurde. Für die Mehrzahl ihrer Sprecher ist sie Zweit-, nicht Erstsprache. Sie wird der austronesischen Sprachfamilie zugerechnet. Der Wortschatz spiegelt die Handels-, Herrschafts- und Kolonialgeschichte. Wörter aus dem Sanskrit, dem Arabischen und Chinesischen stehen neben portugiesischen, niederländischen und englischen Lexemen (vgl. Bernd & Pampus 2001 und Ross Macdonald 1976).

Strukturell gilt die BI als „leicht synthetisch" (Pustet 1989: 56). Man findet klitisierte Personal- und Possessivelemente sowie präfigierendes, suffigierendes und zirkumfigierendes head marking bei den sekundären, abgeleiteten Prädikaten.[6] Ansonsten besteht die BI aus unveränderlichen Wörtern ohne flexivische Unterscheidungszeichen auf der Formebene. In der Terminologie von Redder (2005) könnte man sagen: Der (unabgeleitete) Grundwortschatz der BI besteht aus „reinen Symbolfeldausdrücken" ohne grammatische Lenk- und Kategorisierungszeichen (oder: aus „reinen Prädikaten").[7] Das gilt auch für die gram-

---

6 Etwas vereinfacht verweisen z. B. die Verbaffixe der sekundären V auf Partizipantenrollen, *ber-* auf einen Possesor als Erstargument, *meN-* auf ein Agens, *di-* auf ein Patiens etc. Im nominalen Bereich gibt es Affixe, die Nomina agentis, actionis, acti etc. erzeugen.

7 Zur Argumentation für diesen Status der einfachen Wörter, die ich hier nicht entfalten kann, gehört jedenfalls auch, dass alle Wörter rhematisierungsfähig sind; sicher gibt es dominant nennende, dominant attribuierende, dominant prädizierende Ausdrücke, aber der Wechsel zwischen diesen Funktionen geschieht relativ leicht und fallweise (vgl. Vogel 1996 zu „Nominalität – Verbalität – Sprachen").

matischen Zeichen. Ein grammatischer TAM[8]-Marker „sieht genauso aus" wie ein (primäres) Verb-, Nomen- oder Adjektivlexem. Die Tendenz zur Verkürzung grammatischer Elemente ist nur gering ausgeprägt. Die Sprechrollenzeiger:

(2) *saya, aku*
    1. SING
    ‚ich'
    engkau, kamu
    2.SING
    ‚du'

    dia
    3.SING
    ‚er, sie, es'

sind ebenso in der Regel zweisilbige „Wörter" wie die Demonstrativa:

(3) *ini*
    PROX
    ‚dies-'
    itu
    DIST
    ‚jen-'

wie auch die TAM-Marker im Prädikat:

(4) *sudah*
    PERF/PAST
    akan
    FUT
    sedang
    CONTIN

Ein Demonstrativelement wie *ini/itu* markiert zugleich die Grenze zwischen Indikativität/Nominativität und Prädikativität:

---

8 TAM=Temporalität-Aspektualität-Modalität.

(5) *ini   rumah   besar*
    dies- Haus   groß
    ‚Dies ist ein großes Haus.'
(6) *rumah   ini   besar*
    Haus   dies-   groß
    ‚Dieses Haus ist groß.'
(7) *rumah   besar   ini*
    Haus   groß   dies-
    ‚Dieses große Haus.'

Zusätzlich kann Prädikativität/Rhematizität, z. B. bei abweichender Serialisierung im Satz oder bei Herausstellungen, durch *-lah* markiert werden, eigentlich an Ausdrücken „aller Klassen". Wie definiert und wie entdeckt man in einer solchermaßen organisierten Sprache Adjektive? Die Lehrbücher machen es sich leicht (vgl. z. B. Sneddon 1996, Nothofer & Pampus 2001). Sie klassifizieren als Adjektiv, was auf den ersten Blick als Adjektiv übersetzt wird. Und wenn sie dabei in evidente Schwierigkeiten geraten, dann brauchen sie Formulierungen wie die folgende:

> While these words are translated by nouns they actually behave more like adjectives. Thus they can be coordinated with adjectives. (Sneddon 1996: 48)

Das Beispiel bezieht sich auf einen Typus der Wortbildung, der unseren „Possessivkomposita" ähnelt. Mit dem gewöhnlich Nomina actoris/agentis aus verbalen Basen bildenden Präfix *peN-* kann man aus „adjektivischen" Basen wie *diam* = ‚ruhig', *malas* = ‚faul' Personenbezeichnungen bilden:

(8) *pen-diam* = ‚ruhiger Mensch'
    pe-malas = ‚Faulpelz'

Die indessen können auch mit primären Adjektiven koordiniert und sie können prädiziert werden. Was darauf hindeutet, dass „Wörter" in der BI eben von Hause aus Prädikate sind – und als Stämme von einer gewissen Indifferenz gegenüber den uns vertrauten Wortarten qua Lexemklassen.[9] Immerhin könnte man

---

9 Wie man übrigens auch im Deutschen adjektivische und nominale Prädikate im Feld „human propensity" koordinieren kann: *Er ist dumm und ein Faulpelz*. Zudem zeigen im Deutschen analog gebildete nominale „Possessivkomposita" gleichsam spiegelsymmetrisch Nennschwäche und „adjektivische" Merkmale (*Dummkopf, Faulpelz* etc.). Die Parallele geht ironischerweise so weit, dass man auch in der BI Possessum-Phrasen, die aus (inhärent possessivem) N und Adj

aus derartigen Befunden auch schlussfolgern, dass die Abgrenzung zwischen Nomina und „Adjektiven" ebenfalls nicht unproblematisch ist. Offenbar gehört die BI zu den Sprachen, die kategoriale Spezifik erst „final", im Übergang von der *langue* zur *parole*, fixieren (Lehmann 2010: 46).

Die typologische Literatur nämlich erzeugt übereinstimmend (und, wie zu zeigen sein wird, insgesamt zutreffend) die Erwartung, dass Sprachen vom Typ des Indonesischen „ihre" Adjektive, so vorhanden, eher wie stative, intransitive Verben behandeln als wie Nomina. Allerdings gibt es auch noch weitere Indikatoren dafür, dass die Grenzen der als „Adjektive" beschriebenen Lexeme zur nominalen Seite hin nicht sehr deutlich sind. So notieren die Grammatiken (Sneddon 1996: 208, Ross Macdonald 1976: 126), dass eine Vielzahl von Adverbialen der Art und Weise aus „Adjektiven" mit der (eigentlich für Nomina „reservierten") instrumental-komitativen Präposition *dengan* gebildet werden:

(9) *dengan senang*[10]
    mit   zufrieden
    ‚zufrieden, glücklich (Adv.)'

Entsprechend *dengan tegas* = ‚kräftig (Adv.)', *dengan jepat* = ‚schnell (Adv.)' usw. Optional kann das (Prädikate nominalisierende) Suffix *-nya* in diesen Konstruktionen angehängt werden. Einige „Adjektive" können jedoch nicht solchermaßen adverbialisiert werden: *aneh* = ‚seltsam', *benar* = ‚wahr', *bodoh* = ‚dumm'.

Nach Wetzers (1996) „Tense Hypothesis" neigen tempuslose Sprachen dazu, ihre Adjektive „verbähnlich" zu strukturieren, während Sprachen mit verbal grammatikalisiertem Tempus umgekehrt zu „nomenähnlichen" Adjektiven neigen.[11] Das Indonesische ist in der Tat „tempuslos" im zugrunde liegenden Sinne.

Dixon (1999) argumentiert für einen implikativen Zusammenhang zwischen *head marking* und „verbalen" Adjektiven, *dependent marking* und „nominalen" Adjektiven. Ich zitiere:

---

bestehen, mit dem Präfix *ber-* in solche Zwitter verwandeln kann. Nicht nur *ber-buan* für ‚reich' und ‚Geld haben', sondern auch *berkaki banjang* für ‚Langbein' zw. ‚lange Beine haben' (Ross Macdonald 1976: 46). Die Schreibkonvention verdunkelt diese Bildungen, indem das (phrasale) Präfix mit dem nominalen Nukleus zusammengeschrieben wird, der „adjektivische" Restriktor aber als getrenntes Wort.

10 Die lexikographische Praxis notiert zugleich den Prädikatscharakter von *senang*, indem sie neben den Übersetzungen „zufrieden, gemütlich, ruhig" auch „sich wohl fühlen" und „Freude haben" anbietet.

11 Auf die (äußerst zahlreichen!) Probleme dieser Hypothese kann ich hier nicht eingehen.

> Adjectives tend to be treated in a similar way to nouns in languages where there is a predominant dependent marking pattern with syntactic function being marked on the arguments of a predicate. [...] A grammatical association of adjective class with verb class tends to be found in languages that do not have dependent marking: those with 'head marking' – where syntactic function is shown by pronominal affixes on the predicate which 'cross-reference' subject, object etc. – and those where syntactic function is shown only through word order. (Dixon 1999: 5)

In der BI gibt es zwar marginal dependent marking durch Präpositionen, auffallend ist aber der dominante Typus von head marking in abgeleiteten Prädikaten, deren Affixe auf die thematischen Rollen der Argumente verweisen.[12] Auch aus dieser Sicht haben wir also wohl mit „verbalen" Adjektiven zu rechnen.

Petra Vogel (1996: 202–207) schließlich argumentiert im Rahmen der „Zeitstabilität" (Givón 1979), dass sich deren Parameter auch *innerhalb* der Verwendungsweisen und *innerhalb* lexikalisch fixierter Adjektivklassen aufweisen lassen. Im Deutschen etwa gibt es (so schon Leisi 1975) Adjektive für „statische Eigenschaften" (*weiß, lang, süß*...) und Adjektive für „dynamische Eigenschaften" (*schnell, laut, ruhig* ...). Diese letzteren haben eigentlich eine adverbiale Semantik: *schnell* ist Merkmal einer Handlung. Wenn letztere attributiv verwendet werden, lassen sie eine aktuelle und eine dispositionelle Deutung zu (ein *krankes Kind* kann aktuell oder dispositionell „krank" sein, dito ein *schnelles Auto*). Die letzteren sind „verbaler", die ersteren „nominaler". Für die Verwendung dieser Teilklassen gilt wiederum, dass die prädikative „verbaler" ist als die attributive.

Im Folgenden unterscheidet Vogel (1996: 225–231) zwischen Nomen-Verb-Sprachen mit grammatischer Ausdifferenzierung lexikalischer Stämme und Nominalität-Verbalität-Sprachen, in denen syntaktische Funktionen in der Verkettung „von Fall zu Fall" zugeteilt, aber nicht (oder nur wenig stringent) in den Stämmen fixiert werden. Die BI gehört zweifelsfrei zur zweiten Klasse. Ihre „Wörter" sind primär Prädikate, deren kategorialer Wert nur (oder überwiegend) in der Verwendung und durch diese bestimmt ist.

---

[12] Die Frage, ob und inwiefern die BI auch zu den Sprachen zu zählen ist, die syntaktische Funktion „nur" durch Serialisierung anzeigen, lasse ich offen. Nur so viel: Neben der Serialisierung gibt es Wörter und Affixe, die als „Grenzmarken" fungieren. *Ini, itu* schließen eine Nominalgruppe, das Suffix *-lah* markiert RHEMA bzw. Prädikat, das „deprädikativierende" *yang* indiziert den attributiven Charakter der folgenden Phrase etc.

3 Einige Befunde

Prädikate, die als Adjektive übersetzt werden (können), behandelt die BI nach dem Modell verbaler Prädikate, was die Negation betrifft. Es gibt in der Hauptsache zwei Negationselemente, *bukan* für nominale und *tidak* für verbale Prädikate, ergo auch für „Adjektive".

Aufschlussreich ist auch, dass die TAM-Operatoren nicht auf die Wortart Verb, sondern offensichtlich auf die Funktionssphäre des Prädikats bezogen sind, dass sie nicht kategorial selektiv sind und ergo mit nominalen, verbalen und „adjektivischen" Prädikaten gleichermaßen verwendet werden können (nach Sneddon 1996: 198):[13]

(10) *dia sudah duduk*
er PAST/PERF sitz-
‚Er hat sich (hin-)gesetzt. / Er sitzt schon.'

(11) *dia sudah bangun*
er PAST/PERF (auf-)wach
‚Er ist aufgewacht. / Er ist schon wach.'

(12) *dia sudah tinggi*
er PAST/PERF groß
‚Er ist schon groß.'

(13) *dia sudah guru*
er PAST/PERF Lehrer
‚Er ist schon Lehrer.'

Der perfektive Charakter des Elements *sudah* führt bei adjektivischen und nominalen Prädikaten im Deutschen zu einer Übersetzung durch *schon* + PRAES.[14] Die beiden Übersetzungsmöglichkeiten des ersten und zweiten Beispiels deuten darauf hin, dass Wörter wie *duduk* (vgl. (10)) und *bangun*[15] (vgl. (11)) gleichermaßen als statives Verb oder als Adjektiv klassifiziert werden können. Insgesamt

---

[13] Generell gilt für die grammatischen Marker der BI, dass sie überwiegend phrasalen Charakter (und ergo keine oder nur geringe kategoriale Selektivität) haben – was für den Typus der „Nominalitäts-/Verbalitätssprache" spricht (vgl. Vogel 1996).

[14] *Dia sudah tidur* heißt gleichermaßen ‚er schläft schon' wie ‚er hat geschlafen (und ist jetzt wieder wach)' und *dia sudah besar* heißt eben ‚er ist schon groß'. *Sudah* markiert aspektiv die Abgeschlossenheit und dient kraft dieser Eigenschaft, wenn es passt, auch dem Ausdruck der Vergangenheit.

[15] Das Wörterbuch von Kahlo & Bärwinkel (1971) führt es allerdings als Verb und erteilt ihm auch eine inchoative Bedeutungskomponente.

scheinen die Verhältnisse im Indonesischen strukturell recht genau den „stativen Verben" des Chinesischen zu entsprechen, wie sie Vogel (1996: 195) beschreibt: Verbale Negation, perfektive Aspektmarker möglich, ohne Kopulawort prädikatsfähig.[16]

In Pustets (1989) Untersuchung über die Morphosyntax des Adjektivs im Sprachvergleich spielt das „deprädikativierende" und relativisierende Element *yang* die argumentative Hauptrolle. Um die Argumentation nachvollziehen und prüfen zu können, sollte man zunächst genauer nachschauen, wie das Element *yang* in den Grammatiken und Lehrbüchern der BI beschrieben wird.

Auf den ersten Blick unterscheiden sich „Adjektive" in Nominalgruppen (vgl. (14)) nicht von Possessivkonstruktionen (vgl. (15)) und nominaler Modifikation (vgl. (16)):

(14) *rumah   besar*
     Haus   groß
     ‚(ein) großes Haus'
(15) *rumah   guru*
     Haus   Lehrer
     ‚das Haus des Lehrers'
(16) *guru   bahasa*
     Lehrer Sprache
     ‚(ein) Sprachlehrer'

Sodann heißt es jedoch in den Grammatiken, dass adjektivische Attribute häufig durch das Einleitungselement für Relativsätze *yang* eingeleitet werden. Neben *rumah besar* steht also als alternative Konstruktion *rumah yang besar*.

> Adjectives are frequently preceded by **yang**. The yang plus adjective construction is actually an instance of a relative clause. However, because of its frequency, it deserves separate treatment here. A noun plus adjective sequence forms a close unit, expressing a single idea without any emphasis on the adjective. Use of **yang** separates the adjective from the noun and gives emphasis to it. (Sneddon 1996: 146)

---

16 Ich habe aus den Grammatiken nicht ermitteln können, ob die „Adjektive" der BI sich auch mit dem durativen Aspektmarker *sedang* verbinden können. Aus dem Umstand, dass es bei den anderen TAM-Markern, einschließlich *akan* für Zukunft, vermerkt ist, dass sie sich auch mit anderen Prädikatswörtern verbinden lassen, bei *sedang* aber nicht, kann man jedoch schließen, dass es hier zumindest Einschränkungen gibt.

Das ist nicht gerade linguistisch präzise formuliert. Diese Unschärfe findet man jedoch nicht selten in den Grammatiken der BI. Ich gebe ein weiteres Beispiel. Bei Ross Macdonald (1976) finden wir zunächst eine übergreifende Wortklasse „Prädikative" angesetzt (1976: 91). Innerhalb dieser Klasse, so fährt der Autor fort, seien fast alle „Adjektive" einfache Stämme. Einfache Stämme seien ebenfalls die Mehrzahl der hochfrequenten intransitiven „Verben". Das unterstreicht den Umstand, dass in der Hauptsache *mehrstellige* Prädikate mit *markierten* Argumentrollen durch Affixe gebildet werden – aber natürlich auch den Umstand, dass es kaum eine Handhabe gibt, „Adjektive" und „Verben" bei den einfachen Prädikaten zu unterscheiden. Dann heißt es:

> Adjectives differ from verbs syntactically in that they postmodify nouns either directly, or when nominalized by the preposing of *yang*. Verbs never postmodify nouns directly, but only when nominalized with *yang*. [...] With these comparatively minor differences, however, adjectives and verbs (i.e. predicatives) function in the same way. (Ross Macdonald 1976: 92–93)

Yang, darüber besteht wiederum weitgehend Einigkeit, ist die einzige „Konjunktion" des Indonesischen, die in den von ihr regierten Sätzen Satzgliedwert hat: als Subjekt bzw. „topic" (z. B. Ross Macdonald 1976: 117).

Aber zusammen mit weiteren Angaben und Beispielen ergibt sich eine Kontur, die ungefähr so aussieht: Je mehr die Adjektiv-Nomen-Konstruktion semantisch einem Kompositum ähnelt, desto weniger wahrscheinlich ist das Auftreten von *yang*, und vielfach sind Konstruktionen ohne *yang* idiomatisch, mit *yang* dagegen nicht:

(17) *rumah   sakit*
 Haus   krank
 ‚Krankenhaus'
(18) *kamar   kecil*
 Zimmer   klein
 ‚Toilette'
(19) *kamar   yang   kecil*
 Zimmer   REL/NOM   klein
 ‚kleines Zimmer'
(20) *kambing   hitam*
 Ziege   schwarz
 ‚Sündenbock'
(21) *kambing   yang   hitam*
 Ziege   REL/NOM   schwarz
 ‚schwarze Ziege'

Weiterhin notieren die Grammatiken (und darauf stützt sich die Argumentation von Pustet (1989)), dass es auch vom einzelnen Adjektiv selbst abhängt, ob *yang* auftreten muss, auftreten kann oder nicht auftreten kann.

Bei attributiv modifizierenden Verben ist *yang* obligatorisch, und je „verbaler" die Bedeutung eines Adjektivs, desto wahrscheinlicher ist das Auftreten des „Relativisierers". Während bei nominalen Attributen die einfache Juxtaposition des Possessor- oder Modifikator-Nomens vorherrscht, kann *yang* dort, in der Sphäre der nominalen Attribuierung, praktisch nicht auftreten. Infolgedessen gilt: Für die zentralen Klassen adjektivischer Bedeutungen (Farbe, Evaluation, Dimension) gibt es beide Optionen, die mit und die ohne *yang*. Für die in hohem Maße zeitstabilen „Adjektive" am nominalen Rand des Kontinuums hingegen scheidet *yang* aus, sie werden nach dem Muster nominaler Modifikatoren behandelt. Pustet (1989: 59) nennt:

> Geschlecht: *perempuan* = ‚weiblich', *laki-laki* = ‚männlich'
> Material: *kayu* = ‚Holz, hölzern', *besi* = ‚Eisen, eisern'
> Numeralien/Quantoren: *beberapa* = ‚manch-'‚ *sedikit* = ‚wenig-'‚ *segala* = ‚alle'
> Sonstige: *muda* = ‚jung', *sakit* = ‚krank', *kaya* = ‚reich', *miskin* = ‚arm'

Wobei die Klasse der „Sonstigen" schon auf den ersten Blick recht heterogen und jedenfalls nicht durchweg „zeitstabil" aussieht. Notiert wird in den Grammatiken darüber hinaus, dass *yang* nicht nur deprädikativiert und Relativsätze einleitet, sondern auch Adjektive und Verben nominalisiert (darin wird es gewöhnlich dem englischen *-one* verglichen, in Konstruktionen wie *this one* oder *the big one*).

(22) *yang   rajin   itu   anak   saya*
     REL/NOM   fleißig   DEM   Kind   1.P. SING.POSS
     ‚Der Fleißige ist mein Kind.'

Auf die Frage, wie Relativisierung, Deprädikativierung und Nominalisierung miteinander zusammenhängen, komme ich gleich zurück.

Yang, so könnte man resümieren, steht bei nominalen Attributen nie, bei verbalen Attributen immer. Bei den intuitiv als „Adjektiven" klassifizierten Elementen lässt das Muster des Auftretens von *yang* in der Nominalgruppe erkennen, dass und wie diese Elemente den mittleren Bereich im Kontinuum zwischen nominal/zeitstabil und verbal/zeitvariabel ausfüllen. Die Distribution des „relativisierenden" Elementes *yang* (so Pustet 1989: 60) gliedert das lexikalische Kontinuum zwischen nominalen, adjektivischen und verbalen

Bedeutungen. Der auf den ersten Blick unklare Befund bei den intuitiv als „Adjektiv" klassifizierten Bedeutungen, mit ihrer erratischen Verteilung von *yang*, zeigt auf den zweiten Blick an, welche dieser Bedeutungen zum verbalprädikativen und welche zum nominal-attributiven Pol des lexikalischen Kontinuums tendieren.

Für die „zentralen" Adjektive ist dann allerdings noch die Frage zu klären, was ihre Verwendung mit und ohne *yang* in der Nominalgruppe reguliert. Genannt wird hier meist die emphatische Kontrastierung durch *yang* (Sneddon 1996: 146, auch Lehmann 1984: 195). Die Textbeispiele in den Lehrbüchern legen allerdings eher eine geringfügig andere Interpretation nahe. Nach dieser gehört die Option mit *yang* zum Pol „restriktiv/referenzspezifizierend", die Verwendung ohne *yang* zum Pol „deskriptiv/konzeptmodifizierend". Dafür sprechen auch Formulierungen wie die folgende, die ich bereits oben zitiert habe:

> A noun plus adjective sequence forms a close unit, expressing a single idea without any emphasis on the adjective. Use of yang separates the adjective from the noun and gives emphasis to it. (Sneddon 1996: 146)

In die gleiche Richtung deutet der Umstand, dass sogar Verben attributiv ohne *yang* gebraucht werden müssen, wenn sie konzeptmodifizierend sind (ungefähr nach dem Muster des Bestimmungswortes in der Determinativkomposition des Deutschen, vgl. dazu auch Beispiel (17) oben und die lexikalisierten Fälle in (18) und (20)):

(23) *kamar   tidur*
　　 Zimmer   schlaf-
　　 ‚Schlafzimmer'

(24) *kendaraan   bermotor*
　　 Fahrzeug   Motor hab-
　　 ‚Motorfahrzeug'

Es ist auch sicher kein Zufall, dass man in diesem Feld bevorzugt die statischen Verben auf das Präfix *ber-* findet, das seinem Erstargument die Träger- oder Possessorrolle (und der meist nominalen Basis, mit der es sich verbindet, die Rolle des Possessums) zuweist.[17] In diesen Konstruktionen ohne *yang* kann das

---

[17] Eine „wörtliche" Übersetzung von Prädikativen des Typs *ber*-N wäre demnach ‚N haben(d)'. Ross Macdonald (1976) führt sogar die *ber*-+N-Verben als Prädikative, die verbal oder adjektivisch interpretiert werden können, was anzeigt, dass auch die Klasse der (affigierten) Verben in der BI keineswegs trennscharf bestimmt werden kann.

verbale Element (außer dem modifizierten Substantiv) keine weiteren Argumente zu sich nehmen und tritt insofern als „abstraktes" Konzept auf.[18] Sobald ein „attributives Verb" dagegen weitere Argumente spezifiziert, muss es mit *yang* markiert werden.

Geht man von den Extremen aus, so hat es den Anschein, dass in der Nominalgruppe *yang* bei *referent modification* vor Nichtnomina gesetzt werden muss und bei *reference modification* (beides im Sinne von Bolinger 1967) nicht gesetzt werden kann. So gesehen wäre *yang* nicht nur indikativ für eine begründete Unterscheidung zwischen adjektivischen und verbalen Prädikaten, sondern auch interpretierbar als eine Art Koreferentialisierungsindex, der mitteilt: Der folgende primär prädikative Ausdruck ist koreferent mit dem Kopfnomen (oder, im Falle des „nominalisierenden" *yang*, vertritt dieses die Stelle des Kopfes). Das ist in der Tat zugleich auch eine Definition für „Relativsätze", die jedoch zwangsläufig ihr Gesicht verändern, wenn eine Sprache in ihrer lexikalischen Basis aus einfachen Prädikaten besteht (ausführlich Lehmann 1984).

Unter dem Gesichtspunkt der „Zeitstabilität" markiert in der Sphäre der Attribute *yang* den Übergang von eher zeitstabilen Begriffsmodifikationen zu den eher instabilen Referenzspezifizierungen. Innerhalb der „Adjektivklasse" der BI steht die Anwesenheit von *yang* für restriktive, die Abwesenheit für deskriptive (und konzeptmodifizierende) Attribuierung.

4 Ergebnisse: „Wortarten" in der BI

Zunächst und für sich betrachtet sind alle Wörter der BI prädizierende Ausdrücke. Sie können als Kern eines Satzprädikats gebraucht werden „without further measures being taken" (um erneut Hengeveld (1992) zu zitieren). In der Ebene des sentenziellen Prädikats gibt es keine Mittel, Verben und Adjektive zu unterscheiden. Grundsätzlich wäre es auch möglich zu sagen, die einfachen einstelligen Prädikate der BI seien „alle Adjektive", anstatt zu sagen, sie seien „Verben" und „Adjektive".

Darüber hinaus stellt sich die Differenzierung zwischen nominal-referierenden und prädizierenden Ausdrücken erst im Satz her und wird, wo sie gegen die Intuition vorgenommen werden muss, durch Hilfszeichen unterstützt. Z.B. nominalisiert das Possessivsuffix der 3.PERS *-nya* verbale Prädikate und macht

---

[18] „Abstrakt" hier durchaus im terminologischen Sinne, wonach abstrakte Nomina aus Prädikaten durch Argumentreduktion entstehen (vgl. Iturrioz 1982).

sie fähig, als Argumente gebraucht zu werden; eine Reihe von Affixen deriviert sekundäre Nomina aus „Adjektiven" und „Verben" etc.

Anders als in Sprachen mit eher nominalen Adjektiven, in denen die Abgrenzung zwischen Substantiv und Adjektiv schwierig ist, gibt es in der BI nur indirekte Abgrenzungsmöglichkeiten zwischen Verb und Adjektiv. Alle primären „Merkmalsbedeutungen" (im Sinne von Kaznelson 1974) verhalten sich zunächst verbähnlich und werden erst sekundär innerhalb der Nominalgruppe, also im *attributiven* Gebrauch genauer unterschieden. Und zwar so, dass die von Hause aus eher „attributiven" Bedeutungen ohne *yang*, die „prädikativen" mit *yang* und die „mittleren" in beiden Varianten vorkommen. Das ist der Ort, auf den Passus aus Kaznelson (1974) hinzuweisen, den ich als Motto dem Text vorangestellt habe. Die Verteilung von *yang* in komplexen Nominalgruppen mit „prädikativen"[19] Attributen markiert nämlich die (durchaus flüssige) Grenze zwischen den primär attributiven und den primär prädikativen unter den nichtsubstantiellen Bedeutungen im Wortschatz der kategorial „klassenlosen" Nichtnomina. Die BI privilegiert zwar deutlich die *prädikative* Verwendung dieser Elemente als durchweg merkmallos möglich, zeigt aber qua Distribution von *yang* auch, welche dieser Elemente „without further measures being taken" attributiv in der Nominalgruppe gebraucht werden können. Das sind einerseits von der lexikalischen Funktion her die *compound*-bildenden modifizierenden Prädikate, selbst wenn sie intuitiv als „Verben" kategorisiert werden, andererseits sind es die Attributiva mit ausgeprägt zeitstabiler Modifikationssemantik.[20]

Strukturell und typologisch scheint es mir beachtenswert zu sein, dass die überwiegende Mehrzahl der „Adjektive" in der BI nicht deriviert ist, sondern aus einfachen freien lexikalischen Stämmen besteht. Das ist im Licht des Vergleichs mit den ganz überwiegend durch Affigierung derivierten Verben aufschlussreich und verweist noch einmal auf die „akategoriale" Architektonik der einfachen Wortschatzelemente im Indonesischen.[21] Diese einfachen Wortschatzelemente zerfallen funktional in die Subklasse der nominativ-identifizierenden Wörter und der einfachen Prädikate.[22] Die universale Einteilung, die Kaznelson (1974) vorschlägt: „Gegenstandsbedeutungen" vs. „Merkmalsbedeutungen" trifft die „mor-

---

19 Natürlich nicht im Sinne des „Satzgliedes" mit Namen Prädikat, sondern im Sinne des elementaren Formats für einfache Lexeme in der BI.
20 Wobei noch einmal zu erinnern ist, dass es auch Untergruppen von „Adjektiven" in der BI gibt, deren Verhältnis zu *yang* so nicht schlüssig erklärt werden kann (Pustet 1989: 59, 61).
21 „The majority of adjectives consist of free bases [...] A limited number of adjectives are derived forms" (Sneddon 1996: 48).
22 Man beachte, dass auch die „substantiellen" Bedeutungen der Nennwörter durchaus als einfache Prädikate angesehen werden können, wenn ihnen Referenz erst phrasal zugemessen wird.

phologische" Realität der BI recht genau, besser gesagt: die Realität der freien Morpheme, die freilich in den affigierten Ableitungen einfach reproduziert wird. Sekundäre Nomina und (verbale) Prädikate mit komplexeren Argumentkonstellationen müssen dagegen durch Affigierung aus den primären Nenn- und Merkmalselementen abgeleitet werden. Abgeleitete „Adjektive" gibt es hingegen kaum, was einigermaßen merkwürdig mit der Schwierigkeit kontrastiert, eine separate Klasse „Adjektiv" überhaupt zu definieren. Es handelt sich jedoch um einen Scheinwiderspruch, aus dem man nur entnehmen kann, dass einfache Prädikate in unsere spontane Konzeptualisierung der Wortklasse Adjektiv mit einschießen. In einer Sprache, deren unmarkierte Merkmalsbedeutungen (im *default*) „wie Adjektive" gebaut sind, scheut man offenbar doch davor zurück, die Gesamtheit der intransitiven und stativen Prädikate gleichfalls für Adjektive zu erklären und rekurriert lieber auf das Kriterium von Hengeveld (1992): ein Prädikat, das einen nominalen Kopf modifizieren kann „without further measures being taken". Eben darum ist die Ausgliederung von Adjektiven aus einer Sprache schwierig, deren basaler Lexembestand aus „einfachen Prädikaten" zu bestehen scheint.

5 Exkurs: Ein Blick auf die „Adjektive" im Türkischen

Auf den ersten Blick sind die Verhältnisse im Türkischen den indonesischen ganz entgegengesetzt: Wir haben ausgeprägte (agglutinative) nominale und verbale Suffigierung, allerdings mit der notorischen Beobachtung, dass einerseits z. B. „verbale" Sprechrollensuffixe und „nominale" Possessorindikatoren einander ausdrucksseitig sehr ähnlich sind, andererseits alle grammatischen Suffixe kategorial wenig „wählerisch", wenig distinktiv sind. Wir finden „nominale" Numerus-, Kasus- und Possessormarkierungen auch bei eindeutig verbalen Formen, die Formen der defizienten Kopula verschmelzen mit nominalen und adjektivischen Prädikaten, die so einander extrem ähnlich sehen. Man könnte fast geneigt sein zu schließen: Eben *weil* die grammatische Morphologie so ausgeprägt kategorial ist, brauchen es die lexikalischen Basiselemente *nicht* zu sein (vgl. Göksel & Kerslake 2005).

Ähnlich wie in der Grammatik der BI gibt es aber auch in der türkischen Grammatik einen Streit über die Definition und Begrenzung der Wortklasse Adjektiv. Der Streit liegt aber durchaus anders. Das mag damit zusammenhängen, dass Hengelvelds (1992) bereits mehrfach zitiertes Kriterium hier gut (d. h. distinktiv sauber) funktioniert. Während man in der BI darüber streitet, ob ein „Prädikat", das nur mit *yang* attributiv gebraucht werden kann, rechtens als Adjektiv zu bezeichnen ist, gibt es im Türkischen eine deutliche Kontur auf der Ebene nominaler Konstruktionen. Während Adjektivlexeme sich ohne weiteres attributiv mit nominalen Köpfen verbinden, benötigen N-N-Verbindungen in ihrer übergroßen Mehrzahl „further measures", d. h. Genitiv- und Possesormarken:

(25) *küçuk (bir) oda*
 klein ein Zimmer
 ‚(ein) kleines Zimmer'
(26) *Ahmet-in oda-sı*
 Ahmet-GEN Zimmer-3.PS.POSS
 ‚Ahmets Zimmer'
(27) *yatak oda-sı*
 Bett Zimmer-3.PS.POSS
 ‚Schlafzimmer'

Eher konzeptmodifizierende N-N-Verbindungen (vgl. (27)) unterscheiden sich von Possessor-Possessum-Verbindungen (mit referentiell spezifiziertem Possessor, vgl. (26)) durch den Wegfall der Genitivendung, und nur in ganz wenigen engen „appositiven" Verbindungen kann auch der Possessorindex am Nukleus der Konstruktion entfallen. Und das sind bezeichnenderweise Zusammensetzungen, in denen Geschlecht, Beruf, Material, Herkunft des Kopfnomens (ergo: marginal „adjektivische" Bedeutungen) attribuiert werden:

(28) *erkek kardeş* = ‚Bruder'
(29) *kadın doktor* = ‚Ärztin'
(30) *taş duvar* = ‚Steinmauer'
(31) *Türk çocuk-lar* = ‚Türkische Kinder'

Darüber hinaus sind die „Adjektive" des Türkischen erwartungsgemäß nominal, d. h. sie verbinden sich ohne weiteres mit nominaler Morphologie (Plural, Kasus, Possivsuffixe) und übernehmen Nennwert in Abwesenheit eines „identifikationsstärkeren" nominalen Kopfes:

(32) *küçuk-ler-imiz*
 klein-PL-1.PS.POSS
 ‚unsere Kleinen'

Auch im syntaktisch adverbialen Verhältnis können viele türkische Adjektive ohne weiteres gebraucht werden. Es ist die Position unmittelbar beim Verb, die eine adverbiale Deutung auslöst:

> Most lexical items which occur primarily as adjectives can also occur as nouns, taking plural, possessive and case suffixes as required, or they can function as adverbs, in particular as circumstantial adverbs of manner. (Göksel & Kerslake 2005: 50)

Wer sich die Mühe macht, adjektivische Bedeutungen wie ‚weiß', ‚reich', ‚groß' im deutsch-türkischen und türkisch-deutschen Wörterbüchern nachzuschlagen, der wird finden, dass es kaum ein türkisches Adjektiv gibt, das nicht auch nominale Bedeutungen bzw. Entsprechungen im Deutschen hätte. *Zengin* wird mit ‚reich' und mit ‚Reiche' übersetzt, *beyaz* heißt sowohl ‚weiß' als auch ‚weiße Stelle', ‚Weißes', ‚Reinschrift', und so geht es weiter.

Wie bereits erwähnt nehmen die „Adjektive" in prädikativer Funktion allerdings auch gerne „verbale" Personalendungen an und klitisieren Kopulaformen:

(33) *(ben) yorgun-um.*
    ich   müde-1.PS
    ‚Ich bin müde.'

(34) *dün   çok   yorgun-du-lar.*
    Gestern sehr müde-PAST-PL
    ‚Sie waren gestern sehr müde.'

Eine kleine Unschärfe entsteht hier, weil einige Grammatiken das PAST-Element in solchen Konstruktionen einfach als TAM-Marker, andere es als reduzierte Kopula interpretieren. Es gibt jedoch auch „verbal" spezifische TAM-Suffixe, die sich definitiv nicht direkt mit „Adjektiven" verbinden können, z. B. *-yor-* und *-AcAk-*, eine Art „present continuous" und ein Futurmarker. Bei nominalen Prädikaten tritt hier das „Hilfsverb" *olmak* ein.

(35) *zengin ol-acak-sın.*
    Reich   werd-FUT-2.PS
    ‚Du wirst reich sein.'

Anders als in der BI gilt jedoch für das türkische Adjektiv, dass es in seiner nominale Nuklei prämodifizierenden Form gleichsam Modell und Vorbild aller Attribute und aller (nicht finiten) Nebensatzkonstruktionen ist, nicht nur der gemeinhin attributiv genannten Relativkonstruktionen, sondern auch noch einiger anderer. Dazu passt es wiederum, dass nicht nur die Lexeme anderer Klassen, sondern auch phrasale Konstruktionen durch derivationelle bzw. phrasal-klitische Markierungen sekundär in solche „adjektivischen" Funktionen gebracht werden können. Diesen letzteren gegenüber repräsentieren die „Adjektive" im

Türkischen in der Tat diejenigen Wörter, die „without further measures being taken", d. h. ohne Flexion, Attribute sein können.

Dabei sind die derivationellen Ableitungsmittel nur milde spezialisiert und decken sich zum Teil mit den phrasalen. Ohne phrasale Parallele sind hingegen die Suffixe, die „Adjektive" aus verbalen Basen bilden (in der Hauptsache -(s)Al und -(y)IcI):

(36) *gör-sel   sanat-lar*
     seh-ADJ   Kunst-PL
     ‚visuelle Künste'

6 Schluss

Der Befund für das Türkische ist halbwegs eindeutig: Die „Adjektive" bilden hier eine Gruppe von Lexemen, die zwar ebenfalls „ohne weiteres" prädikativ und attributiv gebraucht werden können, ihre Besonderheit besteht aber darin, dass sie als einzige flexionslos attributiv funktionieren und das syntaktische Modell für eine große Gruppe flexivisch markierter attributiver Konstruktionen abgeben, phrasaler wie derivationell-lexikalischer. Diese Gruppe umfasst Ableitungen, Phrasen und auch infinite (Relativ-)„Sätze" auf der Grundlage partizipialer Verbformen:

(37) *büyük   (bir)   ev*
     groß   ein   Haus
     ‚(ein) großes Haus'

(38) *seker-li   kahve*
     Zucker-COM   Kaffee
     ‚Kaffee mit Zucker'

(39) *bes   yatak   oda-lı   ev*
     fünf Bett   Zimmer-COM   Haus
     ‚Haus mit fünf Schlafzimmern'

(40) *ev-in   ön-ün-de-ki   araba-lar*
     Haus-GEN   Front-3.PS.POSS-LOC-ADJ   Auto-PL
     ‚die Autos vor dem Haus'

(41) arka-mız-dan   gel-en   araba
    Rücken-1.   komm-PART   Auto
    PS.POSS-ABL
    ‚das Auto, das uns folgt'

In der BI ist die Lage weniger eindeutig. Weil die BI keine nominale Default-Basis hat, sondern eine prädikative, imponieren die „Adjektive" zugleich als modellbildend für einfache lexikalische Merkmalsbedeutungen überhaupt und als schwierig abzugrenzen gegenüber stativ-intransitiven Verben. Nur über sekundäre syntaktische Indikatoren in der attributiven Sphäre kann eine flexible Grenze zwischen Adjektiven und stativen/intransitiven Verben gezogen werden. Dieser Widerspruch zwischen modellbildend und zugleich als abgegrenzte Wortklasse ist prekär und verweist erneut auf das notorische Profilproblem der Adjektive im Sprachvergleich. Wo die „Adjektive" wie einfache Prädikate aussehen, da führen sie vor, dass der „Zwischenraum" zwischen zeitstabilen Nominal- und instabilen Verbalkonzepten auch ohne eine eigens darauf spezialisierte Wortklasse gefüllt werden kann. Dann erscheint jedoch die unterschiedliche Tauglichkeit der Prädikate für adnominale Attributszwecke an der syntaktischen Oberfläche sekundär, z. B. durch das deprädikativierende, nominalisierende, relativierende *yang*.[23]

Und übrigens: Das Textfragment aus einer deutschsprachigen Wettervorhersage im Titel dieses Beitrags soll illustrieren, dass es auch unter den kategorial recht ausdifferenzierten Wortstämmen des Deutschen nicht wenige Lexeme gibt, deren Bedeutung bereits auf dieser Ebene sowohl prädikativ als auch modifizierend ausgeformt ist. Die grammatische Konvention bestimmt sie teils als Adjektive, teils als Adverbien, eine Unterscheidung, die im Deutsch besonders prekär ist. Das Textbeispiel zeigt indes, dass wir mit Hilfe der Textquaestio, der Serialisierungkonvention und der lexikalischen Bedeutungen durchaus in der Lage sind, eindeutige Konstruktionshinweise aus dieser Kette von fünf modifizierenden Prädikaten zu ziehen. Das mag nur eine sehr randliche Analogie zu den Verhältnissen in der BI sein, aber es erinnert daran, dass „einfache" Prädikate eben immer irgendetwas modifizieren, sei es ein feldexternes oder -internes Argument.

---

[23] Das Element *yang* lässt sich freilich auf ganz unterschiedliche Weise für eine Delimitierung der „Adjektive" in der BI nutzen, dergestalt, dass nur zur Wortart „Adjektiv" rechnet, was ohne *yang* attributiv gebraucht werden *muss* oder aber *kann*.

Literatur

Bolinger, Dwight D. (1967): Adjectives in English: Attribution and Predication. *Lingua* 18, 1-34.
Coseriu, Eugenio (1987): Über die Wortkategorien („partes orationis"). In Eugenio Coseriu, *Formen und Funktionen. Studien zur Grammatik*, 24–44. Tübingen: Niemeyer.
Croft, William (2001): *Radical Construction Grammar. Syntactic Theory in Typological Perspective*. Oxford: Oxford UP.
Dixon, Robert M.W. (1982): *Where Have all the Adjectives Gone?* Berlin: de Gruyter.
Dixon, Robert M.W. (1999): Adjectives. In Keith Brown & Jim Miller (Hg.), *Concise Encyclopedia of Grammatical Categories*. Amsterdam.
Givón, Talmy (1979): *On Understanding Grammar*. New York: Academic Press.
Göksel, Asli & Celia Kerslake (2005): *Turkish: A comprehensive grammar*. London, New York: Routledge.
Hengeveld, Kees (1992): *Non-verbal Predication: Theory, Typology, Diachrony*. Berlin, New York: de Gruyter (Functional Grammar Series, 15).
Iturrioz, Jose-Luis (1982): Abstraktion: Kategorie und Technik. In Hansjakob Seiler & Christian Lehmann (Hrsg.), *Apprehension. Das sprachliche Erfassen von Gegenständen, Teil I: Bereich und Ordnung der Phänomene*. 49–65. Tübingen: Narr.
Jespersen, Otto (1924): *The philosophy of grammar*. London: Geoge Allen & Unwin LTD.
Kahlo, Gerhard & Rosemarie Bärwinkel (1971): *Indonesisch-deutsches Wörterbuch*. Leipzig: Verlag Enzyklopädie.
Kaznelson, Solomon D. (1974): *Sprachtypologie und Sprachdenken*. Berlin: Akademie-Verlag.
Lehmann, Christian (1984): *Der Relativsatz. Typologie seiner Strukturen, Theorie seiner Funktionen, Kompendium seiner Grammatik*. Tübingen: Narr.
Lehmann, Christian (2010): Roots, stems, and word classes. In Umberto Ansaldo & Jan Don & Roland Pfau (Hrsg.), *Parts of Speech. Empirical and theoretical advances*. 43-64. Amsterdam, Philadelphia: Benjamins.
Leisi, Ernst (1975): *Der Wortinhalt. Seine Struktur im Deutschen und Englischen*. Heidelberg.
Nothofer, Bernd & Karl-Heinz Pampus (2001): *Bahasa Indonesia. Indonesisch für Deutsche*. 6. Aufl. Tübingen: Julius Groos.
Pustet, Regina (1989): *Die Morphosyntax des „Adjektivs" im Sprachvergleich*. Frankfurt a. M.: Peter Lang.
Redder, Angelika (2005): Wortarten oder sprachliche Felder, Wortartenwechsel oder Feldtransposition? In Clemens Knobloch & Burkhard Schaeder (Hg.), *Wortarten und Grammatikalisierung. Perspektiven in System und Erwerb*. 43–66. Berlin, New York: de Gruyter.
Ross Macdonald, R. (1976): *Indonesian Reference Grammar*. Washington DC: Georgetown University Press.
Sneddon, James Neil (1996): *Indonesian. A Comprehensive Grammar*. London, New York: Routledge.
Vogel, Petra M. (1996): *Wortarten und Wortartenwechsel: Zu Konversion und verwandten Erscheinungen im Deutschen und in anderen Sprachen*. Berlin, New York: de Gruyter (Studia Linguistica Germanica, 39).
Wetzer, Harry (1996): *The Typology of Adjectival Predication*. Berlin, New York; Mouton de Gruyter.
Wierzbicka, Anna (1986): What's in a noun? (or: how do nouns differ from adjectives?). *Studies in Language* 10.2, 353–389.

Viktória Dabóczi
Am Rande der Wortarten: Zum Problem der Klassifikation von Randphänomenen am Beispiel des unflektierten Adjektivs

Abstract: Im vorliegenden Beitrag möchte ich die Problematik der Wortartenklassifikationen zwischen Kernbereich und Rändern am konkreten Beispiel des Adjektivs diskutieren. Es geht also um ein globales Problem im Bereich der Wortarten, das exemplarisch an Klassifikationsproblemen in Bezug auf das Adjektiv sichtbar werden soll. Im konkreten Fall des Adjektivs steht die Unterscheidung oder Nicht-Unterscheidung zwischen dem attributiven Adjektiv (Kernbereich) und den unflektierten Verwendungen, darunter vor allem dem adverbialen Adjektiv (Randbereich), auf der Wortartebene im Fokus. Einen ähnlichen Problemfall stellt die Wortartzuordnung von *es* dar, die als Parallelbeispiel zum adverbialen Adjektiv ebenfalls kurz dargestellt wird. Aufgrund der Erkenntnisse wird die Möglichkeit einer Mehrwortartenlösung konkret bei den unterschiedlichen Funktionen des Adjektivs diskutiert, die auch zur Lösung des globalen Problems der Wortartenklassifikationen beitragen soll.

1 Problemstellung

Zwar blicken die Wortartenklassifikationen auf eine lange Geschichte zurück (vgl. bspw. Schoemann 1862, Schaeder & Knobloch 1992, Kaltz 2000, Ehlich 2007) und bis heute bilden die Wortarten eine grundlegende Klassifikations- sowie Beschreibungsebene der Grammatikschreibung (vgl. Hennig & Buchwald-Wargenau 2010), die Forschung weist jedoch immer wieder auf unterschiedliche Probleme der Klassifikation hin (vgl. Rauh 2000: 485). Zu den meist erwähnten Problemen gehören die Heterogenität der Klassifikationen aufgrund von unterschiedlichen Kriterien und Methoden (vgl. bspw. Stepanova & Helbig 1981) sowie der Bestand der Wortarten und die Zuordnung von einzelnen Elementen zu den jeweils vorhandenen Wortarten. Der vorliegende Beitrag kann nicht auf alle Probleme eingehen, an dieser Stelle sei auf die ausführlichen Darstellungen in Knobloch & Schaeder (2000) und Schaeder & Knobloch (1992) hingewiesen.

Dr. Viktória Dabóczi, Universität Siegen, Germanistisches Seminar, Hölderlinstr. 3, e-mail: daboczi@germanistik.uni-siegen.de

Im Hinblick auf die Klassifikation der Randphänomene erscheinen m. E. folgende Punkte als besonders problematisch:
1. Bereits Hempel problematisiert die Zuordnungspraxis, die sich am Prototyp orientiert, während viele Wörter kaum zuzuordnen sind und ein Restbestand (bspw. die Partikeln) immer übrig bleibt (vgl. 1969: 218).
2. Ferner erwähnt Hempel die zweifache Zuordnung von unflektierbaren Wörtern wie *bis* als Präposition und Konjunktion (vgl. 1969: 219). Damit ist ein weiteres Problem angesprochen, und zwar der grundlegende Konflikt zwischen flektierbaren und unflektierbaren Wortarten bezüglich der Kriterien und Methodologie der Klassifikation. Während die Klassifikation der flektierbaren Wortarten stark formorientiert ist und auf den Flexionseigenschaften basiert (vgl. Duden 2016: 137–139), beruht die Zuordnung von nichtflektierbaren Wörtern auf der jeweiligen Funktion als ihrer wichtigsten Eigenschaft (z. B. Verknüpfung bei Konjunktionen). Zur weiteren Unterteilung werden zusätzliche syntaktische Kriterien wie Satzgliedwertigkeit (z. B. Adverb) vs. Satzwertigkeit (z. B. Antwortpartikel), oder die Position im Satz berücksichtigt (vgl. Duden 2016: 140; 579–581). Bei der unterschiedlichen Herangehensweise operiert der Duden mit der Unterscheidung zwischen lexikalischen und syntaktischen Wortarten. Letztere bezieht sich hauptsächlich auf die unflektierbaren Wortarten und sekundär auf Subklassen von flektierbaren Wortarten[1], deren Spezifizierung nicht auf Flexionseigenschaften basieren kann (vgl. 2016: 137–140).
3. Die unterschiedliche Herangehensweise spiegelt sich auch beim Umgang mit der Homonymie wider. Wie oben erwähnt (vgl. zweifache Zuordnung nach Hempel 1969: 219), kommen „Grenzgänger, die sich zwischen zwei Klassen befinden, sich also einer eindeutigen Klassifizierung entziehen" (Duden 2016: 579) unter den unflektierbaren Wörtern sehr häufig vor. Homonymie bzw. die Zuordnung zu zwei Wortarten scheint hier also eher der Normalfall zu sein: „Besonders häufig kommt es bei den Nichtflektierbaren zu Homonymen, d. h., das gleiche Wort kann unterschiedliche Funktionen ausüben und damit unterschiedlichen Klassen angehören." (Duden 2016: 579). Neben der häufigen Homonymie zwischen Präposition und Subjunktion (z. B. *während*), findet man Zweifachzuordnungen wie folgt: Adverb / Subjunktion (*Damit ist sie zufrieden. / damit sie zufrieden ist*), Adverb / Abtönungspartikel (*schon*

---

[1] Die Dudengrammatik erwähnt an dieser Stelle die gemeinsame Wortart „Artikelwörter und Pronomen" (vgl. Duden 2016: 247–248). Die IdS-Grammatik teilt die einzelnen Proterme und Determinierer hingegen aufgrund von unterschiedlichen funktionalen Eigenschaften in getrennte Wortarten ein (vgl. Zifonun et al. 1997: 33–46).

*am frühen Morgen / Was hast du schon zu sagen!)*² (vgl. Duden 2016: 579). Dagegen tut sich die Grammatikschreibung mit Mehrfachzuordnungen bzw. Homonymie im Bereich der flektierbaren Wortarten sichtlich schwer. Der Grund kann in der Nicht-Verwendung des funktionalen Kriteriums und der starken Formorientiertheit (Flexion) vermutet werden. Als Paradebeispiel dient hier die Trennung oder Nicht-Trennung von Artikeln und Pronomina auf der Wortartebene. Eine Zweiwortartenlösung, die auf funktionaler Unterscheidung basiert, bietet nur die IdS-Grammatik (vgl. Zifonun et al. 1997).³

Die erwähnten Probleme kommen im konkreten Fall des Adjektivs zum Vorschein: Die traditionelle Definition erfasst den Kern der Wortart entlang der Eigenschaften ‚flektiert', ‚attributiv', ‚pränominal' und ‚Bezug auf ein Nomen' (vgl. Eichinger 2007: 151–152). Das adverbiale Adjektiv entfernt sich aufgrund seiner Nähe zum Verb stark von dem Kern. Die Abgrenzungsschwierigkeit, die im Deutschen insbesondere aufgrund der synchronen Endungslosigkeit des adverbialen Adjektivs vorhanden ist (vgl. Vogel 1997: 427–428), spiegelt sich auch im oft benutzen Terminus ‚Adjektivadverb' wider (vgl. Eichinger 2007: 144), der jedoch nur die Funktion und keineswegs eine Wortart bezeichnet⁴. Die Wortartenfrage wird in der neueren Grammatikschreibung zwar angesprochen, an der Zugehörigkeit zum Adjektiv wird jedoch eher nicht gezweifelt (vgl. u. a. Eisenberg 2006, Zifonun et al. 1997 und s. ausführlich im Abschnitt 2). Hier wird also für die unterschiedlichen Funktionen eine homogene Wortart angenommen, die Möglichkeit von Homonymie bzw. Mehrfachzuordnung der Formen wird kaum diskutiert⁵. Der Umgang mit

---

2 Alle Beispiele aus Duden (2016: 579).
3 Die Dudengrammatik unterscheidet lediglich auf der Ebene der Subklassen (vgl. Duden 2016: 247–248). In den meisten Grammatiken findet man neben zwei Artikeln (bestimmt und unbestimmt) eine große Anzahl von Pronomina. Dabei wird lediglich auf die unterschiedlichen Verwendungsweisen hingewiesen. Hentschel & Weydt sprechen bspw. von substantivischen und adjektivischen Pronomina (vgl. 2003: 237, s. auch in Helbig & Buscha 2013: 207; 322).
4 Als Ausnahme gilt in dieser Hinsicht Sandmann, der unter „Adjektiv-Adverb" oder „Adjektiv (Adverb)" die gemeinsame Wortart der adnominalen und adverbialen Adjektive versteht. Dabei beruht die Zusammenfassung auf der identischen Form und der Unterscheidung hinsichtlich des Verhaltens zum Verb oder zum Substantiv. Adverbien, die adnominal nicht interpretierbar sind, rechnet er dagegen zu den Partikeln (vgl. Sandmann 1940: 89–90).
5 Ein Blick in die Forschungsgeschichte zeigt jedoch, dass die Wortartenzuordnung in früheren Werken durchaus heterogen war. Telschow (2014) zeichnet insgesamt fünf unterschiedliche Positionen nach, die homogene Wortart ‚Adjektiv' für alle drei Funktionen lässt sich dabei Position V zuordnen. Diese Position hat sich insbesondere in der zweiten Hälfte des 20. Jahrhunderts etabliert (vgl. Telschow 2014: 51).

homonymen Formen scheint also noch schwieriger zu sein, wenn die Elemente sowohl flektiert als auch unflektiert auftreten können.

In diesem Sinne möchte ich im vorliegenden Beitrag umso mehr die Frage stellen und prüfen, ob die Annahme der homogenen Wortart ‚Adjektiv' für alle Funktionen sinnvoll ist. Um eine Übersicht über die unterschiedlichen Funktionen und deren Klassifikation zu bekommen, werden in Abschnitt 2 verschiedene Positionen zum Adjektiv dargestellt und anschließend das Problem zwischen Kern und Rand ausführlicher thematisiert (Abschnitt 3). In Abschnitt 4 wird ein Parallelbeispiel vorgestellt, das einen ähnlichen Umgang wie beim Adjektiv und die generelle Schwierigkeit der Wortartenklassifikationen mit flektierbaren und unflektierbaren Homonymen zeigen soll. Anschließend beschäftigt sich Abschnitt 5 mit homonymen Formen zum Adjektiv *gut*. Die gewonnenen Erkenntnisse dienen abschließend als Grundlage für die Diskussion ‚Randphänomene oder Mehrwortartenlösung?' in Abschnitt 6.

2 Das Adjektiv: Bestandaufnahme zur Beschreibung und Klassifikation der unterschiedlichen Funktionen

Hinsichtlich der Definition der Wortart ‚Adjektiv' herrscht eine relative Homogenität in der modernen Grammatikschreibung. Die Duden-Grammatik beschreibt Adjektive als flektierbare Wörter, die kein festes Genus haben, zwei Typen der Flexion (stark und schwach)[6] aufweisen, komparierbar sind und zwischen Artikel und Substantiv stehen können. Die Möglichkeit der Nicht-Flexion wird bei der ersten Annäherung nur marginal erwähnt (vgl. Duden 2016: 340). Der zweite Eckstein der Definition ist die Semantik der Adjektive. Duden unterscheidet qualifizierende, relationale, quantifizierende Adjektive und adjektivisch gebrauchte Partizipien (vgl. 2016: 342–344). Die IdS-Grammatik geht von der Funktion der Adjektive aus und schreibt: „Adjektive dienen prototypisch als Attribute, als Modifikatoren des Kopfs einer Nominalphrase, der durch ein Substantiv, nominalisiertes Adjektiv oder nominalisiertes Verb gebildet wird." (Zifonun et al. 1997: 46). Die Attribution bedeutet die zusätzliche Charakterisierung eines Gegenstandes,

---

6 Nach der traditionellen Sichtweise wird zusätzlich die gemischte Adjektivdeklination unterschieden (vgl. bspw. Hentschel & Weydt 2003: 211), die jedoch lediglich eine Mischung der starken und schwachen Adjektivflexion und keine „neue" Flexionsklasse ist.

der dadurch entweder „stärker eingegrenzt und leichter identifizierbar gemacht[7] oder modalisiert" wird (Zifonun et al. 1997: 46). Anschließend folgt die Beschreibung der Flexionseigenschaften, während die Funktion der unflektierten Formen (Prädikat mit Kopula oder Modifikator einer Verbgruppe) lediglich kurz erwähnt wird (vgl. Zifonun et al. 1997: 46–48). Hentschel & Weydt folgen einer semantischen Klassifikation und definieren Adjektive global durch ihre Funktion, „etwas als ‚Eigenschaft von etwas' auszudrücken" (2003: 201). Die morphologischen und syntaktischen Eigenschaften werden bei den einzelnen syntaktischen Funktionen getrennt beschrieben und tragen nicht zur globalen Definition der Wortart bei (vgl. Hentschel & Weydt 2003: 203–210). Römer betont zunächst ebenfalls die charakterisierende Eigenschaft der Adjektive, sie beschreibt die Attribution von Substantiven als primäre Funktion von Adjektiven (vgl. Römer 2006: 138–139), die wiederum i. d. R. mit der Flexion gekoppelt ist.

Anhand der exemplarischen Darstellung einiger Definitionen zum Adjektiv kann mit Eichinger (2007) resümiert werden, dass die meisten Definitionen den Kern der Wortart beschreiben, wobei im Deutschen in erster Linie morphologische und syntaktische Eigenschaften und für die Binnendifferenzierung semantische Eigenschaften berücksichtigt werden (vgl. 2007: 151–152). Das prototypische Adjektiv hat im Hinblick auf die dargestellten Beschreibungen folgende Eigenschaften: 1. flektiert, 2. attributiv, 3. pränominal und 4. Bezug auf ein Nomen. Je mehr von diesen Eigenschaften fehlen, desto größer ist die Entfernung vom Prototyp bzw. vom Kern der Wortart.

Die Entfernung vom Prototyp spiegelt sich in den verschiedenen syntaktischen Funktionen des Adjektivs wider. Neben der attributiven Verwendung unterscheiden die Grammatiken gewöhnlich zwischen der prädikativen und der adverbialen Funktion (vgl. bspw. Hentschel & Weydt 2003: 203–210, Römer 2006: 139–140, Zifonun et al. 1997: 146–148 und Eichinger 2007: 144–145 sowie 170–173). Darüber hinaus differenziert die Duden-Grammatik zusätzlich den substantivierten Gebrauch (vgl. Duden 2016: 344), worauf hier im Weiteren nicht eingegangen wird. Die attributive Funktion korreliert, wie bereits erwähnt, in den meisten Fällen mit der pränominalen Stellung und der Flexion, jedoch kann der attributive Gebrauch pränominal-unflektiert oder postnominal-unflektiert auftreten. Pränominal-unflektiert kommen synchron neben einigen Farbadjektiven (z. B. *rosa, lila*[8]) Adjektive in festen Verbindungen und Sprichwörtern, die z. T. auf einen historischen Sprachgebrauch zurückgehen (z. B. *auf gut Glück;*

---

[7] S. dazu auch Lehmann und Knobloch i.d.B.
[8] In der gesprochenen Sprache werden diese Adjektive in attributiver Funktion jedoch immer häufiger flektiert (vgl. Duden 2016: 348).

Abendrot, gut Wetter droht.), vor. Die postnominal-unflektierte Verwendung findet man häufig in Produktbezeichnungen (*Henkell trocken*), in der Presse (*Abfallbörse international* (Spiegel)), in einigen anderen namenartigen Bezeichnungen (z. B. *Kultur pur*[9]) und systematisch in Appositionen (vgl. Duden 2016: 347–349; 350 und Hentschel & Weydt 2003: 203–204 u. a.). Gemeinsam an allen Verwendungen ist der direkte Bezug auf ein Nomen, das durch das Adjektiv charakterisiert wird.

Die prädikative Funktion ist an die unflektierte Form gebunden. Das Adjektiv bildet gemeinsam mit einem Kopulaverb den Prädikatsausdruck, dabei gilt das prädikative Adjektiv als Komplement des Kopulaverbs (vgl. Zifonun et al. 1997: 48). Durch die Bildung des Prädikats mit der Kopula wird „implizite Prädikation, die sich im Attribut findet, explizit" gemacht (vgl. Eichinger 2007: 170). Auch bei der prädikativen Verwendung bezieht sich das Adjektiv prototypisch auf ein Nomen als Kern des Subjekts, im Unterschied zum attributiven Adjektiv hat es jedoch den Status eines selbständigen Satzgliedes (vgl. Duden 2016: 356). Das prädikative und attributive Adjektiv weisen also gemeinsame Züge auf. Eisenberg sieht die Gemeinsamkeit darin, dass Adjektive in beiden Gebrauchsweisen Eigenschaften eines Nomens bezeichnen (z. B. *das kluge Kind* vs. *Das Kind ist klug.*). Bei unterschiedlicher syntaktischer Funktion geht es also um die identische semantische Leistung (vgl. Eisenberg 2001: 221). Vogel unterscheidet neben der attributiven und prädikativen auch die attributiv-prädikative Funktion (z. B. *Hans putzt seine Zähne blank.*) (vgl. 1997: 403). Bei dieser Funktion zeigt das Adjektiv syntaktisch gesehen Ähnlichkeiten zum adverbialen Adjektiv wie etwa in *Hans putzt seine Zähne gründlich.*, das Adjektiv (im Beispiel *blank*) spezifiziert jedoch nicht das Verb, sondern das Nomen näher (nicht das Putzen sondern die Zähne sind blank). Vogel resümiert wie folgt: „Die Opposition zwischen attributiv-prädikativer und adverbialer Verwendung eines Adjektivs ergibt sich lediglich aus der Opposition von nominaler und verbaler Semantik [...]" (1997: 410). Es bestehen also Gemeinsamkeiten zwischen dem attributiven, prädikativen und attributiv-prädikativen Gebrauch, die attributive und prädikative Verwendung stehen einander jedoch wesentlich näher, während die attributiv-prädikative Funktion deutlich näher am Rande der Wortart platziert ist. Der gemeinsame Nenner für alle drei Funktionen ist die nominale Semantik und der Referentenbezug (vgl. Vogel 1997: 411–412).[10] Beim rein attributiven und prädikativen Gebrauch ist der Referentenbezug jedoch

---

9 *Kultur pur* ist der Name eines Musikfestivals im Siegerland.
10 Zu weiteren Feinunterschieden im Gebrauch und zur Klassifizierung der Gebrauchsweisen, auf die in diesem Beitrag nicht eingegangen wird, s. Vogel (1997: 414–427).

direkter, im Falle des prädikativen Adjektivs entsteht er durch die Kopula, im Falle des attributiven Adjektivs durch Prästellung und Kongruenz. Aus diesem Grund „sind nominale Semantik, Referentenbezug und Kopulaprädikation eng miteinander verknüpft." (Vogel 1997: 412). Die enge Verbindung zwischen der attributiven und prädikativen Verwendung unterstreicht auch Lehmann, indem er Attribution und Prädikation als Modifikationen auf verschiedenen Ebenen betrachtet. Die Modifikation (bzw. hier die Attribution) ist im Sinne von Lehmann als heruntergestufte Prädikation zu verstehen, das attributive und das prädikative Adjektiv leisten Identisches auf zwei verschiedenen Ebenen (vgl. Lehmann i.d.B.).[11]

Die gemeinsamen Eigenschaften des attributiven und prädikativen Adjektivs spiegeln sich auch in der Wortartenklassifikation wider. Die Zuordnung beider Funktionen zur Wortart ‚Adjektiv' ist weitgehend unproblematisch und homogen in der Grammatikschreibung (vgl. bspw. Duden 2016, Hentschel & Weydt 2003 und Eisenberg 2001). Eisenberg begründet die homogene Klassifikation folgenderweise: „Weil das Adjektiv in attributiver und prädikativer Position Eigenschaften ‚desselben Dinges' bezeichnet, besteht kaum ein Zweifel daran, daß es sich in beiden Positionen auch um ‚dasselbe Wort' handelt." (2001: 221).[12]

Eine Ausnahme in dieser Klassifikationspraxis stellt die IdS-Grammatik dar. Neben der Wortart ‚Adjektiv' unterscheidet man mit der IdS-Grammatik zusätzlich die Adkopula für nicht flektierbare und nicht attributiv verwendbare Elemente, die als Komplement der Kopula auf die prädikative Funktion begrenzt sind (z. B. *fit, leid, pleite, schade* etc.). Im Gegensatz zum prädikativ verwendeten Adjektiv geht es bei der Adkopula also nicht um einen unflektierten Gebrauch, sondern um per se unflektierbare Elemente (vgl. Zifonun et al. 1997: 55). Gemeinsamkeiten mit dem prädikativen Adjektiv zeigen sich in der Bildung des Prädikatsausdrucks mit einem Kopulaverb und den Valenzeigenschaften der Adkopula (vgl. Zifonun et al. 1997: 55–56). Neben der fast ausschließlich prädikativen Funktion räumt die IdS-Grammatik gelegentlich in Beispielen wie *sie geht barfuß* einen adverbialen Gebrauch ein (vgl. Zifonun et al. 1997: 55). Im Sinne von Vogel geht es bei diesem

---

[11] Eichinger spricht von impliziter und expliziter Prädikation (vgl. 2007: 170).

[12] Die gleiche Position mit ähnlichen oder vergleichbaren Argumentationen findet man seit dem Anfang der deutschen Grammatikschreibung (ab dem 16. Jahrhundert). Telschow fasst diese Klassifikationspraxis, in der die attributive und prädikative Funktion als Adjektiv, die adverbiale Funktion jedoch als Adverb eingestuft wird, unter Position I zusammen und zeigt, dass sie – geleitet durch logisch-semantische Kriterien – vor allem im 19. und beginnenden 20. Jahrhundert (s. u. a. bei Becker 1836/37 und bei Behaghel 1923/24) dominierte (vgl. 2014: 11–13).

und ähnlichen Beispielen jedoch keineswegs um eine adverbiale, sondern um die attributiv-prädikative Verwendung, denn die nominale Semantik und der Referentenbezug bleiben erhalten (sie ist barfuß und nicht das Gehen) (vgl. 1997: 410–411).[13] In diesem Sinne sind Referentenbezug und nominale Semantik den Adkopulae in jeder Verwendung gemeinsam.

Hentschel & Weydt kritisieren das Konzept der Adkopula, indem sie bei einer ausschließlich prädikativen Verwendung keine Notwendigkeit zur Einführung einer neuen Wortart, sondern analog zu nur attributiv verwendbaren Adjektiven viel mehr eine Distributionsbeschränkung sehen (vgl. 2003: 209). Eichinger dagegen hebt als Vorteile der eigenständigen Wortart ‚Adkopula' hervor, dass sie Elemente erfasst, die Eigenschaften „im prädikativen Raum" ausdrücken, jedoch bislang über keinen klaren Wortartenstatus verfügten (z. B. *quitt* und *klasse* als Ableitungen von den entsprechenden Substantiven oder *leid*) (vgl. 2007: 149).

In der historischen Klassifikationspraxis findet man zweierlei Abweichungen: Zum einen geht es um die Praxis, die prädikative Verwendung vom Adjektiv abzuspalten, indem alle nichtflektierten Formen als Adverb betrachtet werden. Telschow sammelt Ansätze, die dieser Klassifikation folgen, in Position II und zeigt, dass die Kriterien der Ansätze sehr heterogen sind und häufig als willkürlich erscheinen bzw. unbegründet bleiben (vgl. 2014: 29–33). Da im vorliegenden Beitrag die Probleme der modernen Wortartenforschung betrachtet werden, kann hier auf die einzelnen Ansätze nicht eingegangen werden. Exemplarisch sei die Klassifiaktion von Schoemann (1862) kurz erwähnt: Schoemann klassifiziert Elemente in prädikativer Funktion als Adverbien und spricht von „nominalen Adverbia" (1862: 151). Der Grund für dieses, in der modernen Grammatikschreibung nicht praktizierte, Verfahren scheint darin zu liegen, dass Schoemann die Verbindung eines nichtflektierten (endungslosen) Adjektivs mit einem Verb, d. h. die prädikative und adverbiale Funktion in der heutigen Grammatikographie, generell als Adverb klassifiziert. Bei der Verbindung mit einem Kopulaverb sieht Schoemann jedoch ebenfalls die Verbindung zum Subjekt (vgl. 1862: 151), also den Referentenbezug im Sinne von Vogel (1997).

Zum anderen findet man wenige Ansätze, insbesondere Schulgrammatiken im 19. Jahrhundert, die für alle Funktionen eine getrennte Wortart, Eigenschafts-, Beschaffenheits- und Umstandswörter, annehmen (s. Position III in Telschow 2014). Wie Telschow (2014: 39) feststellt, konnte diese Position keine Breitenwirkung entfalten. Hier sei nur zusammenfassend festgehalten, dass ein gewisser

---

[13] Zu einer ähnlichen Interpretation des Beispiels und zur Kritik der Zuordnung zum adverbialen Gebrauch s. Hentschel & Weydt (2003: 209).

Zusammenhang zwischen Eigenschafts- und Beschaffenheitswörtern, also der attributiven und prädikativen Funktion, aufgrund des unterschiedlichen Bezugs auf Dinge oder Gegenstände durchaus gesehen wurde (vgl. Telschow 2014: 40).

Der adverbiale Gebrauch wirft im Gegensatz zur attributiven und prädikativen Funktion deutliche Probleme auf. Die Duden-Grammatik weist bei der Darstellung der adverbialen Funktion explizit darauf hin, dass sich adverbiale Adjektive deutlich von den anderen Gebrauchsweisen abheben, da sie sich nicht auf Nomina oder Nominalphrasen (NP) beziehen (vgl. Duden 2016: 358). In seiner prototypischen Verwendung spezifiziert das adverbiale Adjektiv ein Verb näher, das das Prädikat bildet. Syntaktisch geht es dabei um adverbiale Bestimmungen der Art und Weise z. B. *Otto singt laut.* (vgl. Eichinger 2007: 172). Vogel spricht bei einem direkten Bezug auf das Verb von verbaler Semantik und Referenzbezug. Das adverbiale Adjektiv modifiziert dabei die durch ein Vollverb ausgedrückte Primärprädikation. Damit trennt sie die adverbiale Funktion ebenfalls deutlich von den anderen Gebrauchsweisen mit nominaler Semantik und Referentenbezug (vgl. 1997: 411–412).

Neben der prototypischen verbbezogenen Verwendung listet Duden weitere Gebrauchsweisen auf, die zur adverbialen Funktion gehören:
1. Bezug auf den ganzen Satz (Kommentaradverbiale) z. B. *Rita kommt **sicher** noch.*
2. Bezug auf ein anderes Adjektiv z. B. *Es ist **schön** dumm.*
3. Bezug auf ein Adverb (***tief** unten*), auf eine Präposition (***rund** um den Brunnen*), auf eine Subjunktion (*Und das Ganze geschah, **kurz** nachdem Molly ...*) (vgl. Duden 2016: 358)

Zwar haben 1–3 keinen Bezug auf ein Vollverb, sie zeigen jedoch auch keine nominalen Eigenschaften und beziehen sich nicht auf ein Nomen bzw. eine NP. Die wichtigste gemeinsame Eigenschaft von verbbezogenen und nicht verbbezogenen adverbialen Adjektiven zeigt sich in ihrem Adverbcharakter. Die unmittelbare Nähe zum Adverb wird vor allem durch Übereinstimmungen in der Verwendungsweise sichtbar, d. h. adverbiale Adjektive können in allen Verwendungsweisen durch ein Adverb ersetzt werden. Einen Vergleich mit je einem adverbialen Adjektiv bzw. einem Adverb zeigt Tab. 1:

Tab. 1: Verwendungsweisen der adverbialen Adjektive und Adverbien

Funktion	adverbiales Adjektiv	Adverb
Bezug auf das Verb	Otto wohnt **bequem**.	Otto wohnt **dort**.[14]
Bezug auf den ganzen Satz	Rita kommt **sicher** noch.	Rita kommt **vielleicht** noch.
Bezug auf ein Adjektiv	Es ist **schön** dumm.	Es ist **vielleicht** dumm.
Bezug auf ein Adverb / eine Präposition	**tief** unten / **rund** um den Brunnen	**rechts** unten / **links** auf dem Regal

Die „prekäre" Nähe zum Adverb führt zu einer Abgrenzungsschwierigkeit zwischen Adverb und adverbialem Adjektiv, die durch die Verwendung der Termini ‚Adjektivadverb' (vgl. bspw. Hentschel & Weydt 2003: 205) oder ‚adjektivische Adverbiale' (vgl. Eisenberg 2001: 220) für die syntaktische Funktion sichtbar wird (vgl. Eichinger 2007: 144). Wie bereits erwähnt speist sich die Abgrenzungsschwierigkeit speziell im Deutschen aus der synchronen Endungslosigkeit des adverbialen Adjektivs, die zu einem formalen Zusammenfall mit dem Adverb führte (vgl. Vogel 1997: 427–429).[15] Im Gegensatz zum Deutschen markieren einige europäischen Sprachen den adverbialen Gebrauch durch Suffixe z. B. -ly (*quickly*) im Englischen, -ment im Französischen (*rapidement*) und -an/-en[16] (*gyorsan*) im Ungarischen. Die Suffigierung bedeutet zugleich eine deadjektivische Ableitung und die Überführung in die Wortart ‚Adverb', sodass ein Klassifikationsproblem nicht entsteht (vgl. Duden 2016: 358 und Keszler & Lengyel 2008: 86 zum Ungarischen).

Trotz der funktionalen Übereinstimmung mit dem Adverb wird im Deutschen vor allem aus formalen Gründen (keine Adverbendung) kein Wortartwechsel[17]

---

14 Beim verbbezogenen Gebrauch besteht insofern ein Unterschied, als dass das adverbiale Adjektiv syntaktisch die Funktion des Adverbials der Art und Weise, das Adverb hingegen die Funktion des Lokaladverbials erfüllt.

15 Das adverbiale Adjektiv wurde im Ahd. durch die Endung -o gekennzeichnet, die im Mhd. in Folge der Nebensilbenabschwächung zu -e wurde. Die spätere Apokope führte zur Endungslosigkeit im Nhd. (vgl. Vogel 1997: 427). Die Duden-Grammatik listet einige wenige Adverbformen auf -e, die als Varianten wie *stille* zu *still* und *lange* zu *lang* noch existieren. *Lange* und *stille* können prädikativ nicht verwendet werden, Duden spricht jedoch von einem attributiven Gebrauch von *lang(e)* etwa in *eine lange Sitzung*, der die Zuordnung zur Wortart ‚Adjektiv' begründet (vgl. Duden 2016: 581), ohne dass an dieser Stelle explizit würde, aber wohl gemeint ist, dass es sich hier ohne Frage nicht um das Adverb handelt.

16 -an und -en sind Suffixvarianten entsprechend der Vokalharmonie.

17 An dieser Stelle muss bemerkt werden, dass Wortartwechsel im Deutschen durchaus auch ohne Wortbildungsmaterial möglich ist. Bei Konversion etwa *essen* (Verb) → *Essen* (Subst.) nimmt man eine Wortartenänderung ohne sichtbare Endungen an. Vor diesem Hintergrund plädiert

angenommen (vgl. Duden 2016: 358–359). Das Klassifikationsproblem wird zwar oft angesprochen, die meisten Grammatiken und Ansätze bevorzugen jedoch eine Zuordnung zum Adjektiv. Die Argumente für eine Wortartenzugehörigkeit zum Adjektiv konzentrieren sich auf die Flektierbarkeit (vgl. Hentschel & Weydt 2003: 205) bzw. die Einsetzbarkeit in einer flektierbaren Position (vgl. Eichinger 2007: 158) im Gegensatz zu „echten" Adverbien. Eisenberg argumentiert ebenfalls mit der notwendigen Unterscheidung zwischen „nichtflektierbar" und „unflektiert". In diesem Sinne ist nur die Verwendung in der adverbialen und prädikativen Funktion unflektiert, das Adjektiv selber bleibt jedoch flektierbar (vgl. 2001: 221). Syntaktisch gesehen beziehen sich viele Adverbien auf den ganzen Satz und nicht nur auf das Vollverb, wie adverbiale Adjektive dies tun (vgl. Eisenberg 2001: 220). Hier zeigt Tab. 1, dass die Satzbezogenheit durchaus auch einige adverbiale Adjektive mit den Adverbien teilen. Ferner bemerkt Eisenberg, dass eine Zuordnung von adverbialen Adjektiven zur Wortart Adverb aufgrund von Nichtflektiertheit zwangsläufig auch die Klassifizierung des prädikativen Adjektivs als Adverb bedeuten müsste (vgl. 2001: 221 und s. bei Schoemann 1862). Ein weiteres Argument gegen die Klassifikation als Adverb ist schließlich, dass dadurch eine hohe Anzahl von Homonymien zwischen Adjektiven und Adverbien entstehen würde (vgl. Eisenberg 2001: 221). An dieser Stelle wird einmal mehr deutlich, dass eine Mehrfachzuordnung aufgrund funktionaler Unterschiede und somit Homonymie, die bei unflektierbaren Wortarten den Normalfall bedeutet, bei flektierbaren Wortarten plötzlich als problematisch angesehen wird. Darüber hinaus scheint die Flexion in der attributiven Verwendung eine übermäßig große Rolle bei der Wortartenklassifikation zu spielen, sodass bei gut dokumentierten und deutlichen funktionalen Unterschieden (s. w. o.) die mögliche Flexion der Form entscheidet.

Bezüglich der funktionalen Sonderstellung des adverbialen Adjektivs wirkt auch die Klassifikation der IdS-Grammatik verwunderlich. Zifonun et al. plädieren für eine funktionsorientierte Wortartenklassifikation, die besonders in der konsequenten funktionalen Trennung von Determinativen und Protermen (Begleiter vs. Stellvertreter) sichtbar wird (vgl. 1997: 23 und 33). Durch dieses Ver-

---

Telschow (2014) auch hinsichtlich der Adjektiv-Adverb-Frage für die Annahme von Konversion bei adverbialen Adjektiven (Adj. → Adv.) und sieht darin eine Lösung für die Wortartproblematik bzw. eine Möglichkeit für die Vermeidung der Mehrfachzuordnung. Da der vorliegende Beitrag nicht ausschließlich die Adjektiv-Adverb-Abgrenzung lösen möchte, sondern durch dieses Beispiel allgemein das Problem der Wortartenklassifikationen mit flektierbaren und unflektierbaren oder unflektierten Elementen thematisiert, bzw. hier alle etablierten Adjektivfunktionen und weitere Homonymien betrachtet werden und eine Gesamtlösung diskutiert wird, wird auf diesen Vorschlag nicht näher eingegangen.

fahren entstehen zahlreiche Homonymien zwischen Determinativen und Protermen, die für die Grammatik offensichtlich kein Problem darstellen. Auch beim Adjektiv zeigt die IdS-Grammatik Innovation, indem sie die Wortart ‚Adkopula' einführt (vgl. Zifonun et al. 1997: 55 und w. o. in diesem Beitrag). Dass die Wortartenfrage beim adverbialen Adjektiv nicht diskutiert wird, erscheint vor diesem Hintergrund überraschend.

Inkonsequenzen lassen sich auch in der Duden-Grammatik finden. Während bei der Beschreibung im Adjektivkapitel gegen einen Wortartunterschied und für eine eindeutige Zuordnung von adverbialen Adjektiven zur Wortart Adjektiv plädiert wird (vgl. 2016: 358–359 und w. o.), ändert sich die Sichtweise im Kapitel über das Adverb. Das Adverb als nichtflektierbare Wortart wird grundsätzlich anders definiert als flektierbare Wortarten und somit anders als das Adjektiv. Da die Flexion als Kriterium nicht in Frage kommt, treten automatisch syntaktische und funktionale Merkmale in den Vordergrund. Diese Sichtweise wirkt sich offenbar auch auf das adverbiale Adjektiv aus der Perspektive des Adverbs aus, wie die folgende Stelle zeigt:

> Adverbien sind grundsätzlich von den Adjektiven zu unterscheiden, auch wenn Adjektive sekundär oft als Adverbien [nicht als Adverbiale! – V.D.] fungieren und dann auch unflektiert bleiben […] Wenn sich die Bedeutung zwischen einem Adverb und einem *homonymen Adjektiv* [meine Hervorhebung, V.D.] jedoch grundlegend unterscheidet, so handelt es sich um verschiedene Wortarten, vgl. etwa *natürlich*, *eigentlich* oder *nämlich*: *eine natürliche Ernährung* vs. *Das geht natürlich nicht*. […] (Duden 2016: 581).

Auffällig sind hier die Rede von homonymen Adjektiven und die Zulassung der Mehrfachzuordnung. In den aufgelisteten Beispielen beziehen sich die Adverbien/adverbialen Adjektive auf den ganzen Satz, eine Homonymie beim verbbezogenen Gebrauch wird nicht erwähnt, so bleibt die Duden-Grammatik an dieser Stelle und vor allem verglichen mit der Position beim Adjektiv insgesamt inkonsequent. Man kann dennoch ableiten, dass Homonymie und Mehrfachzuordnung nur dann problematisch zu sein scheinen, wenn Flektierbarkeit als Kriterium „mitschwebt".

Trotz einer möglichen funktionalen Sichtweise, die eine Pro-Adverb-Klassifikation ermöglicht, gibt es insgesamt wenige Ansätze, die deutlich für eine Zuordnung des adverbial verwendeten Adjektivs zur Wortart Adverb plädieren. Neben Schoemann, der jedoch die Endungslosigkeit als Argument bringt und auch prädikative Adjektive als Adverbien betrachtet (vgl. 1862: 151), kann man die Grammatik von Helbig & Buscha (2013) und den Ansatz von Lefèvre (2015) erwähnen. Helbig & Buscha argumentieren mit Distributionseigenschaften, Nicht-Flexion und Verbbezug, die Adverbien und sog. Adjektivadverbien gemeinsam haben (vgl. 2013: 280; 305–310). Lefèvre nähert sich der Klassifikationsfrage aus der funktionalen Perspektive an und legt eine Zuordnung zum Adverb aufgrund der aktuellen Funktion nahe, da eine formale Unterscheidung nicht möglich ist (vgl. 2015: 32).

Nach der Darstellung der einzelnen Positionen möchte ich im folgenden Abschnitt insbesondere der Frage nachgehen, inwiefern die Pro-Adjektiv- bzw. die Pro-Adverb-Positionen dem Phänomen des adverbialen Adjektivs Rechnung tragen können. Dabei erscheint besonders die Frage zentral, inwiefern der „Klassifikationssog" des Kerns (attributives Adjektiv) für die weiteren Verwendungen und insbesondere für den adverbialen Gebrauch als gerechtfertigt angesehen werden kann.

3 Zwischenfazit: Zur Klassifikation des Randes

Wie in Abschnitt 2 dargestellt, sind für das prototypische Adjektiv folgende Kriterien einschlägig: 1.) flektiert, 2) attributiv, 3) pränominal, 4) Bezug auf ein Nomen. Von diesen vier Eigenschaften dominiert vor allem die Flektierbarkeit bei der Wortartenklassifikation, sodass die Flektierbarkeit einer in der aktuellen Verwendung unflektierten Form in anderen Funktionen vor allem beim adverbialen Gebrauch als einziges und scheinbar ausschlaggebendes Argument für die Klassifikation als Adjektiv gilt (vgl. u. a. Eisenberg 2001: 221). Vor diesem Hintergrund stellt sich die Frage, ob die Dominanz der Flexion im Hinblick auf alle Verwendungsmöglichkeiten tatsächlich begründet ist. Tab. 2 vergleicht die einzelnen Gebrauchsweisen (vgl. Duden 2016) bezüglich der Merkmale des prototypischen Adjektivs:

Tab. 2: Gebrauchsweisen bezüglich der Merkmale des prototypischen Adjektivs

	flektiert	attributiv	pränominal	Bezug auf ein Nomen
die *warme* Sonne	+	+	+	+
auf *gut* Glück	–	+	+	+
Henkell *trocken* / Kultur *pur*	–	+	–	+
Die Musik ist *schön*.	–	–	–	+
Sie singt *schön*.	–	–	–	–

Wie der Vergleich zeigt, weisen selbst die attributiven Gebrauchsweisen nicht durchweg alle Merkmale des Prototyps auf. Das Merkmal ‚Flexion' tritt lediglich bei einer attributiven Verwendung auf, die jedoch die frequenteste ist. Die Flexion als Kerneigenschaft des Adjektivs beruht folglich auf der hohen Tokenfrequenz eines Types. Ferner wird sichtbar, dass die Entfernung vom Prototyp mit dem Verlust an Merkmalen korreliert, wobei der adverbiale Gebrauch weder grammatische noch funktionale Eigenschaften eines Adjektivs erfüllt. Während also die attributiven Gebrauchsweisen und die prädikative Verwendung den Referentenbezug (vgl. Vogel 1997) als gemeinsamen Nenner teilen, bleibt für das adverbiale Adjektiv die Grundform als einzige mögliche Verbindung zum Adjektiv. Ob dies jedoch eine Randplatzierung innerhalb der Wortart ‚Adjektiv' rechtfertigt, erscheint m. E. mehr als fraglich.

Die Termini ‚Adjektivadverb' (vgl. bspw. Hentschel & Weydt 2003: 205), ‚adverbiales Adjektiv' oder ‚adjektivisches Adverbial' (vgl. Eisenberg 2001: 220) suggerieren, dass der adverbiale Gebrauch zwischen zwei Wortarten steht. Auf der einen Seite steht das Adjektiv, dessen Prototyp anhand formaler Merkmale bestimmt wird, während das Adverb auf der anderen Seite rein funktional beschrieben wird und keinen richtigen Prototyp aufweist (vgl. Duden 2016: 581). Der Konflikt für das adverbiale Adjektiv besteht darin, dass sein „Adjektivsein" durch eine potenzielle Flexion begründet ist, die es jedoch nie zeigt, während sein „Adverbsein" an die Erfüllung von prototypischen Adverbmerkmalen in der aktuellen Verwendung[18] gebunden ist. Dieser Konflikt zeigt exemplarisch zugleich die globale Kontroverse zwischen einer statischen, formal orientierten und einer dynamischen, funktionsorientierten Wortartenklassifikation. Wie am konkreten Beispiel deutlich wird, tun sich Grammatikschreibung und Wortartenklassifikationen generell dann besonders schwer mit Homonymie und Mehrfachklassifikation, wenn das eine Element flektiert wird, während das andere unflektiert bleibt bzw. unflektierbar ist, d. h. wenn bei einer Form ein statisches, formales Merkmal eine Rolle spielt.

Für die adverbiale Verwendung kann Folgendes festgehalten werden: Die Tatsache, dass das sog. Adjektivadverb keine grammatischen und funktionalen Überschneidungen mit dem Adjektiv zeigt, während es alle Kriterien eines Adverbs erfüllt, begründet den Zwischenstatus m. E. nicht, die Annahme von homonymen Formen ist wesentlich naheliegender. In diesem Sinne erscheint die Zugehörigkeit zur Wortart Adverb mit dem Status ‚guter Vertreter' plausibler als eine Zugehörigkeit zur Wortart Adjektiv als Randphänomen.[19]

---

18 Zur Prototypentheorie im Zusammenhang mit der Flexionsmorphologie s. Poitou (2004).
19 Wie oben kurz erwähnt ist die Klassifikation des adverbialen Adjektivs als Adverb in der Forschungsgeschichte nicht beispiellos (vgl. Position I in Telschow 2014: 11). Während entsprechende Ansätze seit dem 16. Jahrhundert auf der lateinischen Grammatik basierten und vor allem im

4 Exkurs: *es* als Leidensgenosse in den Wortartenklassifikationen

Neben dem sog. Adjektivadverb gibt es ein weiteres Element, dessen Wortartenklassifikation aus ähnlichen Gründen problematisch ist. Es geht um das anaphorische Personalpronomen *es*, das mindestens vier verschiedene Funktionen[20] ausübt, diese z. T. sehr unterschiedlichen Funktionen spiegeln sich in der Wortartenklassifikation jedoch nicht wider. Auf der Wortartebene bleiben eine Nicht-Ausdifferenzierung und die Zuordnung aller Funktionen als Personalpronomen (vgl. bspw. Hentschel & Weydt 2003: 239) oder Anapher (vgl. Zifonun et al. 1997: 37), was jedoch nicht allen Funktionen entspricht. An dieser Stelle möchte ich nur einen kurzen Überblick über die verschiedenen Funktionen und eine Zusammenfassung der Überlegungen zur Wortartenfrage geben, um Parallelen zum Umgang mit dem adverbialen Adjektiv und zum generellen Klassifikationsproblem der Randphänomene zu zeigen. Eine ausführliche Darstellung der Funktionen und eine Diskussion über die Wortartenzugehörigkeit von *es* bietet Dabóczi (2005). Die folgende kurze Beschreibung orientiert sich an den Termini der IdS-Grammatik, da diese m. E. die Funktionen sehr treffend wiedergeben.

Die IdS-Grammatik unterscheidet vier syntaktische Funktionen von *es*: ‚Anapher', ‚fixes *es*', ‚Korrelat-*es*' und ‚expletives *es*'. ‚Anapher' bezeichnet dabei nicht nur eine Funktion, sondern auch die Wortart für alle vier Funktionen, während die weiteren drei Verwendungsweisen als „Zusatzverwendungen" bezeichnet werden (vgl. Zifonun et al. 1997: 38). Diese Einordnung lässt darauf schließen, dass Anapher als Kernfunktion angesehen wird, während die weiteren Verwendungen mehr oder minder entfernt vom Prototyp stehen. Ein wichtiger Unterschied zwischen Anapher und den restlichen Funktionen besteht in der anaphorischen Funktion: Während Anaphern (*er, sie* und *es*) der anaphorischen Wiederaufnahme bereits eingeführter oder präsenter Gegenstände oder Sachver-

---

19. und frühen 20. Jahrhundert semantisch-logische Kriterien vor Augen führten (vgl. ebd.: 12), geht es in diesem Beitrag um eine dynamische Sichtweise und die Konsequenzen für das adverbiale Adjektiv in der gesamten Praxis der modernen Wortartenklassifikationen.
20 I.d.R. werden in den Grammatiken vier Funktionen angenommen, die Benennungen der einzelnen Funktionen sind in den verschiedenen Grammatiken jedoch z. T. sehr unterschiedlich. Eine Darstellung und einen Vergleich von mehreren Grammatiken bietet Dabóczi (2005: 258–269). Ein sehr abweichendes Konzept schlägt bspw. Admoni (1976) vor, der anhand stilistischer und semantischer Kriterien zwölf Gebrauchsweisen von *es* vorstellt, die auf einer Skala mit den Polen ‚Personalpronomen' und ‚Partikel-*es*' platziert sind. Auch Askedal (1990) stellt in seiner Analyse zwölf Verwendungen anhand der Kriterien Referenzialität, Kontextbezug und Topologie fest.

halte dienen, stuft die IdS-Grammatik Korrelat-*es*, fixes *es* und expletives *es* als nicht phorisch und ohne Verweisfunktion ein (vgl. Zifonun et al. 1997: 37–38). Die folgenden Beispiele illustrieren die Anapher-Funktion[21]:

(1) **Das Werk** *ist eines der schönsten und persönlichsten des russischen Sinfonikers. Für drei Vokalsolisten und Orchester komponiert, stellt* **es** *eine kritische Auseinandersetzung mit dem Antisemitismus in Russland dar, und ist ein wichtiges Zeugnis des Engagement gegen diese Gefahr.* (St. Galler Tagblatt, 10.01.2001)
(2) *Ich erkannte ihn sofort – oder glaubte* **es** *jedenfalls.* (dass ich ihn erkannte) (Mannh. Morgen, 16.11.2000)
(3) *An sich Dinge, die selbstverständlich sein sollten,* **es** *aber nicht immer sind.* (Zürcher Tagesanzeiger, 10.01.2000)

Wie die Beispiele zeigen, kann das Anapher *es* im Gegensatz zu *er* und *sie* nicht nur für NPn, sondern auch für ganze Sätze oder Adjektive stehen (vgl. Dabóczi 2005: 260).

Die sog. Zusatzfunktionen werden wie folgt charakterisiert: Das fixe *es* tritt bei bestimmten unpersönlichen Verben (Witterungsverben z. B. *es regnet* oder Existenzverben z. B. *es gibt*) obligatorisch auf, „es kann als Verbbestandteil betrachtet werden. Bei wenigen Verben findet sich *es* als gleichermaßen semantisch leeres, formales Akkusativkomplement, es kann auch als Verbbestandteil gelten." (Zifonun et al. 1997: 38). Das fixe *es* besetzt syntaktisch die Subjekt- oder Objektposition, es ist ein semantisch leeres Element, das lediglich eine syntaktische Rolle bekleidet (vgl. Dabóczi 2005: 265–266). Dies zeigen Beispiel (4) und (5):

(4) *Gab* **es** *weniger als fünf Kämpfer in einer Klasse, kämpfte jeder gegen jeden.* (Mannheimer Morgen, 06.11.2000)
(5) *Zu dieser zähle Richard Haas aber ganz gewiss nicht, beruhigte Marschall, denn Haas sei weder ein Kleinsäuger noch ein Schnellläufer, wenngleich er* **es** *oft eilig hat.* (Mannheimer Morgen, 20.11.2000)

Das expletive *es* gilt als Platzhalter in Verbzweitsätzen. Es besetzt das Vorfeld und ist Platzhalter für ein ins Satzinnere oder ans Satzende gestelltes Subjekt, das als Träger des Informationsschwerpunktes erscheint (vgl. Zifonun et al. 1997: 38 und 1082). Auch in dieser Funktion ist *es* ein semantisch leeres Element, das nur im

---

21 Die Beispiele (1)–(8) stammen aus dem DeReKo des IdS-Mannheim.

Vorfeld stehen kann und durch seine Setzung das Subjekt rhematisiert bzw. informationsstrukturell zusätzlich gewichtet (vgl. Dabóczi 2005: 267).

(6) *Namen nannte sie nicht,* **es** *sind aber offenbar Bank Austria, Erste Bank und die italienische UniCredito im Rennen.* (Die Presse, 26.09.2000)

Im Gegensatz zur IdS-Grammatik wird in Dabóczi (2005) eine Verweisfunktion angenommen, denn das expletive *es* im Vorfeld gibt dem Rezipienten die Information, dass in einer weiter nach hinten gerückten Position das Subjekt folgt. Diese Verweisfunktion wird als „pragmatische Phorizität" bezeichnet, *es* verweist kataphorisch auf das Subjekt (vgl. 2005: 268).

Das Korrelat-*es* verfügt über eine „syntaktische Stellvertreterfunktion für Subjekt- und Objektsätze" (Hentschel & Weydt 2003: 357), d. h. *es* verweist auf einen nachfolgenden Subjekt- oder Objektsatz. „Damit kann ein nicht-thematisch verwendeter Ausdruck in eine stärker gewichtete Satzposition kommen." (Zifonun et al. 1997: 38). Die IdS-Grammatik stellt in diesem Zusammenhang selbst einen kataphorischen Gebrauch fest, was der ursprünglichen Einstufung als nicht phorisch entgegensteht (vgl. Zifonun et al. 1997: 38). Die Rhematisierung des Subjekts oder Objekts in Form eines Subjekt- oder Objektsatzes zeigt Parallelen zum expletiven *es*. Der Unterschied besteht lediglich darin, dass es im Falle des Korrelats um einen kataphorischen Verweis aus dem Hauptsatz in den Nebensatz geht, während dies beim expletiven *es* satzintern geschieht. Die Annahme einer pragmatischen Phorizität scheint für das Korrelat-*es* auch angemessen zu sein, während das expletive *es* als satzinternes Korrelat aufgefasst werden kann. Ein weiterer Unterschied zwischen Korrelat und expletivem *es* ist, dass das Korrelat-*es* die Subjekt- oder Objektfunktion im Hauptsatz erfüllt, während das expletive *es* keine Satzgliedfunktion hat (vgl. Dabóczi 2005: 261–264 und 266–268). Während das Subjektkorrelat-*es* sowohl im Vorfeld als auch Mittelfeld vorkommen kann, ist das Objektkorrelat-*es* auf das Mittelfeld beschränkt (vgl. u. a. Zifonun 1995: 41). Im Mittelfeld sind Subjekt- und Objektkorrelat-*es* gleichermaßen fakultativ, im Vorfeld ist das Subjektkorrelat-*es* hingegen obligatorisch und zeigt gewissermaßen eine ähnliche Platzhalterfunktion wie das expletive *es*.[22] Folgende Beispiele veranschaulichen die Korrelat-Funktion:

(7) **Es** *ist mir wichtig, dass Andrea Schmid-Weder wieder gewählt wird.* (Subjektsatz) (St. Galler Tagblatt, 04.01.2000)

---

22 Zur Platzhalterfunktion des Subjektkorrelat-*es* vgl. auch Hentschel (2003: 143).

(8) *Die hessische Opposition wird **es** nicht versäumen, die Schwarzgeld-Affäre gerade im Hinblick auf die Kommunalwahlen im Frühjahr am Köcheln zu halten.* (Objektsatz) (Mannheimer Morgen, 02.11.2000)

Tab. 3 fasst die Merkmale der einzelnen Funktionen von *es* zusammen:

Tab. 3: Merkmale der *es*-Funktionen (vgl. Dabóczi 2005: 268) [leicht modifiziert von mir, V.D.]

	Anapher	Objekt-korrelat-*es* und Subjekt-korrelat-*es* im Mittelfeld	Subjekt-korrelat-*es* im Vorfeld	expletives *es*	fixes *es*
Flektierbarkeit	+	einge-schränkt	einge-schränkt	–	einge-schränkt?/–
Phorizität	+	+	+	+	–
Art der Phorizität	semantisch; anaphorisch	pragmatisch; kataphorisch	pragmatisch; kataphorisch	pragmatisch; kataphorisch	–
syntaktische Funktion	Subjekt oder Objekt[23], anaphorischer Verweis	Korrelat Quasisubjekt bzw. -objekt	Vorfeld-besetzung, Korrelat, Quasisubjekt	Vorfeldbeset-zung, Korrelat innerhalb des Satzes, „Scheinsub-jekt"	Formales Subjekt oder Objekt

Wie die kurze Zusammenfassung zu den einzelnen Funktionen zeigt, kann man auch im Falle von *es* eine Kernfunktion und weitere Verwendungen unterschiedlich weit vom Kern bestimmen. Als Randphänomene gelten dabei das expletive *es* und das fixe *es*, die keine oder eine sehr eingeschränkte Flexion[24] aufweisen. Das fixe *es* zeigt auch keine Art von Phorizität. Die Wortartzuordnung orientiert sich auch beim *es* an der Kernfunktion (Anapher), die uneingeschränkt flektierbar ist und eine anaphorische Verweisfunktion zeigt. Keine von den weiteren Gebrauchsweisen ist anaphorisch, Richtung Rand kann, genauso wie bei den

---

[23] Da an dieser Stelle nur auf die Form *es* fokussiert wird, werden nur die Subjekt- und Objektfunktion erwähnt. Das Anapher *es* kann aber auch im Dativ und Genitiv stehen.

[24] Beim fixen *es* kann die Kongruenz mit dem Verb in der 3. Pers. Sg. eventuell als eingeschränkte Flexion interpretiert werden. Es ist jedoch fraglich, ob die erstarrte Form ohne jegliche Veränderungsmöglichkeiten als flektiert gelten kann.

Verwendungen des Adjektivs, ein kontinuierlicher Merkmalverlust festgestellt werden. Parallel zum Adjektiv geht es also um sehr heterogene Gebrauchsweisen mit flektierbaren, eingeschränkt flektierbaren und nicht flektierbaren Elementen, die lediglich die Form als mögliche Verbindung haben. Die Formen als homonym einzustufen, wird in der Grammatikschreibung jedoch nicht in Erwägung gezogen. In Dabóczi (2005) wird vor diesem Hintergrund eine Mehrwortartenlösung geprüft und als Ergebnis neben Anapher die Wortart Korrelat[25] vorgeschlagen. Im Falle des fixen *es* wird dagegen für die Zugehörigkeit zum Verb plädiert (vgl. dazu auch Zifonun et al. 1997: 38), da eine Wortartenzuordnung nicht als sinnvoll erachtet wird. Beim expletiven *es* konnte nur gezeigt werden, dass die Zuordnung zur Anapher inadäquat ist, eine eindeutige Wortartenlösung liegt nicht vor (vgl. Dabóczi 2005: 270–278).

Nach dem Exkurs geht es im Folgenden weiter um die Verwendungsweisen des Adjektivs. Dabei wird im Falle der Form *gut* eine weitere mögliche Funktion und damit die Annahme von Homonymie diskutiert.

5 Mögliche Funktionen von *gut* – ein Fall von Homonymie?

Im Abschnitt 2 und 3 wurden die kanonisierten Gebrauchsweisen des Adjektivs dargestellt und insbesondere für die adverbiale Verwendung eine starke Abweichung von den anderen Funktionen gezeigt. Das Fehlen von gemeinsamen Merkmalen zwischen attributivem Adjektiv (Kernfunktion) und adverbialer Verwendung (Randphänomen) stellt die Zuordnung zur gemeinsamen Wortart ‚Adjektiv' in Frage (vgl. Abschnitt 3). Ferner konnte festgestellt werden, dass die Flexion, die als wichtiges Merkmal des Adjektivs postuliert wird, lediglich in einer, allerdings in der frequentesten attributiven Funktion vorkommt. Die folgenden Beispiele mit *gut* fassen die einzelnen Verwendungen erneut zusammen, das jeweilige Bezugswort ist durch Unterstreichen markiert:

(9) a. attributiv: *ein **guter** Tag*; *auf **gut** Glück*
    b. prädikativ: *Die Suppe ist **gut**.*
    c. adverbial: *Peter arbeitet **gut**.*

---

25 Vgl. auch in Dabóczi (2017).

Neben den in (9) gesammelten „klassischen" Funktionen kann man für *gut* mindestens noch eine weitere Funktion belegen, die zum einen ebenfalls keine Adjektivmerkmale aufweist und zum anderen von den bisherigen Fällen in jeder Hinsicht abweicht. Siehe dazu die folgenden Ausschnitte aus dem Korpus Folk der Datenbank für gesprochenes Deutsch (DGD):

(10) (...)   (ID: FOLK_E_00026_SE_01_T_03)
    0052 AW man muss halt zum essen runter hhh die regeln
    0053   (1.14)
    0054 AW es gibt bei uns keine regeln (.) und es könnt auch nichts anders sein
    0055   (1.93)
    0056 SZ   hä
    0057   (0.25)
    0058 AW okay die frage war welche regeln gibt_s es gibt keine regeln [und die nächste fr]age was könnte denn anders bei euch sein (.) andere regeln °hh es könnt nix anders sein
    0059 HM [hm]
    0060   (0.81)
    0061 HM hh (.) **gut** äh (.) wie gsagt des wert ich eigentlich eher so als [äh verlege]heitsantwort vielmehr also ich mein äh hhh
    0062 AW [verzweiflung]
    0063 AW wenn ich keine regeln hab dann [weiß ich auch net welche ich gerne verändern würde ++++++]
    0064 HM [((ausatmen, 1.2s))hm h aber ich] denk afach es gibt da schon regeln abber die sin auch net klar abber [für ihn is] es wirklich so es gibt koi regle
    (...)

(11)   (ID: FOLK_E_00114_SE_01_T_02)
    0001 MD wegen hat die frau alfa auch kein cotrim angesetzt
    0002 MJ ha [ja]
    0003 MD [deswe]gen son[dern] unacid also sie hat das sch (.) auch so_n bisschen mit hinderdacht ((atmet ein, 1.1 Sek.))
    0004 MJ [ja]
    0005 ME ja
    0006   (0.3)
    0007 ME h **gut** also davon bekommt se dreimal täglich eine tablette nachdem ma [jetz heu]te eben erst zur middachszeit anfingen h hab ich für heute mal für die nacht
    (...)

In beiden Ausschnitten kann man feststellen, dass *gut* am Anfang eines Redebeitrags steht, sich weder auf ein Nomen noch auf ein Verb bezieht und die Form unveränderbar ist. Die Semantik des Adjektivs *gut* ist nicht rekonstruierbar, der Sprecher bewertet die vorausgehenden Redebeiträge nicht als positiv. Vielmehr geht es um eine summierende und abschließende Funktion, indem der Sprecher die vorausgehenden Sequenzen summiert und eine neue Sequenz startet. Der Skopus von *gut* umfasst in dieser Verwendung mehrere Sequenzen, seine Semantik ist verblasst. Es geht hier also um eine diskursive Funktion, die mit keiner der sog. Adjektivfunktionen vergleichbar ist (vgl. dazu auch Eichinger i.d.B.). Mit Gohl & Günthner (1999) kann man in dieser Verwendung von *gut* von einer Diskursmarkerfunktion sprechen. Die Autorinnen postulieren folgende Merkmale für Diskursmarker:

- reduzierter semantischer Gehalt
- die Funktion bezieht sich auf eine größere Einheit als den Satz (Skopusausweitung)
- eher gesprochen- als geschriebensprachlich
- kurze, meist einsilbige Einheiten
- in Initialposition, oft außerhalb der syntaktischen Struktur eines Satzes bzw. nur lose damit verbunden
- optionale, d. h. grammatisch und semantisch nicht-obligatorische Elemente, die Sprecher benutzen können, um ihren Diskurs zu organisieren
(Gohl & Günthner 1999: 59–60)

In den Beispielen (10) und (11) treffen alle Merkmale zu, im Sinne von Gohl und Günthner (1999) kann man also eine Diskursmarkerfunktion annehmen. Ferner bewerten die Autorinnen die Entwicklung analoger Fälle wie z. B. *weil* zum Diskursmarker als Grammatikalisierung (vgl. Gohl & Günthner 1999). Stein wertet Verwendungen von *gut* wie in (10) und (11) explizit als Diskursmarker und betrachtet die Entstehung dieser neuen Verwendung ebenfalls als Grammatikalisierung (vgl. 2003: 363).

Bei weitgehendem Konsens über die Diskursmarkerfunktion in solchen Fällen wird die Entstehung der Diskursmarker nicht einheitlich als Grammatikalisierung bewertet. Wenn man die Lehmann'schen Kriterien der Grammatikalisierung betrachtet (vgl. 1995: 123) sprechen vor allem die Abnahme der Obligatorizität, die Zunahme des Skopus sowie die fehlende Integration des Elements in eine engere grammatische Umgebung gegen die Annahme von Grammatikalisierung. Die neuen Diskursmarker sind Einheiten der gesprochenen Sprache und ihre Funktion ist keineswegs grammatisch, sondern eindeutig pragmatisch. Wenn also Grammatikalisierung Elemente in die Grammatik überführt (vgl. Lehmann 1989: 14–15), kann bei der Entstehung keineswegs von Grammatikalisierung die Rede sein. Aus den genannten Gründen lehnen u. a. Günthner &

Mutz (2004) und Mroczynski (2012) Grammatikalisierung als Erklärung für die Entstehung von Diskursmarkern ab und sprechen von Pragmatisierung, die sie als von der Grammatikalisierung unabhängigen diachronen Entwicklungsprozess bewerten. Im Gegensatz zu Grammatikalisierung überführt Pragmatisierung Elemente auf die diskurs-pragmatische Ebene (vgl. Günthner & Mutz 2004: 98–99 und Mroczynski 2012: 234)[26]. Bei markanten Unterschieden zwischen Grammatikalisierung und Pragmatisierung weisen die beiden Entwicklungsprozesse auch gemeinsame Merkmale auf, auf die an dieser Stelle nicht ausführlich eingegangen werden kann. Eine ausführliche Diskussion bietet dazu Dabóczi (2017).

Unabhängig von der Entstehung von *gut* (und weiteren Elementen) als Diskursmarker dürfte in Bezug auf die Funktion unumstritten sein, dass speziell bei *gut* eine Wortartenzuordnung zum Adjektiv nicht gerechtfertigt werden kann. Zumindest in diesem Fall muss man also Homonymie zwischen Adjektiv und Diskursmarker in Kauf nehmen.[27]

6 Randphänomene oder Mehrwortartenlösung?

Am konkreten Beispiel des adverbialen Adjektivs und des Parallelfalls *es* (Abschnitt 4) wurde im vorliegenden Beitrag versucht, den grundlegenden Konflikt im Umgang mit flektierbaren und unflektierbaren Formen in der Wortartenklassifikation zu zeigen. Während unflektierbare Formen rein funktional (syntaktische, pragmatische Funktion) klassifiziert werden und homonyme Formen mit unterschiedlicher Wortartenzugehörigkeit keine Seltenheit sind, ist die Klassifikation der flektierbaren Wörter statisch und formorientiert. Homonyme werden auch dann nicht angenommen, wenn die jeweilige Form keine Flexion zeigt und ihre Funktion vom wortartkonstituierenden Prototyp wesentlich abweicht. Man kann vom Sog des flektierbaren Prototyps und von einer Breite von Randphänomenen in unterschiedlicher Entfernung sprechen.

Im Falle des sog. adverbialen Adjektivs geht es um den Sog des prototypischen attributiven Gebrauchs in pränominaler Stellung, der alle anderen Verwendungen in die Sphäre des Adjektivs zieht. Die adverbiale Verwendung als absolutes Randphänomen weist jedoch kein einziges Adjektivmerkmal auf. Für die

---

[26] Eine Diskussion über Grammatikalisierung vs. Pragmatisierung bezüglich der Entstehung von Diskursmarkern s. auch in Hennig (2006), in Molnár (2009), in Nübling (2013) und in Dabóczi (2017).
[27] Zum Verhältnis von Sprecherhaltung und wertender Adjektivbedeutung vgl. Baumann i.d.B.

es-Formen ist ebenfalls die flektierbare Anapher entscheidend für die Wortartenzuordnung, was für die weiteren Funktionen ähnlich problematisch ist.

Das zweigleisige Verfahren mit formorientierten statischen und funktionsorientierten dynamischen Merkmalen in der Wortartenklassifikation lässt sich m. E. durch die Ausdehnung der funktionalen Klassifizierung auf alle Wortarten aufheben. Wortarten müssen sich also generell im Sinne von Lefèvre (2015) aus ihrer Funktion (im Satz) ergeben. Dies würde auch der Kritik am morphologischen Kriterium als ungeeignetes Kriterium für die Wortartenklassifikation Rechnung tragen (vgl. u. a. Zifonun et al. 1997: 25–26). Diese Lösungsstrategie ist in der Grammatikschreibung keineswegs neu, sie wurde bisher jedoch noch nicht mit voller Konsequenz durchgeführt. Der funktionale Ansatz der IdS-Grammatik erlaubt bereits die Aufspaltung traditioneller Wortarten, die durch erhebliche funktionale Unterschiede begründet wird. So findet man im Bereich der Determinative und Proterme viele Pendants oder anders gesagt Homonyme (vgl. Zifonun et al. 1997: 33–44). Beim Adjektiv und bei den *es*-Funktionen nimmt die Grammatik jedoch keine Homonymie, sondern prototypische und periphere Verwendungen an, die Wortartfrage wird nicht oder nur im Falle der Adkopula diskutiert (vgl. Zifonun et al. 1997: 24, 38 und 46–48). Insbesondere im Vergleich mit der Innovation bei Determinativen und Protermen ist diese Vorgehensweise inkonsequent.

Im Sinne der Erkenntnisse und der Argumentation in diesem Beitrag wird anstatt von Kern und Randphänomenen für eine Mehrwortartenlösung mit Homonymen plädiert. Für das Adjektiv bedeutet das die Ausgliederung des adverbialen Gebrauchs aus der Wortart ‚Adjektiv' und seine funktionsgemäße Zuordnung zum Adverb. Auch die Abspaltung der Wortart ‚Adkopula' scheint sinnvoll zu sein, denn die Adkopulae sind ausschließlich auf die prädikative Funktion spezialisiert, die für das Adjektiv prototypische attributive Funktion bleibt für sie gesperrt (vgl. Zifonun et al. 1997: 55). Folglich gehören die attributiv und prädikativ verwendbaren Elemente zum Adjektiv, wobei die beiden Funktionen durch viele gemeinsame Merkmale eng verbunden sind (vgl. Eichinger 2007, Vogel 1997 und Lehmann i.d.B.). Schließlich haben einige Adjektive weitere Homonyme, die in Form eines Diskursmarkers auftreten, der im Sinne von Imo (2012) und Dabóczi (2017) als eigenständige Wortart etabliert werden kann.

Literatur

Admoni, Wladimir (1976): Es handelt sich um *es*. Zur gegenwärtigen Lage in der Grammatiktheorie. *Wirkendes Wort* 4/1976, 219–227.

Askedal, John Ole (1990): Zur syntaktischen und referentiell-semantischen Typisierung der deutschen Pronominalform *es*. *Deutsch als Fremdsprache* 27, 213–224.

Dabóczi, Viktória (2005): Die Wortartenzugehörigkeit von *es*. In *Jahrbuch der Ungarischen Germanistik*, 257–279.
Dabóczi, Viktória (2017): *Wort und Wortarten aus Sicht der gesprochenen Sprache. Identifikation von Wort aus Sicht der gesprochenen Sprache und deren Auswirkung auf die Wortartenklassifikationen im Deutschen*. Frankfurt am Main: Peter Lang.
Duden (2016): *Die Grammatik*, 9., vollständig überarbeitete und aktualisierte Auflage. Berlin: Dudenverlag.
Ehlich, Konrad (2007): Zur Geschichte der Wortarten. In Ludger Hoffmann (Hrsg.), *Handbuch der deutschen Wortarten*, 51–94. Berlin, New York: de Gruyter.
Eichinger, Ludwig M. (2007): Adjektiv und Adkopula. In Ludger Hoffmann (Hrsg.), *Handbuch der deutschen Wortarten*, 143–187. Berlin, New York: de Gruyter.
Eisenberg, Peter (2001): *Grundriss der deutschen Grammatik. Band 2: Der Satz*. Stuttgart: Metzler.
Eisenberg, Peter (2006): *Grundriss der deutschen Grammatik. Band 1: Das Wort*. 3., durchgesehene Auflage. Stuttgart, Weimar: Metzler.
Gohl, Christiane & Susanne Günthner (1999): Grammatikalisierung von *weil* als Diskursmarker in der gesprochenen Sprache. *Zeitschrift für Sprachwissenschaft* 18, 39-75.
Günthner, Susanne & Katrin Mutz (2004): Grammaticalization vs. Pragmaticalization? The development of pragmatic markers in German and Italian. In Walter Bisang, Nikolaus Himmelmann & Björn Wiemer (Hrsg.), *What makes Grammaticalization? A Look from its Fringes and its Components*, 77–107. Berlin, New York: de Gruyter.
Helbig, Gerhard & Joachim Buscha (2013): *Deutsche Grammatik: ein Handbuch für den Ausländerunterricht*. Berlin, München: Langenscheidt.
Hempel, Heinrich (1969): Wortklassen und Bedeutungsweisen. In Hugo Moser (Hrsg.), *Das Ringen um eine neue deutsche Grammatik. Aufsätze aus drei Jahrzehnten (1929-1959)*. 2., überprüfter reprografischer Nachdruck, 217–254. Darmstadt: Wissenschaftliche Buchgesellschaft.
Hennig, Mathilde (2006): *Grammatik der gesprochenen Sprache in Theorie und Praxis*. Kassel: University Press.
Hennig, Mathilde & Buchwald-Wargenau, Isabell (2010): Ausdrucksarten – ein neuer Zugang zur Wortschatzvermittlung im DaF-Unterricht? *Linguistik online* 41, 7–23. https://bop.unibe.ch/linguistik-online/article/view/424/679 (13. 7. 2016).
Hentschel, Elke (2003): *Es* war einmal ein Subjekt. *Linguistik online* 13, 137–160. https://bop.unibe.ch/linguistik-online/article/view/875/1525 (13. 7. 2016).
Hentschel, Elke & Weydt, Harald (2003): *Handbuch der deutschen Grammatik*. 3., völlig neu bearbeitete Auflage. Berlin, New York: de Gruyter.
Imo, Wolfgang (2012): Wortart Diskursmarker? In Björn Rothstein (Hrsg.), *Nicht-flektierende Wortarten*, 48–88. Berlin, Boston: de Gruyter.
Kaltz, Barbara (2000): Wortartensysteme in der Linguistik. In Geert Booij, Christian Lehmann, Christian & Joachim Mugdan (Hrsg.), *Morphologie: ein internationales Handbuch zur Flexion und Wortbildung*, 693–707. Berlin, New York: de Gruyter.
Keszler, Borbála & Klára Lengyel (2008): *Ungarische Grammatik*. Hamburg: Buske.
Knobloch, Clemens & Burkhard Schaeder (2000): Kriterien für die Definition von Wortarten. In Geert Booij, Christian Lehmann & Joachim Mugdan (Hrsg.), *Morphologie: ein internationales Handbuch zur Flexion und Wortbildung*, 674–692. Berlin, New York: de Gruyter.
Lefèvre, Michel (2015): Bewertungspartikeln als kommunikative Funktionsklasse. *Zeitschrift für Literaturwissenschaft und Linguistik* 45, 30–45.

Lehmann, Christian (1989): Grammatikalisierung und Lexikalisierung. *Zeitschrift für Phonetik, Sprachwissenschaft und Kommunikationsforschung* 42, 11–19.
Lehmann, Christian (1995): *Thoughts on Grammaticalization*. München, Newcastle: Lincom.
Molnár, Anna (2009): Grammatikalisierung oder Pragmatisierung? In Rita Brdar-Szabó, Elisabeth Knipf-Komlósi & Attila Péteri (Hrsg.), *An der Grenze zwischen Grammatik und Pragmatik*, 161–168. Frankfurt am Main: Peter Lang.
Mroczynski, Robert (2012): *Grammatikalisierung und Pragmatikalisierung. Zur Herausbildung der Diskursmarker wobei, weil und ja im gesprochenen Deutsch*. Tübingen: Narr.
Nübling, Damaris (2013): *Historische Sprachwissenschaft des Deutschen. Eine Einführung in die Prinzipien des Sprachwandels*. 4., komplett überarbeitete und erweiterte Auflage. Tübingen: Narr.
Poitou, Jacques (2004): Prototypentheorie und Flexionsmorphologie. *Linguistik online* 19, 71–93. https://bop.unibe.ch/linguistik-online/article/view/1051/1718 (13. 7. 2016).
Römer, Christine (2006): *Morphologie der deutschen Sprache*. Tübingen/Basel: Francke.
Sandmann, Manfred (1940): Substantiv, Adjektiv-Adverb und Verb als sprachliche Formen. Bemerkungen zur Theorie der Wortarten. *Indogermanische Forschungen* 57. 1940, 81–112. [Nachdruck In Moser, Hugo (Hrsg.), Das Ringen um eine deutsche Grammatik. Darmstadt 1965. 186–216. und in Schaeder & Knobloch (1992)]
Schaeder, Burkhard & Clemens Knobloch (1992): Wortarten – Beiträge zur Geschichte eines grammatischen Problems. Vorwort. In Burkhard Schaeder & Clemens Knobloch (Hrsg.), *Wortarten. Beiträge zur Geschichte eines grammatischen Problems*, 1–42. Tübingen: Niemeyer.
Schoemann, Georg Friedrich (1862): *Die Lehre von den Redetheilen nach den Alten*. Berlin: Hertz.
Stein, Stephan (2003): *Textgliederung. Einheitenbildung im geschriebenen und gesprochenen Deutsch. Theorie und Empirie*. Berlin, New York: de Gruyter.
Stepanova, M.D. & Gerhard Helbig (1981): *Wortarten und das Problem der Valenz in der deutschen Gegenwartssprache*. 2., unveränderte Auflage. Leipzig: Bibliographisches Institut.
Telschow, Claudia (2014): *Die Adjektiv-Adverb-Abgrenzung im Deutschen. Zu grundlegenden Problemen der Wortartenforschung*. Berlin, Boston: de Gruyter.
Vogel, Petra Maria (1997): Unflektierte Adjektive im Deutschen: Zum Verhältnis von semantischer Struktur und syntaktischer Funktion und ein Vergleich mit flektierten Adjektiven. *Sprachwissenschaft* 22, 403–433.
Zifonun, Gisela (1995): Minimalia Grammaticalia: Das nicht-phorische es als Prüfstein grammatischer Theoriebildung. *Deutsche Sprache* 1, 39–60.
Zifonun, Gisela, Ludger Hoffmann, Bruno Strecker et al. (1997): *Grammatik der deutschen Sprache*. Berlin, New York: de Gruyter (Schriften des Instituts für Deutsche Sprache, 7.1-3).

Alina Enbrecht
Der Clou von *sein* + Partizip II als Adjektivkonstruktion

Abstract: Die Diskussion um die Einordnung der Konstruktion *sein* + Partizip II wird von Linguisten wieder und wieder aufgenommen. Der Grund hierfür sind die vielen Möglichkeiten einer Klassifizierung. So könne man bei intransitiven Verben vom *sein*-Perfekt, bei Transitiva vom Zustandspassiv ausgehen. Bei letzterem herrscht ein Diskurs darüber, ob es ein „Passiv" ist. Des Weiteren erfolgt in der Literatur eine Klassifizierung von *sein* + Partizip II in Resultativ- sowie Kopula+Adjektiv-Konstruktion. Aus der Diskussion dieser unterschiedlichen Wege geht hervor, dass die Merkmale eines Adjektivs auf das Partizip II anwendbar sind, die *sein*+PartizipII-Konstruktion aber einen Sonderfall darstellt.

1 Einleitung

Das Partizip II ist eine infinite Verbform mit doppelter Eigenschaftsstruktur. Es steht zwischen Adjektiv und Verb. Die verbalen Eigenschaften ermöglichen eine für Verben charakteristische Rektion (*das Auto geputzt / das geputzte Auto*) und die Modifikation durch Adverbiale (*mit Kraft gesichert*). Grundsätzlich wird dem Partizip II die Bezeichnung von etwas bereits Abgeschlossenem zugewiesen. Bei einem geputzten Auto hat der Vorgang des *Putzens* bereits stattgefunden und wurde abgeschlossen, das Auto ist sauber.

Auf der anderen Seite stehen die adjektivischen Eigenschaften. Sie befähigen das Partizip II als Attribut in Kongruenz mit seinem Bezugswort in Kasus, Numerus und Genus zu stehen (Hentschel & Vogel 2009: 273). Die Attribuierbarkeit beschränkt sich jedoch auf transitive bzw. passivfähige Verben wie *zerstören, verletzen, abbauen*. Mit Intransitiva ist sie möglich, wenn das Verb einen inhärenten semantischen Anfangs- oder Endpunkt hat, so bei *abbrennen, verblühen*.

Im Deutschen wird das Partizip II zudem zur Tempus- und Passivbildung verwendet (z. B. *hat geputzt* (Perfekt), *wird geputzt* (Vorgangspassiv)). Im Folgenden beschreibe ich diejenigen Partizip II- Konstruktionen, die mit dem Hilfsverb *sein* gebildet werden – das *sein*-Perfekt und das Zustandspassiv. Bei der Gegenüber-

---
Alina Enbrecht B.A., Universität Bielefeld, Privat:, Hofbrede 10a, 33330 Gütersloh,
e-mail: alinaenbrecht@gmail.com

stellung dieser beiden Klassifikationen wird sowohl die Problematik der Unterscheidung ‚verbal' und ‚adjektivisch', als auch die der Trennung des *sein*-Perfekts vom Zustandspassiv deutlich.

Im Folgenden werden *sein*-Perfekt und Zustandspassiv einander gegenübergestellt. Danach zeige ich die Konflikte der Klassifizierung als Resultativkonstruktion und schließe mit einer bedingten Argumentation für die Kopula+Adjektiv-Theorie.

2 Das *sein*-Perfekt

Das mit *sein* gebildete Perfekt lässt intransitive Verben mit telischer Aktionsart[1] zu. Diese Verben beschreiben, dass der Subjektaktant in irgendeiner Weise eine Veränderung erfährt. Diese Veränderung kann auf unterschiedliche Weise erfolgen.

(1) *Die Generation Internet ist aufgewacht.*
(2) *Die Blume ist erblüht.*
(3) *Dann ist ihre Schönheit verblüht.*

Im ersten Beispiel beschreibt *aufgewacht* eine punktuelle Transformation von *schlafen* zu *wach sein*. In (2) wird der Anfangspunkt des Prozesses *blühen* ausgedrückt, in (3) sein Endpunkt. Die drei Beispiele zeigen, dass die Verben im *sein*-Perfekt einen erreichten Endzustand implizieren, der einem in der Verbsemantik angelegten Wendepunkt folgt. Für die Verben des *sein*-Perfekts lässt sich somit folgendes veranschaulichen:

[verblühen] x blüht im Intervall t_x < x verblüht im Intervall t_y < x ist verblüht t_z

Aus dieser Darstellung geht auch hervor, dass der Prozess in t_y von dem Zustand in t_z getrennt betrachtet werden kann. Zudem kann *x ist verblüht* rückblickend auf

---

[1] ‚Aktionsart' ist ein Begriff, dessen Diskussion im hier zur Verfügung stehenden Rahmen nicht geleistet werden kann. Als Aktionsart betrachte ich die inhärente Ereignisstruktur eines Verbs. Bei diesem Thema beziehe ich mich vorrangig auf die in der individuellen Verbsemantik angelegte Grenzbezogenheit. Grenzen (Anfangs- und Endpunkte) sind bei telischen Verben gegeben, bei atelischen bestehen sie nicht. So impliziert ein telisches Verb wie *versinken* ein Ende des Geschehens, *sinken* dagegen hat keine inhärenten Grenzpunkte.

den Prozess in t_y verstanden werden, während er gleichzeitig eine in der Gegenwart gültige Zustandsbeschreibung ausdrückt. Diese ist der Nachzustand zu t_y.

Auch atelische Verben der Fortbewegung wie *gehen, kommen, fahren, springen* bilden ein *sein*-Perfekt (Duden 2016: 475). Sie können durch entsprechende Präfixe telische Verben bilden, z. B. *weggehen, ankommen, losfahren, abspringen*.[2]

Die Partizipien II dieser telischen Verben, die ebenfalls ein *sein*-Perfekt bilden, lassen sich attribuieren.

(4) a. *Das Märchenland ist abgebrannt.*
    b. *das abgebrannte Märchenland*
    c. **das gebrannte Märchenland*

In (4) b. und c. wird deutlich, dass die telische Aktionsart des Verbs *abbrennen* die Attribuierbarkeit determiniert. *Brennen* ist atelisch und kann somit in der Form eines Partizips II nicht attributiv verwendet werden. Um atelische Verben als attributives Partizip II einzusetzen, wird eine verbexterne Grenze benötigt. So setzt *über die Straße* die Grenze des Ereignisses *laufen*:

(5) a. *Der Junge ist über die Straße gelaufen.*
    b. *Der über die Straße gelaufene Junge*
    c. **der gelaufene Junge*

Das Perfekt als relative Zeitform lässt sich an verschiedenen Stellen des Zeitkontinuums eingliedern.

(6) *Nach dem Start ist die Passagiermaschine explodiert.*
(7) *Morgen/heute/gestern/jetzt ist er abgereist.*
(8) *Als die Polizei eintrifft, ist das Duo gestorben.*

Beispiel (6) zeigt ein in der Vergangenheit liegendes abgeschlossenes Ereignis. Zusätzlich entsteht hier kontextuelle Nachzeitigkeit der Explosion zum Start. In (7) sehen wir dagegen, dass die Konstruktion mit dem entsprechenden Adverbial flexibel im Kontinuum verschoben werden kann. Die prospektive Lesart entsteht jedoch nur bei *morgen*. *Heute, gestern* und *jetzt* bringen eine abgeschlossene Lesart hervor, bei der der Abstand zur Sprechzeit variiert. Das Beispiel (8) zeigt eine Mischform. Hier sind Gleichzeitigkeit und Vorzeitigkeit als Lesarten möglich.

---

[2] Die Beschreibung der atelischen Verben der Fortbewegung wird in dieser Arbeit nur berührt, da hier ein erhöhter Erklärungsbedarf besteht und diese Verben eine besondere Gruppe darstellen.

Entweder ist das Duo vor oder während des Eintreffens gestorben. Aus diesen drei Beispielen geht hervor, dass das *sein*-Perfekt mit variablen Perspektiven des Zeitkontinuums kompatibel ist.

Nach Welke (2007: 116) gibt es beim *sein*-Perfekt eine Vergangenheits- und eine Nachzustandslesart. Letztere habe ich bereits anhand des Verbs *verblühen* und der Intervalle t_x, t_y und t_z erläutert. Die Vergangenheitslesart kommt, wie in den Beispielen (6)–(8), vorwiegend durch kontextuelle Situierung in einem Vorzeitigkeitskontext oder durch eindeutige Adverbiale wie *gestern* zustande. Nach Welke ist bei der Nachzustandslesart der Charakter einer Kopula-Konstruktion bewahrt, in der zweiten sei die Konstruktion hingegen dem Präteritum äquivalent aufzufassen.

(9) a. *Der See ist gestern zugefroren.*
    b. *Der See ist dick zugefroren.*
    c. *Der ist gestern/morgen dick zugefroren.*

(9a) wäre demnach durch *gestern* erzwungenermaßen Äquivalent zum Präteritum, während *dick* in (9b) eine Kopula-Konstruktion erwirkt. Beispiel (9c) soll verdeutlichen, dass eine Unterscheidung der Lesarten, wie Welke sie vornimmt, nicht sinnvoll ist, da der Fokus in (9a) und (9b) durch (temporale) Adverbiale manipuliert wird. Des Weiteren entstehen, wie bereits erläutert, durch unterschiedlichen Kontext auch Unterschiede in der Einordnung auf dem Zeitkontinuum. Von Bedeutung ist hier vor allem, dass der Prozess *gefrieren* oder *zufrieren* auch bei wechselndem Fokus in seiner Abgeschlossenheit beständig bleibt.

3 Das Zustandspassiv

Kein anderer Begriff wird im Zusammenhang von *sein*+PartizipII-Konstruktionen so vehement diskutiert wie der des Zustandspassivs. Der größte Konflikt entsteht hier bei der Diskussion, ob man es als reduziertes Vorgangspassiv betrachten soll oder ob es eine eigene Kopulakonstruktion mit Adjektiv (= Partizip II) sei.

Im Gegensatz zum *sein*-Perfekt, wird das Zustandspassiv von transitiven und teilweise auch reflexiven Verben gebildet. Helbig/Buscha (2013 158–159) unterscheiden zusätzlich das nicht-passivische Zustandsreflexiv vom Zustandspassiv. Es bestehe dann, wenn *sein* mit Partizip II auf eine reflexive Handlung zurückführbar ist. Bei dieser Unterscheidung gerät man schnell in einen Konflikt, da einige Reflexiva auch nicht-reflexiv auftreten können (vgl. (10)):

(10) a. *Er ist schlecht rasiert.*
b. *Er hat sich schlecht rasiert.*
c. *Jemand hat ihn schlecht rasiert.*

Aus gegebener Unklarheit werde ich die Unterscheidung nicht übernehmen. Wie in (10b) zu sehen, liegt bei reflexivem Gebrauch keine Konstruktion der Form *sein* + Partizip II vor.

Wie im *sein*-Perfekt, hat der Subjektaktant im Zustandspassiv eine Veränderung erfahren. Die im Zustandspassiv zugelassenen Verben sind ebenfalls telisch und implizieren den Abschluss eines Ereignisses und damit einen Nachzustand (Eisenberg 2013: 125). Es muss also einen dynamischen Prozess gegeben haben, der zum durch das Zustandspassiv ausgedrückten statischen Ergebnis geführt hat. Das Zustandspassiv beschreibt grundsätzlich ein Resultat bzw. einen Nachzustand:

(11) *Ein Notdienst ist eingerichtet.* – *der eingerichtete Notdienst*
(12) *Das Telefon ist zerstört.* – *das zerstörte Telefon*

In den Beispielen (11) und (12) sehen wir ferner, dass die Partizipien II wie beim *sein*-Perfekt problemlos attribuierbar sind.

Wie in (10) bereits beschrieben, liegt bei Einführung eines Agens keine *sein*+PartizipII-Konstruktion mehr vor, sondern eine transitive Konstruktion des *haben*-Perfekts. Das Zustandspassiv beschreibt ein Resultat aus einem abgeschlossenen Ereignis. Der Handelnde oder Verursacher des Resultats fällt weg. Möchte man die entsprechende Aktivversion der Zustandspassivbeispiele bilden, steht zwar ein Patiens zur Verfügung, das Agens fehlt allerdings.

(13) *Die Tür ist (*von Anna) geschlossen.*

Auch eine Agensphrase mit *von* lässt das Zustandspassiv nicht zu. Der Fokus liegt einzig auf dem Ergebnis.

Maienborn (2007: 101) sieht das Zustandspassiv als einen „Spezialfall einer Kopula-Konstruktion mit adjektivischem Prädikativ". Mit dieser Besonderheit ließen sich sehr einfach neue Adjektive ad hoc herleiten. Wie zu Beginn dieses Kapitels erwähnt, stellen viele Grammatiker das Zustandspassiv dem Vorgangspassiv gegenüber. Es bestehe ein grundlegender Zusammenhang beider Passiva, wenn *sein* mit Partizip II innerhalb einer Teilklasse passivfähiger Verben in beiden Formen anwendbar ist (Duden 2016: 565; Zifonun et al. 1997: 1808–1809). Nach Helbig & Buscha (2013: 155) drückt das Zustandspassiv einen statischen, resultativen Zustand aus, der aus einem vorangehenden dynamischen Ereignis hervorgeht. Die Ähnlichkeit der beiden Formen ergebe sich daraus, dass das Zustandspassiv aus der Perfektform des Vorgangspassivs abgeleitet werde.

(14) *Die Felge ist zerbrochen worden.* (= Perfekt des Vorgangspassivs)
(15) *Die Felge ist zerbrochen.* (= Präsens des Zustandspassivs)

Der zugrundeliegende Prozess lässt sich somit wie folgt darstellen:
a) Zunächst wird die Felge von jemandem zerbrochen.
b) Das Resultat dieses Vorgangs ist der Zustand des Zerbrochenseins.

Im Perfekt des Vorgangspassivs schauen wir zurück auf den Vorgang a), während wir beim Zustandspassiv eine Ambiguität feststellen können. In (15) kann zum einen der vergangene Prozess des *Zerbrechens* verstanden werden, ohne das Agens der Handlung zu benennen, und zum anderen blicken wir in diesem Beispiel auf einen Zustand, der auf irgendeinem Wege herbeigeführt wurde. Helbig & Buscha (2013: 156) benennen diesen Zustand als zumindest eine Zeit lang gleichbleibend. Diese Beschreibung entsteht m. E. aufgrund der oben genannten Ambiguität des Zustandspassivs. Einerseits können wir zurückschauen, andererseits liegt eine Konstruktion vor, in der das Partizip II einen statischen Zustand darstellt und als Eigenschaftszuschreibung des Subjekts fungiert.

Auch Koo (1997: 101) argumentiert, dass das Zustandspassiv nicht unabhängig vom Vorgangspassiv diskutiert werden sollte. Es gebe zwar Bildungsrestriktionen im Zustandspassiv, aber wenn eine Transformation aus dem Zustandspassivsatz ins Perfekt Aktiv möglich sei, seien Vorgangs- und Zustandspassiv gleichbedeutend. Folgen wir dieser Auffassung, sind folgende Sätze äquivalent:

(16) a. *Wir sind (von ihm) herzlich eingeladen.*
     b. *Er hat uns eingeladen.*

Außerdem führt auch Koo an, dass Vorgangs- und Zustandspassiv im Präsens teilweise austauschbar seien.

(17) *Der reibungslose Ablauf ist/wird durch die Polizei gewährleistet.*

Diese Äquivalenz wie in (17) gibt es jedoch nur dann, wenn beide Formen im Präsens stehen und das betroffene Verb eine statische Aktionsart hat und somit per se schon einen Zustand ausdrückt. Außerdem muss in (16a) eine *von*-Phrase eingeschoben werden, um die Umformung zu ermöglichen. Wenn wir diese Gegenüberstellung mit dem Beispiel (15) vergleichen, ergibt sich ein immenser Unterschied, da hier eine Handlung dem Zustand gegenübersteht: *Die Felge ist/ wird zerbrochen.* Es scheint also nur eine kleine Randgruppe von Verben zu sein, mit der diese Umformung möglich ist.

Viele bereits genannte Argumente sprechen gegen eine generelle Abstammung des Zustandspassivs vom Vorgangspassiv. Sie unterscheiden sich in der Zulassung eines Agens und in ihrem Fokus auf Vorgänge oder Zustände. Wenn das Zustandspassiv eine um *worden* reduzierte Form des Vorgangspassivs wäre, so müsste es die gleichen adverbialen Angaben zulassen. Dies ist jedoch nicht gegeben.

(18) *Die Halle ist im Augenblick blockiert.*
(19) **Im Augenblick ist die Halle blockiert worden.*

Das Zustandspassiv weist zwar auf ein Geschehnis oder einen Auslöser in der Vergangenheit hin, hat aber einen Gegenwartsbezug, was für ein Vorgangspassiv im Perfekt nicht möglich ist. Des Weiteren lässt sich nicht aus jedem passivischen Verb ein Zustandspassiv bilden. In Koos Beispiel (16) sehen wir außerdem, dass vermeintliche Transformationen eine gezwungen wirkende Hinzusetzung eines Agens erfordern.

4 Die Gemeinsamkeit ‚resultativ' von sein-Perfekt und Zustandspassiv

In den vorangehenden Abschnitten haben wir gesehen, dass sich Zustandspassiv und Perfekt mit *sein* zwar in einigen Aspekten unterscheiden, gleichzeitig aber auch einige Gemeinsamkeiten besitzen. Ich argumentiere im Folgenden dafür, beide zusammen zu betrachten, da sie sich nur in Agens- und Patienssubjekt, sowie in der Valenz der zugelassenen Verben – Transitiva oder Intransitiva – unterscheiden.

Beide Klassifikationen von *sein* + Partizip II implizieren eine Veränderung des Subjektaktanten – ungeachtet, ob es sich um ein Agens- oder Patienssubjekt handelt. Klar ist, dass sowohl das eine als auch das andere nur ein Argument bindet und die ganze Konstruktion damit intransitiv ist (Leiss 1992: 153). Auch die Ereignisstruktur bzw. die zugelassenen Aktionsarten überschneiden sich unverkennbar. Uns liegt ein statischer (Nach- oder Resultativ-)Zustand vor, der durch einen Prozess herbeigeführt wurde. Die eigentliche Handlung ist abgeschlossen, weswegen bei beiden Gruppen eine perfektive Aspektualität[3] vorliegt. Nach Hentschel/Vogel (2009: 277–278) ist die semantische Struktur eines Partizips II generell als vollzogen einzustufen.

Je nach Kontext sollte man dem *sein*-Perfekt einen vergleichsweise höheren temporalen Status zuschreiben, da es im Vergleich zum Zustandspassiv variabler ist in der zeitlichen Darstellung des (vorangegangenen) Prozesses bzw. der Herbeiführung des Nachzustandes.

(20) Zustandspassiv:
Der Deal ist
[seit vier Wochen / *vor vier Wochen / *wochenlang / in vier Wochen]
besiegelt.

(21) Perfekt:
Die Blume ist
[seit zwei Tagen / vor zwei Tagen / ?wochenlang / in einem Monat]
verblüht.

Beim *sein*-Perfekt ist nur fraglich, ob *wochenlang* zugelassen ist. Bei den anderen temporalen Angaben bestehen keine Konflikte. Das Zustandspassiv lässt nur „einrahmende"[4] Temporalangaben zu. Es lässt sich nur in dem Sinne auf die Vergangenheit beziehen, dass vor der Gegenwart etwas Auslösendes geschehen ist, das jetzt noch Gültigkeit hat. Das Perfekt kann, wie bereits ausgeführt, auch als Ausdruck von Vorzeitigkeit verstanden werden.

Des Weiteren sprechen Beispiele wie (22) für eine enge Verwandtschaft von *sein*-Perfekt und Zustandspassiv, da es Formen gibt, welche beiden Klassifikationen zuzuordnen sind (Koo 1997: 101).

(22) *Der Schlüssel ist abgebrochen.*

Sicher ist hier, dass es sich um ein Resultat des Prozesses „Abbrechen" handelt. Wenn man es einer der beiden Klassifikationen zuordnen wollte, müsste man entscheiden, ob *abbrechen* hier transitiv oder intransitiv ist. Bei (22) spielt dies aber keine Rolle, weil der Fokus auf dem Resultat, dem abgebrochenen Schlüssel, liegt.

Im nächsten Abschnitt werde ich weiter dafür argumentieren, dass *sein*-Perfekt und Zustandspassiv nicht zwangsläufig voneinander getrennt behandelt

---

3 Gemeint sind solche Angaben, die eine Zeitspanne samt Anfangs- oder Endpunkt bezeichnen.
4 Im Sinne von das Ereignis mit Anfangs- oder Endpunkt einrahmend

werden müssen, sondern durch ihre Gemeinsamkeit, einen Nachzustand zu bezeichnen, als Resultativkonstruktion betrachtet werden können. Jedoch unterliegt auch die Theorie der Resultativkonstruktion Einschränkungen.

Elisabeth Leiss (1992: 164–166) vertritt die Position, dass es weder ein Perfekt noch ein Zustandspassiv innerhalb der Konstruktion *sein* + Partizip II gibt. Beide Formen ließen sich auf den gemeinsamen Nenner des Resultativums bringen. Als Resultativkonstruktion ist *sein* + Partizip II unabhängig von Agens- oder Patienssubjekt immer intransitiv. In jedem Fall beschreibt das Partizip II den Subjektaktanten. Dabei unterscheidet sie jedoch zwischen aktivischen und passivischen Resultativa. Aktive liegen vor, wenn das Partizip II sich von einem intransitiven Verb ableiten ließe. Dem gegenüber sei das passivische Resultativum nur sekundär intransitiv, da es von der Konstruktion dazu gemacht werde, um das Patienssubjekt zu manipulieren. So entstehe auch die Bezeichnung „Passiv".

Die Bezeichnung ‚Resultativ' lässt sich auf den Großteil der Konstruktionen im Zustandspassiv und auf die telischen Verben der Zustandsveränderung im *sein*-Perfekt anwenden. Konkret heißt dies aber auch, dass sie nur bei impliziter Vorzeitigkeit eines Geschehnisses gelten kann. Dadurch entsteht ein Konflikt mit Verben, die einen inneren psychischen Zustand beschreiben.

(23) *Der Kleine ist restlos begeistert.*
(24) *Jetzt ist der Präsident beleidigt.*

Ein „Nachzustand", wie er durch einen vorangegangenen Prozess entsteht, lässt sich hier zwar lesen, wirkt aber doch etwas zurechtgebogen.

Auch zu dem Argument von Leiss, nur telische Verben können eine Resultativkonstruktion bilden (1992: 173), finden sich wiederum Gegenbeispiele:

(25) *Das Anwesen ist von Kraftlinien durchzogen.*
(26) *Es ist komplett vom Lochumer Gebiet umschlossen.*

In (25) besteht zwar die Konstruktion aus *sein* und Partizip II, allerdings findet sich hier kein Nachzustand, sondern nur ein statischer Zustand. Die Theorie des Resultativums lässt sich somit in vielen Fällen anwenden, trifft bei bestimmten Verbklassen aber nicht zu.

5 Das statische Prädikativum als Adjektivkonstruktion

Bisher haben wir gesehen, dass *sein*+PartizipII-Konstruktionen sowohl bei transitiven als auch intransitiven Verben telischer Aktionsart einen Nachzustand auslösen können. Auch ein Nachzustand ist semantisch statisch, weswegen eine Analyse als Adjektivkonstruktion naheliegt. Zur Statik der Gesamtkonstruktion trägt auch die Kopula *sein* bei. Allein kann die Kopula nicht das Prädikat des Satzes bilden – sie braucht ein Prädikativum. An Beispielen wie (27) wird die schwimmende Grenze zwischen Adjektiv und Partizip II deutlich.

(27) *Wenn ein Bild festgesteckt ist, ist es fest.*

In den bisher genannten Beispielen wird das Partizip II prädikativ verwendet, unabhängig von der Valenz des Ausgangsverbs. Wenn wir die *sein*+PartizipII-Konstruktion als statisches Prädikativum klassifizieren, das einen Nachzustand implizieren kann, aber nicht zwingend muss, bringen wir sowohl *sein*-Perfekt als auch Zustandspassiv und Resultativkonstruktion auf einen gemeinsamen Nenner. Dies hat den Vorteil, dass bei der Betrachtung der Verbindung aus *sein* und Partizip II keine Ausnahmeerklärungen gemacht werden müssen. Wir wissen, dass diese Konstruktion statisch und immer intransitiv ist. Auch eine Unterscheidung durch die Valenz und somit auch die Differenzierung zwischen *sein*-Perfekt und Zustandspassiv (oder dieses als reduziertes Vorgangspassiv zu betrachten) ist nicht mehr erforderlich. Somit müssen Beispiele wie (28) auch nicht nach Perfekt oder Zustandspassiv klassifiziert werden:

(28) *Der Berg ist bereits stark abgetragen.*

Auch hier gilt, dass etwas in der Vergangenheit geschehen ist, was noch einen Gegenwartsbezug aufweist.
    Des Weiteren fängt diese Klassifizierung auch diejenigen Fälle auf, die unklar in Bezug auf Vor- und Nachzeitigkeit bzw. Resultativität sind. Beispiele mit *bedecken* sind zu diesem Thema in der Literatur sehr beliebt.

(29) *Die Bücher sind mit Staub bedeckt.* (Rapp 1997: 252)
(30) *Die Erde ist von Schnee bedeckt.* (Litvinov/Nedjakov 1988: 69)

Wir haben in den vergangenen Kapiteln gesehen, dass Konstruktionen mit *sein* + Partizip II einen Nachzustand bezeichnen, dass sie eine prädikative Eigenschaftszuschreibung für das Subjekt sind und dass sie mit der Kopula eine statische Bedeutung haben. Des Weiteren sind die Partizipien II attribuierbar. Diese Gründe sprechen dafür, dass *sein* + Partizip II als Adjektivkonstruktion analysiert werden kann (siehe auch Duden 2016: 764).

Als eines der Merkmale zur Unterscheidung von Adjektiven und Verben nennt der Duden (2016: 764) die Präfigierung mit dem Präfix *un-*.

(31) *Der MSV ist seit neun Spielen (*von seinen Gegnern) unbesiegt.*
(32) *??Die Blume ist unverblüht.*
(33) **Mein Sohn ist uneingeschlafen.*

Während (32) und (33) nicht möglich sind, lässt (31) eine Präfigierung mit *un-* zu. Hier wird lediglich die Agensphrase mit *von* blockiert bzw. erscheint sehr erzwungen. Die Präfigierung bei den Beispielen aus dem *sein*-Perfekt erscheint unnatürlich. Ich gehe davon aus, dass kein Muttersprachler diese Form so bilden würde (vgl. (32) und (33)).

Die *un-* Präfigierung ist zwar ein erster Schritt, einen Unterscheidungstest durchzuführen, allerdings sehen wir in (34), dass nicht einmal alle lexikalischen Adjektive dieses Merkmal zulassen. Hier müsste die Negation mit *nicht* erfolgen.

(34) **Wir sind untraurig, dass ...*

Ein weiteres Merkmal von Adjektiven ist die Möglichkeit der Komparation und die Graduierbarkeit mit *sehr* (Duden 2016: 764).

(35) *Der Streit ist bald abgeflacht. – der abgeflachtere/abgeflachteste Streit*
(36) *Die Karussells sind zerstört. – das zerstörtere/zerstörteste Karussell*

Grundsätzlich ist eine Komparation mit Partizipien II möglich. Jedoch gehe ich hier davon aus, dass dies nicht mit allen Partizipien II möglich ist und mit der lexikalischen Bedeutung im Einzelfall zusammenhängt (vgl. (37)).

(37) *Der Herr ist gestorben. – *der gestorbenste Herr*

Dies gilt auch für die Graduierbarkeit der Partizipien II mit *sehr*.

(38) *der sehr abgeflachte Streit*
(39) **der sehr gestorbene Herr*

Ein weiteres Merkmal ist laut Duden (2016: 764), dass ein Partizip II als Subjektprädikativum fungieren soll. Dass dies in der *sein* + PartizipII-Konstruktion klassifikationsübergreifend möglich ist, haben wir bereits gesehen. Auch Rath (1971: 13–14) schreibt dem Partizip II die gleichen Eigenschaften wie einem Adjektiv zu. Wie wir bei den Tests zur Attribuierbarkeit gesehen haben, wird das Partizip II seinem Bezugswort in Kasus, Numerus und Genus angepasst. Der einzige Unterschied ist, dass das Partizip II mehr Rektionsmöglichkeiten besitzt, da es seinen Verbalcharakter nicht komplett aufgibt. So kann in einigen Fällen auch bei attributiv gebrauchtem Partizip II ein agentiver Aktant gegeben sein (vgl. (40)).

(40) *der gespeicherte Datensatz – der von ihr gespeicherte Datensatz*

Nach Maienborn (2011: 318) können bei Adjektiven adverbiale Modifikatoren der Lokalität und Instrumentalität sowie Agensangaben in der Gegenüberstellung zum Zustandspassiv nicht zugelassen werden.
Hierfür nennt sie die Beispiele 41–43.

(41) *Die Zeichnung ist von einem Kind schön.
(42) *Der Brief war mit roter Tinte leserlich.
(43) *Die Birnen waren in Rotwein weich.

Während (41) klar abzulehnen ist, sehe ich bei (42) und (43) Diskussionsbedarf bezüglich der Markierung. (42) kann sicherlich in gesprochenem Hochdeutsch vorkommen. Er beinhaltet semantisch lediglich keinen Prozess, der diesen Zustand herbeigeführt hat, wie es das Zustandspassiv ausdrücken würde. Ähnliches gilt für (43), wenn man *weich* durch *essbar* ersetzt. Dass (42) und (43) durch Adjektive mit verbalem Ursprung weniger markiert sind, untermauert das Argument Maienborns, Partizipien II im Zustandspassiv seien eine Andockstelle für Modifikatoren des jeweiligen Ereignisses. Somit lege das Partizip II seinen verbalen Charakter nie vollständig ab (ebd.).

Vor allem die Partizipien II, die dem Zustandspassiv zugeordnet werden, lassen sich demnach zu einem großen Teil auf einen Vergleich mit Adjektiven ein. Nach Rapp (1997: 233) handelt es sich bei *sein* mit Partizip II immer um eine Kopula+Adjektiv-Konstruktion, wenn der Satz sich nicht aus dem Vorgangspassiv herleiten lässt. Dass diese Herleitung bzw. Gegenüberstellung nicht mehr nötig ist, haben wir oben bereits gesehen. Auf das *sein*-Perfekt lassen sich die Adjektivmerkmale schwieriger anwenden als auf das Zustandspassiv. Allerdings spricht die Attribuierbarkeit zumindest für einen adjektivischen Charakter. Die

Bezeichnung als ‚Adjektivkonstruktion' wirkt somit sehr resolut, während ‚Konstruktion aus Kopula mit adjektivtypischem Partizip II' m. E. treffender ist.

Hierfür spricht auch Maienborns (2011: 320) Argument für ein Adjektivierungsindiz beim Zustandspassiv: „In Verbindung mit einem genuinen Adjektiv kann die *sein*-Form nicht zugleich Kopula und Auxiliar sein, sondern ist auf die Kopula-Variante festgelegt." Beispiel (44a) zeigt, wie dies beim Zustandspassiv der Fall ist; (44b) dagegen, dass dieses Indiz auch auf das *sein*-Perfekt zutrifft.

(44) a. Der Brief ist fertig und verschickt.
     b. Sie ist frisch und genesen.

6 Der Clou

Ein Partizip II weißt adjektivtypische Merkmale auf. In der Konstruktion mit Kopula *sein* behält es seinen statischen Charakter. Der Clou an dieser Konstruktion ist nun, dass wir im Partizip II gleichzeitig einen verbalen und adjektivischen Status haben. Die *sein* + Partizip II-Konstruktion enthält Merkmale beider Klassen. Zum einen ist sie ein statisches Prädikat für das Subjekt und das Partizip II lässt sich als Attribut verwenden wie ein Adjektiv. Gleichzeitig zeigt uns die Konstruktion aber auch das Ergebnis eines Prozesses, der vor diesem Zustand stattgefunden haben muss. Die Konstruktion bezeichnet also sowohl Prozess als auch den daraus resultierenden Zustand in einem.

Nach Maienborn (2007: 99) ist das Besondere hieran auch, dass wir über das bereits bestehende Lexikon an Adjektiven hinausgehen können. Die Konstruktion biete somit ein sprachliches Ausdrucksmittel, um neue Ad-hoc-Eigenschaften zu schaffen. Das bedeutet, dass mit einem prädikativen Partizip II in dieser Konstruktion automatisch ein neues Adjektiv gebildet ist, das nicht lexikalisiert ist und zudem einen Verbalcharakter hat.

Es beschreibt in dieser Konstruktion
- eine Eigenschaftszuschreibung an das Subjekt (prädikativ),
- durchgehende Intransitivität,
- eine Bedeutungsstruktur mit impliziter Telizität / einem der Äußerung vorangegangenen Geschehnis und
- durchgehende Statik und Transformation[5] von Geschehnissen.

---

5 Vgl. die Darstellung von *verblühen* in Kapitel 2 und von *zerbrechen* in 3.

Zum großen Teil zeigt das Partizip II mit finitem *sein* Eigenschaften des Adjektivs, legt seinen Verbalcharakter aber nie ganz ab. Ferner ist zu erwähnen, dass der Status eines *sein*-Perfekts außerhalb der Bewegungsverben fraglich ist. Die Analyse hat gezeigt, dass sich Zustandspassiv und *sein*-Perfekt lediglich in der Valenz der zugelassenen Verben unterscheiden. Außerdem wurde gezeigt, dass die Grenzen der beiden Formen verschwimmen, sobald der Kontext weniger klar ist. Das würde dafür sprechen, dass das *sein*-Perfekt, wie beispielsweise im Französischen das Passé Composé, mit Bewegungsverben als solches besteht, alle anderen Basisverben jedoch eine Sonderform bilden.

Literatur

Duden (2016): *Die Grammatik*, 9., vollständig überarbeitete und aktualisierte Auflage. Berlin: Dudenverlag.
Eisenberg, Peter (2013): *Grundriss der deutschen Grammatik Band 2: Der Satz*. 4. Auflage. Stuttgart, Weimar: Metzler.
Helbig, Gerhard & Joachim Buscha (2013): *Deutsche Grammatik: ein Handbuch für den Ausländerunterricht*. Berlin, München: Langenscheidt.
Hentschel, Elke & Petra M. Vogel (Hrsg.) (2009): *Deutsche Morphologie*. Berlin, New York: de Gruyter.
Koo, Myung-Chul (1997): *Kausativ und Passiv im Deutschen*, Frankfurt a. M.: Peter Lang.
Leiss, Elisabeth (1992): *Die Verbalkategorien des Deutschen*. Berlin, New York: de Gruyter (Studia Linguistica Germanica, 31).
Litvinov, Viktor P. (1988): *Resultativkonstruktionen im Deutschen*. Tübingen: Narr (Studien zur deutschen Grammatik, 34).
Maienborn, Claudia (2007): Das Zustandspassiv: Grammatische Einordnung – Bildungsbeschränkung – Interpretationsspielraum. *Zeitschrift für Germanistische Linguistik* 35, 84–114.
Maienborn, Claudia (2011): Strukturausbau am Rande der Wörter: Adverbiale Modifikatoren beim Zustandspassiv. In Stefan Engelberg, Anke Holler & Kristel Proost (Hrsg.), *Sprachliches Wissen zwischen Lexikon und Grammatik. Institut für Deutsche Sprache*, IDS-Jahrbuch 2010, 317-343. Berlin, New York: de Gruyter.
Rapp, Irene (1997): *Partizipien und semantische Struktur. Zu passivischen Konstruktionen mit dem 3. Status*. Tübingen: Stauffenburg (Studien zur deutschen Grammatik, 54).
Rath, Rainer. (1971): *Die Partizipialgruppe in der deutschen Gegenwartssprache*. Düsseldorf: Schwann (Sprache der Gegenwart, 12).
Welke, Klaus. (2007): Das Zustandspassiv – Pragmatische Beschränkungen und Regelkonflikte. *Zeitschrift für Germanistische Linguistik* 35, 115–143.
Zifonun, Gisela, Ludger Hoffmann, Bruno Strecker et al. (1997): *Grammatik der deutschen Sprache*. Berlin, New York: de Gruyter (Schriften des Instituts für Deutsche Sprache, 7.1-3).

Pragmatik

Michel Lefèvre
Mutmaßlich, vermeintlich, vermutlich, wahrscheinlich in attributiver Stellung

Abstract: Die Einheiten *mutmaßlich, vermeintlich, vermutlich, wahrscheinlich* haben, wenn sie adverbial gebraucht werden, eine epistemische Funktion, sie drücken eine subjektive Einschätzung seitens des Sprechers zur Wahrscheinlichkeit bzw. Wahrheit des propositionalen Gehalts aus. In solcher Verwendung sollte man daher nicht mehr von Adverbien im Sinne von Adjunkten von Verben sprechen, sondern vielmehr von Partikeln, die auf die Äußerungssituation und -intention hinweisen. In der Position von Adjunkten von Adjektiven oder Nomina, in denen diese Einheiten ebenfalls gebraucht werden können, ist die funktionale Differenzierung etwas problematisch: Es scheint sich weder um eindeutige Bestimmungen einer Qualität des Bezugswortes zu handeln, noch um eine subjektive Einschätzung des aktuellen Sprechers. Am heuristischsten scheint die polyphone Interpretation solcher Einheiten zu sein, als innerhalb der Nominalgruppe festgefügte epistemische Einschätzung eines Drittsprechers.

1 Problemstellung

Die hier untersuchten Einheiten sind Adjektive mit verwandten semantischen Eigenschaften, sie können alle im heutigen Deutsch im Sinne von ‚möglich' gebraucht werden, und gehören somit in den Bereich der Modalisierung[1] bzw. Epistemik. So gelten etwa *vermutlich* und *wahrscheinlich* in diesem Paradigma als prototypisch für den Ausdruck von Modalisierung – allerdings als Partikeln (bzw. Adverbien, laut traditioneller Wortklasseneinteilung; vgl. etwa Grimm zu diesen Lemmata):

---

[1] Der Terminus „Modalisierung" wird aus der hier herangezogenen französischen Literatur (vgl. Metrich et al. 1993–2001, Pérennec 1994) entlehnt und bezieht sich auf die sprachlichen Mittel der Epistemik, d. h. der subjektiven Einschätzung des Wahrheitsgehalts, der Wahrscheinlichkeit, der Plausibilität usw. durch den Sprecher bzgl. des von ihm geäußerten Sachverhalts.

Prof. Dr. Michel Lefèvre, Université Paul Valéry – Montpellier 3, UFR 2 – département d'allemand, Centre de Recherches et d'Etudes Germaniques (CREG), Route de Mende, 34199 Montpellier Cedex 05, e-mail: michel.lefevre@univ-montp3.fr

https://doi.org/10.1515/9783110584042-008

(1)   *Wahrscheinlich werden die Streiks länger als fünf Tage dauern.*
      (ndr.de, 12.5.2015)

Da es sich, der üblichen grammatischen und lexikographischen Beschreibung zufolge, sowohl um Adverbien als auch um Adjektive handelt, stellt sich die Frage, ob diese Einheiten per se, d. h. durch den im jeweiligen Stamm enthaltenen semantischen Gehalt, in jeder Funktion modalisieren oder ob es je nach Funktion Unterschiede gibt. Die möglichen syntaktischen Stellungen sind a. Adverb wie in (1) (wobei dieser Begriff diskutiert werden muss, es handelt sich vielmehr um zu diskursiven Partikeln umfunktionalisierte Adverbien); b. attributives Adjektiv wie in (3); c. prädikatives Adjektiv (nur für *wahrscheinlich*, vgl. *wahrscheinlicher* in (2)); d. Adjunkt des attributiven Adjektivs wie in (5), eine Funktion, in der eigentlich vor allem Gradpartikeln zu finden sind, so dass man vielleicht auch diese hier untersuchten Einheiten als solche betrachten müsste.

Mitte August 2015 war in den deutschen Fernsehnachrichten, nachdem die Gewerkschaft VERDI den Schlichterspruch im Kita-Tarifstreit abgelehnt hatte, folgende Meldung zu hören:

(2)   *Dadurch wird ein Streik, vermutlich Anfang Oktober, immer wahrscheinlicher.*
      (*Heute Journal* 12.08.2015)

In Internetkommentaren von Fernsehzuschauern zu früheren Streiks findet man dann Wendungen wie folgende schriftlich verzeichnet

(3)   *Vielleicht schaffen wir es ja, wenn der (wahrscheinliche) Streik vorbei ist, dass man nicht für die Auswertung des/r Ergebnis/se dann wieder tagelang hier postet und postet – ES GIBT AUCH SAMMELTHEMEN!!!!!*
      (drehscheibe-online.de)

Trotz verwandter Semantik erscheinen auch deutlich Unterschiede in der Interpretation. Lediglich „vermutlich" in (2) entspräche der Definition einer modalisierenden Partikel, nur dort findet eine Modalisierung im Sinne einer durch den Sprecher vorgenommenen Berechnung der Wahrheit, Möglichkeit, Plausibilität usw. (Metrich et al. 1993: 15; Pérennec 1994: 289) des von ihm ausgesagten Sachverhalts statt. Es entstehen folgende Kodierungsetappen:
1. Proposition: semantischer Gehalt, der aus der Kombination der sprachlichen Zeichen von „Dadurch wird ein Streik Anfang Oktober immer wahrscheinlicher" entsteht, d. i. das Signifié des Satzes.
2. Sprechakttypus, in dem die Proposition geäußert wird: Aussage.

3. Modalisierung durch „vermutlich": Der Sprecher liefert seine subjektive Einschätzung der Wahrhaftigkeit des von ihm geäußerten propositionalen Gehaltes, diskutiert, inwieweit er die Proposition für wahr hält. „Vermutlich" trägt nicht zur Proposition bei, diese Einheit ist auf der Äußerungsebene ein Kommentar über die bereits bestehende Proposition.

Somit würde die Einheit „wahrscheinlicher" nicht in dieses Schema passen, ebenso wenig das attributive Adjektiv „wahrscheinliche" in (3). Das prädikative Adjektiv in (2) und das attributive Adjektiv in (3) gehören zum semantischen Gehalt des Satzes, sie sind propositional. Als Teil einer Nominalgruppe im Satz ist das attributive Adjektiv nicht Prädikat, nicht Gegenstand der Aussage, sondern Ausdruck einer Eigenschaft des durch das Nomen bezeichneten Referenten; das Adjektiv steht somit nicht für Einschätzungen oder Diskussionen zur Disposition. Das prädikative Adjektiv zwar schon, unterliegt aber keiner Modalisierung. Diese Adjektive sind nicht Ausdruck einer subjektiven Einschätzung seitens des aktuellen Sprechers.

Nun gibt es für diese Ausgrenzung der Adjektive aus dem Bereich der Modalisierung etliche Einwände, die im Folgenden diskutiert werden sollen. Dazu werden mehrere Aspekte der Opposition zwischen Adjektiv und Modalisierungspartikel beleuchtet, um zu versuchen, die funktionale Abgrenzung zwischen beiden funktionalen Klassen zu klären und zu verstärken.

2 Das semantische Argument: semantische Ähnlichkeit bei syntaktischer Komplementarität?

Die hier ins Auge gefassten Einheiten veranschaulichen die Problematik der Opposition zwischen System und Gebrauch. Alle Einheiten erschienen im sprachlichen System als Ableitungen von Verben oder Funktionsverbgefügen: *vermeinen, vermuten, mutmaßen, als wahr scheinen* (vgl. DWB, Grimm 1854-1971). Sie enthalten somit Elemente der Signifiés dieser ursprünglichen Verbalformen. Zugleich handelt es sich um ähnlich gebildete Ableitungsformen auf *-lich*, die im Deutschen unterschiedliche Funktionen haben können (Adverb, Adjektiv, Adjunkt von Adjektiven, Modalisierungspartikel). Hinter der Formenähnlichkeit verbirgt sich daher auch eine Vielfalt von Distributionsmöglichkeiten im Gebrauch: Im heutigen Deutsch sind *vermutlich* und *mutmaßlich* als prädikative Adjektive unüblich, man verwendet statt dessen Fügungen wie *ist zu vermu-*

ten / ist eine Mutmaßung. Beim Adjektiv *vermeintlich* fehlt jede Form prädikativen Gebrauchs. Dieses Defizit ist nicht systembedingt, diese Einheiten könnten ebenso gut wie „wahrscheinlicher" in (2) prädikativ eingesetzt werden. Ein Blick auf frühere Texte bestätigt dies:

(4) *Und weil man bey diesem Hof eines Venetianischen Pottschaffters vermutlich [ist] / sind Ihre Käys. Majest. dagegen einen andern auf dahin zu ernennen / bedacht.* (*Ordinari Postzeitung* 1668 07 28, 1)

Vermutlich ist also, wie in (4), historisch als prädikatives Adjektiv belegt, allerdings in der ursprünglich verbalen Bedeutung (= ‚man vermutet'). Auf diese Form semantischer Verschiebung muss weiter unten noch zurückgekommen werden.

Mit Ausnahme von *vermeintlich*, das eine deutlich höhere Gebrauchsfrequenz als Adjunkt von Adjektiven wie in (5) aufweist, scheint sich der Kerngebrauch der hier betrachteten Einheiten auf die Funktionen Modalisierungspartikel und attributives Adjektiv zu konzentrieren.

(5) *vermeintlich einfach ist nicht gleich niederkomplex*
(blockhelden.de, 30.07.2015)

Nun besteht in strukturalistischer Hinsicht das Postulat der Einheitlichkeit des sprachlichen Zeichens im System, d. h. dass trotz der funktionalen Vielfalt das Signifié in jedem Typ von Gebrauch gleich bleibt. Eine komplementäre Distribution also, mit jeweils ähnlicher Bedeutung?

Einige Beispiele bestätigen diese Stabilität des Signifiés durch einen Gebrauch als semantisch gleichwertige Varianten der beiden Funktionen. So findet man für dieselbe Depesche einer Nachrichtenagentur folgende redaktionelle Varianten, vgl. (6) und (7).

(6) *Blinder Passagier stürzt mutmaßlich aus Flugzeug in den Tod*
Auf dem Dach eines Londoner Geschäfts ist die Leiche eines Mannes gefunden worden, der mutmaßlich als blinder Passagier aus einem British-Airways-Flugzeug gestürzt ist. (tagesspiegel.de, 19.06.2015)
(7) *Ein mutmaßlicher blinder Passagier ist tot auf dem Dach eines Londoner Geschäfts gefunden worden.* (derwesten.de, 19.06.2015)

Handelt es sich also nur um syntaktisch-grammatisch bedingte Unterschiede für ein sprachliches Zeichen, das systembedingt eine Modalisierung ausdrückt?

Dagegen muss man einwenden, dass man bei einer solchen Auffassung zunächst den Begriff ‚Signifié' viel zu eingeschränkt auffasst: Wenn Modalisierung eine Einschätzung seitens des Sprechers ausdrückt, dann muss diese Einschätzung als pragmatischer Gebrauch des Signifiés betrachtet werden, aber das Signifié selbst kann nicht mit Modalisierung gleichgesetzt werden. Dazu kommt auch, dass man durchaus zwischen den verschiedenen Funktionen der modalisierenden Einheiten Bedeutungsverschiebungen feststellen kann, so etwa bei *eigentlich* oder *sicher* im heutigen Deutsch, wie aus den folgenden (konstruierten) Beispielen (8)–(11) ersichtlich ist:

(8) *Eigentlich bedeutet der Satz etwas ganz anderes.*
(9) *Die eigentliche Bedeutung des Satzes ist die: ...*
(10) *Er ist sicher schon zu Hause.*
(11) *Er hat ein sicheres Einkommen.*

Im Gegensatz zum attributiven Adjektiv (vgl. (9) und (11)) hat das Adverb (genauer gesagt: die Partikel) eine funktionale Entwicklung vollzogen, in (8) hin zur konnektiven Partikel (Pérennec 1994: 297f)[2] und in (10) hin zur Modalisierungspartikel (Pérennec 1994: 289), die auch zu einer Bedeutungsverschiebung führte, freilich bei bestehendem gleichem Signifié.

Für die hier untersuchten Einheiten lässt sich allerdings kaum eine ähnliche Verschiebung zwischen Partikel (bzw. Adverb) und Adjektiv beobachten, höchstens kontrastiv zum Verb, aus dem sie abgeleitet wurden. Das Verb *vermeinen* etwa bedeutet laut DWB ursprünglich ‚fest im Sinne haben, halten'; die im DWDS verzeichnete Bedeutung ‚fälschlich glauben' dürfte nur eine kontextuelle Interpretation von häufig auftretenden oppositiven Situationen des Typs „Ich war der festen Überzeugung (vermeinte), dass ..., aber die Wirklichkeit widersprach meiner Überzeugung/Meinung" sein. Das abgeleitete Adjektiv scheint zunächst von dieser besonderen Bedeutung ausgegangen zu sein (12), um sich dann zu einem Synonym von „angeblich" (13) weiterzuentwickeln.

(12) *Vermeintliche Putzfrau bestiehlt Seniorenpaar* (welt.de, 6.8.2015)
(13) *Superfood Goji-Beere – was kann die <u>vermeintliche</u> Wunderfrucht? Was Sie über Goji-Beeren wissen sollten*

---

[2] Die konnektiven Partikeln (vgl. Métrich et al. 1993–2001) werden von Pérennec als Diskursscharniere („charnières de discours") bezeichnet. Es handelt sich um Partikeln des Typs *allerdings, jedenfalls, eigentlich* usw. die sich auf die argumentative Intention des Sprechers beziehen.

> *Goji-Beeren waren jüngst in aller Munde und haben sich zu richtigen kleinen Trendfrüchten gemausert. Prall gefüllt mit Nährstoffen und Vitaminen sind die kleinen orange-roten Beeren nicht nur lecker, sondern <u>angeblich</u>[3] auch über alle Maßen gesund.* (chefkoch.de)

Es scheint, dass hier ein diachroner Rückblick erforderlich ist, um Klarheit über die semantischen Entwicklungen zu schaffen.

3 Semantische Entwicklung: historischer Rückblick

Ein gemeinsamer Nenner für die hier untersuchten vier Einheiten ist, dass im DWB jeweils „in der älteren Sprache nicht nachgewiesen" vermerkt ist. Und sie treten alle teils im 17. Jh., teils Mitte des 18. Jhs. in den Texten und somit im Sprachsystem auf, d. h. genau in jenem Zeitraum, in dem sich die Umfunktionalisierung anderer Adverbien, wie das bereits erwähnte *eigentlich* aber auch *allerdings*, *jedenfalls* usw., zu diskursiven Einheiten vollzog (Lefèvre 2015, Lefèvre 2016). Offensichtlich erhöhte sich im 18. Jh. der Bedarf an bestimmten sprachlichen Einheiten, durch welche subjektive Einschätzungen und Bewertungen seitens des aktuellen Sprechers zum Ausdruck gebracht werden konnten, und die Sprecher konnten sich zu diesem Zweck entweder des Signifiés schon bestehender Einheiten bedienen oder neue Einheiten schaffen.

In den Texten des 17. Jhs. begegnen die von den Adjektiven bzw. Adverbien *sicher* und *gewiss* abgeleiteten Formen *sicherlich* und *gewisslich*, teilweise als Einheiten, die eine Einschätzung der Wahrheit des propositionalen Gehalts ausdrückten, im Sinne einer modernen Modalisierung. Für die Einheit *sicherlich* kann man dies an der Bedeutungsverschiebung von ‚in Sicherheit' (für *sicher*) zu ‚mit Sicherheit' (für *sicherlich*), vgl. (14) erkennen. Hier vollzieht sich also die Umfunktionalisierung vom Adverb zur Modalisierungspartikel mit einer Bedeutungsverschiebung, die in der Opposition zwischen dem attributiven Adjektiv und der Modalisierungspartikel (vgl. (10) und (11)) bestehen bleibt. Bei der Einheit *gewisslich* ist die Umfunktionalisierung wegen der semantischen Nähe der Ursprungs- und Zielbedeutung (‚mit absoluter Sicherheit' und ‚sicher') nicht so offensichtlich, so dass die Verwendungen vgl. (15) ambig erscheinen, dort kann *gewisslich* als vollwertiges Adverb oder als Modalisierungspartikel interpretiert werden.

---

[3] Unterstreichung von ML.

(14) *Man verlanget an diesem Hofe sehr / wie es mit der Gesundheit des Königs von Spanien ablauffen werde / und glaubet man sicherlich / daß dero Todt eine Ursache eines blutigen Krieges seyn werde / weil der König von Franckreich seinen Vortheil bey solchem Todes-Fall observiren dürffte.*
(*Altonaischer Mercurius* 1698 02 25, 6)
(15) *Und also gelangten wir / in der Brüßlischen Seiten / mit etwan 100. Mann zu Pferdt / und den Officirern / von welchen man gewißlich rühmen kann / daß sie ihre Pflicht wol gethan haben / in Charle-Roy.*
(*Nordischer Mercurius* 1673 02 2, 8)

Die Ableitungen auf -*lich* haben für die einfachen Adjektive *sicher* und *gewiss* Varianten geschaffen, es müsste jedoch geprüft werden, ob diese Varianten äquivalent waren oder semantisch komplementär (die Formen auf -*lich* als verstärkte Formen?), funktional komplementär (die Formen auf -*lich* als Adverbien vs. einfache Formen als Adjektive?) oder pragmatisch komplementär (Formen auf -*lich* als Modalisierungspartikeln?). In dem hier herangezogenen Korpus sind *sicher* und *sicherlich* bzw. *gewiss* und *gewisslich* in beiden Funktionen als freie Varianten belegt, auch noch bei Gottsched, vgl. (16) und (17).

(16) *Und wie die Nymphen auch sich legen gegen Morgen,*
Nachdem der Nachttanz sie gemacht hat müd und laß.
Sie ruhen sicherlich [= ‚in Sicherheit'][4] *bey einem frischen Bronnen* (Gottsched S. 122)
(17) *Auch Dach und Flemming sind große Meister darinn gewesen, die man sicher [= ‚ohne Gefahr, den falschen Geschmack zu treffen']*[5] *nachahmen kann.*
(Gottsched S. 255)

Diese Ambiguitäten sind nichts anderes als das Zeichen dafür, dass die Umfunktionalisierung zu diskursiven Sprachzeichen Mitte des 18. Jhs. noch nicht völlig abgeschlossen war.

Die in diesem Beitrag in Betracht gezogenen, funktional verwandten und formenähnlichen Einheiten sind (mit Ausnahme von *vermutlich*) etwas später erschienen, und sie sind alle (auch *vermutlich*) deverbal. Die Bildung dieser Adverbien bzw. Adjektive auf -*lich* stellt somit eine offensichtlichere Umfunktionalisierung dar, da sie wortklassenübergreifend ist. Dabei weist *vermutlich* die größte Nähe zum verbalen Primitivum auf, wenn man von der heute noch übli-

---

4 Einfügung in eckigen Klammern von ML.
5 Einfügung in eckigen Klammern von ML.

chen Bedeutung des Wortes ausgeht. Bei *wahrscheinlich* ist die Bedeutung des Primitivums bereits mehrdeutig und variiert, laut DWB, von ‚mit der Wahrheit identisch sein' über ‚der Wahrheit ähnlich sein' bis ‚glaubhaft'. Das Verb *mutmaßen* bedeutet ursprünglich ‚nach Gutdünken messen' und eignet sich somit gut zur modalisierenden Einschätzung, *vermeinen* hingegen bedeutet zunächst ‚fest im Sinne haben' und wird erst über die Bedeutung ‚meinen' epistemisch, wobei die negative Konnotation ‚fälschlich meinen' erst durch den jüngeren Gebrauch hinzugekommen ist.

Die erst in relativ junger Zeit von diesen Verben abgeleiteten Formen auf *-lich* stehen im System nicht in Konkurrenz zu anderen Adverbien bzw. Adjektiven, die die Semantik der verbalen Primitiva „wörtlicher" beibehalten haben, und sind somit in ihren unterschiedlichen Verwendungen eindeutiger als etwa *sicher (-lich)* oder *gewiss(-lich)*.

Nun könnte man meinen, dass sich diese Einheiten im Sprachsystem herausgebildet haben, um, vielleicht nach dem Muster von *vermutlich*, das bereits vor dem 17. Jh. belegt ist (wenn auch in Konkurrenz zu den in (4) erwähnten verbalen Wendungen), eine Modalisierung zum Ausdruck zu bringen, die sich auf den gesamten propositionalen Gehalt bezieht. Dem scheint aber im Gebrauch die Distribution zwischen Adjektiv und Modalisierungspartikel zu widersprechen. Nachdem diese Einheiten im System vorhanden waren, waren beide Funktionen theoretisch möglich. Dennoch scheinen sie zunächst als Adjektive Gebrauch gefunden zu haben.

– *Mutmaßlich*: Das DWB liefert ein Beispiel von Goethe, in dem *mutmaßlich* belegt ist (als nominalisiertes Adjektiv „Mutmaßliches"). In dem hier herangezogenen Korpus aus dem 18. Jh. (mit Werken Gottscheds und Lessings, vgl. Angabe im Anhang) kommt diese Einheit in keiner der beiden Funktionen (Adjektiv bzw. Modalisierungspartikel) vor.

– *Vermeintlich*: Bei *vermeintlich* sind fast alle, relativ zahlreichen Belege ab 1704 attributiv. Kein Beleg in unserem Korpus aus dem 18. Jh. entspricht einer Modalisierungspartikel, vgl. (18).

(18) *Was aber dennoch ihr Herz gegen ihn verhärtete, war die vermeintliche Halsstarrigkeit, durchaus nicht um Gnade zu bitten.* (Lessing S. 337).

– *Wahrscheinlich*: Diese heute prototypische Modalisierungspartikel kommt in dem hier herangezogenen Korpus des 18. Jhs. wenige Male attributiv vor, sehr häufig, insbesondere bei Gottsched und Lessing, bei denen die Wahrscheinlichkeit in der Dichtkunst viel diskutiert wird, als prädikatives Adjektiv mit eben dieser Bedeutung von Wahrscheinlichkeit als Gegensatz zu unglaubwürdigen Schilderungen in der Dichtung, wie in (19). Lediglich über den

Umweg dieser prädikativen Verwendung dienen komplexe Verbgefüge zum Ausdruck der Modalisierung, wie etwa in (20).

(19) *es mag uns immer noch so wahrscheinlich sein, daß den Sultan seine blinde Gefälligkeit bald gereuen werde* (Lessing S. 393)
(20) *[...] und daß es gar wohl möglich und wahrscheinlich ist, daß Merope in ihrem Vorsatze der Rache verharren [könne]* (Lessing S. 431)

Zu einer Verwendung von *wahrscheinlich* als Modalisierungspartikel kommt es bei Gottsched und Lessing schon deshalb nicht, weil zu Beginn des 18. Jhs. eine adverbiale Ableitung auf -*weise* gebildet worden war und als vollwertiges Adverb (d. h. in der Bedeutung der Glaubhaftigkeit, der Wahrscheinlichkeit in der Dichtung) als Pendant zum Adjektiv *wahrscheinlich* eingesetzt wurde, vgl. (21) und (22).

(21) *[...] als wenn zum Exempel [...] Livius und andre Geschichtschreiber gewissen großen Männern solche Reden andichten, die sie zwar nicht von Wort zu Wort gehalten, aber doch wahrscheinlicher Weise hätten halten können* (Gottsched S. 140–141)
(22) *Aber deutlich und zuverlässig zu wissen, wie weit und in welchem Grade von Stärke sich dieser oder jener Charakter, bei besondern Gelegenheiten, wahrscheinlicher Weise äußern würde, das ist einzig und allein eine Frucht von unserer Kenntnis der Welt.* (Lessing S. 666).

Die getrennte Schreibung bei Gottsched und Lessing deutet darauf hin, dass *die wahrscheinliche Weise* als Nominalgruppe gesehen wurde, so bildet *wahrscheinlicher Weise* eindeutig eine attributive Fügung, über die man dann zum späteren adverbialen Gebrauch von *wahrscheinlich* gelangte.

Als Fazit zu diesem historischen Rückblick kann man feststellen, dass drei der hier untersuchten Einheiten erst lange nach Gottsched und Lessing, im 19. Jh., als homomorphe Modalisierungspartikeln zu den zunächst nur adjektival gebrauchten Formen erschienen. Als Modell für diese Umfunktionalisierung könnte sowohl das seit längerem bekannte *vermutlich* gedient haben als auch die adverbiale Ableitung *wahrscheinlicherweise*. Jedenfalls scheint das Adjektiv bei *mutmaßlich, vermeintlich, wahrscheinlich* als Primitivum für die Umfunktionalisierung zu Modalisierungspartikeln gedient zu haben. Da dies erst vor relativ kurzer Zeit in der Sprachgeschichte geschehen ist, sind die semantischen Abweichungen zwischen Adjektiv und Partikel sehr gering. Dieser Rückblick spräche somit auch für die Annahme, dass Adjektive vorrangig zum Ausdruck der Modalisierung dienten.

Diese Annahme wird dann noch in der historischen Perspektive dadurch verstärkt, dass – bei fehlenden Adverbien bzw. Modalisierungspartikeln im System oder Gebrauch – die Sprecher u. a. auf bestimmte Nominalgruppen zurückgriffen, um ihre subjektive Wahrscheinlichkeitsberechnung zum Ausdruck zu bringen. Dabei spielen insbesondere Nominalgruppen eine große Rolle, deren Nominalbasis direkt oder metonymisch die Äußerung eines Sprechers bezeichnet: *Brief*, *Schreiben*, *Hand* [die den Brief geschrieben hat] (vgl. Lefèvre 2011). Diese in den Zeitungen des 17. Jhs. häufige Modalisierungsform bleibt in den Zeitungen des 18. Jhs. bestehen (vgl. *Nachricht* in (23)) und begegnet auch in literarischen Textsorten, in denen allerdings die Bezeichnung einer Äußerung noch indirekter, metaphorischer sein kann (vgl. *Rechnung* in (24)).

(23) *Man hat allhier sichere Nachricht erhalten, dasz der Churfürst von Bayern zu München zurück gekommen.* (Berlinisch Privilegierte Zeitung, 1733 02 10, 6)

(24) *[...] der Mörder aber seine Flucht [nach] Frankreich nahm, von wannen er gar bald an mich die verliebtesten Briefe schrieb, und versprach, seine Sachen aufs längste binnen einem halben Jahre dahin zu richten, daß er sich wiederum ohne Gefahr in Middelburg dürffte sehen lassen, wenn er nur sichere Rechnung auf die Eroberung meines Hertzens machen könte.* (Schnabel S. 310)

Als Attribute fungieren allerdings vor allem die oben bereits erwähnten Einheiten *sicher* und *gewiss*. Die hier untersuchten vier Einheiten finden in Nominalgruppen mit solchen Substantiven (die eine Äußerung bezeichnen) keine Verwendung.[6] Zudem spräche gegen die Verwendung als attributive Adjektive im heutigen Sprachgebrauch das inzwischen reichhaltig im System vorhandene Inventar der Modalisierungspartikeln, die eine eindeutige, im Sprachgebrauch völlig eingebürgerte Methode der Modalisierung erlauben. Es muss also noch nach anderen Argumenten gesucht werden.

4 Modalisierung und implizites Prädikat

Die Eignung attributiver Adjektive in Nominalgruppen zum Ausdruck von Modalisierung könnte auch durch die Auffassung bekräftigt werden, dass Nominal-

---

[6] *Der vermeintliche Brief* ist zwar möglich, bezieht sich aber auf eine implizite Polyphonie: Die Wahrheit der Existenz des Briefes wurde von einem dritten Sprecher bewertet.

gruppen implizite Prädikationen enthalten können. In diesem Sinne wären attributive Adjektive nicht allein determinierende Einheiten, die die Referenz der Nominalbasis eingrenzen, sondern auch implizite Aussagen über die Nominalbasis. In diesem Sinne kann man die bewertenden, axiologischen, Adjektive als subjektive Aussagen seitens des Sprechers über die Nominalbasis bzw. deren Referenz analysieren, z. B. im folgenden, konstruierten Beispiel (25):

(25) *Ich kann Ihnen diesen ausgezeichneten Roman nur empfehlen.*

Hier sind zwei Aussagen enthalten: 1. „Ich empfehle den Roman" und 2. „Der Roman ist ausgezeichnet", wobei letztere Prädikation einer subjektiven Bewertung gleichkommt.

Nun sind auch epistemische Adjektive Ausdruck der Subjektivität des Sprechers und eine Attribut-Nomen-Verbindung sollte somit als implizites Prädikat eine Modalisierung ausdrücken können. So wären oben zitierte Beispiele (2) und (3) quasi entsprechende Varianten: (2) könnte syntaktisch als explizites vollständiges Prädikat für die Nominalgruppe *der wahrscheinliche Streik* in (3) fungieren – wenn es sich um denselben Streik gehandelt hätte.

(2) *Dadurch wird ein Streik [...] immer wahrscheinlicher.*
(3) *Vielleicht schaffen wir es ja, wenn der (wahrscheinliche) Streik vorbei ist, [...]*

Demnach wären die attributiven Adjektive „wahrscheinlich-" in (3) und „vermutlich-" in (26)–(28) Aussagen über den Referenten der jeweiligen Nominalbasis in der Nominalgruppe: „der wahrscheinliche Streik" = „der Streik ist wahrscheinlich". Allerdings kann dieser Test bei „vermutlich", das keinen prädikativen Gebrauch kennt, nicht angewandt werden, und dadurch gerät die Theorie mit dem impliziten Prädikat etwas ins Schwanken. Auch ist die Gleichstellung von attributivem Adjektiv und Modalisierungspartikeln nicht immer exakt nachvollziehbar. Ist z. B. „vermutlich" in (26) eine Aussage über die „Auftrittstage der Band", welcher Art ist diese Aussage, und wer steht hinter dieser Aussage?

(26) *Vermutliche Auftrittstage der Bands* (taubertal-festival.com)
(27) *United Airlines: Vermutliche Hacker-Attacke auf Flugzeuge. [...] Ein Twitterer berichtete etwa, er befinde sich in einem United-Airlines-Flugzeug, das auf der Startbahn warte. Der Pilot habe erklärt, es habe möglicherweise eine Attacke durch Hacker gegeben, im System seien wieder und wieder falsche Flugpläne aufgetaucht.* (Spiegel Online, 3.6.2015)

(28) *Greenback hat gestern vermutliche Interventionsmarke von 110 Yen durchbrochen. Währungsexperten begrüßen Abwertung des Dollars.*
Der Dollar markierte gestern gegenüber dem Yen ein neues Dreijahrestief von 109,36 Yen. Er unterschritt damit die Marke von 110 Yen, die die japanische Notenbank nach Einschätzung von Devisenhändlern durch wiederholte massive Interventionen zu verteidigen versucht hatte.
(Handelsblatt, 8.10.2003)

Die Annahme, dass die Relation zwischen Nomen und attributivem Adjektiv einer Prädikation bzw. Aussage gleichkommt, ist in mehrerer Hinsicht zu kritisieren. Zunächst zum Begriff ‚Aussage'. Es ist etwas problematisch, eine Modalisierung, d. h. eine Wahrheits- bzw. Existenzberechnung eines Sachverhalts als prädikative Aussage aufzufassen. Wenn die attributiven Adjektive eine modalisierende (epistemische) Funktion haben, dann ist in den Beispielen (26)–(28) „vermutlich" keine oder nicht nur eine Aussage über „Auftrittstage", „Hacker-Attacke" oder „Interventionsmarke", sondern ein Signal für den Leser, dass es diese vom Nomen ausgedrückte Referenz vielleicht tatsächlich gibt, vielleicht auch nicht. Diese Wahrheitsberechnung scheint nicht auf den Begriff ‚Aussage' oder ‚Prädikat' reduzierbar zu sein. Es geht nicht darum, etwas über etwas zu sagen, sondern darum, etwas zu sagen, und mitzuteilen, ob das Gesagte wahr ist oder nicht. Die Situation erinnert an Schrödingers Katze[7], die in der Quantenmechanik oft als bildhafte Erklärung für die Überlagerung von Zuständen herangezogen wird: Die Katze im verhüllten Käfig kann tot oder lebendig sein, beide Zustände sind möglich – solange man nicht hineinsieht. Durch *vermutlich* wird auf eine Referenz verwiesen, die ist oder nicht ist. Das ist etwas ganz anderes, als eine Qualität der Referenz zu beschreiben: Schrödingers Katze kann weiß oder getigert sein, das lässt sich mit Attributen beschreiben, aber im berühmten physikalischen Experiment kann sie sein oder nicht sein, und das dürfte die Funktion eines attributiven Adjektivs übersteigen.

Damit wären wir bei einem grundlegenden Problem angelangt: entweder das Adjektiv *vermutlich* gehört zum (impliziten) Prädikat, zur Aussage, dann kann es sich um keine wirkliche Modalisierung handeln, sondern um ein attributives Adjektiv wie alle anderen, die das Nomen determinieren, oder es steckt mehr dahinter, und damit wäre der Status nicht nur jener eines attributiven Adjektivs, sondern auch einer Einheit, die präzisiert, wie etwas gesagt wird.

In der Tat zeigen diese Beispiele (26)–(28), dass es sich um zumindest eine besondere Art von Attributen handeln muss. Ein Test könnte die kontextlose Ver-

---

[7] Eine vulgarisierte Darstellung dieses Experiments ist zu lesen in Fischer 2006.

ständlichkeit sein, die z. B. in (28) nicht gegeben ist: Der Untertitel „vermutliche Interventionsmarke" ist für den Leser nicht unmittelbar verständlich. Es bedarf der Lektüre des Artikels um zu verstehen, dass es diese Marke eigentlich nicht gibt, sie besteht nur in der Vermutung von Experten über ein vergängliches Ziel der japanischen Notenbank – das nicht erreicht wurde: „die die japanische Notenbank nach Einschätzung von Devisenhändlern durch wiederholte massive Interventionen zu verteidigen versucht hatte". Ein nicht erreichtes Tagesziel in der Vermutung Dritter lässt diese „Interventionsmarke" als sehr unwirklich erscheinen. Die Referenzbildung ist widersprüchlich: man konstruiert sie mit „Interventionsmarke" und verwischt sie mit „vermutlich", anstatt sie zu präzisieren, determinieren, wie es bei anderen Attributen geschieht. Man könnte auch überspitzt sagen: Die Journalisten schreiben über Nachrichten, die – wie Schrödingers Katze – vielleicht gar nicht sind, so ist wohl der Titel „Vermutliche Hacker-Attacke" die ganze Aufregung gar nicht wert? Jedenfalls ist diese Konstruktion-Dekonstruktion von Referenz für die Rezeption kontraproduktiv, eine solche Nominalgruppe ist nicht ohne Kontext auf Anhieb verständlich.

5 Modalisierung und impliziter Sprecher

Dass die Nominalgruppe „vermutliche Interventionsgrenze" nicht bei ihrer kontextlosen Erstnennung verständlich ist, hat aber auch einen anderen Grund: Es handelt sich hier nicht um die Bezeichnung (Prädikation) oder gar Äußerung des Journalisten selbst – dieser begnügt sich damit, die Vermutung, d. h. modalisierte Äußerung Dritter (von Experten), wiederzugeben. In der Diskussion um die mögliche modalisierende Semantik der hier untersuchten Adjektive wurde bisher die Rolle des Sprechers ausgeblendet. Es ist Zeit, den Fokus auf die Sprecherinstanz zu richten.

Modalisierung impliziert, dass der aktuelle Sprecher in der Äußerungssituation eine Wahrscheinlichkeitsberechnung der von ihm assertierten Proposition vornimmt. In der Äußerungssituation Journalist-Zeitungsleser werden Modalisierungen mittels Modalisierungspartikeln vom Journalisten vorgenommen, so in (1) zur Proposition ‚die Streiks werden länger als 5 Tage dauern' und in (2) zur eingebetteten, nicht ganz expliziten Proposition ‚ein Streik wird Anfang Oktober stattfinden'.

(1) *Wahrscheinlich werden die Streiks länger als fünf Tage dauern.*
(2) *Dadurch wird ein Streik, vermutlich Anfang Oktober, immer wahrscheinlicher.*

Nun ist die Äußerungssituation in den Zeitungen nicht immer jene des Journalisten, Zeitungen sind Medien, in denen oben genannte Kommunikationssituation vom Herausgeber zum Leser lediglich die Matrixsituation von vielen möglichen anderen ist. So steht nach folgendem Titel (29)

(29) *Mutmaßlich das schönste Seebad der Schweiz – Lido Ascona.*
 (tripadvisor.de)

der Vermerk: „Diese Bewertung ist die subjektive Meinung eines TripAdvisor-Mitgliedes und nicht die von TripAdvisor LLC." Ob sich die Zeitung bzw. der Journalist nicht doch als Sprecher in dieser Äußerung betrachten muss, wenn er den Titel einer Mitgliederbewertung als Kolumne verwendet, müsste diskutiert werden, jedenfalls wird die Modalisierung mittels „mutmaßlich" von einem Mitglied vorgenommen und die Äußerung quasi als direkte Rede im Titel zitiert.

In Beispiel (28) wird die Modalisierung von Devisenhändlern vorgenommen („nach Einschätzung von Devisenhändlern"), deren Äußerung wird aber nicht in direkter Rede mit oder ohne Anführungszeichen vom Journalisten zitiert, sondern in dessen eigener (Matrix-)Äußerungssituation reformuliert und raffend in einem Attribut-Nomen-Syntagma wiedergegeben. In (27) ist die „vermutliche Hacker-Attacke" eine Vermutung von Piloten, die von „Twitterern" an die Zeitung weitergegeben wurden.

Somit weisen die hier untersuchten Einheiten in ihrem attributiven Gebrauch auf eine Polyphonie: Das attributive Adjektiv entspricht einer Modalisierungspartikel innerhalb der in der Nominalgruppe enthaltenen Äußerung eines dritten Sprechers. In den äußerst polyphonen Zeitungstexten würden somit Nominalgruppen mit diesen Adjektiven implizite Zitate darstellen. Die Nominalgruppe „der wahrscheinliche Streik" wie in (3) könnte somit in impliziter Form der Äußerung in (2) entsprechen. Der Forum-Kommentar (3) greift Äußerungen mitsamt Modalisierung (hier mit Klammern als zusätzliche Markierung) aus dem kommentierten Artikel (wie es (2) sein könnte) wieder auf.

(3) *Vielleicht schaffen wir es ja, wenn der (wahrscheinliche) Streik vorbei ist, dass man nicht für die Auswertung des/r Ergebnis/se dann wieder tagelang hier postet und postet – ES GIBT AUCH SAMMELTHEMEN!!!!!*

Als polyphon können auch die Beispiele (12) und (13) betrachtet werden:

(12) *Vermeintliche Putzfrau bestiehlt Seniorenpaar*
(13) *Superfood Goji-Beere – was kann die vermeintliche Wunderfrucht?*

Das hier verwendete attributive Adjektiv weist allerdings nicht auf eine implizite, mit der homomorphen Partikel *vermeintlich* modalisierte Äußerung des Typs „sie war vermeintlich Putzfrau", sondern „sie war angeblich Putzfrau": Diese Partikel bzw. dieses Adjektiv entspricht im Paradigma der Modalisierungspartikeln dem Verb *will* im Paradigma der epistemischen Modalverben. Aber bei den attributiven Adjektiven kommt noch hinzu, dass die implizite Wahrscheinlichkeitsberechnung eines dritten Sprechers vom aktuellen Sprecher als falsch signalisiert wird. Es vermengen sich somit Informationen aus unterschiedlichen Äußerungssituationen.

Bei der Partikel *mutmaßlich* scheinen im heutigen Gebrauch Konnotationen eine große Rolle zu spielen, da diese Einheit als attributives Adjektiv vor allem in der Rechtssprache verwendet wird. Typisch sind Verwendungen wie in (30), deren Polyphonie leicht nachvollziehbar ist, da solche Bezeichnungen auf offizielle Meldungen seitens der Behörden zurückzuführen sind. Aber auch weniger bekannte Ausdrücke aus der juristischen Fachsprache wie *mutmaßliche Einwilligung* oder *mutmaßlicher Wille* fußen auf dem Prinzip der Polyphonie, der Äußerung eines Dritten, die prinzipiell vorausgesetzt wird.

(30) *Ungarn: Mutmaßliche Schlepper in U-Haft* (zdf.de, 30.08.2015)

Das attributiv gebrauchte *wahrscheinlich* kennt noch im 18. Jahrhundert die beiden Bedeutungen vor und nach der modalisierenden Umfunktionalisierung: Einerseits die im DWB als „objektive" (wörtliche, im Sinne von ‚wahr scheinen') vermerkte Bedeutung, andererseits die „subjektive" (epistemische, im Sinne von ‚vermutlich'); einerseits also *wahrscheinliche [= wahr scheinende] Geschichte*, andererseits *wahrscheinliche [= vermutliche] Ursache (eines Brandes)*.

Als Fazit zu dieser implizit prädikativen Funktion der Nominalgruppen, in denen die hier untersuchten Einheiten als attributive Adjektive verwendet werden, kann man sagen, dass zwar Spuren der Wahrscheinlichkeitsberechnung in der Bedeutung dieser Nominalgruppen enthalten sind, sie aber auf eine abgeschlossene, nicht mehr aktuelle und zur Disposition stehende Modalisierung verweisen. Es sind im Nominalsyntagma mitsamt der ursprünglichen Modalisierung festgefrorene Äußerungen, ähnlich wie untergeordnete Verbalgruppen, die die implizit enthaltene Prädikation mitsamt Sprechakt neutralisieren. Als attributives Adjektiv tragen Modalisierungspartikeln nicht mehr zur Bewertung in der aktuellen Äußerungssituation bei.

6 Schlussbetrachtung. Entwicklung hin zu einem wortklassenübergreifenden Gebrauch?

Die vier Einheiten *vermutlich, mutmaßlich, vermeintlich, wahrscheinlich* sind alle seit relativ kurzer Zeit im System der deutschen Sprache vorhanden, und teilweise gar erst seit dem 19. Jh. gebräuchlich. Trotz gewisser Ähnlichkeiten in ihrer Ableitungsweise und in ihrer heute üblichen Semantik weisen sie dennoch erhebliche Unterschiede in ihrer Entwicklungsgeschichte und in ihrer Distribution auf: Man kann zwar sagen, sie gehören zur selben funktionalen Klasse, sie werden zum Ausdruck von Modalisierung eingesetzt, darüber hinaus sind aber pauschale Aussagen schwierig. Es könnte das seit etwas längerer Zeit im System existierende *vermutlich* Pate für die Bildung der drei anderen Formen gestanden haben. Letztere aber scheinen zunächst adjektivisch verwendet worden zu sein, um dann adverbial oder gar direkt als Partikel gebraucht zu werden.

Aber diese Entwicklung womöglich aus dem Adjektiv heraus, diese gemeinsame, etwas verschlungene Entwicklungsgeschichte, die zu dem hier untersuchten Paradigma mit gemeinsamer Semantik geführt hat, reicht nicht aus, um die tatsächlich vorhandene funktionale Trennung zwischen Adjektiv und Partikel aufzuheben: Wenn im attributiven Adjektiv Spuren einer Modalisierung zu finden sind, so nicht in der aktuellen Äußerung, sondern in implizit vorhandenen, polyphonen Äußerungsfragmenten Dritter, die nicht aktuell für Sprecher und Adressaten zur Bewertung und Wahrscheinlichkeitsberechnung zur Disposition stehen. Attributive Adjektive sind propositionale Einheiten, Modalisierungspartikeln sind Einheiten, die die Proposition bewerten.

Allerdings gäbe es noch in den oben zitierten Beispielen zwei Details, die diese grundsätzliche Trennung vielleicht in Frage stellen könnten, oder vielleicht ein Indiz sein könnten für eine Entwicklung hin zur Aufhebung der postulierten funktionalen Trennung.

In Beispiel (3) kann das attributive Adjektiv in der Nominalgruppe „der (wahrscheinliche) Streik" als polyphone Einheit gedeutet werden, also als Modalisierung eines dritten, impliziten Sprechers, die raffend wiederaufgenommen wird. Aber die hier vorhandenen Klammern scheinen auch darauf hinzudeuten, dass sich hier quasi *a parte* der aktuelle Sprecher einschaltet und eine Wahrheitsberechnung vornimmt. Die Klammer würde dann anzeigen, dass das Adjektiv als modalisierende Einheit zu verstehen ist.

(3) *Vielleicht schaffen wir es ja, wenn der (wahrscheinliche) Streik vorbei ist, [...]*

Es bleibt aber schwer zu identifizieren, auf welche Proposition sich diese Modalisierung bezieht: auf den polyphonen Teil, d. h. die Nominalgruppe, oder wirkt sich diese Einschätzung auf den gesamten aktuellen Gehalt, der eventuell, falls der Streik nicht stattfindet, zwecklos wird?

Aber kann ein attributives Adjektiv, das Glied einer Nominalgruppe ist, sich auf den gesamten übergeordneten Satz auswirken? Laut funktionaler grammatischen Analyse ist dies nicht möglich. Aber da wären noch die Beispiele (6) und (7):

(6) *Blinder Passagier stürzt mutmaßlich aus Flugzeug in den Tod*
(7) *Ein mutmaßlicher blinder Passagier ist tot auf dem Dach eines Londoner Geschäfts gefunden worden.*

Die Grammatik lehrt uns, dass es innerhalb dieser Sätze um funktional unterschiedlich gebrauchte Einheiten geht: „mutmaßlich" ist in (6) eine Modalisierungspartikel, durch die der Sprecher (Journalist) die Wahrheit der Proposition seiner Aussage berechnet. In (7) ist „mutmaßlicher" Bestimmung der Nominalbasis „blinder Passagier" und determiniert dessen Signifié. Beide Kolumnen sind Äußerungsvarianten an Hand derselben Depesche, und wollten beide Journalisten dasselbe sagen, so hat sich einer der beiden geirrt. Oder muss man dennoch das attributive Adjektiv in (7) als sich auf die gesamte Proposition auswirkende Partikel interpretieren? Das wäre ein Indiz für eine transfunktionale modalisierende Funktion dieser Einheiten.

Literatur

Digitales Wörterbuch der Deutschen Sprache. Herausgeber: Berlin-Brandenburgische Akademie der Wissenschaften [= DWDS]. Online: http://www.dwds.de/
Fischer, Ernst Peter (2006): *Schrödingers Katze auf dem Mandelbrothbaum. Durch die Hintertür zur Wissenschaft.* München: Pantheon.
Grimm, Jakob und Wilhelm (1857–1971): *Deutsches Wörterbuch.* Leipzig: Hirzl [= DWB].
Lefèvre, Michel (2011): Qualifikation und subjektive Bewertung: attributive Adjektive in modalisierender und bewertender Funktion. In Günter Schmale (Hrsg.), *Das Adjektiv im heutigen Deutsch: Syntax, Semantik, Pragmatik,* 83–96. Tübingen: Stauffenburg (Eurogermanistik, 29).
Lefèvre, Michel (2015): Bewertungspartikeln als kommunikative Funktionsklasse. In Stephan Habscheid (Hrsg.), *Bewerten im Wandel. Zeitschrift für Literaturwissenschaft und Linguistik* 177, 30–45.
Lefèvre, Michel (2016): Lassen sich die modernen Klassen der diskursiven Partikeln auf ältere Sprachstufen übertragen? Das Beispiel der diskursiven Partikeln im Barock. In Peter Ernst & Martina Werner (Hrsg.), *Linguistische Pragmatik in historischen Bezügen,* 151–166.

Berlin: De Gruyter (Lingua Historica Germanica. Studien und Quellen zur Geschichte der deutschen Sprache, 9).

Métrich, René et al. (1993–2001): *Dictionnaire des invariables difficiles*. 4 Bände. Nancy: Nouveaux Cahier d'Allemand.

Pérennec, Marcel (1994): Présentation des mots du discours en allemand. In Louis Basset & Marcel Pérennec (Hrsg.), *Les classes de mots. Traditions et perspectives*, 285–312. Lyon: Presses Universitaires de Lyon.

Quellentexte

Lessing, Gotthold Ephraim. Hamburgische Dramaturgie. In Gotthold Ephraim Lessing: *Werke*. Hg. v. Albert von Schirmding und Jörg Schönert. Band 4, München, Hanser: 1970ff (Erstdruck: Hamburg, Cramer, 1767–1769).

Gottsched, Johann Christoph. Versuch einer critischen Dichtkunst. Leipzig: Bernhard Christoph Breitkopf 1730. Hier verwendeter Neudruck: Ausgewählte Werke. Hg. v. Joachim Birke. 12 Bde. Band 6,1. Berlin / New York: De Gruyter. 1968–1987 (1973).

Schnabel, Johann Gottfried. Wunderliche Fata einiger See-Fahrer absonderlich Alberti Julii. In vier Teilen. Nordhausen: Johann Heinrich Groß 1731–1743.

Zeitungen

Berlinisch Privilegierte Zeitung (Berlin), vom 10. Februar 1733.
Nordischer Mercurius (Hamburg), zweite Ausgabe von Februar 1673.
Ordinari Postzeitung (Erscheinungsort Unbekannt), Nr. 7, 1668.

Onlinetexte

blockhelden.de 30.07.2015. http://blockhelden.de/6789/vermeintlich-einfach-ist-nicht-gleich-niederkomplex-2/ (letzter Zugriff: 8.2.2016).

chefkoch.de, http://www.chefkoch.de/magazin/artikel/3240,0/Chefkoch/Superfood-Goji-Beere-was-kann-die-vermeintliche-Wunderfrucht.html (letzter Zugriff: 8.2.2016).

derwesten.de, 19.06.2015. http://www.google.fr/url?sa=t&rct=j&q=&esrc=s&source=web&cd=44&ved=0CMoCEBYwK2oVChMIotqQ4tbIxwIVQr0UCh33FQDB&url=http%3A%2F%2Fwww.derwesten.de%2Fpanorama%2Fblinder-passagier-stuerzt-mutmasslich-aus-flugzeug-in-den-tod-id10797343.html&ei=4bPeVeLlIML6UvergIgM&usg=AFQjCNGGkPqJI0JAZK5k8xYlianjM9tRLQ&sig2=ZNpNDdkv81o2kees-g_jvQ (letzter Zugriff: 8.2.2016).

Die Welt, 6.8.2015. http://www.welt.de/regionales/nrw/article144898178/Vermeintliche-Putzfrau-bestiehlt-Seniorenpaar.html (letzter Zugriff: 8.2.2016).

drehscheibe-online.de. http://www.drehscheibe-online.de/foren/read.php?2,3421787 (letzter Zugriff: 8.2.2016).
Handelsblatt, 8.10.2003. http://www.handelsblatt.com/finanzen/maerkte/devisen-rohstoffe/greenback-hat-gestern-vermutliche-interventionsmarke-von-110-yen-durchbrochen-waehrungsexperten-begruessen-abwertung-des-dollars/2277746.html (letzter Zugriff: 8.2.2016).
ndr.de, 12.5.2015. http://www.ndr.de/nachrichten/schleswig-holstein/Heute-wieder-Kita-Streiks-im-Norden,kita608.html (letzter Zugriff: 8.2.2016).
Spiegel Online, 3.6.2015. http://www.spiegel.de/netzwelt/web/united-airlines-vermutliche-hacker-attacke-auf-flugzeuge-a-1036893.html (letzter Zugriff: 8.2.2016).
tagesspiegel.de, 19.06.2015. http://www.tagesspiegel.de/weltspiegel/london-blinder-passagier-stuerzt-mutmasslich-aus-flugzeug-in-den-tod/11941882.html (letzter Zugriff: 8.2.2016).
http://www.taubertal-festival.com/phpbb3/viewtopic.php?t=2095) (letzter Zugriff: 8.2.2016).
tripadvisor.de, http://www.tripadvisor.de/ShowUserReviews-g198865-d6510746-r287287088-Lido_Ascona-Ascona_Lake_Maggiore_Canton_of_Ticino_Swiss_Alps.html (letzter Zugriff: 8.2.2016).
zdf.de, 30.08.2015. http://www.zdf.de/ZDFmediathek/beitrag/video/2479016/Ungarn-Mutmassliche-Schlepper-in-U-Haft#/beitrag/video/2479016/Ungarn-Mutmassliche-Schlepper-in-U-Haft (letzter Zugriff: 8.2.2016).

Carolin Baumann
Wir wollen ehrlich sein ... – Prädikative Adjektive und Modalverblesart oder: Zum Verhältnis von Modalität und Wertung

Abstract
Für Konstruktionen vom Typ Modalverb + Adjektiv + *sein/werden/bleiben*, finden sich sowohl Belege mit einer dominant handlungsbezogenen (deontischen) Lesart des Modalverbs, z. B. *Man muss ehrlich sein* oder *Man kann sicher sein*, als auch solche mit dominant erfahrungs- oder erkenntnisbezogener (epistemischer) Lesart, z. B. *Wie dumm kann man sein?* oder *Man muss (wohl einigermaßen) weltfremd sein*. Solche Fälle mit gleichem Subjekt und Kopulaverb werfen die Frage danach auf, wie Modalverb und prädikatives Adjektiv in diesen Konstruktionen aufeinander bezogen werden.

Dieser Beitrag enthält zunächst theoretische Überlegungen zur Modalverb- und Adjektivbedeutung. Dynamizität und Intentionalität als Forderungen der Modalverben an ihr Situationsargument sind Grundlage des Übergangs zwischen den Lesarten. Im prädikativen Adjektiv ist eine (doppelte) Situationsstruktur mit Dynamizität und Partizipantenrollen angelegt; diese bildet die Grundlage von wertenden Verwendungen. Die semantischen Merkmale beider Ausdrücke werden aufeinander bezogen in einigen explorativen Beobachtungen der betreffenden Konstruktion in Daten aus dem LIMAS-Korpus. In diesem ersten Zugang stellt sich die Affinität handlungsbezogener Modalität und Wertung dar als Ergebnis der Identifikation von Partizipantenkonstellationen, die Modalverb und Adjektiv in ihrer kategorialen und lexikalischen Bedeutung einbringen und die auch dem Äußerungsakt inhärent ist.

1 Einleitung

Prädikativ verwendete Adjektive erscheinen in Modalverbbelegen unterschiedlicher Lesart. Von den folgenden vier Beispielen werden die ersten beiden dominant handlungsbezogen (deontisch) als Ausdruck von Handlungsvoraussetzungen gelesen, wohingegen (3) und (4) als Belege abstrakterer Lesarten gelten

---

Dr. Carolin Baumann, Universität Siegen, Germanistisches Seminar, Hölderlinstraße 3, D-57076 Siegen, e-mail: baumann@germanistik.uni-siegen.de

https://doi.org/10.1515/9783110584042-009

können, indem das Modalverb als Ausdruck von Vorkommenswahrscheinlichkeit bzw. als Ausdruck einer bedingten propositionalen Einstellung des Sprechers erscheint. Die Lesart in (3) wird hier als erfahrungsbezogen bezeichnet und die in (4) als erkenntnisbezogen (vgl. dazu Abs. 2).

handlungsbezogen:

(1) *Man kann sicher sein, daß alle anderen grammatischen Schullehrbücher ähnliche Probleme erkennen lassen.* (koe-4534)[1]
(2) *Allerdings muß man dabei ganz ehrlich sein:* (mue-2026)

erfahrungsbezogen/erkenntnisbezogen:

(3) *Es war unglaublich, wie dumm man sein konnte, wenn man jemanden hasste.* (koe-5378)
(4) *Man muß wohl einigermaßen weltfremd sein, wenn man das Überangebot an Literatur bestaunen will, um zu glauben, dass unser Mythenbedarf mit dem klassisch- griechischen Mythenangebot zu befriedigen sei.* (mue-1210)

Ein Blick auf die jeweils verwendeten Adjektive, *sicher* und *ehrlich* einerseits, *dumm* und *weltfremd* andererseits, geben den Eindruck einer Assoziation von handlungsbezogener Lesart und positiv wertendem Adjektiv einerseits und erfahrungs- bzw. erkenntnisbezogener, d. h. nicht-handlungsbezogener, Lesart und negativ wertendem Adjektiv andererseits.

Grundsätzlich ist die Beobachtung, dass dem, i. d. R. verbalen, Komplement des Modalverbs eine zentrale Rolle für die Lesart des Modalverbs zukommt, in der Literatur vielfach dokumentiert. Betont wird dabei vor allem die Aspektualität des Komplements bzw. die Dynamizität der im Komplement gegebenen Situation als relevanter Faktor. Perfektive Aspektualität des Infinitivkomplements bzw. die Dynamizität der im Komplement dargestellten Situation korreliert mit handlungsbezogener, imperfektive Aspektualität mit erkenntnisbezogener Lesart (vgl. z. B. Abraham 2010: 13–14, Diewald 1999: 257–258). In den Beispielen (1)–(4) liegt jedoch mit *sein* immer der gleiche verbale Kern des Infinitivkomplements vor und indem *sein* eine statische Situation und damit imperfektive Aspektualität

---

[1] Die Angaben in Klammern beziehen sich auf die Menge aller rd. 12.200 Modalverbbelege aus dem LIMAS-Korpus, die die empirische Basis meiner Dissertation (Baumann 2017) bilden; koe-4534 meint etwa den 4534. *können*-Beleg aus dem Korpus. Das Korpus selbst setzt sich zusammen aus 500 Quellen unterschiedlicher Textsorten zu je 2000 Tokens.

bezeichnet, wäre unter diesem Gesichtspunkt eine handlungsbezogene Lesart wie in (1) und (2) eher nicht zu erwarten. Auch das Subjekt hat mit Person, Definitheit, Identifizierbarkeit und Belebtheit Einfluss auf die Modalverblesart (vgl. Nishiwaki 2013: 237–243, Heine 1995: 24–25, Diewald 1999: 255–257). In den Beispielen (1)–(4) liegt mit *man* jedoch immer das gleiche indefinite persönliche Subjekt vor, so dass sich die Lesartunterschiede dieser Belege nicht primär über das Subjekt erklären lassen. Im Folgenden bleibt das Subjekt aus Gründen des begrenzten Raumes weitestgehend ausgeklammert und wird nur mit Bezug auf einzelne Belege erwähnt.

Diese ersten Beobachtungen dienen als Ausgangspunkt der Frage, inwiefern die prädikativen Adjektive beteiligt sind am Zustandekommen der dominanten[2] Lesart des Modalverbs in einem gegebenen Beleg. In den betrachteten Konstruktionen mit Kopulakomplement bilden sie immerhin den semantisch „reichen" Teil (vgl. Eichinger 2007: 171), und die Relevanz der Komplementbedeutung für die Modalverblesart ist unbestritten.

Im Folgenden wird in Abschnitt 2 zunächst der Zusammenhang der Modalverblesarten in den Blick genommen. Die Modalverbbedeutung wird beschrieben als szenische Bedingungsstruktur, die je nach Bezug auf sprachlich dargestellte Instanzen, die Sprecher und Hörer einschließende Erfahrungsgemeinschaft oder den aktuellen Sprechakt in einer handlungs-, erfahrungs- oder erkenntnisbezogenen Lesart aufgeht. In Abschnitt 3 werden die für die Modalverblesart relevanten Aspekte der Adjektivbedeutung näher betrachtet und insbesondere für die prädikative Verwendung reflektiert. Dabei geht es zunächst um aspektuelle Eigenschaften einer adjektivischen Prädikation, die sich aus der Generizität der Prädikation einerseits und der lexikalisch angelegten Dynamizität von Adjektiven andererseits ergibt (3.1), dann um eine im prädikativen Adjektiv angelegte Partizipationsstruktur (3.2). Es wird vorgeschlagen, diese implizite Konstellation als Grundlage der wertenden Verwendung von Adjektiven anzusehen (3.3). Beobachtungen anhand der Belege aus dem LIMAS-Korpus werden in Abschnitt 4 dargelegt. Abschnitt 5 reflektiert zusammenfassend die Ergebnisse mit Blick auf einen Zusammenhang der Bedeutung von Modalverben und Adjektiven bzw. von Modalität und Wertung.

---

[2] Es lassen sich im Prinzip zu jedem Modalverbbeleg Kontexte denken, in denen er in einer anderen Lesart erscheint. Hier interessieren jedoch die Interpretationsmechanismen, die gewöhnlich einsetzen.

2 Modalverben und Modalverblesarten

Die Frage nach dem Zusammenspiel von Modalverblesart und Adjektivbedeutung setzt eine Betrachtung der beiden zentralen semantischen Eigenschaften der Modalverben voraus. Dies ist zum einen ihre Mehrdeutigkeit selbst, das heißt die Tatsache, dass jedes der sechs Verben *wollen, mögen, sollen, dürfen, müssen* und *können* in verschiedenen Lesarten erscheint, zum anderen der Befund, dass die sechs Verben in ihren semantischen Merkmalen systematisch aufeinander bezogen sind, indem sie je einzeln eine spezifische Situationsbedingung bezeichnen und so als Wortfeld gemeinsam eine szenisch angelegte Bedingungsstruktur entwerfen.

Die in diesem Beitrag unterschiedenen Lesarten sind in den folgenden drei Beispielen für *können* veranschaulicht (vgl. auch die Beispiele (1)–(4) in Abschnitt 1).

(5) *Anna kann heute Abend ins Kino gehen.*
(6) *Der Kinoabend kann entspannend werden. / Ein Kinoabend kann entspannend sein.*
(7) *Momentan kann/könnte Anna noch im Verkehr feststecken.*

In (5) kommt mit *kann* eine Handlungsmöglichkeit für den Subjektreferenten Anna zum Ausdruck. In (6) ist es demgegenüber eine allgemeine Ein- oder Auftretenswahrscheinlichkeit für das Ereignis eines entspannenden Kinoabends. Und in (7) erscheint das Modalverb als Ausdruck einer aktuellen Bedingtheit der epistemisch-konstativen Haltung des Sprechers in Bezug auf die Proposition, dass Anna gerade im Verkehr feststeckt.

Terminologisch werden die Lesarten ganz unterschiedlich gefasst. Oft wird zentral zwischen den beiden Lesarten unterschieden, die hier durch (5) und (7) für *können* einschlägig repräsentiert sind. Die Lesart in (5) heißt dann in der Literatur ‚deontisch/objektiv/subjektbezogen', weil es um gegebene (und insofern „objektive") Umstände, insbesondere: Obliegenheiten, geht, denen typischerweise der Subjektreferent in seinen Handlungsmöglichkeiten unterliegt. Die Lesart in (7) wird demgegenüber ‚epistemisch/subjektiv/sprecherbezogen' genannt (vgl. z. B. Engel 2004: 245, Helbig & Buscha 2013: 116–117, Hentschel & Weydt 2003: 76). Damit soll verdeutlicht werden, dass es um das Wissen des Sprechers geht, auf das mit dem Modalverb Bezug genommen wird, und damit nicht um „objektive" Umstände, sondern um eine „subjektive" Einschätzung. Fälle wie (6) werden in dieser dualen Unterscheidung der einen oder anderen Gruppe zugeschlagen, bleiben aber nicht selten auch unerwähnt.

Wie mit dieser Mehrdeutigkeit der Modalverben umzugehen ist, ist eines der, wenn nicht *das* wesentliche Problem in der semantischen Beschreibung der

Modalverben (vgl. Diewald 1999: 66–72). Ohne an dieser Stelle im Detail darauf eingehen zu können, bewegt man sich zwischen Beschreibungsansätzen, die von einer einheitlichen Grundbedeutung ausgehen, die alle Lesarten einschließt (vgl. v. a. Kratzer 1976, 1981, s. daran anknüpfend auch Zifonun u. a. 1997: 1882–1887), und solchen, die zwar den historischen Zusammenhang zwischen den Lesarten sehen, synchron für das Gegenwartsdeutsche aber die Existenz zweier weitestgehend unabhängiger Bedeutungen oder „Systeme" betonen (vgl. Diewald 1999: 68).

Im vorliegenden Artikel wird von einer semantischen Beschreibung der Modalverben ausgegangen, nach der sie eine einheitliche, allen Lesarten zugrundeliegende Grundbedeutung haben, die sich zunächst als (je nach Einzellexem weiter spezifizierte) Bedingtheit einer intentionalen und dynamischen Situation allgemein beschreiben lässt. Das Modalverb selbst bezeichnet dabei die Bedingung und fordert eine (bedingte) Situation als Argument. Das jeweilige Modalverblexem spezifiziert die Situationsbedingung und die syntaktisch komplementierenden Ausdrücke spezifizieren die bedingte Situation.

Die sechs Lexeme untereinander unterscheiden sich hinsichtlich dreier semantischer Merkmale, die diese Bedingung in ihrem Bezug auf die bedingte Situation spezifizieren: [+/–REAKTIV], [+/–VERORTET] und [+/–INTERN], wie in Tabelle 1 aufgeführt.

Tab. 1: Modalverblexeme nach semantischen Merkmalen.

	sollen	müssen	wollen	mögen	können	dürfen
[REAKTIV]	–	–	–	+	+	+
[VERORTET]	+	–	+	+	–	+
[INTERN]	–	0	+	+	0	–

Mit [+REAKTIV] ist die Markiertheit von *mögen*, *können* und *dürfen* erfasst, nach der sie eine Situationsbedingung bezeichnen, die eine vorhergehende Initiative voraussetzt (vgl. Diewald 1999: 129–130): Etwas zu mögen, setzt eine Konfrontation damit voraus; etwas zu können, impliziert den Willen oder Versuch, der potenziell auf Hindernisse stößt, und etwas zu dürfen, einen antizipierten Willen oder eine Willensäußerung. Demgegenüber bezeichnen *sollen*, *müssen* und *wollen* „initiative", d. h. [–REAKTIVE], Situationsbedingungen.

Das Merkmal [+VERORTET] erfasst die Spezifikation einer Situationsbedingung als innere Haltung einer Instanz, d. h. als Wille oder Intentionalität im weitesten Sinne. So sind *sollen*, *wollen*, *mögen* und *dürfen* als personalen Instanzen zugeordnet zu verstehen, während *müssen* und *können* auch „äußere" Bedingungen wie allgemeine Umstände bezeichnen können und damit hinsichtlich einer solchen Zuordnung nicht spezifiziert sind.

Mit [+INTERN] ist schließlich der Unterschied innerhalb der [+VERORTETEN], d. h. instanzenbezogenen, Modalverben erfasst, nach dem *wollen* und *mögen* auf eine Instanz verweisen, die selbst als Partizipant Teil der bedingten Situation ist, während *sollen* und *dürfen* auf eine Instanz außerhalb dieser Situation, d. h. auf einen nicht weiter spezifizierten „Anderen", referieren.

In der Zusammenschau der je nach Einzellexem unterschiedlich spezifizierten Situationsbedingungen, tritt eine szenische Struktur hervor aus initiativ und reaktiv „wollenden" Instanzen und „äußeren" Bedingungen als Relationen zwischen diesen Instanzen.

Die Bestimmung des Situationsarguments als intentional und dynamisch lässt sich fassen als Argumentforderung oder semantische Valenz des Modalverbs (vgl. Baumann 2017). ‚Intentional' bedeutet, dass an der Situation ein Partizipant beteiligt ist, der sich durch eine allgemeine Form der Gerichtetheit auf einen Gegenstand oder Inhalt auszeichnet. Hierunter fallen als agenstypische Merkmale ‚Kontrolle' und ‚Absicht' (vgl. Lehmann 2006: 157), aber auch die erfahrende Gerichtetheit eines Experiens in der Wahrnehmung. ‚Dynamisch' meint, dass die Situation als zeitlich begrenzt und sich in der Zeit verändernd konzipiert ist (vgl. Lehmann 1992: 161–162).

Betrachtet man die in (5) bis (7) für die Lesarten beispielhaft gegebenen Sätze in Hinblick auf die jeweils syntaktisch komplementierenden Ausdrücke, wird deutlich, dass die durch sie jeweils dargestellte Situation den hier formulierten Anforderungen an das Modalverbkomplement in unterschiedlichem Maße entspricht:

In (5) sind die Argumentforderungen erfüllt: Im das Modalverb komplementierenden Teil des Satzes ist eine Handlung dargestellt, die sich als *gehen (Anna, ins Kino)* fassen lässt. Der zentrale Partizipant ist hier der Referent des Subjekts *Anna* als absichtsvoll handelnde Person.

In (6) erfüllen die jeweils im Satz dargestellten Situationen *werden (der Kinoabend, entspannend)* bzw. *sein (ein Kinoabend, entspannend)* nicht die sortalen Argumentforderungen des Modalverbs im oben genannten Sinne: Die mit *werden (der Kinoabend, entspannend)* gegebene Situation ist nicht intentional, da es keinen zentralen Partizipanten gibt, der sie intendiert und kontrolliert; Entsprechendes gilt für die Situation *sein (ein Kinoabend, entspannend)*, die zudem auch nicht dynamisch ist.

In (7) wird mit *feststecken (sie, im Verkehr)* eine Situation bezeichnet, die zwar eine Person als Partizipanten einschließt, von dieser aber nicht kontrolliert oder intendiert, sondern eher „erlitten" wird. Als Zustand erfüllt die dargestellte Situation auch das Dynamizitätskriterium nicht.

Obwohl die im Komplement und seinen Ergänzungen dargestellte Situation in den Fällen in (6) und (7) nicht den Argumentforderungen des Modalverbs genügt, sind die Sätze dennoch nicht ungrammatisch, sondern ohne Probleme interpretierbar – wenngleich mit einer anderen Lesart des Modalverbs als in (5). Hier liegt der Ansatzpunkt für die Beschreibung eines systematischen Zustandekommens der Modalverblesarten auf Basis der beschriebenen Argumentforderungen und einer diesen Forderungen entsprechenden Interpretation von Sätzen wie denen in (6) und (7).

Oben wurde formuliert, dass die syntaktisch komplementierenden Ausdrücke der Spezifikation der Argumentsituation dienen. Das bedeutet jedoch nicht zwingend, dass sie diese als ganze beschreiben.[3] Dies ist nur in (5) der Fall, wo *gehen* den Situationskern bezeichnet und *Anna* und *ins Kino* Agens und Locus als Partizipanten einbringen.

In (6) und (7) nun kann die jeweils dargestellte Situation, die den Argumentforderungen des Modalverbs nicht entspricht, dennoch herangezogen werden, um die bedingte Situation resp. das Modalverbargument zu spezifizieren. Statt die bedingte Situation als ganze zu beschreiben, wird die dargestellte Situation dabei selbst als Partizipant innerhalb dieser Situation aufgefasst. Das bedeutet, die dargestellte Situation wird nicht als relationale Struktur zwischen Entitäten aufgefasst, sondern selbst als Entität, die in einer Situation Relationen zu anderen Entitäten eingehen kann. Indem sie in sich komplex ist, unterscheidet sie sich von einfachen Entitäten wie Dingen und Personen und wird daher auch als Entität „höherer Ordnung" bezeichnet (vgl. Lyons 1977: 442–443, Hengeveld 2004: 1104–1105, Mackenzie 2004: 974).

So können *werden (der Kinoabend, entspannend)* und *sein (ein Kinoabend, entspannend)* in (6) als Entität zweiter Ordnung aufgefasst werden; solche Entitäten sind Ereignisse oder Sachverhalte (vgl. Lyons 1977: 442), die sich, im Falle von Ereignissen, durch eine raumzeitliche Verortung bzw., im Falle von Sachverhalten, durch eine raumzeitliche Instanziierbarkeit auszeichnen; beide sind evaluierbar bezüglich ihrer Realität: Ereignisse bzw. Sachverhalte liegen vor oder nicht (vgl. Mackenzie 2004: 974). Die Situation *feststecken (sie, im Verkehr, momentan)* in (7) wird hingegen als Entität dritter Ordnung resp. Proposition aufgefasst, die sich durch einen Wahrheitswert, ‚wahr' oder ‚falsch', auszeichnet.

Dieser jeweilige ontologische Status als Ereignis/Sachverhalt bzw. Proposition der dargestellten Situation gemeinsam mit der Forderung des Modalverbs,

---

3 Ganz davon abgesehen, dass eine „vollständige" Beschreibung einer Situation ohnehin kaum möglich ist, ist hier damit gemeint, dass das Partizipatum als Situationskern und die Partizipanten als notwendige „Mitspieler" jeweils ausdrucksseitig spezifiziert sind.

dass die Argumentsituation dynamisch sein und über einen intentionalen zentralen Partizipanten verfügen muss, qualifiziert diese als Erfahrungssituation im Falle von (6) und als Erkenntnissituation in (7): Intentionale dynamische Situationen, die Ereignisse/Sachverhalte zum Gegenstand haben, sind Erfahrungen; intentionale dynamische Situationen, die Propositionen zum Gegenstand haben, sind Erkenntnisse.

Der zentrale Partizipant der Argumentsituation als diejenige Entität, die als Träger des geforderten Merkmals ‚intentional' erscheint, ist in Fällen wie (5) mit dem Agens der dargestellten Situation identisch, typischerweise mit dem Subjektreferenten, hier also mit Anna. In Fällen wie (6) und (7) ist er durch den Situationstyp bestimmt, d. h. als zentraler Partizipant einer Erfahrungs- oder Erkenntnissituation, und wird konventionell mit den an der aktuellen Kommunikationssituation beteiligten Instanzen identifiziert: in (6) mit den Kommunikanten als Erfahrungsgemeinschaft in einer geteilten phänomenologischen Welt, die sich vielleicht am besten mit *man* beschreiben lässt, in (7) mit dem aktuellen Sprecher (*ich*) als aktuell epistemisch verantwortlicher Instanz.

Die genannten Beispiele lassen sich demnach wie folgt paraphrasieren:

(5) *Anna kann heute Abend ins Kino gehen.*
‚Anna hat die Möglichkeit, heute Abend ins Kino zu gehen.'
Argumentsituation: gehen (Anna, ins Kino, heute Abend)
(6) *Der Kinoabend kann entspannend werden. / Ein Kinoabend kann entspannend sein.*
‚Man hat / Wir haben die Möglichkeit zu erleben, dass der Kinoabend spannend wird / ein Kinoabend spannend ist.'
Argumentsituation: ERLEBEN (MAN, EREIGNIS: werden (der Kinoabend, entspannend))
(7) *Momentan kann/könnte sie noch im Verkehr feststecken.*
‚Ich habe die Möglichkeit, zu urteilen, dass sie momentan noch im Verkehr feststeckt.'
Argumentsituation: URTEILEN (ICH, PROPOSITION: feststecken (sie, im Verkehr))

Die Lesarten der Modalverben kommen nach dieser Beschreibung durch eine Interpretation der jeweiligen Sätze gemäß den im Modalverb angelegten Forderungen an die Argumentsituation zustande. Damit einher geht ein wechselnder Bezug des Modalverbs auf die im Satz dargestellte Situation, auf eine von der Kommunikationssituation aus zugängliche Wahrnehmungssituation oder auf das im aktuellen Sprechakt realisierte Urteilen des Sprechers.

Der besseren Durchsichtigkeit halber wird in diesem Beitrag von den etablierten Begriffen zur Bezeichnung der Modalverblesarten abgewichen. Da die Lesarten, wie in (5)–(7) expliziert, vor allem über den Situationstyp der Argumentsituation bestimmt sind, werden die entsprechenden Lesarten als ‚handlungsbezogen', ‚erfahrungsbezogen' und ‚erkenntnisbezogen' bezeichnet.

Nun, vor dem Hintergrund dieser grundlegenden und allgemeinen Überlegungen zu den Modalverben und ihren Lesarten, kann ein gezielterer Blick auf die Fälle geworfen werden, die im Fokus dieses Artikels stehen. Der verbale Anteil in Modalverbkomplementen mit prädikativem Adjektiv, die Kopula, kodiert für sich genommen Dynamizität (oder Aspektualität): *Sein* gilt als neutral, *bleiben* als durativ („fortbestehend"), *werden* als dynamisch („sich entwickelnd") (Duden 2016: 801). Bezüglich der Intentionalität der von ihnen im Kern beschriebenen Situationen, d. h. der Frage, ob eine gerichtete und kontrollierende Instanz beteiligt ist, sind die Kopulaverben unbestimmt. So kann man laut werden oder krank, sachlich bleiben oder dumm, freundlich sein oder hässlich, wobei der jeweils erste Fall als kontrolliertes und intendiertes Verhalten, der jeweils zweite als unkontrollierte Eigenschaft verstanden wird. Den Unterschied macht dabei das jeweils vorliegende Adjektiv.

Dies wirft uns zurück auf die Frage nach der Bedeutung von Adjektiven, insbesondere in prädikativer Verwendung.

3 Die Bedeutung prädikativer Adjektive – Dynamizität, Partizipation und Wertung

Im vorherigen Abschnitt 2 wurde gezeigt, dass die Lesart eines Modalverbs wesentlich mit Merkmalen der im Infinitivkomplement dargestellten Situation zusammenhängt. Diese ist in den hier betrachteten Fällen in Form einer Kopulakonstruktion mit prädikativem Adjektiv gegeben. Es ist also zunächst diese Konstruktion hinsichtlich der Merkmale Dynamizität und Intentionalität zu betrachten, bevor in Abschnitt 4 anhand von Korpus-Belegen einige Beobachtungen zur tatsächlichen lexikalischen Füllung des prädikativen Adjektivs in Modalverbkonstruktionen präsentiert werden.

Zunächst wird in Abschnitt 3.1 die Frage nach der Dynamizität der Situation gestellt, die in der Kopulakostruktion realisiert ist. Dabei spielen die (kontextbedingte) Aktualität der Prädikation sowie die Dynamizität der Adjektivbedeutung und schließlich die temporale Struktur des jeweiligen Kopulaverbs zusammen. Unmittelbar an die Frage nach der Dynamizität der prädizierten Situation schließt sich die Frage nach Rolle und Generizität der Partizipanten an, die in Abschnitt

3.2 betrachtet werden. Abschnitt 3.3 hat schließlich den Bezug zur Äußerungssituation und den wertenden Gebrauch von Adjektiven zum Gegenstand.

3.1 Prädikative Adjektive und Zeitstabilität

Adjektiven wird zunächst eine kategoriale temporale Struktur zugesprochen, die sich aus ihrer Funktion ergibt, (attributiv, prädikativ oder adverbial)[4] Eigenschaften zu prädizieren, die auf einer Skala der Zeitstabilität, wie sie sich bei Lehmann (1992: 158) findet, die Position zwischen Gegenständen und Ereignissen als den Polen maximaler bzw. minimaler Zeitstabilität einnehmen: Eigenschaften existieren permanent, aber grundsätzlich veränderlich, *an* Gegenständen, die ihrerseits in ihrer substantivisch ausgedrückten Klassenzugehörigkeit unveränderlich die Zeit überdauernd konzipiert sind; Ereignisse bestehen als zeitweilige Relationen *zwischen* Gegenständen und dauern im Extremfall nur einen kurzen Augenblick, demgegenüber länger anhaltend sind Vorgänge und, noch zeitstabiler, Zustände (vgl. auch Givón 1984: 52–53).

Den Konzepten unterschiedlicher Zeitstabilität entsprechen die Wortarten mit ihren primären Funktionen, indem Substantive vor allem referenziell auf Gegenstände verweisen, Verben vor allem Ereignisse und Vorgänge prädizieren und Adjektive Eigenschaften attribuieren (vgl. Lehmann 1992: 158). Die Zuständigkeiten von Verb und Adjektiv überlappen in der Prädikation der gegenüber Vorgängen mehr und gegenüber Eigenschaften weniger zeitstabilen Zustände (vgl. Lehmann 1992: 169, 174).[5]

Adjektive können demnach sowohl zeitlich unbegrenzt mit einem Gegenstand verbundene Eigenschaften (z. B. *Anna ist klug* oder *Der Ball ist rund*) als auch zeitlich begrenzte Zustände (vgl. *Anna ist müde* oder *Der Ball ist nass*) bezeichnen. Leisi (1975: 42–43) unterscheidet in diesem Sinne potenzielle und aktuelle Bedingungen des Adjektivgebrauchs, bei Kratzer (1995) ist von Individuen- und Stadienprädikaten („individual-/stage-level predicates") die Rede und Blühdorn (2001: 3) spricht von generischer und partikulärer Prädikation.

---

[4] Attribution gilt als primäre Adjektivfunktion und bedeutet eine implizite Prädikation, die in prädikativer Verwendung expliziert wird. Die Frage nach dem Verhältnis von prädikativer, attributiver und adverbialer Adjektivverwendung kann im Rahmen dieses Beitrags nicht behandelt werden. Man vergleiche dazu aber Hartlmaier, Lehmann, Lefèvre i.d.B.

[5] Lehmann (1992: 169) nennt auch die Überlappung in der gewöhnlich vom Substantiv realisierten ‚Klassenzugehörigkeit' (z. B. *Er ist Metzger*) für Adjektive wie *deutsch* und *spanisch*.

Dieser Unterschied ist somit einer der Prädikation und nicht etwa im Lexikon des jeweiligen Adjektivs festgelegt (vgl. Kratzer 1995: 125–126, Blühdorn 2001: 18). Er ergibt sich kontextuell, wobei Faktoren wie die spezifische lexikalische Kombinatorik in Prädikativum und Subjekt oder das Vorliegen raum-zeitlich begrenzender Adverbiale eine Rolle spielen können.

(8) a. *Der Ball ist rot.*
    b. *Peters Gesicht ist rot.*
(9) a. *Peter ist blond.*
    b. *Peter ist diesen Sommer blond.*

Für (8) trägt das Wissen, dass die Farbe von Gegenständen gewöhnlich fest ist, wohingegen die Farbe eines menschlichen Gesichts wechseln kann, dazu bei, dass (8a) ohne weiteren Kontext präferiert als Eigenschaftsprädikation, (8b) hingegen als Zustandsprädikation aufgefasst wird. (9a) lässt sich ohne Weiteres als Eigenschaftsprädikation verstehen, die temporale Modifikation in (9b) setzt jedoch die Zustandslesart prominent.[6]

Als lexikalisch verankert gilt hingegen der Unterschied zwischen statischen und dynamischen Adjektiven. Leisi (1975: 42) unterscheidet hier Adjektive wie *lang, weiß, bitter* als Bezeichnungen für die „Eigenschaft eines Gegenstandes oder Lebewesens" von Adjektiven wie *schnell, laut, schrill* als Ausdruck der „Eigenschaft eines Vorganges". Vogel (1997: 410–411) spricht entsprechend von ‚nominaler' und ‚verbaler' Adjektivsemantik. Statisch bzw. nominal sind Adjektive wie *lang, weiß, bitter,* indem die betreffenden Eigenschaften ohne Veränderung an ihrem Träger (Gegenstand oder Lebewesen) existieren und wahrnehmbar sind; dynamisch bzw. verbal sind Adjektive wie *schnell, laut, schrill,* da die bezeichnete Qualität nur im Rahmen und für die Dauer einer dynamischen Situation tatsächlich wahrnehmbar ist. Der Referent des dynamischen Adjektivs ist damit spezifiziert als Partizipant einer (ansonsten unterspezifizierten) dynamischen Situation.

Ich gehe davon aus, dass nicht nur dynamischen, sondern auch statischen Adjektiven ein entsprechender Situationsbezug inhärent ist. Im Anschluss an Leisis Beschreibung könnte man davon sprechen, dass dynamische Adjektive nicht „Eigenschaften eines Gegenstandes oder Lebewesens", sondern „Eigenschaften eines Partizipanten *in einer statischen Situation*" und dynamische Adjektive nicht „Eigenschaften eines Vorgangs", sondern „Eigenschaften eines Partizipanten *in einer dynamischen Situation*" bezeichnen.

---

6 Maienborn (2003: 72) spricht hier von einem pragmatischen „Temporaritätseffekt". Zur Relevanz bei der Interpretation von Modalverbkonstruktionen vergleiche man Maché 2013.

Dass Adjektive damit kategorial über Partizipanten, d. h. Entitäten *in einer Situation*, prädizieren, entspricht dem grundsätzlich sekundären Charakter der adjektivischen Prädikation und wird zunächst am deutlichsten in ihrer primären Funktion: der Attribution.

(10) *Der laute/müde/schnelle/große Mann läuft durch die Stadt.*

Die Situation, die die Partizipantenrollen zuweist, ist im Prädikat, hier *läuft*, gegeben. Der Subjektreferent erscheint als Agens der entsprechenden Situation. Mit dem attributiv gebrauchten Adjektiv ist jeweils eine gegenüber der im Prädikat realisierten sekundäre Prädikation gegeben.[7] Die Verschränkung der beiden Prädikationen ist im prädikativen Gebrauch verschoben:

(11) *Der Mann ist laut/müde/schnell/groß.*

Die attributiv sekundäre Prädikation ist nun im Prädikat explizit. Dass dann umgekehrt die Prädikation einer Situation implizit ist, die den Referenten als Partizipanten ausweist, zeigt sich u. a. im Unterschied zwischen dynamischer und statischer Adjektivbedeutung. Der lexikalisch angelegte Unterschied zwischen statischen und dynamischen Adjektiven ließe sich demnach auf einen Dynamizitätsunterschied der in prädikativer Adjektivverwendung implizit prädizierten Situation zurückführen.

Nimmt man mit dynamischer gegenüber statischer Adjektivbedeutung einerseits und aktueller gegenüber generischer Prädikation andererseits die Ebenen beider im Adjektivgebrauch verschränkten Prädikationen zusammen, ergibt sich eine Typologie adjektivischer Prädikationen wie in Tabelle 2. Es besteht eine grundsätzliche, wenngleich nicht unhintergehbare, Affinität zwischen dynamischer Adjektivbedeutung und partikulärer Prädikation einerseits und statischer Adjektivbedeutung und generischer Prädikation andererseits (vgl. Vogel 1997: 413–414, Leisi 1975: 42–43). Dabei lassen sich die verschiedenen Prädikationstypen in Abhängigkeit von der Dynamizität der Adjektivbedeutung paraphrasieren durch dynamische (z. B. *singen*) oder statische (z. B. *sich fühlen*) verbale Prädikate im Falle der aktuellen Prädikation bzw. dynamische (z. B. *Läufer*) oder statische (z. B. *Mann*) nominale Prädikative im Falle der generischen Prädikation.

---

[7] Es kann im Rahmen dieses Beitrags nicht ausführlich auf die vielfältigen Unterschiede zwischen attributiver und prädikativer Verwendung von Adjektiven eingegangen werden. Innerhalb dieses Bandes wird der Zusammenhang insbesondere in den Beiträgen von Lehmann, Hartlmaier und Lefèvre thematisiert.

Tab. 2: Typen adjektivischer Prädikation nach Dynamizität der Adjektivbedeutung und Generizität der Prädikation.

Prädikation \ Adjektivbedeutung	dynamisch	statisch
partikulär/aktuell	**Handlungs-/Vorgangsqualität** (z. B. *Peter ist laut.* → *Peter singt (gerade) laut.*)	**Zustand** (z. B. *Peter ist müde.* → *Peter fühlt sich (gerade) müde.*)
generisch/permanent	**Disposition** (z. B. *Peter ist schnell.* → *Peter ist (generell) ein schneller Läufer.*)	**Eigenschaft** (z. B. *Peter ist groß.* → *Peter ist (generell) ein großer Mann.*)

Nur mit der Kopula *sein* ist eine permanente, oder besser: atemporale, Prädikation von Dispositionen und Eigenschaften möglich.[8] Die Kopulaverben *bleiben* und *werden* prädizieren hingegen einen (Nicht-)Wechsel der vom Adjektiv realisierten Prädikation und sind damit temporal spezifiziert. *Sein* ist demnach [+ATEMPORAL], *bleiben* und *werden* [–ATEMPORAL].

Dieser Unterschied wird im Vergleich von *sein* und *bleiben* deutlich: Obwohl *bleiben* das Anhalten einer bestehenden Situation bezeichnet, ist das Verb implizit dynamisch. Es setzt temporale Verankerung der Prädikation voraus, indem die statische Situation konzipiert ist als Ausbleiben eines Zustandswechsels. So bedeutet etwa *Peter bleibt schnell*, dass aktuell kein Zustandswechsel zu nicht-schnell bzw. langsam eintritt; eine Lesart der adjektivisch realisierten Prädikation als Disposition ist nicht möglich.[9] *Bleiben* kann demnach als dynamisches Negativum bezeichnet werden. Darin ist es merkmalhaft gegenüber der typischerweise dynamischen Bedeutung von Verben, was hier in dem Merkmal

---

[8] In anderen Sprachen werden die permanente, atemporale Prädikation von Eigenschaften und die aktuelle, temporal verankerte Prädikation von Zuständen mitunter mit verschiedenen Kopulaverben realisiert. So dient etwa im Spanischen *ser*, z. B. *Heidi es rubia* – ‚Heidi ist blond', der Eigenschaftsprädikation, *estar*, z. B. *Heidi está cansada* – ‚Heidi ist müde', der Zustandsprädikation (vgl. Maienborn 2003: 13).

[9] Dieses Beispiel zeigt allerdings noch eine andere modale Lesart im Sinne von ‚Ich bleibe dabei, dass Peter schnell ist', die bei Eigenschaftsprädikaten wohl in der Regel die primäre ist, vgl. *Peter bleibt groß*. Hier bezieht sich *bleiben* nicht auf die adjektivische Prädikation, sondern auf den aktuellen assertiven Sprechakt, der die adjektivische Prädikation zum Gegenstand hat. Diese Lesart entspricht der erkenntnisbezogenen Lesart der Modalverben. Sie kann im Rahmen dieses Beitrags jedoch nicht weiter diskutiert werden.

[+STATISCH] gefasst wird. *Werden* bezeichnet demgegenüber einen Zustandswechsel und damit eine dynamische Situation, es ist [–STATISCH].

Tab. 3: Lexikalische Temporalität und Dynamizität der deutschen Kopulaverben.

	sein	*werden*	*bleiben*
[ATEMPORAL]	+	–	–
[STATISCH]	0	–	+

Mit *bleiben* und *werden* sind demnach aktuelle, nicht aber permanente Prädikationen dynamischer wie statischer Adjektive möglich. Zudem wird die prädizierte dynamische oder statische Qualität mit *werden* als entstehend und mit *bleiben* als anhaltend spezifiziert.

Im Folgenden, insbesondere bei den empirischen Beobachtungen in Abschnitt 4, werden nur Belege mit der Kopula *sein* betrachtet. Eine Darstellung eventueller Unterschiede bei den beiden anderen Kopulaverben des Deutschen kann an dieser Stelle nicht geleistet werden.

3.2 Prädikative Adjektive und Partizipation

Mit einer dynamischen oder statischen Adjektivbedeutung gehen in Bezug auf die implizite Prädikation unterschiedliche Partizipantenrollen des Subjektreferenten einher. Betrachtet man die in Tabelle 2 gegebenen Beispiele mit Blick auf die Partizipantenrolle des Subjektreferenten, so zeichnen sich die Beispiele für dynamische Adjektivbedeutung dadurch aus, dass der Subjektreferent als Agens erscheint; ein entsprechender unpersönlicher Partizipant, z. B. *Der Presslufthammer ist laut*, wird als Force bezeichnet (vgl. Lehmann 2004: 12–13). Bei statischen Adjektiven hingegen ist im Subjekt in der Regel das Thema der impliziten Prädikation gegeben (*Peter ist müde*); selten sind Fälle wie *Peter ist konzentriert*, wo auch in einem (kontrollierten) Zustand der Subjektreferent als Agens erscheint.

In der expliziten Prädikation mit der Kopulakonstruktion ist zunächst für die bei Leisi (1975) und Vogel (1997) genannten Beispiele, bei denen es sich sämtlich um Adjektive handelt, die perzeptuell Wahrnehmbares bezeichnen, charakteristisch, dass ein Experiens als zweiter Partizipant implizit ist. *Peter ist laut* impliziert die akustische, *Peter ist groß* die visuelle Erfahrung von Peter.

Damit wird die lexikalische Fülle der Adjektive allerdings nur zu einem Bruchteil erfasst. Ein implizites Experiens lässt sich aber auch für andere semantische Gruppen annehmen. So implizieren Adjektive wie *nützlich, heilsam* und *willkommen* einen weiteren Partizipanten. Dieser kann in einer Dativ- oder Präpositionalergänzung realisiert werden, aber auch implizit bleiben:

(12) *Peter ist (seinen neuen Nachbarn) willkommen.*
(13) *Der Dietrich ist (für den/dem Einbrecher) nützlich.*
(14) *Der Fingerhut ist (für den Wassersüchtigen) heilsam.*

Dieser Partizipant nimmt eine im Vergleich zentralere Position in der Situation ein als der im Subjekt realisierte, indem er mit einer Experiens- (vgl. (12)), oder einer Agens- oder Rezipienten-Rolle (vgl. (13) und (14)) gefasst werden kann, während der im Subjekt realisierte Partizipant als Thema oder Instrument erscheint; gemeinsam ist den in der Dativ- oder Präpositionalergänzung realisierten Partizipantenrollen das Merkmal ‚Intentionalität' oder ‚Empathie' (vgl. Lehmann 2004: 5).

Hier zeigt sich erneut die Verschränkung von impliziter und expliziter Prädikation in der prädikativen Adjektivverwendung: Im Subjekt ist der zentrale Partizipant der impliziten Prädikation realisiert, wohingegen der zentrale Partizipant der expliziten Prädikation häufig implizit bleibt.

Bleibt der zentrale Partizipant der expliziten Prädikation implizit, kann er u. U. aus dem Kontext erschlossen werden.

(15) *Peter ist willkommen.* [Seine neuen Nachbarn bitten ihn sofort freudig hinein.]
(16) *Der Dietrich ist nützlich.* [In wenigen Sekunden hat Peter das Schloss geöffnet.]

Diese Lesarten erscheinen markiert und typisch für einen Erzählkontext, in dem die Perspektive einer erzählten Instanz eingenommen wird.

Prototypisch ist hingegen, wenn ein generisches Experiens, das potenziell alle Mitglieder der Kommunikationsgemeinschaft einschließt, als impliziter zentraler Partizipant verstanden wird.

(17) *Der Dietrich ist nützlich.* [Man kann ihn verwenden, wenn man eine verschlossene Tür ohne Schlüssel öffnen muss.]
(18) *Der Fingerhut ist heilsam.* [Man kann ihn zur Behandlung von Wassersucht verwenden.]

Dass es sich hier um die lexemübergreifend unmarkierte Lesart handelt, erscheint auch vor dem Hintergrund plausibel, dass in der primären attributiven Funktion von Adjektiven, etwa *der nützliche Dietrich* oder *der heilsame Fingerhut*, die prädikativ explizite Prädikation implizit vorausgesetzt ist, womit ein Anspruch auf allgemeine Anerkennung innerhalb der Kommunikationsgemeinschaft einhergeht.[10]

Die Generizität des impliziten Experiens ist nicht identisch mit der generischen Prädikation, wie sie im vorangehenden Abschnitt beschrieben wurde, auch wenn sie mit ihr korreliert sein mag. Dass sich etwas generell, im Sinne von: in verschiedenen Konfrontationssituationen, als nützlich oder heilsam erweist, ist durchaus mit einer partikulären Referenz dieser thematischen Rolle vereinbar. Nichtsdestoweniger ist mit der generischen Lesart des impliziten Experiens oft auch eine generische Lesart des Subjekts verbunden: Die definiten Nominalphrasen *der Dietrich* in (17) und *der Fingerhut* in (18) werden primär als Referenz auf eine Klasse, Gattung oder Kategorie verstanden, nicht auf ein Individuum (vgl. Blühdorn 2001: 3).

Schließlich kann der implizite zentrale Partizipant auch mit dem Sprecher identifiziert werden. In diesem Schritt liegt m. E. der Übergang vom deskriptiven zum wertenden Gebrauch von Adjektiven.

3.3 Prädikative Adjektive und Wertung

Wertung wird oft nicht als Effekt der Lesart oder des Kontextes, sondern als semantisches Merkmal von Adjektiven betrachtet. Eichinger (2007: 165) stellt für die Gruppe der qualifizierenden Adjektive, auf die die prädikative Verwendung beschränkt ist, fest, dass ihre Klassifikation „im Kern auf eine Zweiteilung von Eigenschaftszuordnung und Bewertung hinaus[laufe]" (vgl. auch Marschall i.d.B., Abs. 10.1). So enthielten etwa die bei Duden (2005: 346, vgl. auch 2016: 342–343) für Qualitätsadjektive unterschiedenen semantischen Kategorien ‚Ästhetik', ‚Moral' und ‚Intellekt' mit Vertretern wie *schön* und *hässlich* bzw. *gut* und *schlecht* bzw. *klug* und *dumm* Bewertungsadjektive, beschreibende Adjektive fänden sich in Kategorien wie ‚Form' (z. B. *rund*), ‚räumliche Dimension' (z. B. *hoch*) und ‚zeitliche Dimension' (z. B. *früh*).

Dass jedoch prinzipiell jedes Adjektiv wertend gebraucht werden kann, erfasst Zillig (1982: 82), indem er die wertende Funktion von Adjektiven pragmatisch begründet: „Ein Wert-Adjektiv wird ein Adjektiv [...], wenn es bei bestimmten sprachlichen Handlungen, nämlich bei Bewertungen, gebraucht wird." Im

---

[10] Man vergleiche hierzu auch Lefèvre i.d.B. zur vorausgesetzten epistemischen Einschätzung durch attributiv verwendete epistemische Adjektive.

Sinne eines solchen generellen Gebrauchsbezugs hält Lefèvre (2011: 84) fest, dass mit einem wertenden Adjektiv eher wenig über das Denotat des referierenden Ausdrucks gesagt wird, auf den sich das Adjektiv bezieht. Stattdessen komme etwas über den Sprecher, genauer: seine Haltung gegenüber dem betreffenden Gegenstand, zum Ausdruck (vgl. auch Keller 2004: 8).

Wie im vorangehenden Abschnitt ausgeführt wurde, kann der Sprecherbezug selbst nicht als semantisches Merkmal gefasst werden. Ebensowenig ist die partikuläre vs. generelle Lesart des impliziten Experiens bereits in der Wortbedeutung angelegt. Blühdorn (2001: 17) kommt zu dem Schluss, dass hier eine kontextsensitive Heuristik zu einer entsprechenden Interpretation führt. Es ist hinsichtlich der Semantik von Adjektiven also weniger die Frage zu stellen, welche Adjektive wertende Bedeutung haben, sondern vielmehr, welche im Zeichen angelegten Merkmale erstens eine partikuläre Lesart des impliziten Experiens und zweitens einen Sprecherbezug wahrscheinlich machen.

Zunächst soll daher eine Gruppe von Adjektiven betrachtet werden, für die ein partikuläres Experiens implizit erscheint, aber nicht mit dem Sprecher, sondern primär mit dem Subjektreferenten identifiziert wird[11]. Dies sind Adjektive, die emotionale oder mentale Zustände bezeichnen, in denen der Subjektreferent Thema einer selbstbezüglichen Wahrnehmung ist, mithin als Thema und implizites Experiens erscheint:

(19) *Peter ist mit dem Wein zufrieden.*
(20) *Peter ist froh/traurig über das Wetter / , dass es regnet.*
(21) *Peter ist sicher bezüglich des Wetters / , dass es regnet.*

Wertend erscheinen diese Adjektive dann, wenn via Personaldeixis eine Identifikation des Subjektreferenten mit dem Sprecher stattfindet und damit, aufgrund der semantisch angelegten Identifikation von Subjektreferenten und implizitem Experiens, vermittelt auch eine Identifikation von implizitem Experiens mit dem Sprecher:

(19)' *Ich bin mit dem Wein zufrieden.*
(20)' *Ich bin froh/traurig über das Wetter / , dass es regnet.*
(21)' *Ich bin sicher bezüglich des Wetters / , dass es regnet.*

---

[11] Auch hier ist die generische Lesart des impliziten Expiriens denkbar oder dessen Identifikation mit dem Sprecher. Dann werden die Adjektive *zufrieden, froh, traurig, sicher* jedoch gelesen als ‚zufrieden/froh/traurig aussehend' bzw. ‚Zufriedenheit/Freude/Traurigkeit/Sicherheit äußernd'.

Adjektive wie *froh* oder *(un)zufrieden* stehen gewissermaßen in einem diathetischen Verhältnis zu so prototypisch wertenden Adjektiven wie *gut, schön, schlecht* und *hässlich*. Erstere prädizieren über den Subjektreferenten einen emotionalen oder mentalen Zustand, der aktuell ist, indem er an eine temporal begrenzte Situation gebunden ist. Diese besteht in der Konfrontation mit einem Gegenstand i. w. S., der in (19)–(21) bzw. (19)′–(21)′ als Komplement des Adjektivs in einer präpositionalen Ergänzung oder in einem Komplementsatz gegeben ist. Sie prädizieren folglich über ein Experiens der impliziten Prädikation.

Die prototypisch wertenden Adjektive prädizieren hingegen über den Gegenstand als Thema oder Stimulus der impliziten Prädikation, der entsprechende Zustand des impliziten Experiens bleibt implizit:

(22) *Der Wein ist gut/lecker.*
(23) *Es ist schön/traurig/schlecht, dass es regnet.*
(24) *Es ist wahr/sicher, dass es regnet.*

Einige Adjektive wie *traurig* und *sicher* erscheinen sowohl in Bezug auf einen personalen thematischen Partizipanten, der mit dem impliziten Experiens identisch ist (vgl. (20)′ und (21)′), als auch auf einen unpersönlichen Subjektreferenten als thematischen Mitpartizipanten des impliziten Experiens (vgl. (23) und (24)). In beiden Fällen ist der implizite Experiens, generisch oder partikulär, der (eigentliche) Gegenstand der Prädikation:

(23)′ *Es ist traurig, dass es regnet.* – ‚EXP ist traurig, dass es regnet.'
(24)′ *Es ist sicher, dass es regnet.* – ‚EXP ist sicher, dass es regnet.'

Aber auch bei Adjektiven wie *gut* und *schlecht* ist es nicht notwendigerweise der Sprecher, der als Träger der von einem wertenden Adjektiv bezeichneten Haltung auftritt. In Satzmodi, die dem Hörer die Verantwortung für die Information überantworten, z. B. in Fragen wie in (25), zielt *gut* eher auf die, wenngleich konsensfähige, Haltung des Hörers gegenüber dem Wein.

(25) *Ist der Wein gut?*

Auch, wenn z. B. mit einem Matrixsatz (vgl. (26)) oder einem präpositionalen Adverbial (vgl. (27)) das implizite Experiens expliziert wird, kann nicht mit der Perspektive des Sprechers argumentiert werden. Und im konditionalen Nebensatz wie in (28) wird das Agens im Hauptsatz mit dem impliziten Experiens identifiziert; was der Sprecher von dem Wein hält, der ihm wahrscheinlich gar nicht zugänglich ist, ist unerheblich.

(26) *Paula findet, dass der Wein gut ist.*
(27) *Für Paula ist der Wein gut.*
(28) *Wenn der Wein gut ist, kauft Paula eine ganze Kiste.*

In diesen Beobachtungen bestätigt sich die Annahme, dass Adjektive sich generell dadurch auszeichnen, dass in ihrer Bedeutung die Relation zu einem impliziten Experiens angelegt ist. Im Gebrauch ist dieser entweder generisch zu verstehen, und damit mit potenziell jedem Mitglied der Kommunikationsgemeinschaft zu aktualisieren, oder er ist mit einer partikulären Instanz zu identifizieren, die im Dargestellten gegeben ist oder mit dem Sprecher identifiziert wird.

In stärkerem Maße geeignet für einen wertenden Gebrauch, d. h. für eine partikuläre Lesart und damit häufig Sprecherbezug, sind Adjektive wie *gut*, *schön* etc., indem sie (vor allem emotionale) Zustände bezeichnen, die „subjektiver" sind als „objektiv" Wahrnehmbares wie Größe und Aggregatzustand. Nur angedeutet werden kann hier der Vorschlag, diese Subjektivität als Form von handlungsbezogener Intentionalität oder Volition zu fassen, über die Individuen sprachlich konzipiert zu sein scheinen. Opponierende volitive Haltungen voneinander verschiedener Instanzen sind der Regelfall, wohingegen perzeptive Zustände das Gemeinsame der Kommunikationsgemeinschaft definieren. Die im Adjektiv angelegte volitive Komponente in Verbindung mit dem impliziten Bezug auf ein typischerweise generisches Experiens in prädikativer Verwendung könnte dann Ursache sein für den für wertende Verwendungen charakteristischen Anspruch auf Urteilseinigkeit mit der Kommunikationsgemeinschaft. So genannte „wertende" Adjektive würden sich demnach von „beschreibenden" Adjektiven in einem semantischen Merkmal [+VOLITIV] mit Bezug auf das implizite Experiens unterscheiden. Da dieses auch erst kontextuell etabliert werden kann, und jedes Adjektiv mit seiner inhärenten Struktur zweier verschränkter Prädikationen die Basisstruktur mitbringt, kann praktisch jedes Adjektiv wertend gebraucht werden, d. h. als volitive Haltung eines partikulären impliziten Experiens mit Anspruch auf Generalisierbarkeit der Volition, d. h. auf Zustimmung. In einem solchen Merkmal, das der Bedeutung eines Adjektivs inhärent, aber auch kontextuell assoziiert sein kann, könnte, neben der inhärenten Dynamizität, ein weiterer dem Adjektiv zuzuordnender Anknüpfungspunkt für die Interaktion mit der Modalverbbedeutung liegen.

Im Folgenden sollen anhand von Korpusbelegen einige Beobachtungen zur konkreten lexikalischen Füllung der prädikativen adjektivischen Position in Modalverbkonstruktionen präsentiert und auf die theoretischen Überlegungen bezogen werden.

4 Prädikative Adjektive in Modalverbkomplementen

In Abschnitt 2 wurde die Relevanz von Zeitstabilität und Intentionalität der im verbalen Komplement eines Modalverbs dargestellten Situation für dessen Lesart herausgestellt. Es wurde gezeigt, dass der Übergang zu erfahrungs- und erkenntnisbezogener Lesart sich fassen lässt als Übergang von sprachlich dargestellten Instanzen auf die Ebene der wahrnehmenden Wissensgemeinschaft bzw. des urteilenden aktuellen Sprechers, wo die sprachlich dargestellte Situation die vom Modalverb geforderte Dynamizität und Intentionalität nicht hergibt.

Im Anschluss daran wurde in Abschnitt 3 die Bedeutungsstruktur einer Kopulakonstruktion mit prädikativem Adjektiv mit Blick auf zeitstrukturelle und Intentionalitäts- resp. wertende Merkmale betrachtet. Diese Bedeutungsstruktur wurde beschrieben als geprägt durch eine Verschränkung zweier Prädikationen, von denen eine implizit bleibt, aber ein Experiens impliziert, das generisch gelesen oder partikulär mit einem Partizipanten der impliziten Prädikation oder aber dem Sprecher identifiziert werden kann. Eine volitiv-emotive Bedeutung macht partikulären Bezug wahrscheinlicher als eine perzeptive Bedeutung. Dabei können perzeptive Bedeutungen kontextuell eine volitive Auflage erfahren, wenn die bezeichnete Eigenschaft als aktuell zweckdienlich bestimmt sind.

Mit dem Modalverb kommt nun zu den im Adjektiv verschränkten Situationen eine weitere Prädikation hinzu, die diese in ein Szenario modaler Bedingungen einbettet. Dadurch entstehen zusätzliche Optionen der Identifikation der beteiligten Partizipanten. Es interagieren mit aufeinander bezogenen und potenziell miteinander identifizierbaren Instanzen in Abhängigkeit von Adjektivbedeutung und Modalverb

- die *implizite Prädikation*, die sich in der dynamischen vs. statischen Adjektivbedeutung niederschlägt,
- die in der Kopulakonstruktion *explizite Prädikation*, die je nach Generizität Wirkungen und Zustände einerseits von Dispositionen und Eigenschaften andererseits trennt,
- die szenisch angelegte und mit einem Modalverb spezifisch adressierte *modale Bedingungsstruktur* und
- der aktuelle *Sprechakt*.

Das komplexe Geflecht kann an dieser Stelle nicht in Gänze entfaltet werden. Es soll jedoch anhand von Korpusdaten ein explorativer Blick darauf geworfen werden, wie in konkreten Fällen die Bedeutung des jeweiligen Adjektivs in der

Kopulakonstruktion mit der Bedeutung des Modalverbs interagiert und so zum Zustandekommen einer spezifischen Lesart beiträgt.

4.1 Datenbasis und Überblick

Die Datenbasis für die folgenden Beobachtungen bilden diejenigen der rund 12.200 Modalverbbelege aus dem LIMAS-Korpus, in denen ein Kopulaverb (*bleiben*, *werden* oder *sein*) mit einem prädikativen Adjektiv als Komplement des Modalverbs erscheint. Insgesamt finden sich im LIMAS-Korpus rd. 1000 Modalverbbelege mit Kopulakomplement; nur die Hälfte davon sind Belege, in denen ein Adjektiv (vgl. (29)) oder ein adjektivisch verwendetes Partizip Perfekt oder Präsens (vgl. (30) und (31)) als Prädikativ erscheint.

(29) *Das Wetter in Westafrika soll nach wie vor günstig sein.* (so-1578)
(30) *Das System muss abgestuft sein und die bestehenden Strukturen ausnutzen.* (mue-2171)
(31) *Ferien auf dem Bauernhof können ganz schön anstrengend sein, aber sie sind ein urwüchsiges Vergnügen:* (koe-4274)

Für die folgenden Beobachtungen werden Belege mit partizipialem Prädikativ nur dann einbezogen, wenn sie als lexikalisiert gelten können. Ferner werden nur die Belege mit *sein* näher betrachtet, weil, wie bereits in Abschnitt 2 festgehalten wurde, die drei Kopulaverben *bleiben*, *sein* und *werden* (vgl. Duden 2016: 801) lexikalisch unterschiedliche zeitstrukturelle Eigenschaften mitbringen, die potenziell relevant werden könnten: *Sein* ist zeitlos, *bleiben* statisch (mit implizit negativer Dynamizität), *werden* dynamisch.[12]

Aspektuell ebenfalls relevant ist das Tempus[13], in dem die Kopula als Komplementverb in der Modalverbkonstruktion erscheint. Der (statische) Aspekt eines Infinitivs Perfekt überformt lexikalisch kodierte Aspektualität. Dies spiegelt sich auch darin, dass zur Perfektbildung bei allen drei Kopulaverben *sein* (als „Hilfsverb") gebraucht wird: *geblieben/geworden/gewesen sein*. Die hohe Korre-

---

12 Diese inhärente Zeitstruktur der Kopulaverben schlägt sich darin nieder, dass *bleiben* den höchsten prozentualen Anteil der drei Kopulaverben in handlungsbezogener, *werden* in erfahrungsbezogener und *sein* in erkenntnisbezogener Lesart hat.
13 Grundsätzlich spielt auch das Genus Verbi des Komplementverbs eine Rolle für die Lesart des Modalverbs. Die Kopulaverben erscheinen aber in den untersuchten Belegen alle im Aktiv. Insgesamt sind die Kopulaverben nur eingeschränkt passivfähig.

lation zwischen einem perfektischen Modalverbkomplement und der erkenntnisbezogenen Lesart (vgl. z. B. Heine 1995: 24–25) wird vor allem durch die statische und resultative Semantik des Perfekts erklärt (vgl. z. B. Diewald 1999: 262–265). Der vom Perfekt ausgedrückte „Resultativzustand" (vgl. z. B. Rothstein 2007: 11–13) blockiert den Agentivitätseffekt.

Da hier der Zusammenhang zwischen Adjektivsemantik und Modalverblesart betrachtet werden soll, aber mit dem Perfekt gewissermaßen „höhere Mächte" walten, werden die Belege mit perfektischem Komplement aus der Betrachtung ausgeschlossen.[14] Nach diesen Kriterien bleiben 329 Belege der relevanten Struktur.[15]

Bevor im nächsten Teilabschnitt die lexikalische Füllung des prädikativen Adjektivs nach Modalverb und Lesart explorativ betrachtet werden soll, sei hier zunächst ein Überblick gegeben über die entsprechende Verteilung auf die Modalverblexeme und Lesarten. Wie in Abschnitt 2 beschrieben, werden diejenigen Belege unter die handlungsbezogene Lesart subsumiert, in denen das Modalverb Voraussetzungen und Bedingungen für eine im Verbkomplement ausgedrückte Handlung bezeichnet (z. B. *Anna kann heute ausgehen [sie hat frei]*). Erfahrungsbezogen sind Modalverben dann verwendet, wenn sie Wahrscheinlichkeiten für das Eintreten eines entsprechenden Ereignisses zum Ausdruck bringen (z. B. *Im November kann es kräftig regnen*). Und die Lesart, in der das Modalverb auf die Haltung des Sprechers gegenüber dem im Satz gegebenen Inhalt als Proposition realisiert, heißt hier erkenntnisbezogen (z. B. *Es kann inzwischen bald Mitternacht sein*).

Von *wollen* sind keine erkenntnisbezogen, sondern ausschließlich handlungsbezogen zu lesende Belege der gesuchten Konstruktion im Korpus vorhanden. Bei *mögen* hingegen machen erkenntnisbezogene Fälle fast die gesamte Belegmenge aus. Diese beiden Modalverben, die sich nur im Merkmal [+/−REAKTIV] unterscheiden (vgl. Abschnitt 2) verhalten sich darin maximal komplementär.

---

14 Unter den Belegen mit perfektischem Komplement findet sich ein einziger, der sich als handlungsbezogen beschreiben lässt: *aus seinen Gebärden möge mir klargeworden sein, daß* (moe-391). Die handlungsbezogene Lesart geht hier auf das heischende *möge-* zurück.

15 Fälle mit *sein* + Partizip Perfekt, zu denen eine entsprechende aktivische Konstruktion denkbar ist, wurden bereits von vorneherein ausgeschlossen, da sie sich als Zustandspassiv auffassen lassen. Vgl. z. B. *Eine ausreichende Zahl von Arbeitsplätzen in produktiven und zukunftssicheren Wirtschaftszweigen muß gesichert sein.* (mue-176) ↔ *Wir müssen / Man muss eine ausreichende Zahl von Arbeitsplätzen in produktiven und zukunftssicheren Wirtschaftszweigen sichern.*

Tab. 4: Absolute Häufigkeiten der Modalverbbelege (LIMAS-Korpus) nach Modalverblexem und Lesart.

	wollen	mögen	sollen	dürfen	müssen	können	n
handlungsbezogen	14	1	47	11	79	27	179
erfahrungsbezogen	–	1	2	–	2	60	65
erkenntnisbezogen	–	21	11	18	20	15	85
n	14	23	60	29	101	102	329

Auch für die anderen [–REAKTIVEN] Modalverben *sollen* und *müssen* ist die handlungsbezogene Lesart dominant; für die [+REAKTIVEN] Modalverben überwiegt hingegen durchweg die erkenntnisbezogene bzw. erfahrungsbezogene Lesart. Belege mit erfahrungsbezogener Lesart erscheinen mit Ausnahme einzelner Belege fast ausschließlich bei *können*, machen aber dort mit rd. 60 % den größten Anteil aus.

4.2 X *will-* ADJ *sein*

Wollen bezeichnet eine modale Bedingung, die spezifiziert ist als in einer (somit persönlichen) Instanz verortet und intern, indem diese Instanz als zentraler Partizipant der bedingten Situation bestimmt ist (vgl. Abschnitt 2). Alle 14 Belege mit Kopula *sein* haben eine dominant handlungsbezogene Lesart des Modalverbs.

(32) *Der junge Mensch will echt sein.* (wo-556)
(33) *Sie üben sich im Verzichten, denn sie wollen stark und frei sein.* (wo-502)

Auf die in Abschnitt 3 nach Dynamizität der Adjektivbedeutung und Aktualität der Prädikation unterschiedenen Prädikationstypen verteilen sich die Adjektive wie folgt:

Handlung: *ehrlich, gehässig, gemäßigter, still*
Zustand: *bereit, frei und unabhängig, sicher, stark und frei, tätig; nicht angewiesen*[16]

---

[16] Da unter anderem mögliche bewertende Bedeutungsanteile der Adjektive in den Blick kommen sollen, wird die Negation des Adjektivs hier und im Folgenden in die Übersicht mit aufgenommen.

Eigenschaft: *demokratisch, echt, intelligent; nicht katholisch, nicht hinterwäldlerisch*
Disposition: –

Für die Handlungsprädikationen ist auffällig, dass sich drei der vier Adjektive (*ehrlich, gehässig, still*) durch die implizite Prädikation eines Sprechakts auszeichnen. Der implizite Experiens ist hier als kommunikatives Gegenüber aufzufassen. Die Zustandsprädikationen sind teils als Handlungsvoraussetzungen zu verstehen, die ein potenziell einschränkendes Gegenüber implizieren. Als Eigenschaftsprädikative erscheinen Adjektive, die von den Mitgliedern der Kommunikationsgemeinschaft geteilte Werte bezeichnen.

Für Handlungs- und Zustandsprädikationen kann somit die handlungsbezogene Intentionalität als in der Adjektivbedeutung für den Subjektreferenten angelegt betrachtet werden. Für Eigenschaftsprädikationen ist das volitive Moment eher dem impliziten Experiens zuzuordnen; sie erscheinen als generisch wertend.

Auffällig gegenüber den anderen Modalverben ist, dass die Belege sämtlich ein persönliches Subjekt haben, dessen Referent implizit in den aktuellen Prädikationen als Agens bzw. potenzielles Agens erscheint und bei Eigenschaftsprädikationen als thematischer Träger gesamtgesellschaftlicher Werte. Das implizite Experiens ist entweder ein aktuelles kommunikatives Gegenüber (*ehrlich, gehässig, still*), ein generischer potenzieller Antagonist (*frei und unabhängig, sicher, stark und frei; nicht angewiesen*) oder ein generischer Vertreter der Kommunikationsgemeinschaft, der deren Werte vertritt (*demokratisch, echt, intelligent; nicht katholisch, nicht hinterwäldlerisch*).

Wo aktuelles kommunikatives Gegenüber und generischer Vertreter gesellschaftlicher Werte sich berühren, besteht ein Übergang zur erkenntnisbezogenen Lesart, in der *wollen* auf die Behauptung des Subjektreferenten verweist (vgl. Abs. 2). Beispiel (34) lässt sich neben der kontextbedingt dominanten handlungsbezogenen Lesart auch erkenntnisbezogen lesen:

(34) *Der Staat will demokratisch sein, die Post – eine Einrichtung dieses Staates – bleibt diktatorisch.* (wo-60)
‚Der Staat ist darum bemüht, demokratisch zu sein.' (handlungsbezogen)
‚Der Staat behauptet von sich, demokratisch zu sein.' (erkenntnisbezogen)

Beide Lesarten sind m. E. deshalb so eng miteinander verbunden und kaum voneinander zu trennen, weil sie beide den Anspruch auf Anerkennung bzw. Zubilligung der betreffenden Eigenschaft durch eine andere Instanz beinhalten. Legt man sich auf die handlungsbezogene Lesart fest, so ist es eine nachzeitig versetzte Instanz, die das dann erreichte Ziel ratifiziert und den Subjektreferenten potenziell mit einschließt: Demokratisch-Sein erscheint als Handlungsziel. In erkenntnisbezogener Lesart entspricht dem ein gleichzeitiges, also temporal nicht versetztes, kommunikatives Gegenüber des Subjektreferenten, das von diesem ob der Gleichzeitigkeit notwendig verschieden ist und mit dem Sprecher identifiziert wird.

Die selbstbezügliche Haltung des Subjektreferenten im projizierten Handlungsziel kann man als wertend charakterisieren. Der im Modalverb realisierten volitiven Haltung entspricht dann eine Evaluation des erwünschten Handlungsziels. Bei einer Durchsicht dieser Adjektive entsteht der Eindruck, dass es sich überwiegend um positiv wertende Lexeme handelt bzw. um die Negation negativ wertender Adjektive, die mit der Interpretation als Handlungsziel kompatibel sind.

Daneben findet sich einzig *gehässig* als eher negativ konnotiertes Adjektiv in Beispiel (35):

(35) *Schopenhauer wollte gehässig sein, als er schrieb: Das Vaterland der Juden sind die übrigen Juden.* (wo-1050)

Wie in Abs. 4.3 für *gefährlich* noch genauer ausgeführt, handelt es sich auch bei *gehässig* um ein Adjektiv, das zwei opponierende Perspektiven einschließt: die des Agens und die des Patiens oder Rezipienten.

Auf dieser Folie lässt sich der Regelfall abgrenzen, dass die Perspektivierung der bei *wollen* im Subjekt gegebenen Instanz und die Perspektivierung der im Komplement mit dem Adjektiv gegebenen Eigenschaft einem Individuum zugeordnet werden. Eine Zuordnung beider Perspektiven zu verschiedenen Individuen kann in handlungsbezogener Lesart in Adjektiven wie *gefährlich* und *gehässig* zustande kommen, die zwei mit entgegengesetzten Zielen Handelnde voraussetzen, oder in erkenntnisbezogener Lesart, indem der Sprecher eine dem Subjektreferenten in Bezug auf die verhandelten Wissensbestände opponierende Haltung einnimmt.

Kann man keine Zuordnung der modalen und der evaluativen zu voneinander verschiedenen Individuen vornehmen, dann entspricht dem Adjektiv eine positiv wertende Perspektive des Subjektreferenten als Vorfinden einer eigenen erwünschten Eigenschaft.

Erst in dem Moment, wo klar zwei voneinander verschiedene opponierende Perspektiven beteiligt sind, wie in Beispiel (35) Schopenhauer als Urheber einer Äußerung und seine Leser als Rezipienten, kann das Handlungsziel in einem Zustand bestehen, der negativ bewertet wird von einem vom Agens verschiedenen rezipierenden Gegenüber.

4.3 X *mag*- ADJ *sein*

Mögen bezeichnet wie *wollen* eine verortete situationsinterne Bedingung, jedoch mit reaktiver Ausrichtung. Das führt zu einer starken Einschränkung der handlungsbezogenen Interpretierbarkeit dieses Modalverbs.[17] Nur ein Beleg der Konjunktiv-Präteritum-Form *möchte-* ist handlungsbezogen zu lesen und fügt sich mit dem Prädikativum *nicht angewiesen* in die Reihe der Belege von *wollen*.

(36) *Aber im Grunde möchte heute niemand mehr auf die Gnade (G.) anderer angewiesen sein.* (moe-217)

Von (36) abgesehen erscheint *mögen* ausschließlich in erkenntnisbezogener Lesart:

(37) *Es mag nützlich sein, einiges vom Verhältnis dieser Ideen zu den Vorstellungen und Werten, nach denen sich unsere Gesellschaft orientiert, zu skizzieren.* (moe-141)
(38) *Dagegen ist der Ausdruck Futurologie, so wenig schön er auch an sich sein mag, doch prägnant und international verständlich.* (moe-187)

Die verwendeten Adjektive sind überwiegend als statisch und permanent zu bezeichnen.

Hdlg./Vorgang: –
Zustand: –
Eigenschaft: *älter, bekannt, berechtigt, identisch, groß, interessant, klein, nützlich, phantastisch, populär, richtig, schwer, typisch, unterschiedlich, verletzlicher, verschieden* (2x), *vielfältig, zahlreich, zweckmäßig; wenig brauchbar, wenig schön*
Disposition: –

Es finden sich Dimensionsadjektive (*älter, groß, klein, phantastisch*[18], *schwer*), die eine perzeptive Haltung des impliziten Experiens ausdrücken und die man

---

17 Im Rahmen dieses Beitrags können die Gründe nicht im Detail abgeleitet werden. Im Wesentlichen handelt es sich um den Konflikt der situationsintern verorteten reaktiven Bedeutung von *mögen* mit der Agensrolle des zentralen Partizipanten der bedingten Situation (vgl. dazu Baumann 2017).
18 Hier in Bezug auf eine Menge im Sinne von ‚groß' in: *So phantastisch diese Zahlen sein mögen, ...* (moe-134).

daher als erfahrungsbezogen spezifizieren mag. Weiter quantifizierende und vergleichende Adjektive (*identisch, typisch, unterschiedlich, verschieden; vielfältig, zahlreich*), die einen solchen Erfahrungsbezug hinsichtlich Quantität (z. B. *zahlreich*) oder nur mit Bezug auf Quantität verstehbare Qualität (z. B. *identisch, unterschiedlich*) des Subjektreferenten als Stimulus bzw. Thema implizieren. Schließlich erscheinen Adjektive, für die sämtlich gilt, dass sie weniger den Subjektreferenten als die Haltung des impliziten Experiens spezifizieren und somit sämtlich als evaluativ bezeichnet werden könnten – sei es handlungsbezogen mit Bezug auf Personen (*berechtigt*) oder Dinge (*brauchbar, nützlich, zweckmäßig*) in Handlungen, erkenntnisbezogen mit Bezug auf Dinge, potenziell auch Personen, und Sachverhalte (*bekannt, populär*) oder urteilsbezogen mit Bezug auf Dinge (*schön*) oder Propositionen (*richtig*). *Bekannt* bedeutet im vorliegenden Beleg ‚jd. weiß', ohne Dativergänzung ist es zu lesen als ‚viele wissen/kennen', *populär* meint entsprechend ‚viele wissen/kennen und mögen'. *Richtig* schließlich erscheint demgegenüber als Zuspitzung ‚wir wissen/man weiß' bzw. *schön* als ‚wir mögen/man mag'. In diesem wechselnden Bezug, in dem die aktuellen Kommunikanten mit dem impliziten Experiens identifiziert werden, liegt m. E. der Übergang zur wertenden Verwendung von Adjektiven.

Vergleicht man dieses breite Spektrum von Adjektiven mit den bei *wollen* auftretenden, wird ganz deutlich, dass bei *wollen* der Subjektreferent fokussiert ist, bei *mögen* hingegen ein vom Subjektreferenten verschiedenes implizites Experiens: Dass man frei, ehrlich und unabhängig ist, ist ein Ergebnis der Wahrnehmung einer Person durch sie selbst; dass etwas groß, brauchbar, bekannt oder richtig ist, ist eine Frage der Fremdwahrnehmung eines Gegenstands durch eine Person.

Die Instanz, auf die *mögen* implizit referiert, wird hier identifiziert mit dem impliziten Experiens. Wie für die erkenntnisbezogene Lesart charakteristisch, ist sie dem Sprecher zuzuordnen. Die reaktive Semantik von *mögen* spezifiziert den Sprecher-Experiens als Gegenposition, wodurch die für *mögen* typische konzessive Lesart der Belege zustande kommt.

4.4 X *soll-* ADJ *sein*

Sollen bezeichnet eine situationsextern verortete instanzenbezogene modale Bedingung. In der Konstruktion mit Kopula *sein* und prädikativem Adjektiv finden sich im Korpus Belege handlungsbezogener Lesart wie (39) und (40) und solche erkenntnisbezogener Lesart wie (41).

(39) *Künftig soll die Einweisung der Gefangenen in einzelne Anstalten nicht mehr in erster Linie von der Art und Höhe der Strafe und der Zeit der Verbüßung abhängig sein;* (so-93)
(40) *Wenn du mir unverzüglich meine Uniform bringst, sollst du frei sein, auf Ehrenwort!* (so-1347)
(41) *Das Wetter in Westafrika soll nach wie vor günstig sein.* (so-1578)

Ganz überwiegend liegen unpersönliche Subjekte vor. Nur zwei Belege in der 2. Person, die performativ zu verstehen sind (vgl. (40)) haben ein persönliches Subjekt. Der Sprecher erscheint dann als *sollen*-Instanz, indem er in der Äußerung die Aufhebung einer Einschränkung (*frei*) bzw. die Verleihung einer Würde (*heilig*) realisiert, und als implizites Experiens, indem die Bestimmung in einer Anerkennung der Freiheit bzw. Heiligkeit durch ihn selbst besteht.

	sollen, handlungsbezogen
Hdlg./Vorgang:	*erfolgreich, wirksam* (2x), *witzig oder spannend; nicht abträglich*
Zustand:	*braun, fertig, festlich, frei, geringer, größer, heilig, möglichst hoch; nicht zu lockig oder wellig*
Eigenschaft:	*abhängig* (2x), *leicht, aber doch warm genug, statthaft* (2x), *unabhängig, vorhanden, würdig und schön*
Disposition:	*absatzfähig, reproduzierbar, verstellbar, zuständig*

Unter den Adjektiven finden sich solche, die perzeptive Qualitäten bezeichnen (*braun, festlich, groß, hoch, lockig, wellig, leicht, vorhanden, warm*), teils synthetisch oder analytisch graduiert (*größer, möglichst hoch, zu lockig, warm genug*). Die entsprechenden Zustände und Eigenschaften werden als Handlungsziel definiert. Aktuell ist die Prädikation über den Subjektreferenten, wenn das Handlungsziel den veränderten Zustand des Subjektreferenten impliziert, etwa Haar, das nach dem Frisieren nicht zu lockig sein soll; permanent ist sie, wenn der Zielzustand durch Auswahl eines Gegenstandes mit einer bestimmten Eigenschaft zu verstehen ist, etwa Kleidung, die warm sein soll.

In handlungsbezogener Lesart gesondert zu betrachten sind auch hier die Formen des Konjunktivs Präteritum *sollte-* (vgl. (42)).

(42) *Nach Möglichkeit sollte einer der beiden Gutachter mit dem „Doktorvater" identisch sein.* (so-220)

Umgekehrt wie bei *möchte-* bringt der Konjunktiv Präteritum hier einen Verweis auf eine weitere modale Bedingung ein. Glas (1984: 80–81) stellt fest, dass *sollte-*

stets eine Wertung zum Ausdruck bringt. Eher, so ließe sich in Anschluss an Abschnitt 3.3 festhalten, verweist der Konjunktiv Präteritum auf eine reaktive Instanz, die dem impliziten Experiens entspricht. Dieser explizite Verweis macht wiederum eine Identifikation dieser Instanz mit dem Sprecher wahrscheinlich, aber auch mit einem möglichen anderen Experiens. Letzteres ist der Fall, wenn *sollte-* als Ausdruck einer Empfehlung dient, was ja nichts anderes heißt, als dass es gut für jemanden ist.

	sollte-, handlungsbezogen
Hdlg./Vorgang:	–
Zustand:	*bekannt, (sich) bewusst, billig (‚angemessen'), dankbar, greifbar, vorhanden*
Eigenschaft:	*gelegen* (lok.), *grundlegend, identisch, klar, verständlich und fair, möglichst klein, etwa gleich leistungsfähig, rund, selbstverständlich* (3x), *unerheblich, zuständig* (2x); *nicht älter, nicht allzu hoch, nicht kleinlich, nicht wichtiger*
Disposition:	–

Es fällt hier eine Gruppe von Adjektiven auf, die, wenn sie über den Subjektreferenten prädiziert wird, das implizite Experiens als eine nach Relevanz und Angemessenheit gewichtende Instanz spezifiziert: *billig* (‚angemessen'), *grundlegend, selbstverständlich* (3x), *unerheblich, nicht wichtiger*. Hier werden offenbar nicht Handlungsziele, sondern Bewertungskriterien definiert; so etwa, die Leistung einer Fachberatung als Kriterium für die Güte der Arbeit eines Augenoptikers in (43).

(43) *Die optische Fachberatung bei der Auswahl der Brillen auch nach anatomischen und ästhetischen Erfordernissen sollte selbstverständlich sein.*
(so-267)

In erkenntnisbezogener Lesart von *soll-* wie *sollte-* fallen neben Adjektiven mit einer quantifikativen Bedeutung (*billiger, (20.000 Mann) stark, unverändert*) solche mit einer (handlungsbezogen) modalen Bedeutung (*annehmbar, erforderlich, möglich, notwendig*) auf. Daneben sind solche mit einer urteilsbezogenen Bedeutung (*günstig, wahr; nicht besser*) vertreten.

	sollen, erkenntnisbezogen
Hdlg./Vorgang:	–
Zustand:	–
Eigenschaft:	*annehmbar*[19], *billiger, erforderlich, günstig, möglich* (2+1x), <u>*notwendig*</u>, *stark* (quant.), *unverändert, wahr; nicht besser*
Disposition:	–

4.5 X *darf-* ADJ *sein*

Dürfen ist unter den Modalverben das reaktive Pendant zu *sollen*, es bezeichnet eine situationsexterne reaktive Situationsbedingung (vgl. Abs. 2). Die überwiegende Zahl der Belege mit prädikativem Adjektiv im Komplement hat eine erkenntnisbezogene Lesart des Modalverbs (vgl. (46)), dann stets in der Konjunktiv-Präteritum-Form *dürfte-*.[20] Die handlungsbezogenen Belege sind deutlich häufiger und beinhalten meist eine Negation (vgl. (44) und (45)).

(44) *Ich habe dir doch gesagt, man darf nicht kleinmütig sein.* (due-2)
(45) *Nur darf sie nicht so groß sein, dass einen der Schlag rührt.* (due-166)
(46) *Die letztere Methode dürfte in der Regel wirtschaftlicher sein.* (due-393)

	dürfen, handlungsbezogen
Hdlg./Vorgang:	–
Zustand:	*fröhlich, zuversichtlicher; nicht brünstig oder verletzt, nicht kleinmütig*
Eigenschaft:	*wie hoch, nur minimal; nicht älter, nicht so groß* (2x), *nicht zu groß, nicht größer oder schwächer*
Disposition:	–

---

[19] Die unterstrichenen Adjektive liegen in einem Beleg mit der Konjunktiv-Präteritum-Form *sollte-* von *sollen* vor.
[20] *Dürfen* ist in erkenntnisbezogener Lesart aus semantischen Gründen nur mir der Modifikation des Konjunktivs Präteritum verwendbar, ähnlich wie dies für *mögen* in handlungsbezogener Lesart der Fall ist (vgl. Baumann 2017, s. Fn. 13). Für *dürfen* ist es die reaktiv ausgerichtete und situationsexterne Situationsbedingung, die der Identifikation mit dem Sprecher widerspricht. Die mit dem Konjunktiv Präteritum zusätzlich eingeführte Bedingung bedeutet einen Verweis in der modalen Bedingungsstruktur auf die opponierende situationsinterne Bedingung, so dass in *dürfte-* der Widerspruch überwunden wird.

Die meisten der handlungsbezogenen Belege enthalten eine Negation. Darüber hinaus ist sehr auffällig, dass die Zustandsprädikationen sämtlich belebte Subjektreferenten betreffen. Über persönliche Subjektreferenten werden für ihre Träger eines angenehmen (*fröhlich, zuversichtlicher*) oder die Negation eines unangenehmen emotionalen Zustands (*kleinmütig*) prädiziert. Subjektreferent und implizites Experiens werden hier miteinander identifiziert, die *dürfen*-Instanz etabliert eine Bedingung für die jeweilige Selbstwahrnehmung.

In den Belegen mit und ohne Negation werden Einschränkungen formuliert. Der Subjektreferent ist Träger von Mängeln oder einer Ausdehnung, mit Bezug auf die der implizite Experiens durch das Modalverb als einschränkende Instanz erscheint, die „darauf achtet", dass Mängel erkannt und Ausdehnung begrenzt, mithin die Maßstäbe eingehalten werden.

Die erkenntnisbezogen gelesenen Belege zeigen ein etwas anderes Spektrum von Adjektiven:

	dürfen, erkenntnisbezogen
Hdlg./Vorgang:	–
Zustand:	–
Eigenschaft:	*bedeutsam, belanglos, gewiss, gleich, größer, groß genug, eher höher als niedriger, interessant* (2x), *außerordentlich relevant, realistisch, unrealistisch, unwahrscheinlich, verfassungswidrig, wirtschaftlicher; nicht geringer, schwerlich möglich, nicht verwunderlich*
Disposition:	–

Es ist auffällig, dass sich hier, neben einigen quantifizierenden Adjektiven (*gering, gleich, groß, hoch, niedrig*), vor allem die semantischen Domänen „Wirksamkeit" (*bedeutsam, belanglos, interessant, relevant, verwunderlich, wirtschaftlich*) und „Realität" (*gewiss, möglich, (un)realistisch, (un)wahrscheinlich*), jeweils mit positiver und negativer Ausprägung, vertreten finden. Insbesondere erstere bilden das Gegenstück zu den bei *sollte-* in handlungsbezogener Lesart hervortretenden Adjektiven der Relevanz und Gewichtung (*billig* (,angemessen'), *grundlegend, selbstverständlich* (3x), *unerheblich, nicht wichtiger*).

4.6 X *muss-* ADJ *sein*

Müssen bezeichnet, wie *können* und im Gegensatz zu den bisher besprochenen Modalverben *wollen, mögen, sollen* und *dürfen*, keine instanzenbezogene, sondern eine einfache Bedingung. Die meisten Belege im Korpus werden handlungsbezogen gelesen (vgl. (47)); daneben gibt es zwei erfahrungsbezogen gelesene Belege (vgl. (48)) und einige erkenntnisbezogene (vgl. (49)).

(47) *Er muß kräftig sein, gleichzeitig aber auch Fingerspitzengefühl besitzen.* (mue-354)
(48) *Das Exportinteresse einer US-Firma in einem bestimmten Land muß nicht identisch sein mit dem Exportinteresse des Landes selbst.* (mue-1897)
(49) *Es muß für eine jungverheiratete, schöne Frau doch gewiß schwer sein, die Einsamkeit zu ertragen.* (mue-2391)

Betrachtet man die lexikalische Füllung des prädikativen Adjektivs, so findet sich zunächst eine Gruppe dynamischer Adjektive in aktueller Prädikation, in der sämtlich ein persönliches Subjekt vorliegt, dessen Referent als Agens der Situation erscheint.

müssen, handlungsbezogen

Hdlg./Vorgang: *besorgt, bestrebt, ehrlich, geduldig, gehorsam, genauer, tapferer, ungeduldig, vorsichtig* (4x), *wachsam*
Zustand: *abgedunkelt, aktuell, bekannt, bereit* (2x), *(sich) bewusst, einwandfrei, frei, frei (von)* (3x), *frisch, gewiss* (Gen.), *(sich) klar, kraftschlüssig, kühl, sauber, trocken, verschraubt*
Eigenschaft: *abhängig, beispielhaft, benachbart, (so) beschaffen* (2x), *(ausreichend) bewurzelt, breit, dünn* (2x), *einsichtig, genauer, groß* (2x), *größer* (3x), *intelligenter, jünger, kleiner, kompetent, konstruktiv, kürzer, kontinuierlich, kräftig, gleich lang, möglich, offen* (2x), *plastisch, realistisch, senkrecht, sortenecht, sortenrein, sortentypisch, stark genug, unzweifelhaft, verbindlich, vertraut (mit), wissenschaftlich*
Disposition: *abwendbar, beweglich, biegbar, biegungsfest, erreichbar, formlabil, formulierbar, greifbar, schaltbar, sicher, sichtbar, stabil, unvorhersehbar, veränderlich, verfügbar, vernachlässigbar, vorhanden* (7x), *zugfest* (2x)

Unter den Zustandsprädikationen, die zu einer handlungsbezogenen Lesart führen, betreffen nur fünf Fälle einen persönlichen Subjektreferenten; die betreffenden Adjektive bezeichnen sämtlich mentale Zustände: *bereit* (2x), *(sich) bewusst, (sich) klar, gewiss* (Gen.). Diese sind als solche kontrolliert und können so die Argumentforderungen des Modalverbs erfüllen.

Die Belege mit persönlichem Subjekt erscheinen als Ausdruck von Erfordernissen, die sich mit Blick auf ein übergeordnetes Ziel des Subjektreferenten individuell (vgl. (50)) oder aus einer Funktionsrolle heraus (vgl. (51)) für ihn selbst ergeben, oder von Anforderungen, die eher auf die Ziele einer vom Subjektreferenten verschiedenen Instanz zurückzuführen sind (vgl. (52), s. auch (47)). Sind solche Ziele nicht erkennbar, können also Subjektreferent und implizites Experiens nicht als Rahmen initiativen zielgerichteten Handelns verstanden werden, erscheint die Konstruktion als Sprechergrforderung, die Prädikation der Kopulakonstruktion mithin als Wertung (vgl. (53)).

(50) *aber ich muß da noch vorsichtig sein.* (mue-1868)
(51) *Hier muß der Arzt auch bei Penizillininjektionen vorsichtig sein, denn vielleicht sind auch IgE-Moleküle da, die „auf Penizillin passen".* (mue-1096)
(52) *Muss ein Mittelfeldspieler intelligenter sein als seine Mitspieler?* (mue-2013)
(53) *Jugend, meine Freunde, muß ungeduldig sein, Jugend muß drängen, Jugend muß eigene Vorstellungen entwickeln;* (mue-335).

Die Fälle mit unpersönlichem Subjekt lassen sich sämtlich als Anforderungen oder Ansprüche verstehen, die sich aus einer generellen Funktionsrolle des Subjektreferenten ergeben.

(54) *Stützmauern müssen auch im Bauzustand sicher sein.* (mue-1581)
(55) *Diese Liberalisierung müsse jedoch realistisch sein, sie dürfe keine illusionistischen Ziele anstreben.* (mue-1887)

Die häufigsten Adjektive, die hier auftreten, sind *vorhanden*, *groß* und *frei (von)*. Häufig sind auch Adjektive, die sich einem Fachwortschatz zuordnen lassen, wie *flächenproduktiv, gasdicht, biegungsfest, zugfest, formlabil, formstabil, kraftschlüssig, sortenecht, sortenrein, sortentypisch*. Auffällig ist auch ein hoher Anteil an *bar*-Derivaten. Diese lassen sich insofern als Dispositionsprädikate klassifizieren wie in der Aufstellung oben geschehen, als sie die Aktualisierung im Handlungskontext voraussetzen. Sie unterscheiden sich jedoch von Dispositionsprädikationen wie *schnell sein*, indem der Subjektreferent im Falle der Realisierung der Disposition in einer dynamischen Situation nicht als Agens erscheint, sondern als Thema oder Patiens. Zudem ist im handlungsbezogen-modalen Derivationsaffix *-bar* (in entsprechender Bedeutung auch *-lich*) die Generizität der Prädikation explizit.

Als von *müssen* modalisierte Situation erscheint entweder eine Auswahl oder eine supervisorische Handlung, ein Darauf-Achten, als deren Agens sich das implizite Experiens verstehen lässt.

Die Sätze, die nicht handlungsbezogen interpretiert werden, enthalten Adjektive, die neben einigen perzeptiven (*kleiner, sumpfig*) und quantifizierenden bzw. vergleichenden Prädikaten (*beträchtlich, gleichstark, verschieden, unbegrenzt*) vor allem solche enthalten, die eine vom Subjektreferenten ausgehende Wirkung auf das implizite Experiens ausdrücken, die von ihm unbeeinflusst ist und unerwünscht erscheint. Indem die Situation, in der die Wirkung entsteht, dynamisch als Vorgang angelegt ist, können auch die Adjektive als dynamisch kategorisiert werden.

	müssen, erkenntnisbezogen (und <u>erfahrungsbezogen</u>)
Hdlg./Vorgang:	*enervierend, kostspieliger, schädlich, zeitraubend*
Zustand:	*klar* (Dat.), *schwer (für), unangenehm, voll (von)*
Eigenschaft:	*beträchtlich, gleichstark, kleiner, sumpfig, verschieden, unbegrenzt, weltfremd; nicht identisch*
Disposition:	*abhängig, möglich* (4x), *verifizierbar*

Symptomatisch dafür sind die Partizipia Präsens wie *zeitraubend*. Das zugrundeliegende Verb enthält den dynamischen Situationskern. Diesem kann die Rolle eines Emittenten zugeordnet werden, die mit dem impliziten Experiens identifiziert wird. Die Adjektive nehmen damit explizit Bezug auf den Widerspruch zu den Handlungszielen des impliziten Experiens; die entsprechenden Prädikate erscheinen damit aus dessen Perspektive negativ. Die Äußerungen erscheinen dann teils empathisch, teils warnend.

4.7 X *kann-* ADJ *sein*

Wie *müssen* bezeichnet *können* eine nicht instanzenbezogene Bedingung, die jedoch, im Gegensatz zu *müssen*, als [+reaktiv] bestimmt ist. Charakteristisch für *können* ist der große Anteil erfahrungsbezogen zu lesender Fälle, d. h. solcher Sätze, in denen eine Vorkommens- oder Auftretenswahrscheinlichkeit zum Ausdruck kommt (vgl. (58)). Daneben sind auch handlungs- und erkenntnisbezogene Lesart (vgl. (56) und (57) bzw. (59)) vertreten:

(56) *Und stolz kann er noch dazu sein.* (koe-4225)
(57) *Ein verbessertes Bildungsangebot im Fachschulbereich kann nur dann attraktiv sein, wenn [...].* (koe-1942)
(58) *Auch die Abgrenzung gegen die Polio kann schwierig sein.* (koe-4083)

(59) *Die Neigung, sich durch davidische Herkunft zu hoher Berufung zu legitimieren, finden wir auch im Neuen Testament beim Stammbaum Christi, der allerdings kaum authentisch sein kann.* (koe-4904)

Hier tritt insbesondere eine Gruppe hervor, deren Mitglieder angenehme mentale Zustandsprädikate eines persönlichen Subjektreferenten bezeichnen. Die jeweils 3-mal auftretenden Adjektive *sicher (dass)* und *zufrieden* stehen je für eine propositionsbezogene und eine allgemein gegenstandbezogene Haltung.

	können, handlungsbezogen
Hdlg./Vorgang:	*ertragreich, offen (gegenüber), tätig*
Zustand:	*anwesend, bereit, froh, erwünscht, gespannt, gleichgültig* (Dat.) (2x), *gewiss, interessant, leistungsfrei, nahe* (Dat.), *sicher (dass)* (3x), *stolz, zufrieden* (3x)
Eigenschaft:	*attraktiv, dick* (quant.), *geringer, kompatibel*
Disposition:	*normativ (für), verbindlich, verständlich*

Entsprechende Prädikate bezeichnen eine reaktive Haltung des Subjektreferenten, der darin mit dem impliziten Experiens zu identifizieren ist. Handlungsbezogen kann das Modalverb offenbar deshalb gelesen werden, weil die betreffenden Zustände mit dem Willen des Subjektreferenten kompatibel sind, so dass er als intentionale Instanz der im Komplement dargestellten Situation erscheinen kann. Durch das Modalverb *können* kommt dann zum Ausdruck, dass keine äußeren Umstände verhindern, dass der Subjektreferent seinem Bestreben, froh, sicher, zufrieden zu sein, nachkommt.[21] Eine positive Wertung kann man in diesen Fällen allenfalls in einer empathischen Identifikation des Sprechers mit dem Subjektreferenten sehen. Für *müssen* konnte eine entsprechende Gruppe von Adjektiven ausgemacht werden, die negative mentale Zustände beschreiben (z. B. *schwer, unangenehm*).

Ähnlich verhält es sich mit den Adjektiven, die über einen unpersönlichen Subjektreferenten prädizieren, dass er einen angenehmen Zustand auslöst (z. B. *attraktiv, interessant*). Als Träger dieses Zustands wird das implizite Experiens verstanden, für das der Zustand zugleich gewollt erscheint. Da das Experiens implizit bleibt, kann es in diesen auch den Sprecher mit einschließen.

Die Belege von *können* in erfahrungsbezogener Lesart zeichnen sich durch ein großes Spektrum an Adjektiven aus. Es finden sich dynamische und statische

---

[21] Oft liegt *können* auch negiert oder mit einschränkendem *nur* vor, wodurch dann das Bestehen entsprechender Hindernisse zum Ausdruck kommt.

Adjektive in aktuellen Prädikationen, in denen nicht der Subjektreferent selbst, sondern der implizite Experiens als zentraler Partizipant erscheint, z. B. in einem Erkenntnisprozess (*aufschlussreich*), in einer Handlung (*nützlich*), einem unkontrollierten Vorgang (*tödlich*) oder einer Wahrnehmung (*fremd*).

	können, erfahrungsbezogen
Hdlg./Vorgang:	*aufschlussreich, förderlich, heilsam, inspirativ, nützlich* (2x), *schmeichelnd, schöpferisch, schwierig* (2x), *tödlich, tröstlicher, willkürlich*
Zustand:	*angenehm, bedeutsam, bewusst, fremd, klar, neutral, preiswert, unangenehm, unappetitlicher, unzulänglich, wichtig, willkommen*
Eigenschaft:	*erheblich, gerecht, gering, gewichtig, grob, groß, größer, höher, klein, richtig* (2x), *schöner, sinnvoll* (2x), *stark, umgekehrt, umweltbedingt, unterschiedlich, verschieden* (2x), *wahr, wertvoll, wüchsiger*
Disposition:	*gefährlich, möglich* (2x)

Daneben sind vor allem quantifizierende, vergleichende und Dimensionsadjektive als Eigenschaftsprädikate vertreten.

Epistemisch gelesene Belege mit *können* sind ebenfalls vorhanden, wenngleich deutlich weniger zahlreich. Auffällig ist auch hier die häufige Negation bzw. das Vorliegen der Konjunktiv-Präteritum-Form *könnte-*. Es finden sich dynamische Adjektive, die den Subjektreferenten als Instrument bzw. Unterstützung (*behilflich, nützlich*) oder Hindernis (*schädlich*) eines Agens charakterisieren. Als Zustandsprädikate erscheinen vor allem epistemische Befunde (*fremd, unabhängig, unklar, wichtig*), als Eigenschaften Evaluativa perzeptiver oder wahrheitsbezogener Art. Einzig *möglich* im Sinne von ‚machbar' erscheint zweimal als Disposition.

	können, erkenntnisbezogen
Hdlg./Vorgang:	*behilflich, nützlich, schädlich*
Zustand:	*fremd* (Dat.), *unabhängig, unklar, wichtig*
Eigenschaft:	*authentisch, gleich, wahr* (2x), *wertvoll*
Disposition:	*möglich* (2x)

5 Fazit

Die Ausführungen dieses Beitrags gingen aus von der Beobachtung, dass die positiv oder negativ besetzte Bedeutung eines prädikativen Adjektivs im Modalverbkomplement mit der Lesart des Modalverbs zu korrelieren scheint. Eine generelle Tendenz zu positiv wertenden Adjektiven als prädikativer Teil in Kopulakonstruktionen, die als Komplemente handlungsbezogen gelesener Modalverben auftreten, konnte nicht festgestellt werden. Vielmehr scheint dieser Eindruck nach den Überlegungen und explorativen Beobachtungen, die in diesem Beitrag präsentiert wurden, Symptom allgemeinerer Voraussetzungen der Beziehbarkeit von Adjektiv- und Modalverbbedeutung zu sein, die teils mit der jeweiligen Semantik, teils mit der Strukturbedeutung von Kopulakonstruktionen zu tun hat. Nicht selten erscheint die Bedeutung eines Adjektivs kontextuell um eine modale Bedeutung erweitert.

Es wurde zunächst für die Modalverben ausgeführt, dass ihre Bedeutung, teils explizit im Falle von *wollen, mögen, sollen* und *dürfen*, teils implizit im Falle von *müssen* und *können*, den Bezug auf gerichtete Instanzen beinhaltet. Die Modellierung der Lesarten zeigt, unter welchen Umständen diese semantisch angelegten Instanzen mit der Kommunikationsgemeinschaft oder den Sprechaktbeteiligten, insbesondere mit dem Sprecher selbst, identifiziert werden.

Für die Adjektive wurde die These formuliert, dass sie kategorisch über Partizipanten prädizieren. Dies ist vornehmlich in attributiver Verwendung der Fall, wo ein übergeordnetes Prädikat die Partizipantenrollen zuweist, über die das Adjektiv implizit prädiziert. In prädikativer Verwendung, wenn die adjektivische Prädikation explizit wird, bleibt umgekehrt ein unterspezifizierter Partizipantenstatus des Subjektreferenten implizit. Die implizite Situation schlägt sich in der hier vorgeschlagenen Beschreibung nicht nur hinsichtlich ihrer Dynamizität in einer dynamischen vs. statischen Adjektivbedeutung nieder. Auch die Implikation weiterer Partizipanten kann auf sie zurückgeführt werden.

So bilden auf Seiten der Modalverben deren mitunter semantisch angelegter Instanzenbezug und die Argumentforderung nach Dynamizität und Intentionalität, auf Seiten der Adjektive eine ebenfalls inhärente Dynamizität und wertende Bedeutungsanteile, die sich u. U. als Volition fassen lassen, mögliche Anknüpfungspunkte für eine semantische Interaktion in den betrachteten Konstruktionen.

In der Betrachtung empirischer Belege wird zunächst deutlich, dass die lexikalische Fülle, die sich in Modalverbkonstruktionen in der Position des prädiktiven Adjektivs findet, weiterer klassifikatorischer Arbeit bedarf. So treten je nach Modalverb und Lesart unterschiedliche semantische Gruppen hervor, die zum Beispiel die Nützlichkeit eines Gegenstandes, dessen phänomenologische Wirkung, die Relevanz einer Information oder die Wahrheit einer Proposition betreffen. Damit verbunden sind sortale Voraussetzungen für die beteiligten Partizipanten und ein Konzept des zugehörigen Situationskerns, der mit der Dynamizität von Adjektiven zwar adressiert, aber nicht hinreichend erfasst ist. Der Einbezug der Partizipantenstruktur in die semantische Beschreibung von Adjektiven würde schließlich eine geeignete Basis bieten für die Verankerung eines Merkmals [+VOLITIV], das mitunter auch kontextuell etabliert werden kann und sowohl eine handlungsbezogene Lesart des Modalverbs in den hier betrachteten Konstruktionen wahrscheinlich macht als auch die semantische Grundlage einer primär wertenden Verwendung der betreffenden Adjektive bilden könnte.

Für die Interpretation von Modalverbbelegen mit prädikativem Adjektiv im Komplement kann abschließend festgehalten werden, dass eine in diesem Sinne „wertende" Bedeutung nur ein Faktor von mehreren sein kann, der ins Gewicht fällt. Der vorliegende Beitrag möge aber immerhin soweit ein Licht auf den semantischen Bezug von Modalverb und Adjektiv geworfen haben, dass eine weitere Beschäftigung mit der betrachteten Konstruktion lohnend erscheint, insbesondere mit Blick auf die Frage, wie sich eine „wertende" Bedeutung von Adjektiven semantisch fassen lässt. Möglicherweise bietet die semantische Domäne der Modalität einen geeigneten konzeptuellen Rahmen.

Literatur

Abraham, Werner (2010): Modalitäts-Aspekt-Generalisierungen Interakionen und deren Brüche: Wo$_i$ kommen die epistemischen Lesarten t$_i$-her? In Andrzej Kątny & Anna Socka (Hrsg.), *Modalität/Temporalität in kontrastiver und typologischer Sicht*, 13–28. Frankfurt a. M.: Peter Lang (Danziger Beiträge zur Germanistik, 30).

Baumann, Carolin (2017): *Bedeutung und Gebrauch der deutschen Modalverben. Lexikalische Einheit als Basis kontextueller Vielheit*. Berlin, New York: de Gruyter (Linguistik – Impulse & Tendenzen, 72).

Blühdorn, Hardarik (2001): Generische Referenz. *Deutsche Sprache 29*, 1–19.

Diewald, Gabriele (1999): *Die Modalverben im Deutschen: Grammatikalisierung und Polyfunktionalität*. Tübingen: Niemeyer (Reihe Germanistische Linguistik, 208).

Duden (2016): *Die Grammatik*, 9., vollständig überarbeitete und aktualisierte Auflage. Berlin: Dudenverlag.

Eichinger, Ludwig M. (2007): Adjektiv (und Adkopula). In Ludger Hoffmann (Hrsg.), *Handbuch der deutschen Wortarten*, 143–187. Berlin, New York: de Gruyter.

Engel, Ulrich (2004): *Deutsche Grammatik*. Neubearbeitung. München: Iudicium.

Givón, Talmy (1984): *Syntax. A functional typological introduction*. Amsterdam u. a.: John Benjamins.

Heine, Bernd (1995): Agent-oriented vs. epistemic Modality: Some Observations on German Modals. In Joan L. Bybee & Suzanne Fleischman (Hrsg.), *Modality in grammar and discourse*, 17–53. Amsterdam u. a.: John Benjamins.

Helbig, Gerhard & Joachim Buscha (2013): *Deutsche Grammatik: Ein Handbuch für den Ausländerunterricht*. Berlin, München: Langenscheidt.

Hengeveld, Kees (2004): Illocution, mood, and modality. In Geert Booij, Christian Lehmann, Joachim Mugdan & Stavros Skopeteas (Hgg.), *Morphologie*, 1190–1201. Berlin, New York: de Gruyter (Handbücher zur Sprach- und Kommunikationswissenschaft (HSK), 17.2).

Hentschel, Elke & Harald Weydt (2003): *Handbuch der deutschen Grammatik*. 3., völlig neu bearbeitete Auflage. Berlin, New York: de Gruyter.

Keller, Rudi (2002): Bewerten. Vortrag für das Kolloquium „Values and evaluating" an der University of California at Davis im Oktober 2002. http://publikationen.ub.uni-frankfurt.de/files/12433/Bewerten.pdf.

Kratzer, Angelika (1976): Was ‚können' und ‚müssen' bedeuten können müssen. *Linguistische Berichte 42*, 1–28.

Kratzer, Angelika (1981): The Notional Category of Modality. In Hans-Jürgen Eikmeyer & Hannes Rieser (Hrsg.), *Words, worlds, and contexts*, 38–74. Berlin, New York: de Gruyter (Research in text theory, 6).

Kratzer, Angelika (1995): Stage-Level and Individual-Level Predicates. In Gregory N. Carlson & Francis Jeffry Pelletier (Hrsg.), *The Generic Book*, 125–175. Chicago u. a.: The University of Chicago Press.

Lehmann, Christian (1992): Deutsche Prädikatklassen in typologischer Sicht. In Ludger Hoffmann (Hrsg.), *Deutsche Syntax. Ansichten und Aussichten*, 155–185. Berlin, New York: de Gruyter.

Lehmann, Christian (2006): Participant roles, thematic roles and syntactic relations. In Tasaku Tsunoda, & Taro Kageyama (Hrsg.), *Voice and grammatical relations*, 167–190. Amsterdam/Philadelphia: John Benjamins (Typological Studies in Language, 65).

Lehmann, Christian, Yong-Min Shin & Elisabeth Verhoeven (2004): *Direkte und indirekte Partizipation. Zur Typologie der sprachlichen Repräsentation konzeptueller Relationen*. Second revised edition. Erfurt: Seminar für Sprachwissenschaft der Univerisität (Arbeitspapiere des Seminars für Sprachwissenschaft der Universität Erfurt, 13).

Lefèvre, Michel (2011): Qualifikation und subjektive Bewertung: attributive Adjektive in modalisierender und bewertender Funktion. In Günter Schmale (Hrsg.), *Das Adjektiv im heutigen Deutsch. Syntax, Semantik, Pragmatik*. Tübingen: Stuffenburg (Eurogermanistik, 29).

Leisi, Ernst (1975): *Der Wortinhalt. Seine Struktur im Deutschen und Englischen*. Stuttgart: UTB.

Lyons, John (1977): *Semantics*. Cambridge, New York: Cambridge University Press.

Maché, Jakob (2013): *„On black magic" – how epistemic modifiers emerge*. Dissertation. Freie Universität Berlin.

Mackenzie, J. Lachlan (2004): Entity concepts. In Geert Booij, Christian Lehmann, Joachim Mugdan & Stravos Skopeteas (Hgg.), *Morphologie*, 973–983. Berlin, New York: de Gruyter (= Handbücher zur Sprach- und Kommunikationswissenschaft (HSK), 17.2).

Maienborn, Claudia (2003): *Die logische Form von Kopula-Sätzen*. Berlin: Akademie-Verlag (studia grammatica, 56).

Rothstein, Björn (2007): *Tempus*. Heidelberg: Winter (= Kurze Einführungen in die germanistische Linguistik 5).

Schmale, Günter (Hrsg.) (2011): *Das Adjektiv im heutigen Deutsch. Syntax, Semantik, Pragmatik*. Tübingen: Stauffenburg (Eurogermanistik, 29).

Vogel, Petra M. (1997): Unflektierte Adjektive im Deutschen. *Sprachwissenschaft 22*, 403–433.
Zifonun, Gisela, Ludger Hoffmann, Bruno Strecker et al. Hgg. *Grammatik der deutschen Sprache*. Berlin, New York: de Gruyter (Schriften des Instituts für Deutsche Sprache, 7.1-3).
Zillig, Werner (1982): *Bewerten. Sprechakttypen der bewertenden Rede*. Tübingen: Niemeyer (Linguistische Arbeiten, 115).

Gottfried R. Marschall
Zum Verhältnis von Bewertung und Beschreibung beim Adjektiv

Abstract: Auf der Basis eines semantisch gegliederten Korpus von bewertenden Adjektiven wird das Verhältnis von bewertenden und beschreibenden Adjektiven im Deutschen untersucht. Nach Diskussion verschiedener, das Adjektiv betreffender Verhältnisse und Bedingungen allgemeinerer Art werden, ausgehend von einem an die nominale Referenzgröße gebundenen Merkmalsystem die Voraussetzungen für eine Klassifizierung und Untersuchung bewertender Adjektive zusammengestellt. Es zeigt sich, dass es nur wenige rein bewertende Adjektive gibt, dass aber sehr viele Adjektive einen mehr oder weniger vorrangigen bewertenden Bestandteil haben und jeweils an Vorkommenskontexte gebunden sind. Dabei fällt auf, dass auch vorrangig beschreibende Adjektive bewertend gemeint sein oder rezipiert werden können, wenn sie in einem Text auftreten, der aus einer kontextuellen, pragmatischen Bewertungshaltung des Sprechers entspringt. Diese Bewertungshaltung stellt sich als das eigentlich wesentliche Kriterium für die Beurteilung eines Adjektivs hinsichtlich des Verhältnisses Bewertung vs. Beschreibung heraus. Zum Schluss wird versucht, das Ergebnis zu formalisieren, mit dem Ziel, die Funktionsweise der Bewertung gegenüber der Beschreibung beim Adjektiv zu präzisieren und zu veranschaulichen.

1 Status des Adjektivs im System

Unser Thema verdient ein paar grundsätzliche Überlegungen zu Wesen und Funktion des seltsamen Phänomens Adjektiv. Aristoteles rechnete es zum Nominalbereich, dennoch lassen seine typischen Züge zumindest im Deutschen diese Zugehörigkeit widersprüchlich erscheinen. Seine Daseinsberechtigung erwächst aus der Anbindung an ein Bezugsnomen (hier je nach Bezugsebene: N, N-Denotat oder N-Referent), ohne dass dafür der Terminus „Abhängigkeit" wirklich angemessen erscheint. Obwohl substantivierbar als Neutrum wie viele andere Elemente der Sprache, ist es selbst nicht a priori Träger eines Artikels oder eines inhärenten festen Genus, sondern fügt sich in die entsprechenden Constraints des jeweiligen Nominalausdrucks. Dasselbe gilt für seine in der NP von Det und

---

Dr. habil. Gottfried R. Marschall, MCF em., vormals Université Paris-Sorbonne,
Privat: 15 rue Faraday, F-75017 Paris, e-mail: gomar@neuf.fr

https://doi.org/10.1515/9783110584042-010

N gesteuerte Flexion, wodurch dann doch eine Art syntaktische Abhängigkeit sichtbar wird. Andererseits behauptet es seine lexikalische Eigenständigkeit, nicht nur durch typische, von der Kategorie Substantiv distinkte Wortbildungsaffixe, sondern auch, indem es sich als einzige lexikalische Kategorie, wenn seine Semantik es erlaubt, mit einem Quantifizierungsprinzip, vulgo „Steigerung", kreuzen lässt. Und schließlich wird durch neuere linguistische Anschauungsweisen seine essenzielle Zugehörigkeit zum N-Bereich überhaupt in Frage gestellt. Denn für Sprachen wie das Deutsche, die keine bzw. nur sehr wenige Marker für die Ableitung von Adverbien aus Adjektiven kennen (wie etwa engl. -ly oder frz. -ment), werden in jüngerer Zeit Adjektive, die auf Verben bezogen sind (*er läuft schnell*), eben auch als Adjektive (im Frz.: *adjectif de verbe*) und nicht als Adverbien kategorisiert.

Im Satzverband zeigt das Adjektiv ein zwitterhaftes Verhalten, das im Deutschen und zum Beispiel auch in anderen germanischen Sprachen noch durch den Gegensatz flektiert/unflektiert verdeutlicht wird[1]. Auch diese Zweiheit, nämlich der prädikative vs. attributive Gebrauch, beruht auf einer Kreuzung, und zwar Kreuzung mit einem logisch-kognitiven Prinzip. So scheint das attributiv gebrauchte Adjektiv die prädikative Variante in eingekapselter Form zu enthalten. Dies bedeutet logischerweise, dass die attributive die prädikative voraussetzt, nicht umgekehrt. Der Äußerungsteil: *das rote Auto* oder *ein rotes Auto* setzt die Beobachtung voraus: *das Auto ist rot*, sowie die Erfahrung bzw. das Wissen: *Autos können rot sein*.

Die Dinge komplizieren sich, sobald wir in den Bereich Semantik vordringen und diesen mit formalen und funktionalen Gegebenheiten verbinden. Geht man davon aus, dass Adjektive Qualifikativa im Sinne von Spezifikatoren sind, so muss man einräumen, dass sie mit anderen Typen von Qualifizierern konkurrieren, etwa mit dem Bestimmungsteil von Komposita oder mit satz-, syntagmen- oder teilsatzwertigen Sequenzen wie Relativsatz, Infinitiv-Komplex, Präpositional- oder Partizipialphrasen. Dabei sind sprachübergreifend durchaus Typenwechsel zu verzeichnen, siehe *Telefonzelle* vs. frz. *cabine téléphonique* oder poln. *budka telefoniczna*.[2] Somit wird die lexematisch-morphosyntaktische Kategorie Adjek-

---

[1] Wobei die Flexion in anderen germanischen Sprachen auf das Anhängen eines Endvokals oder -konsonanten reduziert sein kann (z. B. ndl: *groot/grote, fris/frisse*) oder statt der Opposition attributiv/prädikativ andere Funktionen markieren kann (z. B. schwed. attr. oder präd.: *stor/stora// stort*. Oppositionen: Sing./Plur.,.definit/indefinit).

[2] Gerade diese, in den slawischen Sprachen sehr häufigen Formationen zeigen, dass Adjektive auch eine abstrakte Wortbildungsfunktion haben können, bei der das Etikett „Qualifizierung" nicht mehr wörtlich als „Eigenschaft" des N-Referenten gefasst werden kann, siehe *oktobrische Revolution* für Oktoberrevolution im Russischen.

tiv überlagert von der – hier bewusst sehr allgemein und im Grenzfall abstrakt gefassten – semantischen Kategorie Qualifizierung.³

2 Merkmale der Qualifizierung

Wie kommt aber diese semantische Qualifizierung zustande, und welche Varianten treffen wir an? An diesem Punkt nun wird bereits der Kern unseres Themas, das Verhältnis Beschreibung vs. Bewertung, sichtbar. Man kann das Adjektiv als komprimierte qualifizierende Beschreibung, also als sprachliche Ökonomieform, auffassen, wobei eine „Vollform" auf dem Wege einer Paraphrasierung rekonstruiert, aber bei Unkenntnis des jeweiligen Kontextbezuges meist nicht eindeutig erschlossen werden kann, z. B.:

(1a) *das zerbeulte Auto* aus: ‚das Auto, das überall Beulen hat / das sowohl am hinteren Stoßfänger als auch am Kotflügel vorn rechts Beulen hat / usw.'
(1b) *französischer Käse* aus: ‚aus Frankreich stammender Käse / auf französische Art hergestellter Käse'
(1c) *eine erstaunliche Leistung* aus: ‚eine Leistung, die mich als Sprecher / uns (hier) / jedermann [wird unterstellt] in Erstaunen versetzt / [auch möglich:] unsere Erwartungen übertrifft, Vorurteile ausräumt, ...'

Qualifizierung erweist sich somit als mehr oder minder differenzierter semantischer Komplex, der in ganz spezifischer Weise und durchaus mit Raum für kontextbedingte Stufung (einfache vs. übertragene Bedeutung), Metaphorik und Polysemie den semantischen Inhalt eines jeden Adjektivs ausmacht. Allerdings erhellt aus (1a) bis (1c) bereits, dass durch die Spezifik der jeweiligen Adjektiv-Semantik ein logischer Bezug entsteht, und zwar in Fällen wie (1a und b) auf den N-Referenten, in Fällen wie (1c) jedoch auf den Sprecher oder einen zu interpolierenden Beobachter bzw. Kommentator⁴. Indes kann auch bei (1c) ein gleichzeitiger Bezug auf den N-Referenten nicht geleugnet werden, denn diesem (hier: *Leistung*) wird ja eine, wenn auch exogen⁵ formulierte, Eigenschaft zugesprochen. Der Dop-

---

3 Eher im Sinne von „nähere semantische Bestimmung", nicht als Parallelbegriff zu „qualitatives Adjektiv" oder „Qualitätsadjektiv", wie er in Grammatiken (siehe z. B. Engel 2004: 337) Begriffen wie „referenzielles Adjektiv", „klassifizierendes Adjektiv" usw. gegenübergestellt wird.
4 Zillig (1982) spricht von „Berichterstatter".
5 Die Opposition *endogen/exogen* ist Begriffen wie *inhärent, ad hoc inkorporiert* und *affiziert* übergeordnet und markiert die beiden Bereiche, an denen die Merkmaltypen Anteil haben. Man

pelbezug erklärt sich offensichtlich daraus, dass der exogenen Formulierung als Vehikel der Qualifizierung von N eine Suche nach Wertung[6] zugrunde liegt.

Nun hat der Sprecher seine wertende Qualifizierung nicht frei erfunden, ebenso wenig wie in (1a) und (1b) seine beschreibende Qualifizierung, sondern er benutzt allgemein verfügbare Elemente des Lexikons aus der Kategorie Adjektiv. Es erscheint daher legitim, den Grund für die genannten Möglichkeiten im semantischen Komplex des Adjektivs zu suchen, und zwar nicht isoliert als Auflösung in Sememe, sondern, da dieser Komplex eine Qualifizierung des N-Referenten leistet, als Aktivierung von – endogenen oder exogenen – Merkmalen (Eigenheiten? Abmessungen? Gültigkeitsbereichen? Randerscheinungen? Parallelen? Wirkungen? ...) des N-Referenten. Ohne zu weit in die Einzelheiten zu gehen, kann man unterscheiden:

(a) inhärente Merkmale, d. h. bereits in der N-Semantik denotativ oder konnotativ enthaltene, vom Sprecher erkannte Merkmale, an die er nur erinnert, die er im Bestreben bildhafter Vollständigkeit mit hineinnimmt in seinen Diskurs, z. B: *das weitläufige Berlin, die bunten Blumen, im kalten Sibirien ...*

(a') Hier setzt die Beschreibung an, läuft allerdings Gefahr, falls nicht distinktiv und prosodisch entsprechend gekennzeichnet, speziell bei attributivem Gebrauch in Redundanz oder Pleonasmus zu verharren; daher die Rede vom rein schmückenden, ornamentalen Adjektiv mit niedrigem Neuigkeits- bzw. Informationswert.

(b) ad hoc inkorporierte Merkmale d. h. situationsbedingt zur N-Semantik hinzukommende, die NP oder Prädikation als Ganzes anreichernde Merkmale, z. B. *das geteilte Berlin, der arbeitslose Familienvater, ...*
Hier handelt es sich um das zentrale Feld der Beschreibung, wo wesentliche Beobachtungen mit erheblich höherem Informationswert mitgeteilt werden.

(c) affizierte Merkmale, d. h. vom Sprecher behauptete, empfundene, zugewiesene, interpretierte, subjektiv aufgesetzte, jedenfalls via Projektion ihn selbst als Urteilenden implizierende Merkmale, z. B. *das aufregende, grelle Berlin, Yasminas merkwürdige Kleidung ...*
Hier beginnt das typische Feld der Bewertung; allerdings kann der Informationswert sehr unterschiedlich sein, je nachdem, wie präzise oder wie formelhaft-stereotyp die Bewertung ist. Dazu später mehr.

---

könnte Letztere noch weiter untergliedern und zu weiteren Zwischentypen kommen, was aber in unserem Rahmen zu weit führen würde.
6 Die Verben *werten* und *bewerten* sowie Ableitungen, ebenso *judikativ*, werden in diesem Text synonym gebraucht.

Halten wir an dieser Stelle vorübergehend als einfache Formel fest, dass der Bezug auf den N-Referenten einerseits (Beschreibung) und der Rückbezug auf den Sprecher andererseits (Bewertung) von den endogenen oder exogenen semantischen Merkmalen abhängt, die auf N-Ebene oder auf NP-Ebene vom Adjektiv aktiviert werden.

Die Stufung der Merkmale in drei Grade der Nähe zu N (a, b, c) kann noch weiter diversifiziert und durch andere Unterscheidungskriterien ergänzt werden.

3 Maximalhypothese und Bewertungshaltung

Die Gretchenfrage zur wertenden Funktion des Adjektivs, die von Linguisten immer wieder gestellt wird und auch in Diskussionen anklingt, ob denn nicht überhaupt alle Adjektive bewertend seien, weil doch das Adjektiv von vornherein eine bewertende Kategorie sei, impliziert eine Maximalhypothese, die man auf eine einfache Formel bringen kann: Alle Adjektive sind Bewertung. Bevor man dazu vorschnell Stellung bezieht, sollte man überlegen, von welcher Warte aus eine solche Ansicht geäußert werden kann und eventuell Sinn machen könnte. In dem Satz

(2) *Zu unserem gestrigen Treffen kamen ungefähr siebzig Leute.*

ist *gestrig* sicher kein bewertendes Adjektiv. Wohl aber könnte der ganze Satz als Bewertung gelten. Denn es wird, erkenntlich an dem Adverb *ungefähr*, eine Vermutung geäußert, eine Schätzung, die man durchaus als Bewertung auffassen kann, zumal ja, besonders im Mediendeutsch, das Verb *bewerten* gern im Sinne von *einschätzen, eine Meinung kundgeben*, benutzt wird. Dagegen liegt in dem Satz

(3) *In der Partei geben leider immer noch einige ewig gestrige Mitglieder den Ton an.*
     [oder noch besser als Nominalisierung:] ... *einige ewig Gestrige*...

die Bewertung bereits in der lexikalischen Kombination *ewig gestrig*, die dasselbe Adjektiv verwendet. Dabei ist außerdem, wie in (2), die gesamte Äußerung wertend, zu erkennen am Satzadverb *leider*.

Am Gegensatz zwischen (2) und (3) wird dreierlei deutlich:

- Für viele Adjektive gilt: Dasselbe Adjektiv kann je nach Kontext wertend oder nicht-wertend gebraucht sein (vgl. auch Hartlmaier i. d. B.).[7]
- Damit kann ein Wechsel der Stufe in der Bedeutungsstruktur verbunden sein, z. B. eigentliche Bedeutung → beschreibend; uneigentliche, metaphorische Bedeutung → bewertend (z. B. *windiges Wetter* vs. *windige Argumente*; *ein lebendiges Insekt*, vs. *sehr lebendige Kinder*).
- Eine Äußerung kann als Ganzes, ungeachtet der Art der in ihr verwendeten Lexeme (hier genauer: Adjektivlexeme), dadurch bewertend sein, dass sie in dem pragmatischen Rahmen „Bewertung" geschieht, d. h. auf einer Bewertungshaltung des Sprechers beruht, der mithin eine Sprachhandlung „Bewertung" vollzieht.[8]

Es mag dieser Sachverhalt sein – nämlich, dass eine bewertende Äußerung als Sprachhandlung auf der Grundlage einer Bewertungshaltung erfolgt –, der dazu verleiten kann, die Maximalhypothese zu favorisieren und damit generell auch beschreibende Adjektive als potenziell bewertende auszugeben. Dennoch erscheint uns diese Option gefährlich. Es ist eine Sache, die Bewertungshaltung als Ursprung sprachlicher Bewertung zu erkennen, eine andere, daraus abzuleiten, dass jeder Adjektivgebrauch zur Erweiterung der Semantik des Bezugsterms grundsätzlich wertend sei, mit dem daraus folgenden Kurzschluss, dass jedes Adjektiv grundsätzlich wertend sei. Hier liegt eine Quelle von Missverständnissen, und man kann endlos darüber diskutieren, was denn nun genau unter Bewertung zu verstehen sei. Die Bewertungshaltung ist als solche souverän. Bewertung auf Äußerungs- und Textebene ist in verschiedener Form möglich, bewertende Adjektive müssen dabei keine Rolle spielen. Man prüfe folgendes Beispiel eines polemisch wertenden Textauszuges (fast) ohne bewertende Adjektive (siehe jedoch unsere Hervorhebungen: Zweifelsfälle?); die Träger der Bewertung sind hier Substantive, Verben, quantifizierende Elemente, Phraseme sowie

---

7 Zillig (1982: 81–82) zeigt am Beispiel von *kalt* und *hässlich*, dass eine eindeutige Zuordnung von Adjektiven zu den Kategorien wertend oder nicht-wertend nicht bzw. nicht immer möglich ist: „Die Zuordnung ist nicht absolut" Zillig 1982: 81). So kann in bestimmten Kontexten *kalt* durchaus wertend sein. Unser Beispiel: *Der Kaffee ist ja kalt!* Zillig plädiert für eine relativierende Ausdrucksweise: Dieses Adjektiv ist „in erster Linie beschreibend" bzw." in erster Linie bewertend". Es erscheint uns aber notwendig, diese Beobachtungen noch zu präzisieren. Was heißt „in erster Linie"? Drückt sich hier ein Verhältnis aus?
8 Über diese Erkenntnis herrscht weitgehend Einigkeit. Zillig (1982) ordnet die bewertende Rede der Sprechakttheorie zu. In ihrer umfangreichen Arbeit von 2014 geht Edyta Błachut durchgängig von Bewertung als Sprachhandlung aus, innerhalb derer dann vergleichende Einzeluntersuchungen angestellt werden.

die ironisch-karikaturistische Gesamthaltung. Solche realen Texte entstehen teilweise auch aus der expliziten oder impliziten Forderung an Schreibprofis, keine bewertenden – und womöglich emotionsgeladenen und damit verdächtigen – Adjektive zu verwenden. Harsche Kritik ist, wie man sieht, auch ohne sie möglich:

(4) Bei Volkswagen war es die Gier nach Größe, der *unbedingte* Wille, Toyota als *größten* Autohersteller der Welt zu überholen, bei der Deutschen Bank das Ziel einer Eigenkapitalrendite von 25 Prozent, dem alles untergeordnet wurde. Die Deutsche Bank beteiligte sich deshalb an so ziemlich allen Schweinereien der Branche. Sie führten schließlich zur Finanzkrise. Anschließend verordnete sich das Unternehmen einen Kulturwandel, der *gründlich* misslang, heute ist die Deutsche Bank nur noch ein Schatten ihrer selbst. (*Der Spiegel* 40/2015, 8)

Werden aber als nicht-wertend eingeschätzte Adjektive, wie z. B. relationale Adjektive, selbst zu wertenden, nur weil sie in einer Äußerung vorkommen, die auf einer Bewertungshaltung basiert? Die Frage in dieser generellen Form muss nach unseren bisherigen Beobachtungen wohl verneint werden. (Wir kommen aber in Teil 10 darauf zurück.) Vielmehr geht es darum, das Verhältnis von Bewertung und Beschreibung in der Adjektiv-Semantik möglichst präzise zu erfassen.

4 Grundsätzliches zur Bewertung und ihren Sedimenten in der Sprache

Bewerten, eine bewertende Sprachhandlung vollziehen, heißt auch: ein subjektives Urteil fällen. Die Subjektivität des Bewertungsakts lässt sich häufig an der Formulierung ablesen, wenn der Bewertungsakt im Text materialisiert ist, wie im folgenden Beispiel [Unterstreichungen und Kursivdruck G.M.]:

(5) Spiegel: Mr. Dempsey, sind Autorennen ein *guter* Filmstoff?
Dempsey: Ich meine: ja. Aber die Frage ist, ob andere Leute das auch so sehen.
S.: *Schnelle* Autos allein ziehen doch kein Kinopublikum an?
D.: Nein, es kommt auf die Geschichte an, die erzählt wird. Ich finde nicht, dass die Rennen an sich *interessant* sind. (*Der Spiegel* 40/2015, 112)

Nun ist wohl anzunehmen, dass der Sprecher/Schreiber trotz Überraschungseffekt und Originalität seines subjektiven Urteils erstrebt, dass diesem Urteil möglichst der Anschein der Objektivität und bestenfalls der Plausibilität anhaftet – eine Art pragma-semantische Dialektik. Es ist schließlich Ziel seiner Rede, den Hörer/Leser zu überzeugen und ihn für seinen Standpunkt zu gewinnen. So bietet es sich an, eine Liste der wesentlichen Bedingungen für Effizienz und Akzeptanz einer Bewertung zusammenzustellen, die an den Verhaltenskodex der antiken Rhetoriker oder auch an Grice'sche Maximen erinnert. Gefordert sind idealtypisch zumindest Plausibilität, Angemessenheit, Ehrlichkeit und Verständlichkeit. Diese Faktoren stellen ihrerseits Bedingungen für die Glaubhaftigkeit des Urteils dar. Ihre Überprüfung erleichtert es, Abweichungen vom Kodex, Verfälschungen und Manipulationen im realen Text als Absicht oder Versehen zu identifizieren.

Glaubhaftigkeit kann aber auch erreicht werden durch beschreibende Komponenten wie Bemessung, nachprüfbare Daten und Angaben, numerische Festlegung, nachvollziehbare Affektivität, letztlich alles das, was aufgrund von referenzieller Verankerung in der Realität als Gegengewicht zu den rein bewertenden Bestandteilen der Rede gelten kann. Angaben wie *gestrig* und *siebzig* in (1) gehören dazu, aber auch weniger offensichtliche Fälle wie etwa die Adjektivform *größten* in (4). Mit diesem superlativisch gebrauchten Adjektiv spricht der Autor keine eigene Neubewertung aus, sondern übernimmt eine zum Zeitpunkt der Äußerung gültige, überprüfbare quantitative Einordnung als solche in seine übergeordnete Bewertung. Sie wird damit Teil der Rechtfertigung seiner Bewertung und erhöht deren Plausibilität. Hier zeigt sich außerdem, dass die Entscheidung „wertend oder nicht" zwar über den Kontext getroffen werden muss, aber auch nach Abstufung in sich verlangt, etwa in Bewertung ersten oder zweiten Grades mit jeweils unterschiedlicher Bewertungsrelevanz oder Bewertungsintensität.

Was die Abweichungen vom oben ins Spiel gebrachten Verhaltenskodex anbelangt, so sind entsprechende Befürchtungen durchaus begründet. Natürlich waltet bei der Kommunikation durch Sprache ein Freiheitsprinzip. Aber wir wissen auch, dass die Freiheit der Rede und damit der wertenden Sprachhandlungen durch vielerlei gesellschaftlich teils verständliche, teils bedauerliche Einschränkungen beschnitten ist, als da sind Höflichkeit, Rücksichtnahme, Tabus, Zensur, Angst usw. Am anderen Ende des Spektrums steht das im Grenzfall illegitime Überstrapazieren des subjektiven Freiheitsspielraums durch den Sprecher oder Dritte, die mutwillige, opportunistische Falschbewertung, in welchem Realkontext auch immer. Auch dazu ein Beispiel:

(6) Dass man Internetbewertungen nicht vertrauen kann, ist bekannt. Dass es in China regelrechte Bewertungsfabriken gibt, ist neu. Zu sehen ist [auf dem abgedruckten Foto, G.M.] eine junge Frau, die Dutzende Geräte bedient, um im großen Stil Bewertungen zu fälschen. Ein erster Platz im App-Store-Ranking kostet mindestens einige hundert Euro pro Tag. (*Der Stern* 11/2015, 12)

Bereits die Setzung eines Adjektivs, im Rahmen einer Prädikation oder als Attribut, die Hinzufügung seiner Semantik zu der des Nomens und die Vermengung beider in der NP, ist wie jede Sprecherentscheidung ein subjektiver und freiheitlicher, jedoch – wie oben bereits betont – deshalb nicht automatisch bewertender Akt. Der Sprecher kann diesen Akt vollziehen oder auch nicht, er kann uns zusätzliche – richtige oder falsche – Informationen geben oder sie verschweigen.

Die Opposition subjektiv/objektiv ist natürlich unzureichend für die Bestimmung von Semantik und Funktionen von Adjektiven. Zwar gibt uns die Sprache Hinweise auf Sortierungsmöglichkeiten, z. B. durch die bekannte Ordnung „von links nach rechts = vom subjektivsten zum objektivsten Adjektiv" in Adjektiv-Kaskaden, deren Einzelheiten wir hier nicht erörtern können[9]. Aber Verfeinerung tut Not.

Wir hatten eingangs Merkmaltypen für die Bestimmung der Adjektiv-Semantik benannt, die nun in die Frage münden: Sagt das Adjektiv etwas aus – objektiv beschreibend: – über den Referenten bzw. Sachverhalt, dem es zugeordnet ist, – spekulierend: – über periphere Phänomene des Sachverhalts, oder – subjektiv bewertend: – über den Sprecher, der die Zuordnung vornimmt?[10]

5 Adjektiv-Typologien: a priori-Festlegung für Wertungsfähigkeit?

Es wird häufig versucht, die Frage, ob ein Adjektiv a priori beschreibend oder bewertend ist, von einer Adjektiv-Typologie aus zu lösen. Der Nachteil eines solchen Vorgehens ist, wie schon mehrfach angedeutet, dass absolute Zuordnungen sich als kaum möglich erwiesen haben, da sie den Verwendungskontext

---

9 Siehe dazu z. B. Schecker (1993).
10 Dabei kann „Sprecher" stellvertretend stehen für eine von dritter Seite übernommene oder auf einem allgemeinen Konsens beruhende Quelle der Bewertung („polyphone Position" (vgl. Lefèvre i.d.B.)).

sowie Mischungen und Abstufungen innerhalb der Adjektiv-Semantik außer Acht lassen. Traditionelle Grammatiken (wie z. B. Helbig & Buscha 1981, 276, §2.3.3. „Subklassen der Adjektive", vgl. auch Helbig & Buscha 2013: 280–287) gliedern den Adjektivvorrat meist nach einer Mischung aus formalen und semantischen Kriterien, die sich auf zwei Hauptkategorien reduzieren lassen: qualifikative (oder „qualitative") und relationale Adjektive. Diese sind allerdings nicht einfach mit den Kategorien subjektiv/objektiv und bewertend/beschreibend in Parallele zu setzen. Auch die mehrfach modifizierte Unterscheidung, die Kerbrat-Orecchioni (1980) vornimmt (und die hier stellvertretend für auch anderswo in ähnlicher Weise vorgenommene Aufgliederungen stehen soll), erweist sich als problematisch. Unterschieden wird dort einerseits (Beispiele in Klammern) zwischen objektiven (*unverheiratet*) und subjektiven Adjektiven, wobei die subjektiven eine weitere Untergliederung in affektische (*komisch*), nicht-axiologische (*lang*) und axiologische (*schön*) erfahren. Dies lenkt die Aufmerksamkeit auf die wichtige aber nicht immer beachtete Tatsache, dass Subjektivität in sehr verschiedenen Facetten ausgeprägt sein kann. Andererseits wird unterschieden zwischen bemessenden (*groß*), axiologischen (*schön*) und affektiven (*arm* in *der arme Kerl*) Adjektiven. Problematisch ist bei einer solchen Kategorisierung, dass, wie Lefèvre (2011) zeigt, nicht nur Mehrfachbesetzungen, sondern auch kontextbedingte semantische Stufungen und Schattierungen desselben Adjektivs sowie relationale Querstände[11] quasi unberücksichtigt bleiben. Denn die Kategorie „axiologisch" als die am allgemeinsten „Bewertung" denotierende tendiert dazu, die anderen Kategorien zu überlagern bzw. sich mit ihnen zu vermengen, selbst dort, wo man es zunächst nicht vermutet, nämlich bei bemessenden Adjektiven, der aufgrund der Bindung an Konventionen und oft auch Zahlenwerte „objektivsten" Kategorie (vgl. Knobloch i.d.B. („Children´s acquisition of adjective meanings...") und Krüger i.d.B.). Man prüfe dazu die kontext- und konventionsabhängige Relativität, die aus Angaben wie *groß, klein, viel, wenig, warm, kalt* Wertungen macht, sowie die beiden folgenden Beispiele, speziell die Vereinbarkeit von bestimmten oder unbestimmten Zahlenwerten mit Bewertung:

(7) *Die werden während des Festivals bestimmt* doppelte *Preise verlangen.*
(8) *Allein für die Vorbereitung brauchen sie dann wieder -zig Leute.*

---

[11] Relationaler Querstand als rhetorischer Trick: *dreifach* in dem Idiom *der dreifache Meister* gilt als bemessend, obwohl es keine Eigenschaft des N-Referenten denotiert, sondern die Denkleistung eines Kommentators, der eine Veränderung in der Bezugsstruktur vornimmt) und damit die verborgene Prädikation freilegt: Der Meister ist nicht ‚dreifach', sondern die Person x ist ‚dreimal Meister geworden'.

Die soeben besprochene Typologie und die damit verbundene Untergliederung sind also als Aufhänger für die Opposition „beschreibend vs. bewertend" nicht ausreichend, ja eher ungeeignet. Auch bei anderen denkbaren Typologien (z. B. Simplices vs. Ableitungen, distinktiv vs. nicht-distinktiv) wird man zu ähnlich unbefriedigenden Ergebnissen kommen. Die Zugehörigkeit zu einem bestimmten Lexemtyp oder zu einem logisch-syntaktischen Strukturtyp lässt sich schwerlich 1:1 mit der Opposition „beschreibend vs. bewertend" korrelieren. Diese liegt quer zu Typologien. Selbst wenn, wie wir in Teil 8 sehen werden, bestimmte Typen unter den bewertenden Adjektiven besonders häufig anzutreffen sind, geht es nicht um verschiedene Typen als solche, sondern um Indizien für relevante Faktoren, die je nach Kontext auch zu mehreren gleichzeitig greifen können.

Halten wir als Zwischenbilanz Folgendes fest: Viele Adjektive sind Mischformen aus Beschreibung und Bewertung, und zwar einerseits durch ihr Auftreten in einer Äußerung, die im Rahmen einer Bewertungshaltung formuliert ist, andererseits aber auch durch ihre semantische Binnenstruktur, die sowohl auf den N-Referenten als auch auf den Sprecher bezogen ist.

Dies soll nun an einem Korpus judikativer Adjektive erprobt und näher bestimmt werden.

6 Vorbemerkungen zum Korpus „Judikative Adjektive"

Das vorliegende Korpus dient seit Marschall (2011) als Materialgrundlage unserer Untersuchungen. Es wurde vom Autor selbst erstellt, und zwar mit folgenden methodischen Ansätzen: thematische Vorgaben, lexikalische Erhebungen, Auswertung verschiedener journalistischer und literarischer Texte, insbesondere aus den Bereichen Kunst-, Literatur-, Theater-, Musikkritik, vermischte Nachrichten, biographische Texte, in zweiter Linie auch Texte aus Politik und Wirtschaft, satirische Texte. Zur Kontrolle wurden auch einige fremdsprachige Texte herangezogen, die jedoch hier nicht verwertet wurden.

Das Korpus ist allerdings gegenüber seiner ursprünglichen Form um ca. 15 % erweitert und um einige Module ergänzt worden.[12] Es wird niemandem schwerfallen, bei der Lektüre verschiedenartiger Texte weitere Items aufzuspüren, da gerade in diesem Bereich eine breite Grauzone sowie eine hohe Produktivität einschließlich Neologismen und phantasievoller Neuschöpfungen zu verzeichnen

---

[12] Hier handelt es sich um die erweiterte Fassung. Zu den Modulen siehe weiter unten.

ist. Dies trifft allerdings weniger auf wissenschaftliche Texte und Fachtexte zu, da in diesen Textsorten gemäß deontologischen Konventionen signifikant weniger Adjektive und wenn, dann vorwiegend objektbezogene und „objektive", also rein beschreibende auftreten (wie Lefèvre 2011 zutreffend feststellt).

Von welchen Maßgaben wurde die Erstellung des Korpus gesteuert?
Ziel des Korpus war es, eine möglichst hohe Zahl an bewertenden Adjektiven aufzulisten und möglichst sinnvoll zu gruppieren. Dabei wurde bewusst die Tatsache umgangen, dass in mehr oder weniger komplexen Äußerungen, die in Gänze auf der Bewertungshaltung des Sprechers basieren und somit wertende Sprachhandlungen sind, auch nicht-wertende Adjektive vorkommen und aufgrund des global wertenden Habitus der Äußerung fälschlich oder durchaus nachvollziehbar als wertende interpretiert werden können. Es wurden dagegen bewusst möglichst viele und vielfältige Items aufgenommen, deren semantische Struktur auch ohne Berücksichtigung eines übergeordneten Bewertungsrahmens neben beschreibenden Merkmalen (*makellos, talentiert*), oder auch ohne solche (*wunderbar, prima*), deutlich hervortretende bewertende Merkmale enthält. Aufgenommen wurde eine Einheit, wenn in einer syntaktischen Minimalsequenz des Typs „ein(e) [Adj] N!" (*eine wundervolle Vase!*) oder „N ist [Adj]" (*die Idee ist genial*) oder auch in V-Bezügen des Typs „X tut etwas [Adj]" (*er spielt meisterhaft Klavier*)[13] das Adjektiv zweifelsfrei als rein, partiell oder wahlweise[14] bewertend erkennbar ist und von Muttersprachlern auch so gesehen wird.

In Zweifelsfällen können weitere einfache Tests helfen, ein Adjektiv als genuin oder potenziell subjektiv bewertend zu erkennen bzw. anzuerkennen. Es kann die erwähnte Minimalsequenz mit einem zweiten, bewusst subjektiv formulierten Satz oder Minidialog so konterkariert werden, dass die Konterkarierung auf das Adjektiv zielt: *Nein, genial finde ich die Idee aber gar nicht*. Es kann die Quantifizierbarkeit, die ja in der Regel ein Kennzeichen von Bewertungen ist, durch Vorschalten einer Gradpartikel (*recht ordentlich, ganz schön großzügig*) oder eine bereits in der Adjektiv-Semantik vorhandene Quantifiziertheit (*riesig, unangreifbar*) überprüft werden.

Es wurde zunächst eine grobe Einteilung in positive (Gruppe A), neutrale (Gruppe B) und negative (Gruppe C) Bewertungen hergestellt. Dabei sind die neutralen die kleinste Gruppe, was einleuchtet, wenn man bedenkt, dass eine Bewertung kaum völlig neutral sein kann, sondern allenfalls reserviert, verhalten, „lauwarm", oder auch einen Mittelwert ausdrücken kann. Die Gruppe B zeigt das

---

13 Um auch den Sonderfall des adverbialen Gebrauchs bzw. „adjectif de verbe" mit einzubeziehen, wo dies plausibel ist.
14 „Wahlweise" heißt hier: in bestimmten Kontexten durchaus möglich.

sehr deutlich. Solche Einheiten liegen sogar oft an der Grenze zur Objektivität (*frisches/verdorbenes Obst, eine funktionsfähige Maschine*) oder überschreiten diese sogar (*exotische Früchte*) und fallen damit aus dem Bereich Bewertung heraus.

Dabei fiel auf, dass sehr wohl zu unterscheiden ist zwischen Klassifizierung – die mit Beschreibung korreliert – und Bewertung, dass es aber sehr schwierig ist, eine nicht nur intuitive Grenze zwischen beiden zu ziehen, siehe z. B. die Opposition *essbare/giftige Pilze*. Hier kann oft nur noch der Ko-[15] oder Kontext helfen, und wir werden doch wieder auf das Vorhandensein oder Fehlen einer Bewertungshaltung verwiesen.

Gleichzeitig wurde versucht, die Items nach gemeinsamen semantischen Merkmalen zu gruppieren (vgl. die fortlaufend nummerierten Untergruppen), in thematischen Feldern zusammenzufassen und dort in etwa nach Intensitätsgrad zu ordnen, um zu erkunden, mit welcher Art von Bezugsnomina sie kombiniert werden können und ob eine gewisse Kontinuität innerhalb des jeweiligen Feldes vorliegt. Das heißt, es sollten die Vorkommens- bzw. Anwendungsbereiche bestimmt werden (z. B. *lecker, schmackhaft* → kulinarische Genüsse), wobei natürlich mehrfache Zuordnung auftreten kann. Besonders reizvoll wäre es, die semantischen Nuancen zu erfassen, die zwischen Einheiten eines bestimmten Bereichs bestehen, z. B. *gemütlich, behaglich, sanft, komfortabel, praktisch, bequem, …* [aus A19] oder auch, die feinen Unterschiede zwischen ähnlichen Items gleicher Basis zu bestimmen, z. B. *wundervoll, wunderbar, wundersam, wunderlich*[16].

Hier geht es um das Verhältnis von Bedeutung und Anwendungsumfang, von Intension und Extension, sowie um präzise Ko-/Kontextbezüge. – Dass ein solches Unterfangen in kleinem Rahmen nicht einfach ist und wohl auch nicht immer glücken kann, leuchtet ein. Es muss daher umfangreicheren Untersuchungen vorbehalten bleiben.[17]

---

15 Bereits die Logik des Satztyps kann hilfreich sein. In Sequenzen wie *Liste der essbaren und giftigen Pilze, der Steinpilz ist ein essbarer Pilz, den man leicht mit einem giftigen verwechseln kann*, liegt laut mehrfach eingeholter Auskunft wohl eher Klassifizierung und damit Beschreibung vor. Ein wertender Satz wie *Also, giftig finde ich den Pilz aber gar nicht* ist dagegen fragwürdig, wenn nicht inakzeptabel weil unlogisch und bestätigt damit den nicht-wertenden Status des Adjektivs.
16 Ein Versuch: *wundervoll* und *wunderbar* rein admirativ, *wundersam* etwa = ‚übernatürlich', *wunderlich* etwa = ‚kauzig'.
Ausschlaggebend ist die Nähe zur Idee eines Wunders, für *wunderlich* auch: abseitig, man wundert sich darüber.
17 Eine solche Untersuchung unternehmen z. B. Dalmas/Dobrovol'skij (2011) zu den Adjektiven *ausgezeichnet, hervorragend, vortrefflich, vorzüglich, herrlich, exzellent*. Diese verbinden sich, so der Befund, obwohl quasi synonym, einerseits mit jeweils verschiedenen, andererseits aber auch zu mehreren mit denselben Substantiven, allerdings mit unterschiedlicher Häufigkeit.

Insgesamt wurde die Möglichkeit anvisiert, auf der Grundlage des Korpus das Verhältnis von Bewertung und Beschreibung in der Binnensemantik des Adjektivs möglichst exakt so zu bestimmen bzw. zu formulieren, dass sich eine „Regel" oder „Formel" ergibt, die auf alle Adjektive anwendbar ist.

7 Korpus „Judikative Adjektive", eine offene Liste (Stand: Mai 2016)

A Positiv, admirativ, oberhalb einer Norm

1. *gut, schön, positiv*
2. *herrlich, wunderbar, wundervoll, phantastisch, toll, traumhaft, märchenhaft, zauberhaft, himmlisch, göttlich*
3. *lobenswert, anerkennenswert, prima, optimal, ausgezeichnet, hervorragend, großartig, außergewöhnlich, überragend, phänomenal, exzeptionell, sublim,* [große Klasse]
4. *einmalig, einzigartig, singulär, unverwechselbar, unnachahmlich, unvergleichlich, konkurrenzlos, unübertroffen, genial*
5. *gekonnt, solide, professionell, profimäßig, kompetent, effizient, wirkungsvoll, souverän, überlegen, mutig, meisterhaft, vollendet, glänzend, bravourös, virtuos*
6. *(völlig) unterschätzt, unterbewertet, verkannt*
7. *erstaunlich, wundersam, beeindruckend, verblüffend, aufregend, anregend, lesenswert, sehenswert, spannend, mitreißend, berauschend, stimulierend, aufwühlend, verführerisch, bestechend, faszinierend, umwerfend, überwältigend, unfassbar$_1$ (→ jedoch C9), entwaffnend*
8. *wichtig, bedeutend, bedeutungsvoll, bemerkenswert, interessant, lehrreich, nützlich, erbaulich, eindringlich, aufrüttelnd, profitabel, ergiebig, unübersehbar, herausragend, unvergesslich*
9. *viel, ansehnlich$_1$ (→ A14), vollwertig, beachtlich, lohnenswert, beträchtlich, respektabel, erheblich, erklecklich, massenhaft, riesig, enorm, gewaltig*
10. *rein, sauber, ordentlich, schmuck, makellos, fehlerlos, einwandfrei, lupenrein, echt, stilecht, authentisch, leibhaftig, vollblütig, reinrassig, unbefleckt, intakt, komplett, vollständig, unangreifbar, unverwüstlich, unzerstörbar, unkaputtbar* [Neolog.], *perfekt*
11. *modern, zeitgemäß, angesagt, aufgeschlossen, fortschrittlich, avantgardistisch*
12. *klug, schlau, pfiffig, clever, intelligent* [‚mit Köpfchen'], *smart, begabt, talentiert, weise*

13 *klar, einfach, logisch, unkompliziert, durchdacht, strukturiert, wohlgeordnet, systematisch, einheitlich, homogen, (genau) auskalkuliert, überzeugend, einsichtig, sonnenklar, konsequent, ausgewogen, anschaulich, übersichtlich, transparent, glasklar, kristallklar*
14 *hübsch, ansehnlich$_2$ (→ A9), wohlgeformt, gelungen, attraktiv, stattlich, vital, wertvoll, kostbar*
15 *anziehend, beschaulich, sympathisch, liebenswert, unwiderstehlich, hinreißend*
16 *artig, brav, wohlerzogen, höflich, korrekt, ausgeglichen, unbefangen, flexibel, entgegenkommend, aufmerksam, vorsichtig, umsichtig, hilfsbereit, kameradschaftlich, großzügig, herzlich, warmherzig, versöhnlich, liebevoll, zärtlich, unzertrennlich, untadelig, tugendhaft, tapfer*
17 *nett, lieblich, reizend, entzückend, goldig, niedlich, süß, putzig, possierlich, neckisch*
18 *wohlschmeckend, schmackhaft, bekömmlich, appetitlich, lecker, süffig, delikat$_1$ (→ jedoch C9), köstlich, vorzüglich, exzellent, erfrischend, wohltuend, gesund*
19 *ansprechend, angenehm, ungefährlich, gemütlich, behaglich, sanft, komfortabel, praktisch, bequem, beruhigend, erfreulich, optimistisch*
20 *unterhaltsam, lebendig, gesellig, abwechslungsreich, heiter, erheiternd, humorvoll, burlesk, amüsant, witzig, komisch, spaßig, lustig, ulkig, urig, feuchtfröhlich*
21 *geschmackvoll, elegant, gepflegt, vornehm, gewandt, diskret, reserviert, moderat*
22 *edel, nobel, apart, rassig, fein, piekfein, hochwertig, erstklassig, führend, exquisit, exklusiv, elitär, [erste Wahl], extravagant*

Slang, Jugendsprache (auch in die Normalsprache Eingegangenes), Neologismen

23 *cool, <u>in</u>[18], trendy, hip*
24 *klasse, spitze, spitzenmäßig, super, hyper, top, gigantisch*
25 *(ganz) doll, scharf, fetzig, krass, bärenstark, hammermäßig, geil, affengeil, superaffengeil, irre, sexy*

---

[18] Unterstreichung innerhalb des Korpus steht für die emphatische Betonung der Silbe/des Wortes.

ältere oder mundartliche Exemplare

26 *vortrefflich, fesch, berückend, wacker, famos, dufte, knorke, bonfortionös;*
    [Graduative:] *gar, eitel*

Graduative[19], als Adverbien, Adjektive oder Konfixe

27 *recht, ganz, echt, sehr, viel, erheblich, deutlich, mächtig, äußerst, ausnehmend, weidlich, hochgradig, total, absolut, irre, tierisch, wahnsinnig, enorm, riesig, mega-unwahrscheinlich$_1$ (→ jedoch C3), schweine-, sau-...*

B Neutral, einem Normalfall oder Mittelwert entsprechend

1 *normal, (ganz) gewöhnlich$_1$ (→ jedoch C16), durchschnittlich, gängig, traditionell, klassisch, typisch*
2 *[in Ordnung], okay, akzeptabel, annehmbar, ansehenswert, (recht) ordentlich, ganz hübsch, ganz nett, zufriedenstellend, sinnvoll, erträglich, verträglich, genießbar, funktionsfähig*
3 *wahr, richtig, korrekt, exakt, genau, präzis(e),*
4 *vernünftig, sachlich, objektiv, nüchtern, distanziert, abgeklärt, abgehoben, stoisch*
5 *(nicht) nennenswert, einigermaßen, ausreichend*
6 *wahrscheinlich, möglich, realistisch, machbar, praktikabel*

Graduative, als Adverbien, Adjektive oder Konfixe

7 *relativ, ziemlich, einigermaßen, recht, richtig, regelrecht*

---

19 Der Terminus „Graduative" soll hier Gradpartikel oder auch andere Elemente bezeichnen, die als Grad-Marker Adjektiven vorgeschaltet werden können. Sie werden hier mit aufgeführt, da einige von ihnen selbst judikative Adjektive sind. Obwohl für sich genommen eher positiv oder eher negativ, siehe *mega-* oder *sau-*, können viele von ihnen sowohl positiv als auch negativ wertenden Adjektiv vorgeschaltet werden (siehe z. B. *saugut* im süddeutschen Raum).

C Negativ, abwertend, unterhalb einer Norm

1 schlecht, schlimm, ungut, unschön, negativ
2 wenig, knapp, ungenügend, mangelhaft, fehlerhaft, zweifelhaft, fragwürdig, problematisch, kritisch
3 unwichtig, unbedeutend, belanglos, unerheblich, sehr einfach, unwahrscheinlich$_2$ (→ jedoch A27), unrealistisch, illusorisch, weltfremd
4 unangenehm, ungemütlich, unerfreulich, bedauerlich, betrüblich, schade, beklagenswert, traurig, irritierend, enttäuschend, frustrierend, ärgerlich, lästig, nervig
5 anfängerhaft, dilettantisch, rührend [ironisch für *naiv-dilettantisch*], unerfahren, stümperhaft, unausgegoren, inkompetent, unfähig, überschätzt
6 einfallslos, simpel, banal, unoriginell, nachgemacht, epigonal, modisch, trocken, platt, flach, fad, blass, zaghaft, zu brav, einseitig, monoton, stur, nullacht-fuffzehn, mittelmäßig, mittelprächtig, grenzwertig, stinknormal
7 (tod)langweilig, kreuzbrav, nicht berauschend, nervtötend, pessimistisch, deprimierend, tödlich
8 mäßig, mickrig, kleinlich, geizig, kleinkariert, schmalspurig, trivial, unterbelichtet, dürftig, läppisch, mies, mistig, minderwertig, drittklassig, billig, [eine Zumutung]
9 schwierig, delikat$_2$, unrichtig, inexakt, ungenau, unpräzise, (zu) allgemein, vage, falsch, missverstanden, verfehlt, abwegig, unfassbar$_2$ (→ jedoch A7), irrig, verquer, verbockt, unnütz, nutzlos
10 unklar, widersprüchlich, heterogen, inkonsequent, unsachlich, unvollständig, unordentlich, liederlich, zusammenhanglos, verworren, absurd, undurchsichtig, undifferenziert, abstrus, verbaut, schizophren, hektisch, chaotisch, katastrophal
11 unverständlich, kompliziert, unberechenbar, anormal[20], unnatürlich, unpraktisch, dubios, doppelbödig, eigentümlich, wunderlich, sonderbar, rätselhaft, seltsam, bizarr, kauzig
12 misslich, missraten, vergeigt, daneben, indiskutabel, heruntergekommen[21], dekadent, abartig, abgefahren, deformiert, grotesk, vermurkst, verkorkst, verzerrt, entstellt, hässlich
13 albern, lächerlich, lachhaft, kindisch, affig, unmöglich, naiv, blöd(e), blödsinnig, hirnrissig, dämlich, dumm, doof, wirr, verrückt, bescheuert, behämmert, beknackt, bekloppt, plemplem

---

20 Dazu die Varianten *anomal, abnorm*.
21 Vgl. semantische Entsprechungen der Jugendsprache in C22.

14 *unsympathisch, launisch, sprunghaft, kapriziös, ungezogen, frech, schnippisch, pampig, arrogant, eingebildet, autoritär, egoistisch, egozentrisch, neunmalklug, flegelhaft, unehrlich, raffiniert, verlogen, schmierig, unverschämt, großspurig, betrügerisch, ausgefuchst, heuchlerisch, sündig, fies, gemein, übel, rücksichtslos, herzlos, böse, draufgängerisch, kaltschnäuzig, unerbittlich, finster, zynisch, sadistisch, kaltblütig, eiskalt, tyrannisch, brutal*

15 *unbeholfen, ungeschickt, linkisch, hilflos, tollpatschig, tölpelhaft, steif, verkrampft, unflexibel, nicht anpassungsfähig, hölzern, verbiestert, ungeschlacht, grob, derb*

16 *unpassend, unangebracht, deplaziert, störend, geschmacklos, unästhetisch, kitschig, peinlich, gewöhnlich$_2$ (→ jedoch B1), aufreizend, grell, marktschreierisch, ordinär, vulgär, ungeheuerlich, skandalös, pervers, [unter aller Kritik/Kanone/Sau]*

17 *überholt, obsolet, veraltet, unzeitgemäß, rückständig, (ewig) gestrig, vertrottelt, verkommen, abgehalftert[22], tot[23]*

18 *widerlich, widerwärtig, unappetitlich, ungenießbar, abstoßend, scheußlich, eklig, ekelerregend*

19 *gefährlich, bedrohlich, bedrückend, unerträglich, ermüdend, erdrückend, beängstigend, furchterregend, furchtgebietend, angsteinflößend, zwielichtig, geisterhaft, entsetzlich, fatal*

20 *hart, schrecklich, furchtbar, fürchterlich, abscheulich, schauderhaft, grässlich, grimmig, grauenhaft, grauenvoll, grausam, [der Horror], mörderisch*

Slang, Jugendsprache etc.

21 *uncool, belämmert, bescheiden, ungeil, scheiße, beschissen, [Mist, Käse, im Eimer, tote Hose]*

22 *schräg, kaputt, futsch, erledigt, out, abgefuckt*

ältere Exemplare

23 *garstig, genant, verrucht*

---

[22] Vgl. semantische Entsprechungen der Jugendsprache in C22.
[23] Im Sinne von „veraltet, außer Kurs".

Graduative, als Adverbien, Adjektive oder Konfixe

24 wenig, kaum, leidlich, (nur) geringfügig, selten, sau-, kotz-, ...

In der vorliegenden, erweiterten Fassung des Korpus wurde als andere Variante der Materialerschließung außerdem in Sondermodulen versucht, den umgekehrten Weg zu gehen, nämlich von vornherein einen thematischen Bereich festzulegen und dann diejenigen Adjektive zu sammeln und nach kontrastiven Kriterien wie positiv/negativ zu gruppieren, die als allgemeinsprachliche wertende Adjektive noch diesseits der Schwelle zum Fachvokabular liegen (z. B. für den Bereich Medizin *wirksam* und *wohlauf*, aber nicht *ansteckend* und *prophylaktisch*). Denn fachlich indizierte Adjektive mögen zwar in fachlichen Bewertungen, etwa Diagnosen, vorkommen, sind aber dann vorwiegend, wie weiter oben bereits ausgeführt, objektiv beschreibend gemeint. Hier muss eine jeweils spezielle Fachanalyse ansetzen.

D Ausgewählte Sonderbereiche konfrontativ

D.1 Politik und Gesellschaft

vorbildlich	vs.	*nicht nachahmenswert*
menschlich, humanitär	vs.	*unmenschlich, grausam*
demokratisch	vs.	*diktatorisch, autokratisch*
tolerant	vs.	*intolerant, diskriminierend, rassistisch*
kompromissbereit	vs.	*kompromisslos, stur, unbeugsam*
...-freundlich (z. B. kinderfreundlich)	vs.	*...-feindlich (z. B. fremdenfeindlich)*
(voll) integriert	vs.	*ausgegrenzt, marginalisiert*
harmonisch, harmoniebedürftig	vs.	*konfliktgeladen, streitsüchtig*
sicher, geschützt	vs.	*unsicher, ausgeliefert, gefährdet*
offen, transparent	vs.	*verschlossen, kontrolliert*
weltoffen	vs.	*provinziell*
friedlich, friedliebend, versöhnlich	vs.	*aggressiv, feindselig, polarisierend*
einvernehmlich	vs.	*kontrovers*
frei, freiheitlich	vs.	*überwacht, zensiert, diktatorisch*
freizügig	vs.	*begrenzt, eingeschränkt, ortsgebunden*
pragmatisch	vs.	*illusionär, ideologisch*

rational, überlegt, vernunftbetont vs.	irrational, willkürlich
egalitär vs.	selektiv, schichtenspezifisch
sozial vs.	unsozial, asozial
gerecht, unparteiisch vs.	ungerecht, partikularistisch, parteiisch
aussichtsreich vs.	chancenlos
allgegenwärtig, eitel, mediengeil vs.	diskret, scheu, unbekannt

D.2 Medizin, Gesundheit

gesund, frisch vs.	krank, kränkelnd, kränklich, blass
fit, kräftig vs.	unpässlich, schwach
munter, putzmunter vs.	ruhebedürftig, niedergeschlagen, apathisch
wach, gesprächig vs.	teilnahmslos
sorglos, abgehärtet vs.	wehleidig, hypochondrisch, weichlich
heilsam, nützlich vs.	(gesundheits)schädlich
[gut verträglich] vs.	riskant, gefährlich
wirksam vs.	unwirksam, nutzlos
leicht (z. B. ein leichter Fall) vs.	schwer (z. B. eine schwere Krankheit)
selbstständig, unversehrt vs.	pflegebedürftig, invalide
gehfähig, mobil vs.	bett-/rollstuhlgebunden
schmerzfrei vs.	schmerzgeplagt
wohlauf, genesen, geheilt vs.	(noch) schwach, bettlägerig
heilbar vs.	unheilbar, tödlich

D.3 Wirtschaft, Handel, Finanzen

preiswert, reell, fair vs.	teuer; billig
attraktiv, lohnend, einträglich, profitabel vs.	mies, verlustreich, enttäuschend
begehrt, stark (nach)gefragt vs.	[kaum verlangt/gefragt]
verlockend vs.	trist, reizlos
kauflustig, ausgebefreudig vs.	sparsam, zurückhaltend
steigend [bzgl. Aktien, Preise] vs.	sinkend, fallend, [auf Talfahrt]
risikofreudig, innovativ vs.	risikoscheu, konservativ

erfinderisch, ideenreich	vs.	*einfallslos, ideenarm*
neuartig, zeitgemäß	vs.	*überholt, obsolet*
blühend, boomend	vs.	*mau, schleppend*
gesund, bombig	vs.	*flügellahm, gebremst*
dynamisch	vs.	*stagnierend, brachliegend*
aktiv, eifrig, umtriebig	vs.	*passiv, lustlos*
zufrieden	vs.	*enttäuscht*

D.4 Reisen, Tourismus, Hotellerie

schnell, zügig	vs.	*trödelig, bummelig, zockelig*
unternehmungslustig	vs.	*reserviert, gestresst, lustlos*
abenteuerlustig	vs.	*ängstlich, erholungsbedürftig, risikoscheu*
kulturbeflissen	vs.	*banausenhaft*
wanderlustig	vs.	*geruhsam, ruhebedürftig*
sonnenhungrig	vs.	*schutzbedürftig*
bequem	vs.	*strapaziös*
sehenswert, reizvoll	vs.	*reizlos, zweitrangig, langweilig*
großartig	vs.	*jämmerlich*
reichhaltig	vs.	*armselig, dürftig*
ansprechend	vs.	*zweifelhaft*
sauber	vs.	*schmuddelig, dreckig*
komfortabel	vs.	*einfach, primitiv*
luxuriös	vs.	*bescheiden*
erstklassig	vs.	*drittklassig*

[wertend gebrauchte Wetter- und Temperaturadjektive:]

heiter, angenehm	vs.	*trüb, traurig, mies*
stabil	vs.	*wechselhaft, durchwachsen, ungemütlich*
herrlich, wunderbar	vs.	*scheußlich, unerträglich (+heiß, kalt)*

D.5 Immobilien

attraktiv, apart	vs.	*bescheiden*
begehrt, gesucht, beliebt, gefragt	vs.	*gemieden, wenig gefragt*

ansprechend, sympathisch	vs.	abstoßend, enttäuschend
klassisch	vs.	untypisch, extravagant
geräumig	vs.	beengt
praktisch	vs.	mühselig, verbaut, umständlich
gepflegt	vs.	ungepflegt, heruntergekommen
zentral, belebt, geschäftig	vs.	abgelegen, einsam
nah, fußläufig	vs.	weit entfernt, schwer erreichbar, entlegen
praktisch	vs.	unpraktisch, unpassend, schwerfällig
ruhig, verkehrsberuhigt	vs.	laut, lärmend, stark befahren
schick, schmuck	vs.	gewöhnlich, einfallslos
hell, lichtdurchflutet, sonnig	vs.	dunkel, düster, schattig
farbenfroh, fröhlich	vs.	einfarbig, gräulich, monoton, traurig
gedeckt, dezent	vs.	auffällig, grell, zu bunt
weit, weitläufig	vs.	eng, verschachtelt
gemütlich, lauschig	vs.	kalt, leer, seelenlos
traumhaft	vs.	trist, enttäuschend
erstklassig	vs.	durchschnittlich
ideal	vs.	erträglich, unumgänglich

8 Ansätze zu einer Auswertung

Es sollen nun die für uns relevanten Beobachtungen erläutert werden, die aus dem Korpus herauszulesen sind und es gestatten, auf bestimmte Vorannahmen und Fragen Antworten zu finden.

Da ist zunächst die Frage, welche morphologischen Adjektiv-Typen[24] in bewertender Funktion besonders häufig sind, welches also bewertungstypische Adjektiv-Formen sind.

Man findet eine große Zahl an adjektiviertem Partizip I bzw. Partizip I in Adjektiv-Funktion (z. B. mehrheitlich in A7). Dies leuchtet ein, da ja die Wirkung auf den Sprecher/Betrachter ausgedrückt wird. Der Sprecher/Betrachter wird

---

[24] Es geht hier nur um morphologische Kriterien und nicht um die weiter oben bereits abgehandelten Adj-Typologien.

also via Partizip I zum Objekt eines Vorgangs oder einer Handlung, deren Agens das Bezugsnomen ist, z. B. *ein umwerfendes Ergebnis*.

Häufig sind auch Adjektive auf *-bar*, *-voll*, *-los*, *-lich*, *-wert* (z. B. A8). Diese Suffixe sind gut vereinbar mit der Idee der Möglichkeit, der Kompetenz, des Vorhandenseins, Fehlens, Vergleichs oder Wertes, alles Züge, die zum Hilfsmittel, ja Mittel einer Bewertung werden können.

Im negativen Bereich sind erwartungsgemäß *un*-Präfigierungen häufig, obwohl wir uns ursprünglich vorgenommen hatten, zur Erschließung des negativen Bereichs den *un*-Mechanismus nicht übermäßig zu bemühen. Es bestätigt sich hier, dass die *un*-Präfigierung vorwiegend zur Negativierung eines positiv konnotierten oder neutralen Items auftritt, was bis zu Euphemismus (*unschön*) und Litotes (*nicht unklug*)[25] führen kann, während Positivierung[26] seltener ist, darunter so sympathische Einheiten wie *unversehrt, ungefährlich, untadelig, unzertrennlich* und neuerdings *unkaputtbar*.

Weiter ist eine Einteilung der wertenden Adjektive nach ihrer formalsemantischen Grundstruktur möglich; so finden wir:
- reine, absolute, mit rein / a priori wertender Bedeutung (*wunderbar, hervorragend*) und gegen Null gehender Beschreibung: A1, A2, teilweise A3, C1, C2, teilweise C4;
- eindeutige, die nur eine Bedeutung in nur einem semantischen Bereich haben: *wohlschmeckend, hilfsbereit, ungeschickt*;
- metaphorische, diese haben eine primäre, eigentliche Bedeutung, werden aber in uneigentlicher Bedeutung wertend benutzt (*hölzern, giftig, eiskalt*);
- birelationale, sie weisen dem N-Referenten eine Eigenschaft zu, die in Wirklichkeit die Einstellung des Sprechers/Betrachters bezeichnet (*ein dubioses Geschäft*: der Sprecher hat Zweifel an der Integrität des N-Referenten);
- dialektische, die je nach Kontext sowohl positiv als auch negativ besetzt sein können: *billig, delikat*. Nicht zu verwechseln mit wertneutralen, deren problematischer Status bereits angedeutet wurde.

Da Bewertungen moduliert und abgestuft werden können, liegt wertenden Adjektiven prinzipiell eine implizite Quantifizierung oder, falls diese einem neutralen Wert entspricht, eine Quantifizierungsmöglichkeit zugrunde. Der Unterschied konkretisiert sich darin, dass die Quantifizierung einer Bewertung durch Gradpartikel bzw. -adverbien (*höchst erstaunlich, ziemlich beeindruckend*) nur möglich

---

[25] Siehe dazu Proost (2009).
[26] Positivierung macht nach unseren Berechnungen ca. 13 % aller mit *un*- präfigierten Adjektive aus.

ist, wenn sie semantisch nicht in Konflikt mit der in der Adjektiv-Semantik eventuell bereits enthaltenen Quantifizierung (Superlativ, Totalität, Intensitätsgrad, Admirationshaltung, ...) impliziert ist, daher ist z. B. problematisch: *ziemlich hervorragend, *recht ausgezeichnet.

Analog dazu ist auch die Steigerungsmöglichkeit zu beurteilen. Grundsätzlich möglich als Folge der Quantifizierbarkeit, ist sie jedoch aufgrund semantischer Logik blockiert, wenn das Adjektiv einen endgültigen oder konstanten Zustand benennt (*perfekt, falsch*), Einmaligkeit, Unizität oder einen Maximalzustand denotiert (*ausgezeichnet, optimal*) oder, speziell bei bewertenden Adjektiven, klischeehaft admirativ bleibt (**noch wunderbarer*). Verstöße führen zu Ironie oder Parodie.[27]

Die Bestimmung des thematisch einigenden Faktors in jedem Einzelfeld können wir nun genauer fassen. Sie wird bereits über den ersten Eintrag in jeder Gruppe möglich, also für Gruppe A3 etwa „leistungsbezogene Anerkennung", Stichwort *lobenswert*, für Gruppe C11: „Übersteigung unserer Vorstellungskraft", Stichwort: *unverständlich*, oder für die Gruppen A16 und C14 „positives" bzw. „negatives Sozialverhalten", Stichworte *artig* bzw. *unsympathisch* usw. Natürlich erlauben die Einträge mancher Gruppen mehrfache Zuordnung, z.B A11: „Kunstwerke", „Lebensweisen", oder bedürfen weiterer Untergliederung, da nicht genügend homogen, z. B. A19 oder C16. Hinsichtlich der Zuordnung zu thematischen Feldern und damit zu entsprechenden N-Referenten scheint uns folgende Regel zu gelten: Je spezifischer die Semantik des Adjektivs, desto weniger Anwendungskontexte stehen ihm offen, desto schmaler also die Kombinatorik. Die Umkehrung ist natürlich ebenfalls gültig, was die vielfältigen Bezugsmöglichkeiten der reinen Admirativa erklärt.[28]

9 Vereinbarkeit von Bewertung, Beschreibung und Bezugs-N

Allen bewertenden Adjektiven gemeinsam ist etwas, das man als *Bumerang-Effekt* bezeichnen könnte, nämlich die durch exogene semantische Merkmale ausgelöste *Rückwirkung auf den Sprecher*, die sich verschieden artikulieren kann:

---

[27] Genaueres dazu in Marschall (2011: 109–110).
[28] Noch einmal Verweis auf Dalmas/Dobrovol'skij (2011).

Was ich, der Sprecher, vom N-Denotat (bzw. N-Referenten) sagen kann, ist,
- dass ich es gerechtfertigt finde, ihm die Eigenschaft E zuzuschreiben
(*hübsch, ausgewogen, heuchlerisch, arrogant, ...*)

oder: - dass es die Wirkung W auf mich ausübt
(*aufregend, erstaunlich, erbaulich, unverständlich, ...*)

oder: - dass es durch die Begleiterscheinung B auffällt
(*zeitgemäß, konkurrenzlos, verkannt, unpassend, ...*)

oder: - dass es mit einem Phänomen P verglichen werden kann (oder auch nicht)
(*märchenhaft, hölzern, unvergleichlich, himmlisch, ...*)

oder: - dass es auf meiner Werteskala durch den Ausdruck A qualifiziert werden kann
(*hervorragend, einzigartig, mittelmäßig, ungenügend, ...*).

Dem gegenüber steht in einer je bestimmten Proportion zu dem bewertenden Anteil in den meisten Fällen ein deskriptiver Anteil von unterschiedlichem Auffälligkeitsgrad und Umfang, der sehr hoch sein kann. In Bereichen wie A13 oder C14 benennen die Eintragungen fast ausnahmslos Eigenschaften des N-Referenten, die jedoch bei genauerem Hinhören bereits in ihrer Binnensemantik einen bewertenden Habitus enthalten. Dies zeigt sich auch daran, dass sie bei ihrem Auftreten in einer Äußerung a priori und eigentlich immer bewertend sind, ohne dass man mit Berechtigung sagen kann, sie seien es nur dank der übergeordneten Bewertungshaltung der Gesamtäußerung. Dies zu erkennen und anzuerkennen erscheint uns vordringlich und wichtig.

Konzentriert auf das Verhältnis Beschreibung vs. Bewertung in der Adjektiv-Semantik heißt das:

In der Semantik der relativ begrenzten Menge „reiner", „absoluter" bewertender Adjektiv-Lexeme, wie *wunderbar, hervorragend, großartig* usw. (also etwa A1 bis A4) geht der N direkt beschreibende Anteil gegen Null, obwohl man einräumen muss, dass bereits in diesen Rubriken Vergleiche (*traumhaft, märchenhaft*) und diskrete exogene semantische Spezifizierungen (*ausgezeichnet, einzigartig*) impliziert sind.

Dieser Kerngruppe absoluter Bewertungsadjektive steht die große Anzahl derjenigen gegenüber, bei denen die Bewertung als Teilbedeutung auf einer jeweils näher zu bestimmenden beschreibenden Leistung beruht (wie in *talentiert, hilfsbereit, rücksichtslos, veraltet, rätselhaft, ...*) und durch diese erst gerechtfertigt wird. In der beschreibenden Leistung liegt der Schlüssel für das Verständnis der Bewertung.

Aus diesem Befund ergibt sich nun die Untersuchung der bewertenden Adjektive
- hinsichtlich der Struktur ihrer Binnensemantik in Bezug auf die semantischen und pragmatischen Merkmale von N und des Kontextes von N;
- hinsichtlich der semantischen Orientierung, Präzision und Aussagekraft des beschreibenden Anteils;
- und hinsichtlich ihrer aus dieser semantischen Orientierung folgenden Kombinatorik und der Möglichkeit, Tendenzen, isotopische Felder und idiomatische Formationen zu bilden.

9.1 Kriterien der Zuordnung zu einem spezifischen thematischen Feld

Wie erklärt sich die Zuordnung bestimmter Adjektive zu bestimmten Bereichen? Adjektive wie *delikat, lecker, köstlich, exzellent, ungenießbar* z. B. werden primär auf kulinarische Genüsse und erst sekundär (übertragen, metaphorisch, ironisch usw.) aufgrund einer Analogie („Genuss", „verlockende Aufbereitung") auf bestimmte andere Bereiche (etwa Theater, Kabarett, Kunst) angewandt. Selbst bei „rein" bewertenden Adjektiven liegen solche Restriktionen vor. So gelten für das unberechenbare Wetter emotionsgeladene Töne: *toll, herrlich, traumhaft, scheußlich,* notfalls auch *ungemütlich,* kaum aber Früchte des Intellekts wie *unvergleichlich, überzeugend* oder *fragwürdig.* Für die Augen der Angebeteten stehen unter anderem zur Wahl: *wundervoll, zauberhaft,* kaum aber *optimal, ausgezeichnet* oder *hervorragend,* was sie völlig unromantisch auf Sehfähigkeit reduzieren würde. Solcherart selektive Zuordnung kann dann die Verfestigung zu Kollokationen erreichen, siehe *unter misslichen Umständen, in dürftigen Verhältnissen, ein vollendeter Gentleman, erhebliche Schwierigkeiten, exzellente Gastronomie* u. v. m.

Es stellt sich heraus, dass sowohl für die Zuordnung zu Bezugsnomina wie auch für das Verständnis der Art der Bewertung die präzise Analyse des „objektiven" beschreibenden Anteils an der Adjektiv-Semantik aufschlussreich ist. Sie zeigt, ob Kompatibilität besteht oder nicht. Dazu zwei Beispiele. Die Sequenz

(9a) ein Zaubertrick von *erstaunlicher* oder *verblüffender* Wirkung [aus A7]

ist mit beiden Adjektiven akzeptabel. Dagegen kann man

(9b) *erstaunlichen*, kaum jedoch **verblüffenden* Hunger haben.

Der vermutliche Grund ist, dass *verblüffend* ein aus dem Moment heraus entstehendes, positiv konnotiertes Erstaunen gegenüber einer Performance bezeichnet, das in einem Spannungsverhältnis zur Erwartung steht. Hunger ist jedoch weder eine spontane Performance noch positiv konnotiert.[29]

Ebenso scheinen in

(10a) ein *beachtlicher* Wert und ein *erheblicher* Wert [aus A9]

beide Varianten akzeptabel, in

(10b) eine *beachtliche* Leistung und *eine *erhebliche* Leistung

dagegen nur die erste. Die Suche nach dem Grund führt uns zu dem Gedanken, dass *erheblich* wie sein nominaler Verwandter *Erhebung* stark auf zahlenmäßig Erfassbares, Daten usw. ausgerichtet ist, was mit einem Wert eben plausibler erscheint als mit einer Leistung, obwohl beides quantifizierbare Größen sind. Einmal Austauschbarkeit, einmal nicht, obwohl beide Items semantisch sehr nah beieinander liegen.[30] Es mag Konvention im Spiel sein, Zufall eher weniger, aber entscheidend sind die geistigen Bilder und abstrakten Figuren, die unsere Semantik steuern.

Ein anderes Beispiel: Benennungen von menschlichen Charaktereigenschaften und Verhaltensweisen, die Beschreibung und Bewertung vermengen, wie z. B.

(11) *ehrlich, großzügig, freigiebig, geizig, erfolgreich, erfolglos, empfindlich, verletzbar,* ...

beruhen auf gesellschaftlichen Normen, Maßstäben und Klischees. Dahinter stehen die Prinzipien *Wahrnehmungskonsens* und *Verständniskonvention* in der Sprach- bzw. Kulturgemeinschaft, d. h. stillschweigende Übereinkunft über Wahrnehmungs- und Gefühlswerte sowie semantische Konstanten. Auf der Basis dieser Prinzipien werden trotz subjektiv unterschiedlicher Empfindungen verständliche und quasi verbindliche Bewertungen möglich bei Temperaturbegriffen, Größenordnungen von Objekten, präzisen Bedeutungen von Lexemen und Metaphern in vertrauten Kontexten, Farbbezeichnungen, Konnotationen von Logos

---

29 Ironie, Extremsituationen und Metaphorik wie *Hungerkünstler* oder *Erlebnishunger* immer ausgenommen.
30 Dalmas/Dobrovol'skij (2011) sprechen hier von quasi-Synonymie.

und Marken, ja sogar bei Personennamen, die dann zu Symbolen werden. Es besteht in diesen Bereichen nur wenig Spielraum für subjektive Beurteilung. Und es ist nur ein kleiner Schritt bis zu Stereotypen.

9.2 5-Stufen-Modell der Erfassung des „objektiven" Beschreibungsanteils

Verfolgt man den Weg von strikt objektiver Beschreibung über immer dominanter werdende bewertende Merkmale bis zu absoluter Bewertung, so wird eine Ordnung erkennbar, die man in einem 5-Stufen-Modell darstellen kann. Es soll hier in schematischer Form vorgestellt werden:[31]

[1] Neutrale Benennung objektiver qualitativer oder – bestimmter – quantitativer Züge, Erhebung von Daten an N; tendenziell wertfreie Adjektive
 – *rund, gelb, nass, eisern, englisch, doppelt, vierblättrig, dreipolig, mittelfristig, ...*

[2] Wahrnehmungsabhängige qualitative Charakterisierung, setzt Bezeichnung „objektiver" Eigenschaften aufgrund subjektiver Beobachtungen
 – *groß, heiß, richtig, vollständig, tief, essbar, friedlich, schüchtern, kaputt, ...*

[3] Unbestimmte Quantifizierung (Näherungswerte, Schätzung)[32]
 – *viel, wenig, jung, alt, häufig, mehrheitlich, massenhaft, zahlreich, riesig, winzig, ...*
 manchmal im Kotext objektiv gerechtfertigt:
 – *...häufige Besuche; jede Woche fuhr er zwei- bis dreimal hin*

[4] Benennung von kontextuellen Elementen, Charakterisierung durch Stellvertreter-Elemente, Begleiterscheinungen, Folgen usw.
 – *unverwüstlich, unberechenbar, geschmacklos, zweifelhaft, profitabel, ergiebig, beachtenswert, unzeitgemäß, indiskutabel, ausreichend, ...*
 Sonderform: Rückgriff auf Metapher oder Ironie mit typischen Derivationssuffixen als sichtbarer morphologischer Brücke:
 – *traumhaft, himmlisch, göttlich, profimäßig, spitzenmäßig, schrecklich* [= „wie X"]

---

31 Ausführlichere Behandlung in Marschall (2011).
32 Vielleicht geht die Grenze zwischen Bewertung und Beschreibung mitten durch die Quantifizierung, insofern man sie als Spezialfall der Qualifizierung auffassen möchte. Bestimmte Quantifizierung läge auf der Seite der Beschreibung, unbestimmte auf der Seite der Bewertung. Was hier recht deutlich sichtbar wird, müsste auch bei anderen Adjektiv-Typen auf seine Haltbarkeit überprüft werden können.

oder auch direkter, ohne allzu stereotype Derivation:
- *fragwürdig, undurchsichtig, grell, sexy, kaltblütig, hirnrissig, kleinkariert, null-acht-fuffzehn*

[5] Schließlich Überschreitung der Grenze zur kommunikantenbezogenen Ausrichtung der Adjektiv-Semantik; Umweg über die Wirkung auf den fiktiven Betrachter, letztlich den Äußernden:
- *aufregend, anregend, berauschend, zufriedenstellend, einwandfrei, zweifelhaft, ungenießbar, abstoßend, beängstigend,* ... (A7, A15, C4, C7, C19, teilweise auch A18, A19, B2, C11)

Diese Wirkung gestattet wiederum Rückschlüsse auf die primären Eigenschaften des Qualifikatums (also des N-Referenten), aber erst in zweiter Linie, als rechtfertigende Antwort auf die Fragen *Inwiefern? Warum? Inwiefern war das Gespräch anregend? Warum war der Film langweilig?*

10 Dilemma: Bewertung als Sprecherintention oder als Komponente der Adjektiv-Semantik?

Erinnern wir uns nach dieser lexembezogenen Untersuchung nun der Ausführungen zum Thema Bewertungshaltung. Die Beziehung zwischen Bewertung auf Äußerungsebene und auf Lexemebene kann als durchaus konfliktuelle Beziehung gesehen werden.

Eine bewertende Aussage kann nicht-bewertende Adjektive enthalten, also solche mit rein objektiv beschreibender oder bemessender, physikalisch verifizierbarer Semantik, die das N-Denotat qua Benennung inhärenter Merkmale präziser fassen.

Aber eine Aussage, die nur hochgradig bewertende Adjektive enthält, kann keine objektive, auf das N-Denotat bezogene Beschreibung leisten. Sie setzt unwillkürlich die Einstellung des Sprechers zu dem von ihm berichteten Sachverhalt in Szene, bleibt anfechtbar und verlangt nach Präzisierung.

Aus dem Bedürfnis, dieses Dilemma aufzulösen, erwächst nun eine entscheidende Frage:
- Wie kann man einerseits die Beziehung zwischen der Sprecher-Intention „Bewerten" und ihrem Niederschlag in der Sprache klären und andererseits dem Verhältnis von Beschreibung und Bewertung in der Adjektiv-Semantik gerecht werden?

10.1 Versuch einer Formalisierung

Im Streben nach Präzision soll nun versucht werden, auf diese Frage eine Antwort zu geben, die mit Formalisierung arbeitet.

Aufgrund seiner Sprecher-Intention „Bewerten" formuliert der Sprecher eine bewertende – satzwertige oder nicht satzwertige – Äußerung. In dieser können bewertende und partiell- oder nicht-bewertende Adjektive stehen. Dabei muss die Bewertungsintention als Rahmen für Beschreibung, Klassifizierung usw. gedacht werden. Geht man nun davon aus, dass die Gesamtmenge der Sememe (GS) eines Adjektivs den GS-Wert 100 hat und sich unterteilt in bewertende und beschreibende Sememe, so ist für die eine Teilmenge anzunehmen, dass sie einen bestimmten prozentualen Anteil von 0 bis n_1 an der Gesamt-Semem-Menge haben kann, während die andere Teilmenge den Restanteil von n_1+1 bis 100 ausfüllt. Man könnte auf diese Weise die Proportion von Bewertung und Beschreibung und insbesondere die Dominanz der einen oder anderen Teilmenge prozentual für potenziell jedes Adjektiv veranschaulichen, wobei natürlich auch der Ausschließlichkeit durch den Wert 100 Rechnung getragen würde.

Auf diese Weise könnte also jedes Adjektiv auf der von 0 bis 100 reichenden GS-Skala hinsichtlich seiner Zusammensetzung aus Bewertung (Bw-Wert) und Beschreibung (Bs-Wert) verortet werden. Formal sähe das folgendermaßen aus:

$$Bw + Bs = GS_{100}$$

Durch Hinzunahme der Bewertungsintention (BI) als Rahmen käme man zu folgender Formel:

$$[BI\ (Bw + Bs = GS_{100})]$$

in die man nur noch (geschätzte) Zahlenwerte einsetzen müsste, um das Kräfteverhältnis zwischen Bewertung und Beschreibung zu veranschaulichen.

Auf dem Boden dieser Darstellung wird auch erkennbar, dass sich die übergeordnete Bewertungsintention in der Bw-Teilmenge der Binnensemantik eines Adjektivs niederschlägt und dass durch den BI-Einfluss auch Adjektive, die a priori nicht als bewertend identifiziert werden, im Äußerungsverband, wenn ihre Semantik es zulässt, ad hoc bewertend funktionieren können.

10.2 Schichtenbau der bewertenden Äußerung

Da jede Äußerung von einer – ihrerseits durch Kommunikationsimpulse ausgelöste – Sprecher-Intention veranlasst und in einen Sprechakt eingebettet ist, haben wir bei jeder Äußerung, und so auch bei den hier untersuchten bewertenden Äußerungen, eine epistemische (illokutionäre) Außenschicht anzusetzen, die einen inhaltlichen Kern (K) umschließt:

Ich, der Sprecher, sage (behaupte, glaube, meine, will, frage...),[dass/ob] K

Die latente – subjektive – Sprecherpräsenz, legitimiert durch die Bewertungsintention, ist die Entsprechung zu dieser epistemischen Außenschicht in der materialisierten Sprachkette, und zwar gegenüber den unter 9.2 dargestellten Etappen der Versprachlichung von Beschreibung und Bewertung (5-Stufen-Modell).

Die semantische Struktur des Adjektivs bildet diese Konstellation ab, indem sie sich als konzentrischer Schichtenbau um einen Kern herum darstellt, wobei der Kern der objektiven Benennung der erhobenen Daten (Merkmale) von N entspricht. Sie spiegelt damit auch die Etappen (siehe nachstehend: 1, 2, 3) der geistigen Leistung des urteilenden Sprechers wider, siehe folgendes Schema (man beachte die Hierarchie der Klammern):

	3	2	1
Äußerungsebene:	{ich, der Spr., **bewerte**	⟨ **beschreibe**	[**beobachte (N)**] ⟩ }
	↓	↓	↓
Adjektiv-Semantik:	{N **wirkt** „so"	⟨N **erscheint** „so"	[N **ist** „so" (**N**)] ⟩ }

Bei dieser Struktur haben wir es letztlich mit einer mehrstufigen Prädikation zu tun, mit einem Schichtenbau von Prädikationen. Dabei entspricht die bewertende Stufe einer Prädikation auf der epistemischen Außenschicht.

Die berichtende Weitergabe von Daten, die inhärente Merkmale eines N sind, hat an sich einen relativ geringen Informationswert. Versuche ich mich aber an subjektiver Charakterisierung, indem ich die Wirkung bzw. Reaktion mitteile, die meine Beobachtungen auslösen, so ist dies ein neuer Aspekt, eine Information von hoher Relevanz. Der subjektive, womöglich unsachliche, anfechtbare Kommentar, kristallisiert im bewertenden Adjektiv, liegt auf der Relevanzskala höher als die objektive, unangreifbare Beschreibung und ist folglich der informativ eigentlich interessante Teil einer Rede. In diesem Befund steckt die gesamte Problematik bewertender Texte, von seriösen, um Wahrhaftigkeit bemühten bis zu solchen, die die Sensationslust des Lesers bedienen.

11 Textsorten als Kriterium für die Präsenz bewertender Adjektive

Bemüht man sich, Texte zu finden, in denen bewertende Adjektive, womöglich sortenspezifische, gehäuft zu finden sind, so trifft man auf eine paradoxe Situation. Offensichtlich sind besonders im Bereich der Medien die Autoren bemüht, die im Hinblick auf Bewertung aber auch Beschreibung semantisch blassen Kandidaten zu meiden und dafür andere originelle und ausdrucksvolle Lösungen zu finden. Dem gegenüber steht aber das Streben des Berichterstatters nach Glaubwürdigkeit dank Glaubhaftigkeit des Berichteten auf der Basis objektiver, nüchterner, möglichst verifizierbarer Daten. Wesentlicher Grund für dieses Dilemma ist wohl der Zwang zu maximaler Information und Kreativität auf minimalem Raum.

Dennoch gibt es besonders *bewertungssensitive Textsorten*, in denen Beschreibung und Bewertung ineinander übergehen und daher auch nicht leicht zu entflechten sind. Originelle Wortwahl oder gar Wortschöpfungen zeugen von der Suche nach einfallsreicher, aber auch kompakter Darstellung komplexer Zustände oder Ereignisse, wobei Adjektive durchaus nicht immer die Hauptrolle spielen. Unter dem Signum der Originalität wird die gesamte Palette von akzeptabel bis begeistert und von reserviert bis verächtlich durchgespielt: Lehrstücke axiologischer Praxis.

Zu diesen Textsorten gehören:
- Kunst-, Film-, Musikkritiken
- Sportberichte und – reportagen
- Kommentare und Leitartikel
- Interviews
- Features, Lifestyle-Kolumnen
- Satiren
- Werbungstexte

und im Bereich der Belletristik: Stimmungsgeladene Texte, atmosphärische Schilderungen.

Zum Abschluss einige Auszüge aus Texten bewertungssensitiver Textsorten:
(Unterstreichungen = metasprachliche Materialisierung des Bewertungsaktes)

(A) Musikkritiken mit verschiedenen wertenden Ingredienzen, Wortschöpfungen:

(12) Seine Band hingegen ist befeuert von *schwarzhumoriger* Lust, beschwingt von einer Freude am Risiko. [...] Dazu gibt es mit „1, 2, 3, 4" einen *bierzelttauglichen* Gassenhauer [...]
[Der Spiegel 40/2015, 133]

(13) Der Feinsinn und die Distinktion der Band werden gekontert durch Nonchalance und Leidenschaft, *wunderbare* Momente, die Wanda* eine Frische und Wucht geben, die derzeit *einzig* sind im deutschsprachigen Rock, der beherrscht wird durch *stumpfen* Kommerz oder die *politisch korrekte* Streberhaftigkeit vieler Independent-Produktionen.
[Der Spiegel 40/2015, 133] *Name der Band

(14) Warum nun in Köln ausgerechnet das frühe Haydnkonzert? Capuçon beginnt sogleich zu schwärmen: „Das ist ein *unglaubliches* Stück mit einer *unglaublichen* Energie; barock, klassisch und romantisch zugleich, mit vielen Einflüssen. Und der letzte Satz brennt wie ein Feuerwerk." Mehrmals fällt im Gespräch die Vokabel „*freudvoll*".
[KStA, 26./27.9.2015][33]

(B) Interviews

(15) SPORT: ... MIT FUSSBALL-BUNDESTRAINER JOACHIM LÖW:
KStA: Was bedeutet so ein Begriff wie Führungsspieler heute noch?
JL: [...] Vor allen Dingen sind Führungsspieler auch *erfolgshungrig*. Sie haben Sehnsucht nach Siegen und tun alles dafür. Da sehe ich eine *gute* Entwicklung bei uns. Spieler, die auf dem Boden bleiben, die *bescheiden* sind – das sind die *guten* Spieler.
KStA: Haben Sie sich deshalb so geärgert, dass Philipp Lahm *ganz unbescheiden* schon ein Buch geschrieben hat?
[KStA, Weihnachten 2011]

(16) POLITIK: ... MIT GREGOR GYSI:
Stern: Ihrer Karriere haftet eine gewisse Unernsthaftigkeit an, die Sie nie losgeworden sind. Die „Zeit" titelte kürzlich über einem Porträt: „Er will nur spielen".

---

[33] KStA = Kölner Stadtanzeiger

Gysi: Als *seriös* giltst du in Deutschland nur, wenn du *kotzlangweilig* bist. Ich finde, das ist ein Irrtum. Man kann doch auch in der Politik *unterhaltsam* sein und trotzdem die Sache sehr *ernst* nehmen. Bestimmte Fragen nehme ich sehr *ernst*. Aber ich lasse mir meinen Humor nicht nehmen. [...]
[Der Stern, Nr. 25, 11. 6. 2015]

(C) Werbetexte

(17) IMMOBILIEN-ANNONCE BERLIN:
Diese Wohnung befindet sich nur ca. 200 Meter vom S- und U-Bahnhof Bundesplatz entfernt. In urbaner Atmosphäre befinden sich Geschäfte für den Tagesbedarf, Cafés und Restaurants in Gehnähe. Ebenfalls *nah* ist die Stadtautobahn A100. Nach etwa 700 Metern geht es in den *großen* Volkspark Wilmersdorf. Oder ein *beschaulicher* Spaziergang, vorbei an schön restaurierten Altbaufassaden und *schmucken* Plätzen, führt zum Walther-Schreiber-Platz. Er schließt an die *famose* Steglitzer Schloßstraße an, das *imposante* Dienstleistungszentrum mit der größten Geschäftsdichte im Berliner Südwesten. *Schnell erreichbar* sind zudem Sportstätten, wie z. B. das Stadtbad Wilmersdorf und das *beliebte* Sommerbad nebst Tennisplätzen in der Forckenbeckstraße. Mit ihrer *weiten* Aussicht sowie den *nahen* Geschäfts-, Verkehrs- und Freizeiteinrichtungen ist diese Wohnung ideal gelegen für *unternehmungslustige* Stadtmenschen.
Diese Wohnung verfügt über zwei Zimmer mit *charaktervollem* Altbauambiente, eine Wohnküche und ein Bad mit Wanne. Das *ansprechende* Zimmer mit Balkonzugang bietet eine *geräumige* Fläche unter der *hohen* Stuckdecke. [...] Dieses Ambiente animiert zum Einbau von Wunschausstattungen in einer *angenehm geschnittenen* Wohnungsarchitektur.
[Anonymer Prospekt, Internet 2015]

(18) ŠKODA-WERBUNG:
Dynamisches Design trifft *wahre* Größe. Stil und Raum: zwei Welten, die der neue Škoda Superb *perfekt* miteinander vereint. Dank seiner *vollendeten* Proportionen und *klaren* Linien gibt es bei jedem Hinschauen etwas Neues zu entdecken. Auch im Innenraum erleben Sie mit *beeindruckender* Beinfreiheit und *großem* Ladevolumen *ungeahnte* Dimensionen. Die *berührungslos* öffnende Heckklappe macht Ihnen den Zugang zu diesen *unendlichen* Weiten so einfach wie nie. Und der neue Škoda Superb [...] ist außerdem mit *modernsten* Technologien ausgestattet und hat dank seiner *innovativen* Assitenzsysteme [...] auch die Sicherheit mit an Bord. Keine Zukunftsmusik – sondern *Simply Clever*.
[Verschiedene Presseorgane, Internet 09/2015]

12 Fazit

Im Spannungsfeld zwischen Wahrnehmungskonsens, Verständniskonvention und Urteilsfreiheit liegt die Semantik der bewertenden Adjektive. Aber sie ist keine terra incognita. Obwohl aus der Perspektive einer subjektiven Bewertungshaltung des Sprechers geformt und daher auf verschiedene Weise diesen in Szene setzend, bedarf es zu ihrer Erschließung der Kenntnis der objektiven Merkmale der prinzipiell nominalen Bezugsreferenten, wie sie, vergleichbar einer Datenerhebung, von beschreibenden Adjektiven geboten werden. Durch dieses Zusammenwirken werden Zwischenstufen, wie scheinbar objektive Charakterisierung, als Benennung von sekundären, kontextuellen, situationellen, Merkmalen der Qualifikation, sowie Zuordnungsmöglichkeiten zu thematischen Feldern erkennbar.

Die große Mehrheit der Adjektive erweist sich so als Kombination der beiden Bestandteile Beschreibung und Bewertung, die durch ein prozentuales Verhältnis ausgedrückt werden könnte. Die Bewertungshaltung des Sprechers kann dazu führen, dass auch beschreibende Adjektive in den bewertenden Habitus einer Äußerung mit einbezogen und damit als bewertende Adjektive gemeint sind und/oder rezipiert werden.

Literatur

Błachut, Edyta (2014): *Bewerten – Semantische und pragmatische Aspekte einer Sprachhandlung*. Hamburg: Kovač.
Dalmas, Martine & Dmitrij Dobrovol'skij (2011): Quasisynonymie bei Adjektiven: *hervorragend* und Co (eine corpusgestützte Untersuchung). In Günter Schmale (Hrsg.), *Das Adjektiv im heutigen Deutsch*, 173–191. Tübingen: Stauffenburg.
Engel, Ulrich (2004): *Deutsche Grammatik*. Neubearbeitung. München: Iudicium.
Helbig, Gerhard & Buscha, Joachim ⁷1981 [1972]: *Deutsche Grammatik. Ein Handbuch für den Ausländerunterricht*. Leipzig: Verlag Enzyklopädie.
Helbig, Gerhard & Buscha, Joachim (2013): *Deutsche Grammatik: ein Handbuch für den Ausländerunterricht*. Berlin, München: Langenscheidt.
Hjelmslev, Louis (1959): *Essais linguistiques*. Publiés par le Cercle Linguistique de Copenhague.
Kerbrat-Orecchioni, Catherine (1980, 1999): *L'énonciation. De la subjectivité dans le langage*. Paris: Armand Colin.
Kosonen, Teppo (2008): *Quelques caractéristiques des adjectifs dans les brochures touristiques finlandaises*. Mémoire de maîtrise. Université de Tampere, Institut des études de langues et de traduction, Langue française.
Lefèvre, Michel (2011): Qualifikation und subjektive Bewertung: attributive Adjektive in modalisierender und bewertender Funktion. In Günter Schmale (Hrsg.), *Das Adjektiv im heutigen Deutsch*, 83–96. Tübingen: Stauffenburg.

Maingueneau, Dominique (1993): *Elements de linguistique pour le texte littéraire*. Paris: Dunod.
Marschall, Gottfried (2011): Judikative Adjektive im Spiegel von Qualifikation, Quantifikation und Prädikation. In Günter Schmale (Hrsg.), *Das Adjektiv im heutigen Deutsch*, 97–114. Tübingen: Stauffenburg.
Proost, Kristel (2009): Bedeutung und Standardinterpretation von Äußerungen mit negierten negativ-bewertenden Adjektiven. *Deutsche Sprache* 37 (1), 65–82.
Schecker, Michael (1993): Zur Reihenfolge pränominaler Adjektive im Rahmen einer kognitiv orientierten Grammatik. In Marcel Vuillaume, Jean-François Marillier & Irmtraud Behr (Hrsg.), *Studien zur Syntax und Semantik der Nominalgruppe*, 105–129. Tübingen: Stauffenburg.
Zillig, Werner (1982): *Sprechakttypen der bewertenden Rede* (Diss. Münster 1981). Berlin: de Gruyter. [Neuauflage als: *Bewerten*. Tübingen: Max Niemeyer Verlag 1982.].

Stefanie Scholz
Warum Rotkäppchen weder lieb noch gut ist – Adjektive und Adjektivgebrauch im Volksmärchen

Abstract: Der vorliegende Beitrag geht auf das Adjektiv im Volksmärchen und seinen spezifischen Gebrauch in dieser Textsorte ein. Hierzu wurden alle Adjektive aus 14 ausgewählten Grimmschen Märchen gesichtet und auf syntaktische, morphologische und semantische Kriterien hin untersucht. Die Ergebnisse der Analyse decken sich weitgehend mit der Literatur zur Märchenforschung, besonders mit Lüthis (1968) Theorien lassen sie sich gut verbinden: Der in sehr hoher Frequenz auftretende attributive Adjektivgebrauch trägt zu dem bei, was Lüthi (1968: 25–36) als *Einheit des Beiwortes* bezeichnet. Mit knappen Beschreibungen ohne viele Details soll dem Leser oder Hörer hierbei ein anschauliches, klar umrissenes Bild präsentiert werden. Auch Isolation (Darstellung eines Elements ohne jegliche Bezüge zu z. B. Ursprung oder Zeit) und potenzielle Allverbundenheit (Fähigkeit der isolierten Elemente untereinander Beziehungen zu knüpfen) sind nach Lüthi (1968: 37–62) Merkmale des sprachlichen Stils im Märchen und lassen sich hier gut mit dem nur sehr begrenzten Gebrauch von Relationsadjektiven in Verbindung bringen.

1 Einleitung

Selbst in der heutigen Zeit, in der nicht nur Erwachsene, sondern auch Kinder mit verschiedensten medialen Angeboten geradezu überhäuft werden, gehören „klassische" Märchen immer noch zu den bekanntesten und beliebtesten Kindergeschichten. Dies lässt sich nicht nur an der regelmäßigen Neuauflage der *Kinder- und Hausmärchen* der Brüder Grimm erkennen, sondern auch an der ständig neuen Übertragung der verschiedenen schriftlichen Inhalte in andere Formate (z. B. Filme, Theaterstücke, Graphic Novels etc.). Diese Märchen scheinen also auch knapp zwei Jahrhunderte nach ihrer Verschriftlichung und Veröffentlichung durch die Gebrüder Grimm immer noch ein wichtiger Teil unserer literarischen Kultur zu sein.

Stefanie Scholz B.A., Universität Bielefeld, Universitätsstraße 25, 33615 Bielefeld,
e-mail: stefanie-scholz-90@web.de

Auch aus diesem Grund möchte ich mich im Folgenden mit der Textsorte des Volksmärchens und der darin verwendeten Sprache, speziell den Adjektiven, beschäftigen. Die Adjektive sind für ein solches Unterfangen insofern besonders interessant, als dass sie prägend für den Stil einer Textsorte sind (vgl. Eichinger 2007: 183). In Bezug auf die Volksmärchen lässt sich die Erwartung formulieren, dass hier im Verhältnis zu den durch Wortbildung hervorgebrachten Adjektiven ganz besonders viele primäre Adjektive enthalten sind, die einzelne Elemente im Märchen auf anschauliche Art und Weise beschreiben. Denn morphologisch primäre Adjektive weisen normalerweise auch eine geringe semantische Komplexität auf, da sie häufig mehr oder weniger vorhandene bzw. vorhandene oder nicht vorhandene Eigenschaften bezeichnen. Auf diese Weise werden oft auch einzelne Elemente im Märchen dargestellt, die Erwartung, dass diese Elemente durch primäre Adjektive konkretisiert werden, liegt also nahe. Im Zusammenhang damit steht auch die Vermutung, dass solche Adjektive auffällig häufig in Opposition zueinander verwendet werden, um sich gegenüberstehende Elemente wie Figuren zu konkretisieren. Auf diese Weise würden die Adjektive zur Kontrastbildung innerhalb eines Märchens beitragen, was die Anschaulichkeit der durch die primären Adjektive bezeichneten Elemente sogar noch unterstützen würde. Derartige sprachliche Merkmale wären sicherlich mitverantwortlich für einen anschaulichen, spezifischen Stil im Volksmärchen.

Um als erstes einen Überblick über die grammatischen Kriterien zu gewinnen, nach denen die Adjektive im späteren Verlauf analysiert werden, folgt zunächst eine kurze generelle Darstellung des Adjektivs im Deutschen. Hiernach werden das Material und die Methode konkret erläutert, die der Untersuchung zugrunde liegen. Die Analyse der Adjektive im Volksmärchen nach syntaktischen, morphologischen und semantischen Gesichtspunkten bildet den Hauptteil des vorliegenden Beitrags. Die Theorien Lüthis (1968) nehmen hierbei eine zentrale Rolle ein. Zum Schluss sollen die Ergebnisse der Analyse im Hinblick auf die präsentierten Hypothesen diskutiert werden.[1]

---

[1] An dieser Stelle bedankt sich die Autorin ausdrücklich für die sehr hilfreichen Hinweise, die die Gutachter der Reihe Germanistische Linguistik gegeben haben. Insbesondere einige sprachhistorische Aspekte fanden so ihren Eingang in den vorliegenden Beitrag.

2 Das Adjektiv im Deutschen

Die Duden-Grammatik (2016) unterscheidet, abgesehen von einer Restgruppe „andere Verwendungsweisen", für das Adjektiv im Deutschen vier syntaktische Verwendungsweisen: attributiv (z. B. *ein halbes Dutzend*), prädikativ (z. B. *Anna ist heute etwas blass*), adverbial (z. B. *Die Kinder schrien laut*) und substantiviert (z. B. *das Neue*) (vgl. Duden 2016: 344–359). Im weiteren Verlauf dieser Untersuchungen werden substantivierte Adjektive allerdings nicht behandelt werden, da diese nach ihrer Substantivierung ja nicht mehr der Wortart Adjektiv angehören und somit für die Zwecke dieser Untersuchung nicht relevant sind. Prädikativ und adverbial gebrauchte Adjektive bleiben in aller Regel undekliniert, der attributive Gebrauch erfordert allerdings normalerweise eine Deklination. Zur attributiven Verwendungsweise zählen auch der elliptische Gebrauch, also die Auslassung des Bezugssubstantivs zur Vermeidung von Wiederholungen (z. B. *Die großen Fische fressen die kleinen*) und undeklinierte Nachträge (z. B. *Whisky pur*) (Duden 2016: 344–352).

Die Morphologie des Adjektivs ist relativ komplex. Auf der einen Seite steht hierbei die Flexion, die sich aus Deklination und Komparation zusammensetzt. Letztere ist für die Wortart charakteristisch und unterscheidet sie zudem von anderen Wortarten, obwohl längst nicht alle Adjektive komparierbar sind (vgl. Eichinger 2007: 154). Bei der Deklination kann nach Eisenberg (2004: 177–178) unterschieden werden zwischen starker, schwacher und gemischter Deklination. Auf der anderen Seite steht die Wortbildung des Adjektivs, die Phänomene, die unter diesem Punkt zusammengefasst werden können, sind die Derivation, die Komposition und die Konversion (vgl. Eichinger 2007: 150 zur Derivation, Brinkmann 1971: 108 zur Komposition und Eisenberg 2004: 294–295 zur Konversion). Durch Wortbildung entstandene Adjektive machen einen großen Teil der Vertreter dieser Wortart aus, Eichinger (2007: 150) meint: „Der Kern primärer Eigenschaftswörter ist zahlenmäßig relativ klein, es werden Zahlen zwischen 150 und 200 genannt." Zu den *Selektionsbeschränkungen bei attributiven Adjektiven* siehe Hartlmaier i.d.B.

Die theoretische Basis für die semantische Analyse stellt hier Eichinger (2007: 163–170) dar. Qualitätsadjektive und Relationsadjektive werden dabei als (mehr oder weniger) prototypische Gruppen charakterisiert, während die Zahladjektive eher einen Randfall darstellen. Auch die Partizipien weisen nach Eichinger (2007: 166–168) einige semantisch geartete Besonderheiten auf, weshalb sie hier im weiteren Verlauf eine eigene semantische Kategorie bilden. Innerhalb der Gruppe der Qualitätsadjektive lässt sich eine weitere Unterscheidung treffen: Absolute Qualitätsadjektive bezeichnen Eigenschaften, die entweder vorhanden sind oder nicht (z. B. *leer*), relative Qualitätsadjektive hingegen stellen Eigenschaften dar, die in höherem oder niedrigerem Maß vorhanden sein können (z. B. *dicht*) (vgl. Eichinger 2007: 163–164). Zu dieser letzten Kategorie gehören u. a. auch die Dimensionsadjektive, die – abgesehen von einer Ausnahme, *niedrig* – alle morphologisch primärer Natur sind (z. B. *groß*). Sie beziehen sich „auf räumliche Dimensionen, die durch Proportion und Orientierung voneinander unterschieden werden" (Bierwisch 1987: 12). Unter ihnen sind Paare auszumachen, die zueinander in antonymischen Beziehungen stehen (z. B. *groß* und *klein*). Sogenannte Relationsadjektive (z. B. *südlich*) drücken anders als die Qualitätsadjektive keine Eigenschaften, sondern Zugehörigkeitsbeziehungen aus, dies geschieht mithilfe von Suffixen (vgl. Eichinger 2007: 147–148). Auch einige Partizipien sind der Wortart der Adjektive zuzurechnen (z. B. *bedeutend* (Partizip I), z. B. *beschädigt* (Partizip II)), hier ist jedoch in der Regel eine genaue Prüfung, etwa auf Komparierbar- und Negierbarkeit, erforderlich, um die Zugehörigkeit zur Wortart feststellen zu können (vgl. Duden 2016: 341 zum Partizip I und Eichinger 2007: 179 zum Partizip II). Die Zahladjektive als Unterklasse der Wortart Adjektiv sind letztlich wohl die am wenigsten prototypischen Vertreter ihrer Wortart, weshalb in der wissenschaftlichen Literatur manchmal auch eine eigene Wortart der Zahlwörter postuliert wird, unter der dann die Zahladjektive (z. B. *zwei*), -pronomen (z. B. *Ich habe dreierlei erfahren*), -substantive (z. B. *acht Millionen Zuschauer*) und -adverbien (z. B. *erstens*) zusammengefasst auftreten (vgl. Duden 2016: 385–394 zum Zahladjektiv).

3 Das Adjektiv im Volksmärchen

3.1 Material und Methode

Für die folgende Analyse soll die Urfassung der Grimmschen *Kinder- und Hausmärchen* herangezogen werden. Dies lässt sich dadurch begründen, dass diese Märchensammlung auf der Basis mündlicher Quellen angefertigt wurde, denn die Textsorte des Volksmärchens ist ursprünglich durch eine mündliche Erzähltradition gekennzeichnet. Jacob und Wilhelm Grimm setzten sich bei der Planung der *Kinder- und Hausmärchen* das Ziel, im deutschen Sprachraum erzählte Märchentexte in schriftlicher Form zu fixieren. Aus diesem Grund ist das Werk als Sammlung von Volksmärchen zu betrachten. Die Urfassung des Werks wird deshalb verwendet, weil die Brüder Grimm bei dieser ersten, 1812/1815 erschienenen Auflage im Vergleich zu späteren Auflagen noch den Ehrgeiz zeigten, die Märchentexte möglichst nach mündlichem Vorbild zu verschriftlichen (vgl. Rölleke 1985: 41–42).

Da einerseits eine möglichst breit gefächerte Auswahl getroffen werden sollte, andererseits aber der Umfang der vorliegenden Untersuchung notwendigerweise begrenzt ist, wurden für die folgenden Analysen 14 Märchen aus der Urfassung der *Kinder- und Hausmärchen* der Brüder Grimm ausgesucht, auf deren Grundlage die eingangs erläuterte Fragestellung untersucht werden soll. Die zurate gezogene Quelle für dieses Unterfangen stellen die von Friedrich Panzer 1968 herausgegebenen *Kinder- und Hausmärchen der Brüder Grimm. Vollständige Ausgabe in der Urfassung* dar.[2] Neben einem Geleitwort des Herausgebers beinhaltet dieses Werk den ersten und zweiten Band der *Kinder- und Hausmärchen* in der Urfassung inklusive jeweiliger Vorrede und jeweiligem Anhang sowie schließlich ein Inhaltsverzeichnis. Von den 14 ausgewählten Märchen gehören sieben zu den bekannteren der Grimmschen Sammlung und sieben zu den unbekannteren; ein solches Vorgehen ermöglicht zumindest im Ansatz das Sicherstellen der oben angesprochenen breit gefächerten Auswahl der Märchentexte. Hierdurch erklärt sich auch die Tatsache, dass zehn der zu untersuchenden Märchen dem ersten Märchenband entnommen sind und nur vier dem zweiten, denn die bekannteren Märchen der Brüder Grimm sind vornehmlich in diesem ersten Band zu finden. Die Auswahl der Texte erfolgte indes rein zufällig, auch so soll gewährleistet werden, dass die Zusammenstellung des Analysematerials und somit die Analyse selbst nicht durch weitere Faktoren beeinflusst werden. In einem nächsten Schritt wurden alle in den 14 ausgewählten Volksmärchen vorkommenden Adjektive gesichtet, wobei diese sich auf eine Anzahl von 877 Tokens bzw. 211 Types belaufen. Um eine Untersuchung der gesichteten Adjektive nach den oben entwickelten Kriterien zu ermöglichen, wurden alle Tokens daraufhin in der Reihenfolge ihres Vorkommens tabellarisch erfasst und hinsichtlich der Kriterien ‚syntaktische Verwendung', ‚Deklination', ‚Komparation', ‚Wortbildung' und ‚semantische Art' annotiert.

Tab. 1: Auszug aus Adjektivtabelle – *Der Froschkönig oder der eiserne Heinrich* (Grimm/Grimm 1812: 63)

Adjektiv	syntaktische Verwendung	Deklination	Komparation	Bildung	semantische Art
eisern	attributiv	schwach	Pos.	Derivat	RA, Stoffadj.
kühl	attributiv	gemischt	Pos.	primär	rel. QA

---

[2] Im Folgenden werden die Märchen aus der von Panzer 1968 herausgegebenen Neuauflage der Urfassung zitiert als: Grimm/Grimm 1812 bzw. Grimm/Grimm 1815.

golden	attributiv	gemischt	Pos.		Derivat	RA, Stoffadj.
lieb	attributiv	gemischt	Sup.		primär	rel. QA
hoch	adverbial	–	Pos.		primär	rel. QA, Dim.-Adj.
tief	prädikativ	–	Pos.		primär	rel. QA, Dim.-Adj.

3.2 Analyse des Adjektivs im Volksmärchen

3.2.1 Syntaktische Analyse

Zur Syntax des Adjektivs im Volksmärchen lässt sich zunächst auf jeden Fall festhalten, dass die attributive Verwendungsweise die in den 14 untersuchten Märchen bei Weitem am häufigsten realisierte darstellt: Sie findet sich hierin insgesamt 511-mal, während die adverbiale Verwendung nur 213-mal und die prädikative sogar nur 149-mal auszumachen ist. Erklären lässt sich dies ganz einfach dadurch, dass die attributive Verwendung des Adjektivs diejenige ist, die als für die Wortart charakteristisch angesehen wird: „Adjektive sind Wörter, deren primäre und die Wortart bestimmende Verwendung die Stellung im Vorfeld der Nominalphrase, zwischen Determinativen und lexikalischem Kern, darstellt, die attributive Verwendung" (Eichinger 2007: 157). So ist es möglicherweise nur natürlich, dass Adjektive weitaus häufiger attributiv gebraucht werden als prädikativ oder adverbial. Einen weiteren Grund für die hohe Frequenz dieser Verwendungsweise gerade im Märchen gibt Lüthi, wenn er von der Einheit des Beiwortes spricht:

> Die *Einheit des Beiwortes* herrscht: eine Stadt ganz aus Eisen, ein großes Haus, ein großer Drache, der junge König, ein blutiger Kampf. Diese echt epische *Technik der bloßen Benennung* läßt uns alles Benannte als endgültig erfaßte Einheit erscheinen. Jeder Ansatz zu ausführlicher Beschreibung erweckt das Gefühl, daß nur ein Bruchteil von allem Sagbaren wirklich gesagt wird; jede eingehende Schilderung lockt uns fort ins Unendliche, zeigt uns die sich verlierende Tiefe der Dinge. Die bloße Nennung dagegen läßt die Dinge automatisch zu einfach Bildchen erstarren. Die Welt ist eingefangen ins Wort, kein tastendes Ausmalen gibt uns das Gefühl, daß nicht alles erfaßt sei. Die knappe Bezeichnung umreißt und isoliert die Dinge mit fester Kontur. (Lüthi 1968: 26, Hervorhebungen im Original)

Der attributive Gebrauch des Adjektivs im Märchen kann dementsprechend als Technik betrachtet werden, mit der die Einheit des Beiwortes nach Lüthi (1968) herbeigeführt wird. Die nähere Beschreibung eines Substantivs durch ein adjektivisches Attribut ist nicht nur besonders kurz und auf syntaktischer Ebene simpel, sondern trägt hier gleichzeitig auch dazu bei, dass ein Leser oder Hörer unmittelbar eine konkrete und bildliche Vorstellung der beschriebenen Situation entwickeln kann.

Im Zusammenhang mit dem attributiven Gebrauch des Adjektivs sind auch Ellipsen und Nachträge zu nennen, die alle auch in den dieser Untersuchung zugrunde liegenden Märchen vorkommen. Elliptischer Gebrauch ist hierbei mit 27-maligem Vorkommen sogar noch relativ häufig anzutreffen, jedoch sind hier einige Besonderheiten zu betrachten. In dem folgenden Satz beispielsweise ergeben sich in der Wortartklassifikation einige Schwierigkeiten:

(8) *Sie hatte aber die **häßliche** und **faule** viel lieber, und die andere mußte alle Arbeit thun und war recht der Aschenputtel im Haus.*[3] (Grimm/Grimm 1812: 122)

Hier werden sowohl *häßliche* als auch *faule* als Adjektive betrachtet, die attributiv-elliptisch verwendet werden; das Substantiv, auf das sie sich beide beziehen (*Töchter*), wird im vorhergehenden Satz realisiert. Dieser enthält außerdem bereits eine Beschreibung der Töchter, in der dieselben Adjektive schon einmal verwendet werden, weshalb sie anhand dieser Beschreibung nun bereits identifizierbar sind und ein elliptischer Gebrauch im Beispielsatz somit wahrscheinlicher scheint als die ebenfalls gegebene Möglichkeit, dass hier zwei Substantivierungen vorliegen. Gleichzeitig übrigens wird *andere* in diesem Satz nicht als Adjektiv angesehen, obwohl hierfür eine ganz ähnliche Begründung angeführt werden könnte wie für *häßliche* und *faule*. Dies liegt daran, dass *andere* in diesem Fall als Pronomen klassifiziert werden kann. Ansonsten beinhalten die untersuchten Märchen weitgehend typischen elliptischen Adjektivgebrauch dieser Art:

(9) *Es waren drei Brüder, die stießen den **jüngsten** immer zurück [...].* (Grimm/Grimm 1815: 403)

Des Weiteren finden sich in den vorliegenden Märchen einige adjektivische Nachträge, die als solche undekliniert bleiben. Von den 12 Nachträgen insgesamt beziehen sich drei in direkter Weise auf das zuvor realisierte Substantiv:

---

[3] Zur besseren Übersicht in diesem Artikel werden die jeweils zur Diskussion stehenden Adjektive in den Beispielsätzen von der Autorin durch Fettung hervorgehoben.

(10) *Rapunzel hatte aber prächtige Haare,* **fein** *wie gesponnen Gold [...].* (Grimm/ Grimm 1812: 85)
(11) *Morgens früh erhielten sie ihr Stücklein Brod, noch* **kleiner** *als das vorigemal.* (Grimm/Grimm 1812: 92)
(12) *[...] da war ein grausamer Gesang,* **prächtig** *in die blaue Luft hinein.* (Grimm/ Grimm 1812: 95)

Sechs weitere Nachträge sind Konstruktionen mit *so*; diese verhältnismäßig hohe Anzahl kommt mitunter zustande durch das in einem Märchen mehrfache Vorkommen von *groß* bzw. *dick*:

(13) *[Er] holte einen Stab so* **groß** *und* **dick***, als ihn die zwei Pferde nur fahren konnten.* (Grimm/Grimm 1815: 363)
(14) *[Er] holte einen Stab so* **groß** *und* **dick***, als ihn die vier Pferde fahren konnten.* (Grimm/Grimm 1815: 363)
(15) *[Er] holte einen so* **groß** *und* **dick***, als ihn die acht Pferde nur fahren konnten.* (Grimm/Grimm 1815: 363)

Es lassen sich sodann noch drei weitere adjektivische Nachträge finden, die jeweils für sich ein eigenes Muster bilden:

(16) *Hänsel und Gretel trugen Reisig zusammen, einen kleinen Berg* **hoch***.* (Grimm/Grimm 1812: 91)
(17) *[...] der Junge aber pflügte das Land, zwei Morgen Felds ganz* **allein** *[...].* (Grimm/Grimm 1815: 362)
(18) *[...] so* **groß** *haben wir keinen gehabt [...].* (Grimm/Grimm 1815: 362)

Schließlich enthalten die hier untersuchten Märchen auch vier Fälle von autonom gebrauchten Adjektiven. Ich bezeichne solche Adjektive als autonom, die nicht innerhalb einer längeren syntaktischen Struktur, sondern nur für sich allein stehend vorkommen und zudem unflektiert sind. Besonders auffällig sind die autonomen Adjektive *kurz* und *lang* in folgendem Satz:

(19) *[...] ich kann und weiß alles, was dazu gehört,* **kurz** *und* **lang***, wies befohlen wird.* (Grimm/Grimm 1812: 95)

Diese lassen sich auch pragmatisch überhaupt nicht einordnen, es ist völlig unklar, worauf sie sich beziehen. Wahrscheinlich soll durch das zusammengehörige *kurz und lang* etwas Allumfassendes ausgedrückt werden. Doch weshalb zu diesem Zweck zwei Adjektive verwendet werden und auch, warum gerade diese zwei, ist nicht ersichtlich. Anders verhält es sich in diesen Fällen:

(20) *[...] **recht** mein Sohn [...]*. (Grimm/Grimm 1812: 95)
(21) ***Recht**, mein Sohn [...]*. (Grimm/Grimm 1812: 95)

Hier ist *recht* bzw. *Recht* gewissermaßen als Kommentar von der sprechenden Figur im Märchen bezüglich des aktuellen Geschehens zu bewerten. Alle vier autonom gebrauchten Adjektive sind in dem Märchen *Herr Fix und Fertig* (vgl. Grimm/Grimm 1812: 95–97) zu finden; dieser Umstand ist allerdings möglicherweise bloß dem Zufall geschuldet.

Als eine besondere syntaktische Auffälligkeit ist des Weiteren der Fall von *zufrieden* im untersuchten Material zu betrachten. Dies taucht insgesamt viermal auf, jeweils prädikativ und diesem Muster folgend:

(22) *Die war es wohl **zufrieden** [...]*. (Grimm/Grimm 1812: 124)
(23) *Das war der Amtmann **zufrieden** [...]*. (Grimm/Grimm 1812: 364)

Diese aus heutiger Sicht recht ungewöhnliche syntaktische Konstruktion ist mit ziemlicher Sicherheit darauf zurückzuführen, dass die vorliegenden Märchentexte immerhin etwa 200 Jahre alt sind.[4]

Tab. 2: Verteilung der Adjektiv-Tokens nach syntaktischen Kriterien

attributiv		adverbial	prädikativ	autonom
511				
elliptisch	Nachtrag	213	149	4
27	12			

---

4 Generell können bei der Textsorte des Volksmärchens Archaismen intendiert sein. Für das Beispiel (15) bietet etwa Paul (2007: 213-214) eine historische Erklärung: *Es* ist ein ursprünglich genitivisches Pronomen, das aufgrund des Zusammenfalls von germanischem und Lautverschiebungs-s mit dem Nominativ/Akkusativ zusammengefallen ist. Besonders interessant ist dann an dieser Stelle das Beispiel (16) mit der Ausdehnung des Phänomens auf *das*, denn hier fand kein Zusammenfall mit *des(sen)* statt.

3.2.2 Morphologische Analyse

Was die Morphologie des Adjektivs im Volksmärchen anbelangt, so lässt sich zunächst bei der Deklination eine Unterscheidung treffen zwischen undeklinierten Adjektiven einerseits und deklinierten Adjektiven andererseits, von denen im Sinne Eisenbergs (2004: 177–178) 166 Tokens schwach und 85 stark dekliniert werden. 151 Tokens befinden sich im gemischten Paradigma, das schwache und starke Formen vereint. Dass mit insgesamt 402 von 877 weniger als die Hälfte der untersuchten Adjektive dekliniert sind, hängt natürlich damit zusammen, dass nur die attributive Verwendungsweise des Adjektivs überhaupt Deklination erfordert (vgl. Duden 2016: 344); alle 402 deklinierten Adjektiv-Tokens sind demzufolge attributiv gebraucht.

Tab. 3: Verteilung der Adjektive nach morphologischen Kriterien – Deklination

schwach	stark	gemischt
166	85	151

Von den im vorigen Abschnitt besprochenen 511 attributiv verwendeten Adjektiv-Tokens bleiben – so der Umkehrschluss – 109 undekliniert. Hauptsächlich beziehen sich diese 109 Adjektiv-Tokens auf Neutra. Noch im Frühneuhochdeutschen ist fehlende Flexion bei neutralen Substantiven eher die Regel als die Ausnahme (vgl. Ebert et al. 1993: 189–190, 199) und auch im Gegenwartsdeutschen lässt sich in manchen Fällen noch Ähnliches beobachten (z. B. *gut Ding*, *echt Leder*).[5] Ein großer Teil der 109 als attributiv eingestuften und gleichzeitig undeklinierten Tokens sind Zahladjektive, genauer Kardinalzahlen (z. B. *zwei*). Diese werden auch bei attributiver Verwendung fast nie dekliniert. In seltenen Fällen kann die Deklination einer Kardinalzahl vorkommen (z. B. *nach Aussage zweier Zeugen*), doch in der Regel wird sie im Deutschen nicht angewandt.

Weiterhin sind viele der 109 attributiv gebrauchten undeklinierten Tokens nicht dekliniert, obwohl aus heutiger Sicht die Deklination grammatikalisch korrekt wäre. Im älteren Sprachgebrauch jedoch bleiben attributive Adjektive auch pränominal häufig unflektiert (vgl. Duden 2016: 347). Beispiele hierfür stellen folgende Konstruktionen dar:

---

[5] Auch die heute übliche Schreibweise, die teilweise darauf hindeutet, dass eine Uminterpretation als Kompositum stattgefunden hat (z. B. eher *Heißwasser* als *heiß Wasser*), tut dem keinen Abbruch.

(24) *Der Wolf [...] kaufte sich ein **groß** Stück Kreide [...].* (Grimm/Grimm 1812: 72)
(25) *Müller, streu mir **fein** [...] Mehl auf meine Pfote.* (Grimm/Grimm 1812: 72)
(26) *Hänsel [...] machte sein **ganz** Rocktäschlein voll davon [...].* (Grimm/Grimm 1812: 90)
(27) *[...] schlaf nur, **lieb** Gretel [...].* (Grimm/Grimm 1812: 92)
(28) *[...] da schien die Sonne und waren **viel** tausend Blumen.* (Grimm/Grimm 1812: 122)

Bei all diesen Beispielen bleibt die aus heutiger Perspektive erforderliche Deklination des jeweiligen Adjektivs aus. Eine Erklärung für ein derartiges Vorgehen bei einigen Adjektiven könnte sein, dass die jeweilige Flexionsendung stets einen unbetonten Schwa-Lau enthält, der aus klanglichen oder ökonomischen Gründen getilgt wird. So könnte auch die Tilgung des Schwa-Lautes in anderen hier vorliegenden Fällen erklärt werden: So liegt z. B. bei *müd'* (Grimm/Grimm 1812: 65) und *bös* (Grimm/Grimm 1812: 91), die beide in prädikativer Verwendung stehen und bei denen sich deshalb die Frage der Deklination nicht stellt, ebenfalls die Tilgung von Schwa, hier jedoch im Stammauslaut, vor. In *auf offner Straße* (Grimm/Grimm 1812: 128) und *ihren goldnen Ring* (Grimm/Grimm 1812: 96) hingegen bleibt je ein Schwa-Laut im mittleren Bereich des jeweiligen Lexems unrealisiert. Warum eine solche Lauttilgung jedoch nur bei einigen wenigen Tokens vorkommt und aus welchen Gründen genau, lässt sich an dieser Stelle nicht beantworten.

Von den 109 undeklinierten Adjektiv-Tokens in attributiver Gebrauchsweise sind des Weiteren neun Realisationen von *viel*. Hiervon gehören vier zur soeben beschriebenen Kategorie. Die anderen fünf Realisationen von *viel* beziehen sich jeweils auf artikellose Substantive mit neutralem Genus:

(29) *[Er] dachte damit **viel** Geld zu sparen.* (Grimm/Grimm 1815: 363)
(30) *[...] er wollt' ihm gern zur Belohnung **viel** Geld geben.* (Grimm/Grimm 1815: 367)
(31) *[...] er gab aber den Armen überall **viel** Geld [...].* (Grimm/Grimm 1815: 404)
(32) *[...] auf die Tafel stellte sich Wein und Braten und **viel** gutes Essen [...].* (Grimm/Grimm 1815: 366)
(33) *mir ist **viel** wunderliches vor die Augen gekommen [...].* (Grimm/Grimm 1815: 509)

Diese Auffälligkeit ist darauf zurückzuführen, dass diese Substantive Stoffbezeichnungen bzw. Bezeichnungen für abstrakte Begriffe darstellen. *Viel* und auch *wenig* bleiben in solchen Fällen generell undekliniert (vgl. Duden 2016: 328). Daneben tritt jedoch auch das umgekehrte Phänomen auf:

(34) *[...] das hat schon **vielen** Schaden gethan [...]*. (Grimm/Grimm 1812: 97)

Hier ist die Deklination grammatikalisch betrachtet eigentlich fehl am Platz. Als Adjektiv müsste das fragliche Lexem hier theoretisch auch zwischen einem definiten Artikel und einem Substantiv stehen können – eine Konstruktion wie *der viele Schaden* ist aber zumindest aus heutiger Perspektive fragwürdig.

Zur Flexion des Adjektivs gehört außerdem auch die Komparation. Von allen 877 hier untersuchten Adjektiv-Tokens stehen mit 815 die meisten im Positiv, nur 39-mal kommt der Komparativ vor und sogar nur 23-mal der Superlativ. Da der Positiv schließlich die Normalform des Adjektivs darstellt, von der Komparativ- und Superlativkonstruktionen abweichen, ist ein solches Ergebnis allerdings auch erwartbar.

Tab. 4: Verteilung der Adjektiv-Tokens nach morphologischen Kriterien – Komparation

Positiv	Komparativ	Superlativ
815	39	23

Aufmerksamkeit verdient indes die Konstruktion *allergrößten* in folgendem Satz:

(35) *[...] riß gleich zwei von den **allergrößten** Bäumen aus der Erde [...]*. (Grimm/Grimm 1815: 365)

Derartige Fügungen mit *aller-* sind zwar nicht besonders ungewöhnlich, dennoch tauchen sie in dem vorliegenden Material nur an dieser und an keiner anderen Stelle auf. Möglich ist eine Zusammensetzung mit *aller-* nur mit dem im Superlativ stehenden Adjektiv (und der Ordinalzahl *erste*), in diesem Fall ist sie der Emphase dienlich.

Was die Wortbildung in den vorliegenden Märchen angeht, so ist mit 660 primären Adjektiv-Tokens (113 Types) eine erstaunlich große Anzahl dieser morphologischen Gruppe vorhanden. Im Vergleich dazu sind nur relativ wenige Derivationen auszumachen (181 Tokens), der Anteil an Kompositionen (15 Tokens) und Konversionen (21 Tokens) ist verschwindend gering. Ein solches Ergebnis ist insofern erstaunlich, als dass die primären Adjektive nur einen sehr kleinen Teil der gesamten Wortart ausmachen. Dementsprechend hätte man eher eine wesentlich kleinere Zahl an primären Adjektiv-Tokens und stattdessen eine größere Zahl an Derivationen, Kompositionen und Konversionen erwareten können.

Bei der Derivation des Adjektivs sind die Suffixe *-ig*, *-isch*, *-lich* und das Präfix *un-* (vgl. Eichinger 2007: 147–150) besonders häufig. Ein solches Bild ergibt sich auch, wenn man alle 181 derivationell komplexen Adjektiv-Tokens in den untersuchten Märchen betrachtet: Die genannten Affixe kommen tatsächlich besonders häufig in der Gruppe der derivierten Adjektive vor. Auch das Präfix *ge-* ist im vorliegenden Falle relativ häufig anzutreffen, z. B. hier:

(36) *So lebten sie lustig und in Freuden eine* **geraume** *Zeit [...]. (Grimm/Grimm 1812: 85)*

Sogenannte Halbaffixe, bei denen nicht eindeutig entschieden werden kann, ob sie Affixe sind oder ob Bildungen mit ihnen noch den Kompositionen zuzurechnen sind, tauchen ebenfalls vereinzelt auf, so beispielsweise:

(37) *Ach du* **gottloses** *Kind [...]. (Grimm/Grimm 1812: 85)*
(38) *[...] sie ward dem Fix und Fertig übergeben, der sich gleich [...] mit ihr in die Kut setzte, zu seinem Herrn fuhr und ihm die liebevolle Prinzessin brachte. (Grimm/Grimm 1812: 97)*

Eine besondere Rolle spielen zudem noch die bestimmten Zahladjektive, die z. T. ebenfalls als Derivationen aufgefasst werden können. Zum einen sind dies die Ordinalzahlen, z. B. hier:

(39) *Am* **dritten** *Tag aber kam der König von der Jagd heim [...]. (Grimm/Grimm 1812: 205)*

Das Suffix *-t* wird in diesem Fall an eine Kardinalzahl angehängt, wodurch sich die Ordinalzahl ergibt. Zum anderen haben auch bestimmte Kardinalzahlen den Status von Derivaten. Dies sind v. a. die Zehnerzahlen von *zwanzig* bis *neunzig*, die mit dem Suffix *-zig* gebildet werden. Im vorliegenden Material kommt von diesen Derivaten *zwanzig* einmal vor:

(40) *[...] dann fielen die Haare* **zwanzig** *Ellen tief hinunter [...]. (Grimm/Grimm 1812: 85)*

Weiterhin lassen sich im Rahmen dieser Untersuchung auch einige (wenige) Konversionen (z. B. *verloren*) und Kompositionen (z. B. *steinalt*) finden. Während Konversionen in diesem Beitrag alle von der semantischen Art her zu den Partizipien gezählt werden, können die Kompositionen in den meisten Fällen den absoluten Qualitätsadjektiven zugerechnet werden, so beispielsweise in den folgenden Sätzen:

(41) [...] *die schrien nach Speise* **überlaut**. (Grimm/Grimm 1812: 95)
(42) [...] *wie sie sahen, daß sie* **schneeweiß** *war [...], glaubten sie es wäre ihre Mutter [...]*. (Grimm/Grimm 1812: 72)

Diese sind sodann nicht mehr komparierbar, was auch zu ihrem Zweck passt: Durch eine Komposition von der Art *überlaut* soll betont werden, dass die durch den adjektivischen grammatikalischen Kopf ausgedrückte Eigenschaft in besonders hohem Maße vorhanden ist und dementsprechend nicht mehr in diesem Sinne steigerbar. Letztlich finden sich neben Kompositionen, die als Qualitätsadjektive gelten können, auch solche, die den bestimmten Zahladjektiven angehören. Hiermit sind zusammengesetzte Kardinalzahlen gemeint wie die *14*, die in *Von einem jungen Riesen* (vgl. Grimm/Grimm 1815: 361–367) gleich mehrfach vorkommt:

(43) [...] *nur alle* **14** *Tage [...] will ich dir zwei Streiche geben [...]*. (Grimm/Grimm 1815: 363)
(44) *[Er] bat ihn nur um* **14** *Tage Frist [...]*. (Grimm/Grimm 1815: 365)
(45) [...] *da bat er wieder um* **14** *Tage Bedenkzeit [...]*. (Grimm/Grimm 1815: 366)

Dass dieses Zahladjektiv in diesem Fall nicht ausgeschrieben, sondern in Ziffern dargestellt wird, tut seinem Status als Adjektiv keinen Abbruch.

Tab. 5: Verteilung der Adjektiv-Tokens nach morphologischen Kriterien – Wortbildung

primär	Derivation	Komposition	Konversion
650	181	15	21

3.2.3 Semantische Analyse

Die weiter oben behandelten semantischen Adjektivarten kommen in den an dieser Stelle untersuchten Märchen jeweils in sehr ungleicher Verteilung vor. So sind 680 der 877 gesichteten Tokens Qualitätsadjektive. Bei einer Unterscheidung zwischen relativen und absoluten Qualitätsadjektiven ergibt sich, dass die große Mehrheit aller Adjektive den relativen Qualitätsadjektiven zuzurechnen ist, den absoluten gehören nur 140 Tokens an, von denen 24 Stück Farbadjektive (z. B. *braun*) sind und nur eines ein Formadjektiv (z. B. *rund*). Sehr häufig entsprechen zwar die morphologisch primären Adjektiv-Tokens auch den relativen Qualitätsadjektiven, weshalb der Gedanke aufkommen könnte, dass sich die morphologische und semantische Gruppe entsprechen. Davon auszugehen wäre jedoch falsch: Wenn von primären Adjektiven die Rede ist, so wird eine Kategorisierung auf morphologischer Ebene vorgenommen, spricht man jedoch von relativen Qualitätsadjektiven, so unterscheidet man auf semantischer Ebene. Die beiden genannten Subgruppen der Wortart stimmen nicht vollständig miteinander überein, auch wenn in sehr vielen Fällen Adjektive sowohl primär als auch relativ-qualitativ sind. Mehrere primäre Adjektive gehören aber auch zu den absoluten Qualitätsadjektiven, man denke nur etwa an primäre Farbadjektive oder ein Lexem wie *tot*. Auch die Kardinalzahlen von *zwei* bis *zwölf* sind morphologisch primär. Umgekehrt ist z. B. das relative Qualitätsadjektiv, genauer Dimensionsadjektiv, *niedrig* ein Derivat.

Weiterhin gehören hier insgesamt 103 von den 540 relativen Qualitätsadjektiven zu den Dimensionsadjektiven. Es lässt sich jedoch nicht immer ganz eindeutig sagen, wann ein Adjektiv in dimensionaler Hinsicht gebraucht wird und wann nicht. Als Beispiel sei hier das Lexem *lang* betrachtet: Dies kommt in den untersuchten Märchen insgesamt 13-mal adjektivisch vor, davon jedoch nur dreimal zweifellos als Beschreibung einer lokalen Ausdehnung im Sinne der Definition von Leisi (1953: 84) oder auch Bierwisch (1987: 12):

(46) *[...] endlich machte er den Hals so **lang**, daß er sich nicht mehr halten konnte [...]*. (Grimm/Grimm 1812: 128)
(47) *Der Riese aber hatte **lange** Beine [...]*. (Grimm/Grimm 1815: 361)
(48) *[...] da waren die Haare ihm schon so **lang** gewachsen, so daß ihn niemand erkennen konnte [...]*. (Grimm/Grimm 1815: 404)

Achtmal wird *lang* deutlich erkennbar im Sinne einer temporalen Ausdehnung gebraucht, z. B. hier:

(49) *Fix und Fertig war **lange** Zeit Soldat gewesen [...]*. (Grimm/Grimm 1812: 95)

In zwei weiteren Fällen ist die jeweilige konkrete Bedeutung nicht ohne Weiteres ablesbar.

(50) *Und je **länger**, je ärger ward es [...]*. (Grimm/Grimm 1815: 404)

In diesem Fall ist sowohl eine temporale als auch eine lokale Bedeutung möglich. Beide sind mit dem Kontext, in dem das Lexem auftaucht, vereinbar, denn im vorhergehenden Satz ist die Rede von einer besonderen Haarlänge, die sich über einen gewissen Zeitraum entwickelt. Aus diesem Grund kann in diesem Fall keine endgültige Aussage darüber getroffen werden, ob *länger* hier als Dimensionsadjektiv vorliegt oder nicht.

(51) *[...] ich kann und weiß alles, was dazu gehört, kurz und **lang**, wies befohlen wird.* (Grimm/Grimm 1812: 95)

Hier ist dagegen überhaupt nicht ersichtlich, welche Bedeutung *lang* haben könnte. In beiden Zweifelsfällen wird im Weiteren davon ausgegangen, dass keine Dimensionsadjektive vorliegen.

Neben den 680 Tokens von Qualitätsadjektiven, die in dem vorliegenden Material auszumachen sind, liegen auch 21 Relationsadjektive vor. Im Vergleich zu den Qualitätsadjektiven ist diese semantische Gruppe also nur sehr rudimentär im Märchen vertreten. Einen möglichen Grund dafür liefert wiederum Lüthi (1968: 37–62): Für ihn sind Isolation und potenzielle Allverbundenheit zentrale Merkmale des sprachlichen Stils im Märchen. Isolation in diesem Sinne meint die sprachliche Darstellung aller Elemente im Märchen als etwas Einzigartiges, Unverwurzeltes. Einzelne Elemente wie Personen oder Gegenstände, so Lüthi, stehen im Märchen jeweils nur für sich selbst und haben keinen Bezug zu ihren Ursprüngen, Zeit oder Örtlichkeiten, denn in der Regel werden in dieser Textsorte hierzu keine konkreten Angaben gemacht. Potenzielle Allverbundenheit steht nach Lüthis Theorie in engem Zusammenhang mit dieser Isolation, denn durch das Fehlen z. B. lokaler und temporaler Bezüge seien diese Elemente jeweils in der Lage, untereinander Beziehungen einzugehen, wenn es für das Fortschreiten der Handlung im Märchen nützlich ist. Relationsadjektive als Adjektive, die die Zugehörigkeit zu anderen Konzepten ausdrücken, sind dieser Theorie zufolge also generell ein sprachliches Mittel, welches im Märchen eher selten zu finden sein wird. Bestätigung hierfür findet sich bei einer eingehenden Betrachtung der 21 im Untersuchungsmaterial gesichteten Tokens von Relationsadjektiven. Von diesen sind die meisten, nämlich 15 Stück, Stoffadjektive wie *golden* oder *eisern*:

(52) *Sie hatte eine **goldene** Kugel [...].* (Grimm/Grimm 1812: 63)
(53) *[...] der hatte sich so betrübt über die Verwandlung desselben, daß er drei **eiserne** Bande um sein Herz legen mußte [...].* (Grimm/Grimm 1812: 65)

Stoffadjektive sind Relationsadjektive, die die stoffliche Beschaffenheit eines Elements ausdrücken und somit auch nicht im Widerspruch zu Lüthis Theorie der Isolation und potenziellen Allverbundenheit stehen.

(54) *[...] der hatte nichts zu beißen und zu brechen, und kaum das **tägliche** Brod für seine Frau und seine zwei Kinder, Hänsel und Gretel.* (Grimm/Grimm 1812: 90)

Bei *täglich* handelt es sich nun um eines der sechs relationalen Adjektive, die keine Stoffadjektive sind. Hier kommt es innerhalb einer Kollokation vor, deswegen widerspricht auch dieser Fall nicht der Theorie Lüthis.

(55) *[W]ie sie aber zu Haus ankamen und die älteste ihn sah, schrie sie, daß sie einen so entsetzlichen Menschen, der gar keine **menschliche** Gestalt mehr habe und wie ein Bär aussehe, heirathen solle [...].* (Panzer 1968: 404).

Das Adjektiv weist in diesem Fall ganz allgemein auf die Gattung Mensch hin, auch hier kann nicht behauptet werden, dass es einem von Isolation geprägten Stil entgegensteht. Etwas anders ist es mit *fürstlich* und *königlich*, die zusammen insgesamt viermal in dem Märchen *Herr Fix und Fertig* (vgl. Grimm/Grimm 1812: 95–97) vorkommen:

(56) *[...] geben Sie [...] mir selbst aber **fürstliche** Kleider [...].* (Grimm/Grimm 1812: 95)
(57) *[...] es ging immer dem **königlichen** Hof zu [...].* (Grimm/Grimm 1812: 95)
(58) *Als er in der **königlichen** Residenz anlangte fuhr er gerade nach dem besten Gasthof [...].* (Grimm/Grimm 1812: 96)
(59) *Fix und Fertig aber ließ sich gleich bei dem **königlichen** Hof anmelden [...].* (Grimm/Grimm 1812: 96).

Es handelt sich hierbei um sehr typische Relationsadjektive, weswegen sie sich nicht ganz einfach mit der Isolation und potenziellen Allverbundenheit nach Lüthi vereinbaren lassen. Dennoch bleibt festzuhalten, dass in allen untersuchten Märchen verhältnismäßig sehr wenige Relationsadjektive auftauchen. Die wenigen, die sich ausmachen lassen, weisen insgesamt weder auf lokale oder temporale Bezüge (wie z. B. *heutig* oder *dortig*) noch auf eine bestimmte Herkunft hin (wie z. B. *englisch*). Sie lassen sich somit – abgesehen von nur wenigen Ausnahmen – gut mit Lüthis Theorien in Einklang bringen.

Von den restlichen 176 vorkommenden Adjektiv-Tokens, die semantisch weder den Qualitäts- noch den Relationsadjektiven zuzurechnen sind, zählen 155 Stück zu den Zahladjektiven. Die bestimmten Zahladjektive spielen gerade im Märchen eine bedeutende Rolle, da etwa Elemente wie Figuren oder Gegenstände häufig in gewisser Anzahl vorkommen oder Situationen mehrfach wiederholt werden. Die 119 hier vorkommenden Tokens von bestimmten Zahladjektiven, die den 36 unbestimmten gegenüberstehen, weisen auf diesen Umstand hin. Die restlichen 21 Tokens sind Partizipien. Diese bilden zunächst natürlich eine morphologische und keine semantische Kategorie. Eichinger (2007: 166–168) weist jedoch darauf hin, dass Partizipien, die adjektivisch gebraucht werden, semantische Besonderheiten aufweisen, die die Wertung dieser Lexeme als eine eigene semantische Kategorie mit spezifischen Eigenschaften rechtfertigen.

Tab. 6: Verteilung der Adjektiv-Tokens nach semantischen Kriterien

Qualitätsadj.				Relationsadj.	Zahladj.		Partizipien
680							
relativ			absolut	21	155		
540			140				21
Dimension	Farbe	Form	Stoff		bestimmt	unbestimmt	
103	24	1	15		119	36	

3.3 Diskussion der aufgestellten Hypothesen

Generell sind nun die Adjektive und ihr Gebrauch innerhalb des Volksmärchens ausführlich beschrieben worden. Um jedoch die Frage zu klären, ob hier besonders oft ein oppositioneller Gebrauch bestimmter Adjektive in bestimmten Situationen vorliegt, muss an dieser Stelle der Fokus auf jeweils einzelne Märchen gelegt werden, innerhalb deren Grenzen allein sich eine solche Fragestellung betrachten lässt. Sowohl relative als auch absolute Qualitätsadjektive können in Opposition zueinander gebraucht werden, so stehen sich z. B. *laut* und *leise* oder auch *tot* und *lebendig* als jeweils zwei Antonyme gegenüber. Auch die sogenannten Dimensionsadjektive (z. B. *groß* und *klein*) sind für derartige antonymische Relationen prädestiniert.

Im Falle der hier untersuchten Märchen kann die Erwartung, dass besonders häufig die zwei Bestandteile eines antonymischen Adjektivpaares jeweils gegensätzliche Elemente im Märchen beschreiben, generell nicht erfüllt werden. Zwar tauchen derlei Beschreibungen vereinzelt auf, so z. B. in *Rothkäppchen* (vgl. Grimm/Grimm 1812: 125–128):

(60) *Rothkäppchen aber hütete sich und ging gerade fort ihres Wegs, und sagte der Großmutter, daß sie den Wolf gesehen, daß er ihm* **guten** *Tag gewünscht aber so* **bös** *aus den Augen geguckt [...].* (Grimm/Grimm 1812: 127–128)

Hier besteht eine antonymische Beziehung zwischen *gut* und *böse*. Diese weist aber in diesem Fall nicht auf zwei sich in dem Kontext gegenüberstehende Elemente hin, denn *gut* steht hier im Zusammenhang einer Kollokation mit *Tag*, während *böse* den Blick des Wolfes konkretisiert. Die Unaufrichtigkeit der Figur des Wolfes wird so aber natürlich trotzdem verdeutlicht.

In einigen wenigen Fällen jedoch scheint die Verwendung von jeweils zwei in Opposition zueinander stehenden Adjektiven absichtlich zu bestehen. Dies sind insbesondere Situationen, in denen ein Kontrast deutlich gemacht werden soll:

(61) *Eine Wittwe hatte zwei Töchter, davon war die eine **schön** und **fleißig**, die andere **häßlich** und **faul**.* (Grimm/Grimm 1812: 122)

(62) *Nun waren in dem Königreich drei Brüder, davon war der **älteste** listig und **klug**, der zweite von gewöhnlichem Verstand, der dritte und **jüngste** aber war unschuldig und **dumm**.* (Grimm/Grimm 1812: 129)

(63) *Es waren einmal zwei Brüder, die lebten beide im Soldatenstand, und war der eine **reich**, der andere **arm**.* (Grimm/Grimm 1815: 509)

Hier scheinen die zueinander in Binäropposition stehenden Adjektive in der Tat zwei gegensätzliche Elemente – in diesen Fällen Figuren – zu markieren. Die genannten Beispielsätze stehen jeweils relativ zu Anfang des Märchens, was einen Hinweis darauf darstellt, dass die mit den Adjektiven als oppositionell beschriebenen Figuren im Verlauf des Märchens gegensätzlich handeln oder gegensätzliche Erfahrungen machen. So wird in diesen Fällen bereits zu Anfang des Märchens etwas über seinen Verlauf angedeutet.

Häufiger scheinen jedoch – zumindest im hier untersuchten Material – Qualitätsadjektive nicht ausdrücklich in oppositioneller Relation zueinander zu stehen. Vielmehr werden einige von ihnen gemäß Lüthis (1968: 25–36) Theorie der Einheit des Beiwortes gebraucht, sodass sie als relativ kurze Beschreibungen einzelner Elemente fungieren und somit eher zufällig eine Atmosphäre erzeugen, die von Kontrasten geprägt ist. Besonders deutlich wird dies am folgenden Beispiel: Im Märchen *Rothkäppchen* (vgl. Grimm/Grimm 1812: 125–128) sind die zwei sich gegenüberstehenden Figuren einerseits die Titelfigur Rotkäppchen und andererseits der Wolf. Gleich zu Beginn des Märchens wird Rotkäppchen bereits als *klein* und *süß* klassifiziert:

(64) *Es war einmal eine **kleine süße** Dirn [...].* (Grimm/Grimm 1812: 125)

Der Wolf wird nur wenig später als *böse* charakterisiert:

(65) *Wir nun Rothkäppchen in den Wald kam, begegnete ihm der Wolf, Rothkäppchen aber wußte nicht, was das für ein **böses** Thier war [...].* (Grimm/Grimm 1812: 126)

Obwohl die hier verwendeten Adjektive sich nicht als ausdrückliche Binäropposition gegenüberstehen, so können sie doch im gegebenen Kontext als solche verstanden werden. Mit der Bezeichnung der Titelfigur als *klein* und *süß* wird gleichzeitig automatisch suggeriert, dass sie die Rolle der „guten" Figur innehat, die dem Wolf, der hier sogar explizit als *böse* bezeichnet wird, trotzt. Vom *guten* oder auch *lieben* Rotkäppchen ist jedoch im gesamten Text mit keinem Wort die Rede, womit die titelgebende Frage dieses Artikels beantwortet wäre. *Zum Verhältnis von Bewertung und Beschreibung beim Adjektiv* schreibt Marschall i.d.B. einen aufschlussreichen Beitrag. Ähnliche Verhältnisse lassen sich noch an einigen weiteren Stellen in den dieser Untersuchung zugrundeliegenden Märchen aufzeigen. Dass zur Beschreibung gegensätzlicher Elemente ein gesteigertes Vorkommen von Adjektiven vorliegt, die zueinander in explizit oppositioneller Relation stehen, lässt sich bei näherer Betrachtung der hier vorliegenden Qualitätsadjektive hingegen nicht behaupten.

Jedoch scheint sich die anfangs formulierte Hypothese zu bestätigen, dass ein auffällig häufiger Gebrauch von morphologisch primären Adjektiven im Volksmärchen vorliegt. Diese sind natürlicherweise alle entweder ebenfalls den Qualitätsadjektiven oder den Zahladjektiven zuzurechnen. Die bedeutende Mehrheit der primären Adjektive gegenüber den sekundären lässt sich ebenfalls als ein Charakteristikum des Volksmärchens deuten: Primäre Adjektive bezeichnen häufig Eigenschaften von Personen, Gegenständen oder Situationen. Derartige Beschreibungen sind im Märchen essenziell, um verschiedene Personen, Gegenstände oder Situationen voneinander abzugrenzen oder um die Bildlichkeit der Erzählung zu verstärken.

4 Fazit

Zusammenfassend lässt sich festhalten, dass die Adjektive im Volksmärchen prägend sind für den sprachlichen Stil dieser Textsorte. Es muss natürlich bedacht werden, dass das Volksmärchen konzeptuell eigentlich eine mündliche Überlieferung vorsieht, deswegen können Verschriftlichungen von Märchen prinzipiell bloß als Hilfsmittel betrachtet werden, wodurch ein wissenschaftlicher Zugang ermöglicht wird. Aus diesem Grund sind die in dieser Untersuchung betrachteten Märchen bestenfalls als eine Annäherung an die eigentlichen Volksmärchen zu begreifen, obwohl natürlich versucht wurde, durch die Wahl der Urfassung der Grimmschen *Kinder- und Hausmärchen* als Analysegegenstand ebenjene Fokussierung auf die Textsorte *Volksmärchen* sicherzustellen.

Relativ selten konnte in den vorliegenden Volksmärchen adverbialer oder prädikativer Gebrauch von Adjektiven festgestellt werden, die attributive Verwendungsweise überwiegt zahlenmäßig eindeutig. Dieses Ergebnis passt einerseits zu der in der Wissenschaft weitverbreiteten Ansicht, dass die attributive die primäre Gebrauchsweise des Adjektivs ist und andererseits zu der Theorie, die Lüthi (1968: 25–36) über die Einheit des Beiwortes aufstellt: Attributiver Gebrauch von Adjektiven kann als Methode betrachtet werden, durch die besonders kurze oder parataktische, aber klar umrissene und somit anschauliche Beschreibungen gegeben werden können, die Lüthi zufolge zum abstrakten Stil des Märchens gehören.

Was die Morphologie des Adjektivs im Volksmärchen angeht, so ist zunächst festzuhalten, dass mehrerere der attributiv gebrauchten Adjektive hier wider Erwarten undekliniert bleiben. Die Gründe hierfür sind unterschiedlich: Zum Teil handelt es sich um Kardinalzahlen, zum Teil um indefinite Zahladjektive wie z. B. *viel* und zum Teil um Adjektive, die aus heutiger Perspektive eine Flexionsendung erfordern würden, im älteren Sprachgebrauch jedoch auch unflektiert stehen können. Zur Komparation lässt sich sagen, dass die meisten Adjektiv-Tokens in dieser Untersuchung im Positiv stehen. Dieses Ergebnis ist nicht ungewöhnlich, da der Positiv die Normalform des Adjektivs darstellt. Die Analyse der ausgewählten Märchen hat im Hinblick auf die Wortbildung ergeben, dass die meisten vorkommenden Tokens primärer Natur sind, auch wenn sich natürlich trotzdem Derivationen, Konversionen und Kompositionen finden lassen. Die anfangs aufgestellte Hypothese hierzu kann also ohne Weiteres bestätigt werden. Obwohl die deutsche Sprache verhältnismäßig wenige primäre Adjektive hat, sind diese – gemessen an den Tokens – besonders häufig im Volksmärchen vertreten, da sie durch ihre Semantik Elemente des von Anschaulichkeit geprägten sprachlichen Stils sind, der für diese Textsorte charakteristisch ist.

Semantisch betrachtet sind die meisten der hier untersuchten Adjektiv-Tokens relative Qualitätsadjektive. Eine Eins-zu-eins-Entsprechung dieser und der morphologisch primären Adjektive, wie man sie vielleicht vermuten könnte, liegt jedoch nicht vor. Zu den relativen Qualitätsadjektiven gehören auch die Dimensionsadjektive, die hier etwa ein Fünftel der relativen Qualitätsadjektive ausmachen. Relationsadjektive hingegen kommen generell nur in verhältnismäßig geringer Anzahl vor. Einen Grund dafür liefert wiederum Lüthi (1968: 37–62), der Isolation sowie potenzielle Allverbundenheit als zentrale Merkmale des abstrakten sprachlichen Märchenstils ansieht, wodurch Relationsadjektive nur rudimentär vorkommen. Die wenigen, die im vorliegenden Untersuchungsmaterial auftauchen, lassen sich aber dennoch recht gut mit Lüthis Theorie in Einklang bringen.

Die anfangs präsentierte Hypothese zum Gebrauch von Adjektivpaaren in antonymischer Beziehung zur Beschreibung oppositioneller Elemente lässt sich hingegen nicht vollends bestätigen, zumindest ist ein solcher im hier untersuchten Material nur begrenzt festzustellen. Im Sinne der von Lüthi (1968: 25–36) postulierten Einheit des Beiwortes werden vielmehr Beschreibungen gegeben, die den Anschein erwecken, als würden antonymische Relationen von Adjektiven genutzt. Tatsächlich hängt dies mit dem bereits erwähnten anschaulichen Stil im Märchen zusammen. Einzelne Elemente sind hierin eindeutig z. B. entweder gut oder böse, damit der Leser oder Hörer direkt erkennt, dass zwei Elemente sich gegenüberstehen. Durch knappe, aber präzise (attributive) Beschreibungen adjektivischer Natur wird so der antonyme Charakter der jeweiligen Elemente deutlich, ohne dass zueinander in Binäropposition stehende Adjektive besonders häufig gebraucht werden. Eine solche Verwendungsweise führt ebenfalls zu einem klaren und anschaulichen, sogar bildlichen Stil im Märchen.

Letztlich muss die Frage, inwieweit der hier erläuterte Adjektivgebrauch besonders spezifisch für das Volksmärchen ist, leider unbeantwortet bleiben. Um dies zu klären, wäre eine vergleichende Analyse mit einer anderen Textsorte vonnöten, die jedoch den Rahmen dieser Untersuchung weit überschreiten würde. So bleibt ein solches Vorhaben ein mögliches Desiderat für die Zukunft.

Quellenverzeichnis

Panzer, Friedrich (Hrsg.) (1968), *Kinder- und Hausmärchen der Brüder Grimm. Vollständige Ausgabe in der Urfassung*. Wiesbaden: Vollmer.
Darin Grimm, Jacob & Wilhelm Grimm (1812):
　„Der Froschkönig oder der eiserne Heinrich", 63–65.
　„Der singende Knochen", 129–130.
　„Der Wolf und die sieben jungen Geislein", 72–73.
　„Frau Holle", 122–124.
　„Hänsel und Gretel", 90–94.
　„Herr Fix und Fertig", 95–97.
　„Prinz Schwan", 215–218.
　„Rapunzel", 84–86.
　„Rothkäppchen", 125–128.
　„Rumpelstilzchen", 204–206.
　„Der Jud' im Dorn", 423–426.
　„Der Teufel Grünrock", 403–405.
　„Die Rübe", 509–511.
　„Von einem jungen Riesen", 361–367.

Literatur

Bierwisch, Manfred (1987): Dimensionsadjektive als strukturierender Ausschnitt des Sprachverhaltens. In Manfred Bierwisch & Ewald Lang (Hrsg.), *Grammatische und konzeptuelle Aspekte von Dimensionsadjektiven*, 1–28. Berlin: Akademie-Verlag.

Brinkmann, Hennig (1971): *Die deutsche Sprache. Gestalt und Leistung.* 2. überarb. und erw. Aufl. Düsseldorf: Pädagogischer Verlag Schwann.

Duden (2016): *Die Grammatik*, 9., vollständig überarbeitete und aktualisierte Auflage. Berlin: Dudenverlag.

Ebert, Robert Peter et al. (Hrsg.) (1993): *Frühneuhochdeutsche Grammatik. Sammlung kurzer Grammatiken germanischer Dialekte.* Tübingen: Niemeyer.

Eichinger, Ludwig (2007): Adjektiv (und Adkopula). In Ludger Hoffmann (Hrsg.), *Handbuch der deutschen Wortarten*, 143–187. Berlin [u. a.]: de Gruyter.

Eisenberg, Peter (2004): *Grundriß der deutschen Grammatik Band 1. Das Wort.* 2. überarb. Aufl. Stuttgart: Metzler.

Leisi, Ernst (1953): *Der Wortinhalt. Seine Struktur im Deutschen und Englischen.* Heidelberg: Quelle & Meyer.

Lüthi, Max (1968): *Das europäische Volksmärchen. Form und Wesen.* 3. Aufl. Bern, München: Francke.

Paul, Hermann (2007): *Mittelhochdeutsche Grammatik.* 25. überarb. und erw. Aufl. Tübingen: Niemeyer.

Rölleke, Heinz (1985): *Die Märchen der Brüder Grimm. Eine Einführung.* München [u. a.]: Artemis.

Erwerb

Clemens Knobloch
'I spy with my little eye something ADJ' – Children's acquisition of adjective meanings and adjective functions

Abstract: It is received wisdom in cognitive psycholinguistics that adjectives code perceptual properties of either nouns or their referents. In laboratory investigations of the acquisition of adjectives, children are taught pseudo-adjective labels for such properties, like shape, surface, material (Akhtar & Montague 1999, Corrigan 2008, Mintz & Gleitman 2002 etc.). Adjectives are considered to be difficult in acquisition because their meanings are "parasitic on the noun vocabulary" (Blackwell 2005: 554). This is, after all, what is suggested by the game "I spy with my little eye something ADJ" – that adjectives lack the forces of referent identification and that it is hard for children to decide what object properties are actually coded by them. Colour adjectives in particular are mastered comparatively late by many children, as Stern & Stern (1928) already noted. I will argue that the cognitive task of children in the acquisition of adjectives is quite different from this picture. Children's early constructions with (rhematic) adjectives mirror the adult input, but do not conform with cognitivist assumptions. In a sample of the CHILDES German corpus, uses of rhematic adjectives by children between 2;3 and 4;3 were investigated for their constructional and functional context. Monorhematic adjectives without explicit constructional context like *fertig, kaputt, alle* ... never code perceptual properties of referents, they are dominated by the evaluation of ongoing action. They tend to establish shared evaluation.

1 Introduction

It is received wisdom in cognitive psycholinguistics that adjectives code perceptual properties of either nouns or their referents. Thus their meanings should be

---

Artikel Note: This paper was first presented at the *Jahrestagung* of the *Deutsche Gesellschaft für Sprachwissenschaft* 2014 at Marburg/Germany.

Prof. em. Dr. Clemens Knobloch, Universität Siegen, Germanistisches Seminar, Adolf-Reichwein-Str. 2, D-57076 Siegen, e-mail: knobloch@germanistik.uni-siegen.de

https://doi.org/10.1515/9783110584042-012

fairly easily mastered in acquisition. In many laboratory investigations of the acquisition of adjectives, children are taught pseudo-adjective labels for such properties, like shape, surface, material (Akhtar & Montague 1999, Corrigan 2008, Mintz & Gleitman 2002, Groba 2014 etc.). Adjectives are considered to be difficult in acquisition because their meanings are "parasitic on the noun vocabulary" (Blackwell 2005: 554). This is, after all, what is suggested by the game "I spy with my little eye something ADJ" – that adjectives lack the forces of referent identification and that it is hard for children to decide what object properties are actually coded by them. Colour adjectives in particular are mastered comparatively late by many children, as Stern & Stern (1928) already noted.

I will argue that the cognitive task of children in the acquisition of adjectives is quite different from this picture. Children's early constructions with (rhematic) adjectives mirror the adult input, but do not conform with cognitivist assumptions. In a sample of the CHILDES German corpus, uses of rhematic adjectives by children between 2;3 and 4;3 were investigated for their constructional and functional context. Monorhematic adjectives without explicit constructional context like *fertig, kaputt, alle* etc. never code perceptual properties of referents, they are dominated by the evaluation of ongoing action. They tend to establish shared evaluation.

Attributive adjectives (either with or without a nominal head present in the construction) display properties that again differ from the cognitivist model: They are used mostly with well established joint attention towards a (sortalized) focus of reference and they are dominated by formal and rather grammatical adjectives like *ander-, neu-, viel-, ganz-, gleich-* etc. Functionally, they seem to involve going 'beyond' the given referent in joint attention. And their meaning is not based on properties of the referent, but deictically, in the speaker's course of action. I will return to the distinction between attributive and predicative in a moment.

In what I have to say, I will proceed in three steps. First, I will reanalyze a classical investigation of George Miller's on the acquisition of colour adjectives, in order to show, why cognitivist assumptions on the nature of adjectival meanings are of limited value in acquisition research. Second, I will try to reassess the dynamic relation between the attributive and predicative uses of adjectives in the early phases of acquisition. And, in the end, there will be a few remarks on the role of adjectival meanings for establishing shared evaluation.

2 A classical experiment on colour adjectives – and what may be learned from it

George A. Miller, one of the pioneers of modern language acquisition research, reports an experimental study of the 1970es. Children from age 3;0 on had to infer the meaning of an artificial colour adjective that was presented to them in an instructional context. The setting had (sortally identical) toys of different colour, and first, children were instructed to hand to the experimenter the toy referred to by its standard colour name:

(1) *Hand me the red-one, the black-one, the white-one etc.*

In the second part of the experiment, the instruction was given with an invented, artificial colour name, f.i. *chromium*:

(2) *Hand me the chromium-one!*

It was expected that subjects would turn to an object with a colour they had no standard name for, f.i. olive, and infer that only this could be meant. And sure enough, that was what happened. And this result is generally accepted as evidence that a newly coined expression can acquire meaning negatively, so to speak, by active exclusion of referents with standard names that are familiar to the subjects.

But there is more to be learned from this classical setting. First of all it gives evidence of the fact that words are tentatively decoded using local evidence at hand (rather than object properties being coded!). Secondly, the setting demonstrates the conditions that have to be met in order to enable small children to use colour adjectives for referential purposes. And it shows that these conditions, as a rule, cannot be presupposed. There has to be a sortally coherent referent class that is activated in a joint attentional focus, and there has to be clear evidence for the distinctive perceptual dimension the adjectives operate on. With toys or crayons or puzzle bits that are sortally identical except for their colour, these conditions are met. But this case is highly marked and otherwise rather rare and improbable. That is why early language acquisition data abund with misunderstandings and mistakes, once it comes to colour adjectives.

This is also illustrated by the results Ninio (2004) presents, according to which children even at the age of 4;0 have a lot of difficulties when it comes to transferring an adjectival meaning introduced in one referential sphere to a new and different one. "Even at 4;0", she writes (Ninio 2004: 6), "children only succeed in extending novel adjectives to similar-propertied stimuli in especially favourable conditions." And conditions seem to be favourable if (and only if) not only the referential set is in focus, but also the set of differential properties that is addressed by the adjective in question. In other words: There have to be objects of the same basic level category that only differ in the dimension coded by the adjective.

Anat Ninio (2004: 10) suggests that "all adjectives operate by establishing a subset within the set defined by the head of the combination." There is supposed to be a shape-bias in the acquisition of adjective-noun-combinations, children seem to expect that noun-classes as well as adjective-classes are formed with respect to the shapes of referents. And we shall see how far we can get with this assumption.

3 The role of adjectives in referring, attributing and predicating

There are quite a few good reasons to doubt, if the grammatical opposition between predicative and attributive use of adjectives is really useful in child language research. I will discuss only two of these reasons and suggest a model of adjectival meanings and functions that is a bit different.

According to counts published by Sandra Thompson (1988: 174), in spoken English, predications of properties outnumber restrictive use of adjectives for distinctive reference by 80 to 20. Even in adjectives that would be considered to be attributive by grammarians, rhematic, new and predicative uses dominate, because when people say: *He's a nice guy, a good person, a friendly fellow* etc., the nominal nucleus is just a non-informative dummy-word, and the adjectival information is what the message is all about. This type of construction may be syntactically attributive, but functionally it is predicative (cf. Lehmann i.d.B.).

Usually, in attribution, the adjective is considered to be a dependent modifier of the head noun, while in predication, the adjective is considered head of the construction. But, of course, we might as well assume that in predicative noun phrases like *Paul is a nice guy*, the nucleus *guy* is only an apposition to the adjective head. Of course I am perfectly aware of the fact that no trained grammarian would ever accept such an analysis, but that is not the point here. The point is rather that the need to produce a nominal head at all (minimally -*one*) is triggered by the article. In German, things are different. Here, the noun phrase impression would be triggered by the inflected form of the adjective, but the nominal head would still remain optional: *Er ist ein Netter, ein Kluger* is a perfectly acceptable construction.

Now, when we turn to referential uses of adjectives usually considered attributive, things look a bit different. The first thing to be noted is that almost half of the referential constructions with adjectival words in German child language data are also constructions without a nominal head. A typical example is (3):

(3) PAULINE (4;0,3)[2]
   CHI: *darf ich die ganzen nehmen?*
   CHI: *ich hab nur kleine*
   ROB: *du hast noch größere*

What is highly marked in predicative noun phrases (= constructions without nominal head) seems to be almost the rule in referential noun phrases.

Grammarians have always noticed that true restrictive attribution is only possible, iff the nominal nucleus is treated as *given* in joint attention, which also implies that the nucleus can easily be omitted. But we would probably be mistaken if we took examples like (3) as cases of true restrictive attribution. What both types of adjective use have in common though is that they treat sortal and referential information, usually articulated in the head of the construction, as *given* in ongoing joint attention.

In German, it is the inflected form of the adjectives that indicates their status as referential and formally marks an opposition with uninflected predicative and adverbial uses of adjectives. Further on, there is a very significant portion of (so called) formal and orientational adjectives that can be found in this position. Id est adjectives like *ander-, viel-, beid-, mehr, neu-, ganz-, bisschen* and adjectival pronouns like *mein-, dein-, kein-*. Hardly any lexical adjectives can be found in this high frequency group of the formal and orientational adjectives, just a few all purpose words like *groß, klein, neu* also have a comparatively high frequency of use in referential phrases (data from the CAROLINE-Corpus, counted by J. Krüger; cf. Krüger i.d.B., Knobloch & Krüger 2015).

The data on the acquisition of referential noun phrases suggest that behavioural mastery (Karmiloff-Smith 1992) in this field is organized "from left to right", that is from deictic via orientational procedures toward the nominal head of the construction. In the acquisition of presentational and predicative noun phrases[2],

---

[1] All examples and episodes are taken from the German language acquisition data that were contributed to the CHILDES-corpus by Rosemarie Rigol.
[2] Presentational constructions serve to introduce new referents. Typical examples are Engl.

the order of behavioural mastery seems to be the other way round: from nominal nucleus (standard name) to descriptive, localizing and other attributions. That remains to be investigated in more detail though. From Roger Brown (1973) onward, there have been researchers propagating the assumption that presentational and predicative non phrases tend to be more elaborated than referential subjects in child language.

All in all, the conversational data analyzed by Sandra Thompson (1988) suggest that the "referent distinguishing function" of attributive adjectives, considered prototypical and paradigmatic by most researchers in language acquisition, is in fact rather rare. And that is exactly what the acquisition data seem to confirm, once you leave the laboratory context and look at natural data. After all, it is the standard task designed by the experimenter that forces children to use (invented) adjectives for the purpose of distinguishing referents.

But then: what DO adjectives communicate, what do they stand for in the early rhematic constructions called either attributive or predicative by grammarians? Let's take a closer look at a couple of typical episodes:

(4) PAULINE (2;6,13), 'Puzzle'
 CHI: *ich brauch da nur blaue*
 CHI: *wo sin(d) die blauen?*
 CHI: *sin(d) noch falsche*
 CHI: *es is(t) nich(t) blaue*
 CHI: *ich brauch noch gelb*

Evidently all these adjectives are lexical adjectives and rhematic. And they all go *beyond* the sortal information (traditionally identified with the nucleus) that is treated as *given*. They all seem to define subsets within the activated sortal set when looked at from a referential angle. But, looked at conversationally, they all stand for introductory slots in presentational constructions: *ich brauch nur---, wo sind die---, es ist nicht---, sind noch---*. Most of the time, the constructional frame of the adjective is focussed on information *going beyond* an already established focus of attention. This 'going beyond' can surely be grounded in distinctive traits of the referent, like colour or shape, but it most certainly does not have to. In (4) *falsche* is in line with a whole series of colour adjectives. And *mein-, ander-, mehr, neu-* are, with many other high frequency expressions in this slot, grounded in

---

There is a +NP, Germ. *Es war einmal +NP(indef), Es gibt +NP(indef)*. Predicational NPs characterize referents that are identified elsewhere, f.e. This is *the man we saw yesterday*.

pragmatic relationships between the speaker and the situation, and not in distinctive traits of the referent.

Things become different as soon as we look at adjectival constructions that are truly 'attributive', that is at constructions with a real nominal head. First of all, in headed noun phrases the adjective does not have to be rhematic. What we actually find in child language, as well as in the input children receive, is lots of ART-ADJ-N-chunks that can partly be regarded as complex names (like *der kleine Bär, der kleine Tiger, die kleine Mickey Mouse, der kleine Niklas*).[3] On the other hand we have the attributive elements that freely combine with many nominal heads and either noun or attribute may be rhematic. In the COSIMA-corpus, the earliest productive element of this kind is *mein-*, with 15 different nouns in one recording session at 2;6,10. *Schön-, neu-, noch ein-* also come early with different nominal heads in the COSIMA-corpus. In complex names like *der kleine Tiger*, the adjective is not rhematic and not prosodically prominent. We can safely assume that fixed naming expressions of this type are not normally processed semantically any further, because there is no need for it once the referent has been identified: "Once we are confident that we have found the correct referent for some expression, the relation between the constituents becomes irrelevant." (Warren 1984: 293) But this type of expression will also contribute to the behavioural mastery of attributive constructions consisting of article, adjective, and noun.

In free combinations though, either the nominal head or the adjective may be prominent. When the adjective is rhematic and prominent, the noun tends to be omitted:

(5) PAULINE (2;9,18)
    CHI: so (ei)n gleiches auto ham [:haben] wir, so (ei)n gleiches.

It seems to be characteristic for the early use of 'attributive' determiner-adjective-noun constructions that either element alone or any combination of parts can be used for reference.

---

[3] *Klein* seems to be the most frequent lexical adjective in most counts, which is probably caused by this type of construction.

4 Shared evaluation

There is another adjective game popular at children's birthday parties. It is called 'Topfschlagen' in German ('pot hitting'). One child is blindfolded and tries to find a cooking pot that is hidden somewhere in the room. The child is equipped with a wooden spoon, and the other children have to instruct the search of the blindfolded child by using dimensional adjectives between *cold*, which means "far away from the target", and *hot*, which means "very close to the target". Comparatives like *warmer* indicate approaching closer to the target, *colder* indicates growing distance and wrong direction (*heiß/kalt/warm* in German).

Evaluational polarity of adjectives seems to be the resource used by this game. It is evident that *hot* and *cold* have nothing to do with object or referent properties. The game would work out equally well with any pair of dimensional adjectives with a positive and a negative pole. What is actually used in this game is only the affective polarity of values.

There is, of course, a long standing debate on polarity, especially in dimensional adjectives. In my view though, this debate is cognitively biased. As we all know, *groß* und *klein*, *big* and *little* do not stand for fixed values of size etc. But, as Stern & Stern (1928: 255) already mentioned, the cognitivist perspective on adjectives like *groß* may be completely beside the point in language acquisition. When you really look at *groß/klein* in communication between children and adults, what you find is two types of situations. In the first type, *groß/klein* pertain to the child. And in this field, the use is absolutely chaotic. With regard to this, the child is *schon groß* and with regard to that the child is *noch klein*. There is no cognitive value to the opposition at all. Rather, *groß* seems to represent actions and objects usually confined to the world of the grown-ups, and *klein* actions and objects that are usually confined to the world of the child. Number (6) is my favourite episode on the use of *groß*:

(6) COSIMA (4;0,10), 'Schifahren'
 RIG: *du bist die schwarze Piste gefahren?*
 CHI: *die is(t) so groß!*
 RIG: *war die denn ganz schwarz oder wie?*
 CHI: *ja*
 CHI: *so groß is(t) die.*
 RIG: *ach ja!*
 CHI: *nee, so groß!*
 RIG: *ja?*
 RIG: *und war es denn sehr steil?*

CHI: jo [: ja]
RIG: toll!

Only in the second type of situation *groß/klein* are framed by comparing referents and deciding between them. Episode (3) is a case in point. But even in this type of 'comparative' situation doubts on the purely cognitive character of *groß/klein* may be justified, when you look f.i. at episode (7), where the incongruence of the participants on *groß/klein* might result from the difference between a cognitive and an emotional reading:

(7) PAULINE (2;9,18), 'Hundchen'
RIG: *da vorne sind kleine hundchen, hast du die schon gesehen?*
CHI: *nee, das sin(d) troße [:große] hunde.*
RIG: *und da sind auch kleine jetzt.*
CHI: hm@
RIG: *ja, hab ich gesehen, so kleine.*

But we shall leave this as it is and turn to the family of adjective uses that are tied together grammatically by predicativity and semantically by evaluation. Let me start with a pure child directed speech episode the type of which seems to be very common in the input language:

(8) PAULINE (4;0,3)
RIG: *hm@o (ei)n bisschen schwer?*
RIG: *des is(t) noch (ei)n + bisschen groß, ganz blöde.*
RIG: *sehr schön dann da.*
MUT: *un(d) hier, das is(t) auch gut für deine +*

Within this little sequence, there are five 'predicative' adjectives of evaluation (*schwer, groß, blöde, schön, gut*). Note again that *groß* also appears in this collection of evaluational expressions. Many of these adjective uses summed up as 'predicative' are actually not inserted in really predicative syntactic constructions, they rather should be seen as monorhemes commenting on ongoing actions and events. Evaluative expressions like these tend to be predicative. Being grounded in the 'subjective' values of the speaker, they are of little or no value for the identification of referents. Only evaluation that is *shared* from the beginning may help in distinguishing referents. *Gib mir den schönen!* will inevitably lead to the question: *which-one do you consider 'schön'?*

It doesn't seem to make any difference whether the use of such evaluational expressions is actually grounded in the syntactic field of sentence predicate or in the field of joint action and joint attention. Evidently, there is no difference between processing a free predicate like *ganz blöde* and a sentence like *das ist aber ganz blöde*. Both have to be grounded locally in ongoing action. And the only difference between this type of adjective use and the one we have called "attributive" (lacking a better terminology!), seems to be that one relates to actions and processes while the other relates to referents activated in joint attention.

Predicative and adverbial use of adjectives may be conceived as competing grammaticalizations of actional grounding, while attributive constructions may be conceived as grammaticalization of referential grounding of modification words. That, of course, may not be a very inventive hypothesis. But it could prove a little more interesting once we add that modificational expressions like adjectives differ from other parts of speech in that they keep in touch with speaker evaluation even when they are inserted in syntactic fields, and even if they are thought to code objective properties of referents.

Of course, it has not gone unnoticed in acquisition literature that adjectives are closely associated with evaluation. Corrigan (2008: 164) states that evaluation is the primary task for some adjectives, while others also indicate evaluation in addition to their cognitive meaning. Some of the older colleagues may remember that in the 1960ies, behaviourist psychologists like Charles Osgood claimed that meanings could be measured by using scales defined by the space between pairs of opposing adjectives like *groß/klein, hart/weich, stark/schwach* etc. (polarity profiles), thereby implicitly assuming that in all dimensional adjective pairs, *polarity of evaluation* is more primitive and more fundamental than polarity of cognitve properties of referents.

In my model I propose, that the permanent link of adjectives with speaker evaluation supplies the basic layer of adjective semantics and adjective pragmatics. Adjectives connect the speaker's evaluation either with referents focussed in joint attention or with aspects of situated action. While verbs and nouns are grounded 'out there' in the world of things, actions, processes, events, even supposedly 'objective' dimensional adjectives cannot help but communicate evaluation. *Cold* is positive with respect to a bottle of beer in summer, but negative with respect to an apartment in winter. Colour adjectives may have the smallest percentage of evaluative content, but still: to my knowledge, there is no language where the opposition of *black* and *white* or their equivalent is not loaded with evaluative connotation! On the other hand, adjectives that are clearly evaluative in meaning like *good* or equivalents of it, usually can also be said to pertain to object properties. A *good car* has to have properties different from a *good mother* (Blackwell (2005) f.i. treats adjectives like *good* as syncategorematic for that reason: the properties they highlight vary with the content of the nucleus). Evidently adjectives are combinations of a modificational slot that can connect with just about everything fit to be modified, and a continuum between speaker evaluation and referent property. Marschall (2011) resumes that adjectival meanings and adjectival functions mediate between "perceptual consensus" and "judicial freedom" of the participants:

> Die Semantik des Adjektivs liegt im Spannungsfeld zwischen den zwei Polen Wahrnehmungskonsens und Urteilsfreiheit. Ein judikatives Adjektiv kann mehr zur einen oder zur anderen Seite tendieren und weist damit ein jeweils spezifisches Verhältnis zwischen subjektivem (d. h. sprecherbezogenem) und objektivem (d. h. auf das Qualifikatum bezogenem) Anteil auf. (Marschall 2011: 113)

> The meanings of adjectives are situated on a continuum between the two extremes of perceptual consensus and judicial freedom. A judicial adjective can tend either to one the other side and displays a specific relationship between subjective (i.e. related to the speaker) and objective (i.e. related to the modified concept/referent) elements. (Translation mine; CK)

"Subjective" should not be mixed up with "having no systemic value or meaning", it is rather equivalent to "coded in the language system as speaker's evaluation, not as object property" (Marschall 2011: 104). Such a way of conceptualizing the category of adjective seems to be much more in line with the observable dynamics of early language acquisition – even though we all share a long standing habit of taking adjectives for coded (perceptual) properties of referents. Episodes like (3) and (4) seem to make it rather clear that even 'objective' cognitive properties of referents have to be anchored in the perceptual consensus of the participants. May be we should conceive of adjectival operations as mediating between referents on one side, speakers' evaluation and conceptualization on the other side. Such a 'split perspective' view of adjectives would leave us free to integrate their purely cognitive uses (actually based on object properties) as rather late achievements in language acquisition.

Competition between speaker grounding and grounding in the syntactic field (which is so typical for modal expressions) can also be studied in the adverbial use of comparative forms:

(9) COSIMA (3;9,20), 'Vorlesen'
CHI: *macht die mama lieber, die kann nämlich schöner lesen.*

Where contextual cues indicate that *lieber* is grounded in the evaluational perspective of the speaking child and not adverbial to *machen*, which would be the regular interpretation. It is the speaking child who would prefer her mother to read, even though syntactic cues suggest that it is the mother herself that prefers to read. In modally directive constructions, like *Das soll die Mama lieber machen*, grounding of *lieber* in the speaker would fit the norm. The second comparative, *schöner*, may serve to show that grounding in the speaker and syntactic grounding do not necessarily compete. Just like speaker evaluation and object property readings, as a rule, may peacefully coexist in the adjective constructions we termed referential and attributive (I repeat: for lack of better terminology).

5 Conclusion

Adjectival constructions are ordered much more consistently than adjectival meanings. The family of constructions called attributive (and located between the DET-position of the noun phrase and its nucleus) is only vaguely specified for meaning and semantics. It stretches between the poles of referential specification and conceptual modification. Lexical meanings typical for the lexical category of adjectives (like size, colour, shape) can be used both ways, either for referential specification or for the evaluation and description of the referent or else for conceptual modification. They have their place in the centre of the prenuclear continuum of the noun phrase. And the meanings that can be inserted here are by no means confined to perceptual properties of the noun or its referent respectively.

The inflected (or attributive) use of adjectives rather seems to be a continuum extended between speaker grounded and referent grounded incremental information going beyond an established field of reference. In sum, adjectives seem to represent a type of word that can be inserted in attributive and predicative (and co-predicative) slots, but the meanings of adjectives are by no means to be conceived in parallel to the syntactic slot or position.

The lexical category "adjective", in early child use, seems to be defined by evaluation rather than by coding object properties (which severely limits the value of many experimental studies based on the assumption that adjectives code object properties). I believe, this is due to the fact that cognitivist traditions in the psychology of language are still burdened down and biased by several centuries of thinking in the sensualist ways of John Locke and his followers. According to this line of thinking, objects or 'substances' are bundles of sensual properties like shape, size, colour, texture, material, and adjectives are the kind of words that 'naturally' code single sensual properties. In experimental investigations of the acquisition of adjectives, this is up to this day taken as the model situation, even though 'predicative', uninflected, syntactically isolated adjective uses are clearly dominated by evaluation grounded in the speaker.

Words in general do not stand for fixed categories and meanings at first. They rather are "invitations to form categories" online and locally (to cite the classical formula from the title of Waxman & Markov 1995). Adjectives in particular seem to serve as an invitation to *compare* and *evaluate* situations, referents, actions. The commonalities that can be discovered with the help of adjectives are manifold. Certainly some of them are grounded in the properties of referents and others are entrenched by specific linguistic habits and selectional restrictions. Others can be tied to intensional or extensional features of the sortal concept that is their nominal head. The only stable categorical meaning of the word class called adjective lies in the fact that all members of this class have a modificational slot that needs to connect with 'something'. The paramount reality of word classes lies in their use in constructions (Behrens 2005), in their syntactification. Grammarians tend to content themselves with the opposition of attributive and predicative constructions. But we have tried to show that neither 'attributive' nor 'predicative' constructions give a clear and coherent picture of acquisition processes. With adjectives, syntactic binding and semantic grounding do not necessarily coincide.

It is interesting though, that in the early phases of acquisition (before 3;0), there seems to be hardly any overlap between adjectives used in attributive and adjectives used in predicative constructions. *Ander-, gleich-, viel-, all-, neu-, mehr* and all the formal adjectives are in the overwhelming majority in attribution, followed by *groß/klein* and a few others, while in predicative (or rather uninflected) constructions it is clearly evaluation that dominates: *lecker, kaputt, gut, ganz schnell, schwer, alleine* etc. Some of these adjectives could just as well be used to code object properties, of course. But, f.i. *kaputt* is, as a rule, used to indicate that action with an object cannot go on as usual, and something should be done about it. All constructions are at first closely interlocked with joint action and joint attention. And we are probably on the safe side, if we assume that *gesund* for preschool children does not code properties of the food they are offered, but rather conveys the pragmatic meaning "well, it doesn't taste good, but mom wants me to eat it anyway".

Among the first lexical adjectives to be used in attributive *and* predicative contexts (in the COSIMA and PAULINE-corpora) is *neu*. Cognitively, both constructional contexts convey meanings quite different from each other. While attributively used (*will (eine)n neuen, neuen haben, gib mir (eine)n neuen* etc.) *neu* is just a formal adjective synonymous with *ander-*, in predicative use (*die Bürste is(t) neu*) it is rather in accordance with the standard lexical meaning. And, by the way, the only tie bridging the gap between the two meanings is that they both evaluate positively.

The standard experimental settings serve to show that under favourable conditions, children are willing and able to construct object property meanings going along with artificially introduced adjectives from about 3;0 years onward. The invitation to form a cognitive colour concept f.i. can only be accepted and realized in pragmatic contexts, in which sortally identical objects are arranged so that joint action can only continue if their colour differences are focussed. This is typically the case with crayons and jigsaw puzzles. But, as episode (10) illustrates, this is actually a borderline case. CAROLINE uses uninflected colour adjectives as if they were mass nouns:

(10) CAROLINE (3;3,22), selected utterances from the episode 'Farben'
CHI: *blauch rot (.) brauch rot // brauch jetzt schwarz (.) jetzt brauch ich schwarz (.) brauch schwarz // aber wart (.) ich (.) lila // da muss man hier erstmal rot (.)? So (.) und dann weiß dann // will ach mit rot machen // ah guck ich (1.) ich mach da blau (5.)? // gib mir ma blau // weg (4.) den orange geht nit darf ich (1.) // das hier geht nich mit (.) orange // ne (1.) nur mit blau // da ha ma [:wir] mit orange gemacht.*

But, of course, there are many common adjectives whose cognitive meanings are a lot more complicated than the meanings of shape or colour terms. Stern & Stern (1928: 254–255) note that their son (aged 2;9) used the expression *iss teuer* ('is expensive') whenever he was asked to go to bed or to put his things out of the way. Evidently he had witnessed situations, in which *iss teuer* had been used to reject his wishes (for something he wanted his parents to buy). *Teuer/billig* ('expensive/ cheap') can only be used cognitively, if you have an understanding of money. But performative and evaluative factors of adjective use and adjective meaning can be extracted far easier (cf. Knobloch 1999).

All in all, connecting speaker evaluation and referent properties seems to be the categorial signature of early adjective use. And with this in mind, we can start asking the really interesting questions like: How exactly do children manage to progress from evaluational differences to the coding of different object properties?

References

Akhtar, Nameera & Lisa Montague (1999): Early lexical acquisition: the role of cross-situational learning. *First Language* 39, 347–358.
Behrens, Heike (2005): „Wortarten-Erwerb durch Induktion". In Clemens Knobloch & Burkhard Schaeder (Hrsg.), *Wortarten und Grammatikalisierung. Perspektiven in System und Erwerb*, 177–198, Berlin: de Gruyter.
Bierwisch, Manfred & Ewald Lang (Hrsg.) (1987): *Grammatische und konzeptuelle Aspekte von Dimensionsadjektiven*. Berlin: Akademie.

Blackwell, Aleka Akoyungoglu (2005): Acquiring the English adjective lexicon: relationships with input properties and adjectival semantic typology. *Journal of Child Language* 38, 535–562.
Blatz, Friedrich (1896): *Neuhochdeutsche Grammatik*. Bd. II: Satzlehre. Karlsruhe: Langs Verlagsbuchhandlung.
Brown, Roger (1973): *A first language. The early stages*. Cambridge, MA: Harvard UP.
Corrigan, Roberta (2008): Conveying Information about Adjective Meanings in Spoken Discourse. *Journal of Child Language* 35, 159–184.
Groba, Agnes (2014): *Der Erwerb von Adjektiven in der bilingualen und monolingualen Entwicklung aus psycho- und neurolinguistischer Perspektive*. Diss. Phil. Universität Erfurt.
Karmiloff-Smith, Annette (1992): *Beyond Modularitiy. A Developmental Perspective on Cognitive Science*. Cambridge, Mass.: MIT Press.
Knobloch, Clemens (1999): Kategorisierung – grammatisch und mental. In Angelika Redder & Jochen Rehbein (Hrsg.), *Grammatik und mentale Prozesse*, 31–50, Tübingen: Stauffenburg.
Knobloch, Clemens & Josephine Krüger (2015): Zum Erwerb syntaktischer Konstruktionen. In Christa Dürscheid & Jan Georg Schneider (Hrsg.), *Handbuch Satz, Äußerung, Schema*, 77–103, Berlin: de Gruyter.
Marschall, Gottfried R. (2011): Judikative Adjektive im Spiel von Qualifikation, Quantifikation und Prädikation, In: Schmale (2011): 97–114.
Miller, George A. (1986): Dictionaries in the mind. *Language and Cognitve Processes* 1,3, 171–185.
Mintz, Toben H. & Lila R. Gleitman (2002): Adjectives really do modify nouns: the incremental and restricted nature of early adjective acquisition. *Cognition* 84, 267–293.
Ninio, Anat (2004): Young Children's Difficulties with Adjectives Modifying Nouns. *Journal of Child Language* 31, 1–31.
Saylor, Megan M. (2000): Time stability and adjective use by child and adult English speakers. *First Language* 20, 91–120.
Schmale, Günther (Hrsg.) (2011): *Das Adjektiv im heutigen Deutsch*. Tübingen: Stauffenburg.
Sommer, Ferdinand (1928): *Zum attributiven Adjectivum*. München: Bayrische AdW.
Stern, Clara & William Stern (1928): *Die Kindersprache. Eine psychologische und sprachtheoretische Untersuchung*. 4. Aufl. Leipzig: Barth.
Thompson, Sandra A. (1988): A discourse approach to the cross-linguistic category 'adjective'. In John A. Hawkins (Hrsg.), *Explaining Language Universals*, 167–185, Oxford: Blackwell.
Tomasello, Michael (2003): *Constructing a Language. A Usage-Based Theory of Language Acquisition*. Cambridge, Mass.: Harvard UP.
Trost, Igor (2006): *Das deutsche Adjektiv. Untersuchungen zur Semantik, Wortbildung und Syntax*. Hamburg: Buske.
Warren, Beatrice (1984): *Classifying Adjectives*. Göteborg: Acta Univ. Gotheb.
Waxman, Sandra R. & Dana B. Markow (1995): Words as Invitations to Form Categories: Evidence from 12- to 13-Month-Old Infants. *Cognitve Psychology* 29, 257–302.
Waxman, Sandra R. & Raquel S. Klibanoff (2000): The Role of Comparison in the Extension of Novel Adjectives. *Developmental Psychology* 35, 571–581.

Josephine Krüger
„*Wo sind meine mehr Puppen?*" – Zum Erwerb pränominaler Adjektive

Abstract: Adjektive sind eine nuancenreiche Wortart, weshalb ihr in der Spracherwerbsforschung seit jeher reges Interesse zuteilwird. Adjektive, die modifizierend vor dem Nomen auftreten, gehören zu den wichtigsten Referenzerzeugern innerhalb einer NP. Unterscheiden lassen sich artikelnahe Adjektive wie *ober, unter, ander,* prototypische Adjektive wie *schön, groß, blau* und nomennahe Adjektive wie *metallisch, hölzern, amerikanisch.* Diese Reihung lässt ein Kontinuum erkennen, welches an einem Pol stark von der Sprechereinschätzung bestimmt und am anderen Pol vom denotierten Objekt vorgegeben wird. In dieser Untersuchung wurden insgesamt 2040 pränominale Adjektive dreier Kinder in den ersten Lebensjahren hinsichtlich ihrer Häufigkeit und Erwerbsreihenfolge untersucht. Die Ergebnisse lassen vermuten, dass Adjektive in Artikelnähe sowie prototypische Adjektive häufiger verwendet und früher produziert werden als Adjektive in Nomennähe. Der Erwerb der Adjektivreihe scheint vom Input sowie von kommunikativen, sprachpsychologischen Kriterien, aber auch von Aspekten wie Morphologie, Lexik u. a. beeinflusst zu werden.

1 Einführung

Der Erwerb des Adjektivs bringt einige Besonderheiten mit sich, was vermutlich der Grund ist, warum an dieser Thematik in der Spracherwerbsforschung nach wie vor reges Interesse besteht (s. bereits das Tagebuch des Ehepaares Stern 1907, aber auch neuere Arbeiten z. B. Rizzi 2013; Groba 2014; Vogt 2004, s. auch Groba & de Houwer i.d.B.). Bereits Charles Darwin äußerte in *Biographical Sketch of an Infant* die Befürchtung, seine Kinder seien farbenblind, da sie trotz Unterweisung und ansonsten unauffälliger Sprachentwicklung offenbar lange Zeit nicht imstande waren, Farbadjektive richtig anzuwenden (Darwin 1877, Brief an den Herausgeber, in Krause 1885). Auch das Ehepaar Stern erwähnte die „fortwährenden Verwechslungen der einzelnen Farben" (Stern & Stern 1965: 257).

Dr. Josephine Krüger, Universität Siegen, Adolf-Reichwein-Str. 2, D-57076 Siegen, e-mail: j.krueger@phil.uni-siegen.de

https://doi.org/10.1515/9783110584042-013

Doch nicht nur der Erwerb der Farbadjektive, sondern auch der anderer Adjektivtypen verläuft zuweilen auffällig. So ist z. B. bekannt, dass Kinder sehr häufig die Adjektive *groß* und *klein* verwenden (Rohde 1993:79; Stern & Stern 1928: 255), jedoch eher selten Herkunftsadjektive (*amerikanisch*) oder Materialadjektive (*hölzern*).

Es ist kaum möglich, die Wortart Adjektiv klar und einheitlich zu definieren, denn ihre Mitglieder verhalten sich in vielen Bereichen der Sprache so auffällig, dass die Wortart einen Sonderfall darstellt: Schon die alltägliche Umschreibung, das Adjektiv sei ein Eigenschaftswort, kann so nicht stehen bleiben. Diese Aussage gilt nur für eine kleine Gruppe von Adjektiven, wie etwa Evaluativa (*schön, hässlich*), Dimensionsadjektive (*groß, klein*) oder Farbausdrücke. Zweifelsohne kann jedoch im Fall vieler anderer Adjektive nicht von einer Eigenschaft im klassischen Sinn gesprochen werden, so z. B. bei situierenden Adjektiven wie *ander, gestrig*.

Darüber hinaus gibt es, semantisch bedingt, kein einheitliches Steigerungsverhalten (zwar *groß, größer, am größten*, jedoch **schwanger, *schwangerer, *am schwangersten*), ein sehr heterogenes Stellungsverhalten (pränominal wie in *die kleine Katze*, postnominal wie in *Forelle blau*, prädikativ wie in *die Katze ist klein* oder völlig frei im Satz wie *Der Kellner trug die Suppe heiß herein*), ein uneinheitliches Flexionsverhalten (nur pränominale Adjektive werden flektiert, wobei es auch hier Ausnahmen gibt wie *rosa, lila, extra*; postnominale und prädikative Adjektive sind stets unflektiert). Selbst die Orthografie ergibt kein einheitliches Bild, denn nicht alle Adjektive werden klein geschrieben (s. *Berliner Bürgermeister, Olympisches Feuer*). Überlegungen, ob es sich bei einem so uneinheitlichen Bild überhaupt noch um Mitglieder derselben Wortart handeln kann, sind zweifelsohne angebracht (Eichinger 2007: 151).

Auch die Abgrenzung zu anderen Wortarten ist an beiden Rändern des Adjektivspektrums teilweise recht schwer zu bestimmen, so z. B. die Unterscheidung zwischen Artikel und Adjektiv. Aus diesem Grund wurden in der Literatur verschiedene Kriterien definiert, die ein fragliches Wort entweder als Artikel oder Adjektiv identifizieren (s. Helbig & Buscha 2013: 321; Glinz 1975: 164). Unsicherheiten bestehen darüber hinaus auch in Fällen, für die nicht klar entschieden werden kann, ob es sich dabei um ein Nomen oder ein Adjektiv handelt (z. B. *Das ist spitze*).

Der teilweise unklare Wortartenstatus kommt im Spracherwerb bei vermeintlichen Fehlern[1] zum Ausdruck, wie folgende Beispiele zeigen:

---

1 Der Begriff ‚Fehler' ist eigentlich in der Spracherwerbsthematik unpassend. Vielmehr sollten solche Belege als Abweichung von der Zielsprache betrachtet werden.

Dialogbeispiel 1: Cosima bei 4;7[2]
*CHI: aber wo sin **meine mehr Puppen**?
*CHI: hat ich nur so viele?
*MUT: mh, ich glaube, das sin se alle.
*MUT: ja, acht Stück .

Die NP *meine mehr Puppen* im Dialogbeispiel 1 enthält auf den ersten Blick zwei Artikelwörter, *meine* und *mehr*. Einzeln betrachtet ist es zwar problemlos möglich, sowohl *meine* als auch *mehr* mit dem Nomen *Puppen* zu verbinden (*meine Puppen, mehr Puppen*), jedoch geht es an dieser Stelle um die Kombination dieser beiden Ausdrücke vor dem Nomen, genauer gesagt um die Stellung von *mehr* nach dem flektierten Artikel *meine*. An diesem Beispiel wird deutlich, dass das Kind das vermeintliche Determinativum *mehr* zum Adjektiv ‚umfunktioniert' hat. *Mehr* ist hier wohl zu verstehen im Sinne von *anderen*, welches an sich ein situierendes Adjektiv wäre. Das gemeinsame Auftreten mit dem eigentlichen Determinierer *meine* und die ‚Übersetzung' zu *andere* zeigt, dass es sich dabei also auch um ein Adjektiv handeln muss. Auch intonatorisch wäre die NP vermutlich so gestaltet, dass sich *mehr* salienter verhält als sein determinativer Begleiter *meine*.

Auch das nächste Beispiel zeigt einen Artikel, der adjektiviert wurde:

Dialogbeispiel 2: Pauline bei 4;6
*MUT: ich bin doch noch dran.
*MUT: ich habs an die Pauline weitergegeben.
*CHI: nee, Robert, **die eine Karte** darfst du jetz noch!
*MUT: kriegt der Robert einen Schlusspunkt.

Eine in der markierten NP im Dialogbeispiel 2 verhält sich nicht so, wie man es von diesem Wort erwarten würde, denn i. d. R. besetzt *eine* die Stelle des Determinierers. Dass es sich in diesem Beispiel aber nicht um einen Artikel handeln kann, zeigt das Merkmal 2 von Helbig & Buscha (2013: 320), welches besagt, dass das gleichzeitige Auftreten mehrerer Artikelwörter blockiert ist. Von einer subordinativen Struktur, wie es beispielsweise bei *alle diese Fragen* der Fall wäre, ist in diesem Fall ebenfalls nicht auszugehen. Dass es sich um einen kindlichen ‚Fehler' handelt, kann auch nicht zutreffen, da derartige Konstruktionen zweifelsohne auch in der mündlichen Erwachsenensprache üblich sind. Einen weiteren Hinweis auf den Adjektivstatus von *eine* in diesem Beispiel liefert eventuell auch

---

[2] Die Dialogbeispiele wurden dem CHILDES-Korpus entnommen: online unter childes.psy.emu.edu.

die Intonation: *Eine* ist vermutlich starktonig, *die* schwachtonig[3]. Das Intonationsverhalten in NP unterliegt darüber hinaus bestimmten Regeln; es ist davon auszugehen, dass das Nomen am stärksten betont ist, das Adjektiv etwas weniger und der Determinierer am wenigsten. Zusammengefasst wird festgehalten: Das Wort *eine* in diesem Beispiel wird ausnahmsweise als situierendes Adjektiv gewertet, da es das Nomen *Karte* lokal situiert.

Eine wird auch dann zum Adjektiv (nämlich zum quantitativen Adjektiv), wenn damit eine Menge denotiert wird, wie z. B. im Satz *Ich habe nicht **eine** Katze zu Hause, sondern **zwei***. Auch in diesem Beispiel wäre *eine* starktonig; die Ergänzung mit *zwei* stellt eine Analogie her und beweist, dass es sich in diesem Fall bei *eine* um eine Mengenangabe und somit um ein quantitatives Adjektiv handelt. Fehlt die Zusatzinformation, dass es sich um *zwei* Katzen handelt, wie z. B. im Satz *Ich habe **eine** Katze zu Hause.*, handelt es sich bei *eine* eindeutig um einen Artikel. An solchen Beispielen wird also deutlich, dass die Wortartbestimmung durchaus nicht vom Wort allein ausgehen kann, wie es beispielsweise im Fall anderer Wortarten häufig der Fall ist, sondern durch diverse weitere Merkmale beeinflusst wird. Axiomatische Aussagen wie ‚*Eine* ist ein Artikel.' sind also wenig hilfreich. Dass darüber hinaus *eine* als Adjektiv eben auch keine Eigenschaft bezeichnet, die zum Konzept *Katze* gehört, wird ebenfalls deutlich. Vielmehr muss die sprachliche Umgebung des Wortes und der kommunikative Kontext stets mit berücksichtigt werden.

Wie bereits erwähnt, gibt es auch an der Grenze zwischen Adjektiv und Nomen Verschiebungen, wie das folgende Beispiel von Pauline zeigt:

Dialogbeispiel 3: Pauline bei 5;10
    *CHI: nein, in meim Bett steht auch noch ein Tripp+Trapp
                  [% spezieller Kinderstuhl].
    *RIG: in deim Bett?
    *CHI: ja, aber **einer aus weich**.
    *RIG: hm@o .
    *CHI: ein weicher.

An dieser Stelle wird deutlich, dass Pauline hier eine Objektseigenschaft (*weich*) so stark auf ein Objekt projiziert, dass sie diese Eigenschaft in eine syntaktische Leerstelle eingefügt, die eigentlich nur mit einer NP zu besetzen wäre. *Aus weich* ist eine Präpositionalphrase, deren Kopf (*aus*) i. d. R. von einer NP ergänzt wird

---

[3] Die Transkripte, welche der CHILDES-Datenbank entnommen wurden, liefern allerdings keine Hinweise über Intonation. Die Behauptung, *eine* sei starktonig, ist nur eine Vermutung.

(z. B. *aus Stoff*)[4] (Eisenberg 2013: 263). Pauline ergänzt hier aber den NP-Slot nicht mit dem Nomen selbst, sondern mit der Beschaffenheit des vom Nomen denotierten Objekts.[5] Diese Vermischung entsteht offenbar auf der Grundlage einer lexikalischen Lücke, d. h. das Kind kann noch nicht genau sagen, was es eigentlich ist, das den Stuhl so weich macht (z. B. der Stoffbezug oder das Kissen darauf).

Lexikalische Lücken, die über Wortartenverschiebung geschlossen werden, gibt es auch in der Erwachsenensprache. Man denke dabei an eine Situation, in der ein Essen bestellt wird mit der Bitte „Mit viel *scharf*, bitte!". Der Sprecher kann nicht genau sagen, welche Substanz das Essen scharf macht, deshalb verschiebt er die Eigenschaft der Substanz (*scharf*) in den dafür vorgesehenen NP-Slot. Ein weiteres Beispiel dieser Art, wieder aus der Kindersprache, findet man bei Braine (1963: 10), der von einem Jungen berichtet, welcher zu seiner Mutter nach dem Händewaschen *allgone sticky* (dt. etwa *klebrig weg*) sagt, nachdem er sich eine offenbar klebrige Substanz von den Händen abgewaschen hatte. Auch hier findet eine Vermischung von Objekt und Objekteigenschaft statt (bzw. Substanz und Substanzeigenschaft).

Der Beitrag gibt einen kleinen Überblick über den Erwerb der pränominalen Adjektive. Die hauptsächlichen Fragen dabei lauten, welche Adjektive in pränominaler Position von Kindern am häufigsten produziert und in welcher Reihenfolge diese erworben werden. Darüber hinaus wird eine Erklärung gegeben, welche kommunikativen Mechanismen dabei im Hintergrund eine Rolle spielen.

Um dazu Näheres herauszufinden, wurden insgesamt 15221 Nominalphrasen dreier Kinder aus dem CHILDES-Archiv (MacWhinney & Snow 1985) – Caroline, Pauline und Cosima – auf ihre Adjektive hin analysiert: 2040 hiervon wiesen dabei mindestens ein Adjektiv auf; jedes Kind äußerte somit über einen Aufnahmezeitraum von mehreren Jahren ca. 700 Adjektive. Carolines Aufnahmezeitraum verläuft vom ersten bis fünften Lebensjahr, Paulines und Cosimas jeweils vom erste bis ins achte Lebensjahr.

---

4 Es gibt selten auch PP, die nicht von einem Nomen, sondern einem Adjektiv ergänzt werden: *in grün, auf französisch*. Wobei jedoch auch hier gesagt werden muss, dass die Wörter *grün* und *französisch* nicht eindeutig als Adjektiv bestimmbar sind, sondern durchaus auch etwas Nominales in sich tragen.

5 Ein ähnliches Beispiel, welches eine Projektion der Objekteigenschaft auf ein Objekt zeigt, ist das fiktive Beispiel aus Mangold-Allwinn et al. (1995: 24), in dem ein Kellner zum anderen sagt: „Das Schnitzel sitzt an Tisch 6". Bei dem Schnitzel handelt es sich nicht tatsächlich um ein Schnitzel, das am Tisch sitzt, sondern um eine Person, die ein Schnitzel bestellt hat. Somit kann, wenn vielleicht auch nur indirekt, von einer Eigenschaft im weiteren Sinne gesprochen werden, nämlich der Eigenschaft des Gastes, ein Schnitzel bestellt zu haben.

Der Beitrag ist unterteilt in folgende Abschnitte: Kapitel 2 gibt einen Überblick über die grundlegende Struktur von Nominalphrasen, besonders ihrem Vorfeld, in dem sich attributive Adjektive befinden. Das dritte Kapitel beschreibt die Aufnahmesituationen, die Datengewinnung und Auswertungsmethode. Im vierten Kapitel werden die Ergebnisse präsentiert und diskutiert. Im fünften Kapitel wird ein Fazit gezogen.

2 Pränominale Adjektive

Attributive Adjektive bieten eine Möglichkeit, ein Nomen im Vorfeld zu modifizieren. Daneben sind auch andere Vorfeldattribute, und auch Nachfeldattribute, möglich (s. Engel 2004: 287; Helbig & Buscha 2013: 205, 492; Weinrich 1993: 355; Duden 2016: 812–815). Das Adjektiv ist aber, nach dem Determinierer, zweifelsohne das häufigste und zudem das variationsreichste Vorfeldattribut. Unter dem Begriff *Attribut* werden in dieser Arbeit alle Wortarten zusammen gefasst, die prä- und postnominal auftreten, somit auch der Artikel selbst.

Eine NP lässt sich nach traditioneller Auffassung wie folgt darstellen:

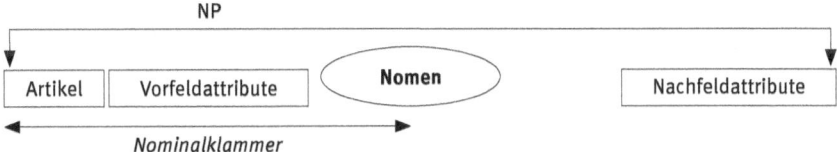

Abb. 1: Nominalphrasenstruktur mit besetztem nominalen Slot

Nach der traditionellen Auffassung (vgl. Abb. 1) stellt das Nomen den wichtigsten Bestandteil der NP dar, da es die grammatischen Informationen bereitstellt (Genus, Kasus, Numerus), die für die Vorfeldattribute und den Determinierer relevant sind. Das Nomen überträgt somit seine Informationen in Form flektierender Einheiten jeweils nach links weiter, z. B. auf Artikel und Adjektiv (*Katze* → *die kleine Katze*) und ggf. auch nach rechts, was aber seltener sichtbar wird, höchstens in Relativsätzen (*Katze* → *die Katze,* **die** *ich meine*).

Eine jüngere Deutungsweise der NP, die vor allem in der Generativen Grammatik angewandt wird, ist die Idee der Determinansphrase (DP). Die Kernidee dahinter ist, dass nicht das Nomen, sondern der Determinierer die Hauptinformation über den Referenten trägt und somit der wichtigste Bestandteil der Phrase ist. Die Informationen werden übertragen auf die anderen, fakultativen Einheiten der DP, wozu auch die NP gehört. Der Gedanke wurde bereits bei Seiler (1976: 310) formuliert und spätestens von Abney (1987) zur vollständigen Idee der DP ausgebaut. Folgende Abbildung veranschaulicht das Schema der DP:

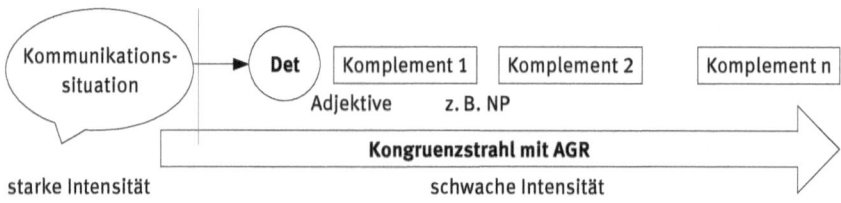

Abb. 2: Determiniererphrase mit Kongruenzstrahl

Abb. 2 stellt den Aufbau der DP dar: Die jeweilige Kommunikationssituation, in der sich Sprecher und Hörer sowie das zu denotierende Objekt (=Referent) befinden, stellt alle Informationen (AGR=*agreement:* Genus, Kasus, Numerus, Person) bereit, welche vom Determinierer aufgenommen werden. Der Determinierer überträgt diese Information auf die weiteren Komplemente, falls vorhanden. Die Intensität des Kongruenzstrahls nimmt dabei mit der Anzahl der Komplemente immer weiter ab, weshalb Adjektive noch viel AGR in Form flektierender Einheiten haben, das Nomen bereits weniger (was z. B. an Nullpluralen zu erkennen ist) und Attribute hinter dem Nomen nur noch sehr selten Kongruenzmerkmale aufweisen.[6]

Die Frage an dieser Stelle lautet nun nicht, welche Variante, ob NP oder DP, nun richtig oder falsch ist. Vielmehr spiegeln die zwei Varianten zwei verschiedene Sichtweisen wieder, nämlich eine lexikalische und eine funktionale. Denkbar ist auch, dass Phrasen wie *die kleine Katze* zwei Köpfe haben, den funktionalen *die* und den lexikalischen *Katze*. Doppelkopfigkeit verstößt jedoch gegen das allgemeine Phrasenverständnis. Dennoch scheint dieses Konzept zu funktionieren, wenn man dem jeweiligen Kopf entweder als funktional, d. h. aus der Gesprächssituation heraus, oder als lexikalisch, d. h. durch die grammatischen Eigenschaften des Nomens, klassifiziert. Ein Determinierer muss daher als der funktionale, das Nomen dagegen als der lexikalische Kopf gelten. In diesem Beitrag wird aus Gründen der Konvention weiterhin von NP gesprochen, was nicht bedeuten soll, dass dem Begriff *Nominalphrase* gegenüber der *Determinansphrase* der Vorrang

---

6 Für weitere, ausführlichere Beschreibungen zur DP-Analyse siehe Abney (1987), Olsen (1991) und Sternefeld (2006: 127).

gegeben werden sollte. Vielmehr sollten beide Begriffe als Begriffe unterschiedlicher Herangehensweisen, lexikalisch oder situativ, verstanden werden.[7]

Der kleine Umweg über die Debatte DP vs. NP hatte seinen Grund darin, dass jede Variante ein anderes Bild von pränominalen Adjektiven erzeugt. Während in der NP das Nomen als Hauptinformationsträger seine Merkmale auf das Adjektiv überträgt, was das Adjektiv hierarchisch unter das Nomen stellt, ist es bei der DP umgekehrt: Da hier das wichtigste Element der Determinierer ist, welcher direkt gefolgt wird vom Adjektiv (und erst dann vom Nomen), steht das Adjektiv hierarchisch über dem Nomen. Das Adjektiv steht somit näher am kommunikativen Ursprung.

Noch deutlicher wird dieser Gedanke, wenn man sich das Adjektiv nicht als homogenen NP-Baustein, sondern als heterogene Reihe vorstellt. Zu Beginn des Beitrags wurde dies bereits angedeutet, als von *situativen, evaluativen, Farb-* und *Materialadjektiven* die Rede war. Deutlich wird dies beispielsweise dann, wenn mehrere Adjektive nebeneinander auftreten, wie im fiktiven, deutlich realitätsfernen Beispiel bei Zifonun et al. (1997: 2071) *drei biedermeierliche schöne rote seidene österreichische Blusen*. Die Anordnung der Adjektive ist nicht zufällig, eine Verschiebung der Reihe ist nur unter markierten Umständen mit Betonung möglich (z. B. *drei ÖSTERREICHISCHE biedermeierliche schöne rote seidene Blusen*) oder ungrammatisch (**österreichische rote seidene biedermeierliche schöne drei Blusen*). Als motivierte Abfolgeregel halten Zifonun et al. (1997: 2071) die Reihenfolge *quantifikative Adj.* → *räumlich/zeitlich situierende Adj.* → *klassifizierende Adj.* → *Herkunftsadjektive* fest. Es gibt darüber hinaus Abfolgeregeln anderer Autoren, die meist darin bestehen, bestimmte Slots noch einmal aufzusplitten in zwei oder mehrere weitere Kategorien (s. z. B. Adam & Schecker 2011: 164; Weinrich 2003: 524). Adjektiv ist also nicht gleich Adjektiv. Es gibt solche, die sich artikelähnlich verhalten (z. B. *andere, drei*) und solche, die von einem nominalen Konzept abgeleitet wurden (z. B. *hölzern, spanisch*). Schließlich gibt es auch Adjektive, die auf diesem Kontinuum in der Mitte stehen, am ehesten zählen zu dieser Gruppe die klassifizierenden und evaluierenden Adjektive (z. B. *schön, klein, blau*). Letztere sollen hier als mittige Adjektive bezeichnet werden, da sie in einer überdehnten Adjektivphrase aus mehreren Adjektiven wie im Beispiel oben immer zwischen den beiden Polen – dem Artikelpol und dem Nomenpol – stehen müssten, um als grammatisch zu gelten.

Die Abfolgemodelle laufen jedoch alle auf einen Punkt hinaus: Sie zeigen eine Bewegung der Informationseinheiten auf einem Kontinuum, die sich entweder nah am referentiellen Ursprung der NP oder nah am lexikalischen Punkt,

---

[7] Weitere Überlegungen bzgl. *headedness* s. Croft (2001).

oder auch mittig, platzieren. Die Adjektivabfolge ist also hoch kognitiv motiviert. Sehr treffend beschreiben das Adam & Schecker (2011: 163):

> Eine Nominalgruppe erzeugt mental einen Referenzbereich (...) Das vom Nomen ausgedrückte Konzept nun ‚etikettiert' diesen Referenzbereich, vergleichbar dem Etikett auf einer Flasche, das Auskunft über deren Inhalt gibt. In dieser Perspektive besteht die Kernaufgabe eines pränominalen Attributs darin, die nominale ‚Etikettierung' zu ‚elaborieren', d. h. zu differenzieren, zu spezifizieren.

Der „Etikettierungsbeitrag" nimmt nun innerhalb der NP vom Nomen ausgehend, d. h. von links nach rechts, immer weiter ab, sodass Adjektive, die nah am Nomen stehen (die **spanische** Grippe) eher ein gesamtes Konzept darstellen (s. zum Konzept der Relationsadjektive auch Frevel & Knobloch 2005). Bei weiter links auftretenden Adjektiven, d. h. in Determinierernähe, sind dann laut Adam & Schecker (2011: 165, s. auch Seiler 1976: 310) nur noch Reste dieser Etikettierung zu erkennen. Mittige Adjektive, wie z. B. *klein, schön,* enthalten demzufolge etwas von beiden Punkten: Das Objekt (durch das Nomen denotiert) gibt die jeweiligen Eigenschaften *klein* und *schön* zwar einerseits vor, andererseits müssen diese aber auch vom Sprecher erkannt und als solche befunden werden. Adjektive in Determinierernähe werden, von der anderen Seite aus betrachtet, nicht von der Etikettierung des Nomens beeinflusst, sondern von der Einschätzung des Sprechers (Subjekt-Bezogenheit), welche jedoch auch immer mehr abnimmt, je näher am Nomen sich das Adjektiv befindet. Als prototypisch für subjektbezogene Adjektive des linken Randes gelten Adjektive wie *viele, heutige, andere* usw. Die Verwendung dieser Adjektive liegt demnach eher im subjektiven Empfinden/der Einschätzung des Sprechers und ist unabhängig vom Objekt. Ob hingegen etwas *staatlich* oder *amerikanisch* ist, liegt nicht im Empfinden des Sprechers, sondern ist eine Zusatzinformation zum durch das Nomen denotierten Objekt und somit am rechten Rand der Adjektivsphäre („Etikettierung") realisiert. Auch Weinrich (2003: 523) deutet dieses Etikettierungsgefälle mit „dem Prinzip der ansteigenden Spezifik" an:

> „Ihre Abfolge ist (...) nach dem Prinzip geregelt, dass der Text in den Bedeutungen seiner Sprachzeichen vom weniger Spezifischen zum Spezifischeren und in der Lautung vom kürzeren zum längeren Sprachzeichen übergeht."[8]

---

8 Die Abfolgeregel „vom kurzeren zum längeren Glied" wurde bereits von Behaghel (1930: 168) festgestellt, der bezüglich der Adjektivreihung „von einer Abneigung, umfangreichere Glieder vor kürzere zu stellen" schrieb, dem „Gesetz der wachsenden Glieder". Jedoch scheint es wohl nichts mit der der bloßen Länge des Glieds zu tun zu haben, sondern vielmehr mit der Tatsache, dass denominale Ableitungen durch Suffigierung eines Nomens eher auf eine höhere Silbenzahl kommen als dies bei anderen Adjektiven der Fall ist. Die semantische Begründung, dass denomi-

Dass Adjektive in ihrer unmarkierten Reihenfolge einen ansteigenden Spezifizierungsgrad aufweisen, lässt sich am Spiel ‚Ich sehe was, was du nicht siehst' zeigen. Dabei kommt Adjektiven eine steuernde, helfende Rolle zu (Knobloch 1999: 31). I. d. R. funktioniert dieses Spiel nur mit Adjektiven, die sich innerhalb des Vorfeldes rechts, d. h. nah am Nomen, befinden und somit einen hohen Etikettierungsbeitrag leisten: „Ich sehe was, was du nicht siehst, und das ist *metallisch/ blau/rund*." Diese Adjektive sind sehr objektsbezogen und stellen daher Referenz zum gemeinten Objekt her. Schwieriger wird es mit eher mittigen Adjektiven, z. B. „Ich sehe was, was du nicht siehst, und das ist *groß/schön/hässlich*." In diesen Beispielen ist die subjektive Einschätzung des Sprechers zu erkennen, weshalb dieses Spiel mit solchen Adjektiven nur bei Konsens funktionieren kann, d. h. der Hörer muss in Bezug auf das gesuchte Objekt dieselbe Einschätzung haben wie der Sprecher, also es auch für *groß*, *schön* oder *hässlich* befinden. Ist dies der Fall, kann das ‚Finden' des Objekts vielleicht gelingen. Offensichtlich unmöglich wird das Spiel hingegen mit Adjektiven, die sich in Determinierernähe befinden: „Ich sehe was, was du nicht siehst, und das ist *anders, gestrig* usw." Davon abgesehen, dass eine prädikative Auslagerung dieser Art ohnehin ungrammatisch wäre, würde das Herstellen der Referenz mit diesen Adjektiven wahrscheinlich nicht funktionieren. Das liegt daran, dass diese Adjektive aus der situativen Sphäre heraus wirken und somit subjektsbezogen agieren; mit dem Objekt (oder gar einer *Eigenschaft* des Objekts) haben diese Adjektive nichts zu tun.[9]

Die Abfolgeregel zur Untersuchung der Daten für diese Untersuchung ist eine Zusammenfügung der Abfolgeregeln von Zifonun et al. (1997), Adam & Schecker (2011) und Weinrich (2003) und lautet wie folgt:

(Artikel)	z. B. *der, eine*
quantifizierende Adj.	z. B. *zwei, drei, viel, zahllos*
situierende Adj.	z. B. *gestrig, hiesig, allgemein, folgend*
evaluative Adjektive	z. B. *nützlich, herrlich, klug, hübsch*
Dimensionsadjektive	z. B. *breit, groß, klein*
Altersangebende Adj.	z. B. *alt, neu*
Formadjektive	z. B. *rund, eckig, spitz*
Farbadjektive	z. B. *blau, rot, gelb*

---

nal abgeleitete Adjektive eher verwandt mit dem Nomen sind, scheint die treffendere Erklärung zu sein.

9 Die Aussage, dieses Spiel funktioniere mit bestimmten Adjektiven des Spektrums, kommt jedoch nicht ohne Gegenbeispiele daher: *Ich sehe was, was du nicht siehst, und das ist *staatlich, amerikanisch.*

Materialadjektive	z. B. *metallisch, hölzern*
klassifizierende Adj.	z. B. *friedlich, rheinisch, französisch, kommunal*
(Nomen)	z. B. *Alleen, Ansatz, Scheibe*

Wären alle diese Adjektive in einer einzigen Phrase vereint (was de facto nicht vorkommt), müsste diese vermutlich so lauten: *die zwei gestrigen herrlichen großen alten eckigen blauen hölzernen französischen Scheiben.*

Es wurde im folgenden Schritt gezählt, welche Adjektive bei Kindern am häufigsten sind und in welcher Reihenfolge diese erworben werden. Im folgenden Teil des Beitrags werden das verwendete Korpus sowie anschließend die Ergebnisse vorgestellt.

3 Datenkorpus

Grundlage des Korpus bildet die NP-Analyse der drei Mädchen Caroline, Pauline und Cosima in Krüger (2017). Die Sprachdaten sind in Form von Transkripten abrufbar auf CHILDES[10] (MacWhinney & Snow 1985). Es handelt sich dabei um transkribierte Tonbandaufnahmen, auf denen die Mädchen über einen Zeitraum vom ersten bis vierten (Caroline) und ersten bis achten Lebensjahr (Pauline und Cosima) in ihrem vertrauten, häuslichen Umfeld in Interaktion mit der Mutter oder der vertrauten Interviewerin zu hören sind. Da die Aufnahmen von einer fremden Person transkribiert wurden, die in den Aufnahmesituationen nicht anwesend war, muss aufgrund undeutlicher Aussprache, Überlappungen mit anderen Sprechern usw. mit einer gewissen Fehlerquote gerechnet werden. Neben dem Verhören spielt dabei auch das Überinterpretieren bestimmter Morphemketten der Kleinkinder eine Rolle, wenn beispielsweise das Kind zweimal hintereinander die Silbe *ma* produziert, was von der/dem Transkribierenden als *Mama* und für die Zwecke der hier vorliegenden Untersuchung als NP notiert wird.

Bei den Interaktionssituationen handelt es sich am häufigsten um Spielsituationen, aber auch andere Situationen, z. B. ein gemeinsames Frühstück, kommen vor. Die Themen, über die dabei gesprochen wird, reichen von stark kontextgebunden (z. B. Sprechen über Objekte, die in der jeweiligen Situation von Bedeutung sind) bis weniger kontextgebunden (z. B. Sprechen über Erlebtes aus der Vergangenheit). In der Regel ist jedoch das anfängliche Sprechen der Kinder sowie der beteiligten Personen kontextgebunden.

---

[10] http://childes.psy.cmu.edu/.

Die Sprache der Kinder wirkt überwiegend frei und natürlich, da das Aufnahmegerät bei allen drei Kindern von Geburt an verwendet wurde und die ganze Zeit über dezent am Rande der Situation bleibt. Die Sprache der erwachsenen Sprecher wirkt zwar auch weitgehend natürlich; es kommen jedoch selten Situationen vor, in denen der jeweilige Erwachsene das Thema wechselt, weil es zu privat ist oder weil das Kind offenbar nicht genug spricht, was sich in Sprechaufforderungen des Typs ‚Erzähl doch mal ein bisschen von X' äußert. Diese Beeinflussungen sind unnatürlich, doch oft lässt sich erkennen, dass das Kind den Anweisungen (Themenwechsel, Sprechaufforderungen) nur ungern folgt – wahrscheinlich deshalb, weil es den Grund nicht erkennt und ein Bestreben nach natürlichen Sprechsituationen hat. Die kindlichen Äußerungen in den Aufnahmen können also als weitgehend natürlich eingestuft werden. Eine vollkommen natürliche Sprache, die beispielsweise mit heimlichen Aufnahmen erreicht werden könnte, ist unter ethischen Gesichtspunkten, denen jede empirische Untersuchung Rechnung tragen sollte, prinzipiell nicht zu gewährleisten. Gewisse Voraussetzungen, wie z. B. vertrautes Umfeld, vertraute Gesprächspersonen usw. können jedoch den Grad der Natürlichkeit erheblich erhöhen (zur Problematik natürlicher Sprechsituationen in Spracherwerbsuntersuchungen s. u. a. Tomasello & Stahl 2004: 102).

Die Aufnahmen von Caroline beginnen im Alter von 0;10,01 und enden bei 4;3,18; die Aufnahmen von Pauline beginnen bei 00;00,12 und enden bei 7;11,03 und die Aufnahmen von Cosima beginnen bei 00;00,13 und enden bei 07;2,22. Insgesamt existieren für diesen Zeitraum 238 Transkripte für Caroline, 132 für Pauline und 127 für Cosima. Die Länge und Regelmäßigkeit der Aufnahmen variiert zwischen den Kindern, i. d. R. fanden die Aufnahmen aber ca. 1-2 Mal pro Woche mit einer Dauer von ca. 30 Minuten statt. Je nachdem, wieviel innerhalb dieser 30 Minuten gesprochen wurde, variiert freilich auch die Sprachdatenmenge.

Es konnten fast alle Transkripte zur Analyse verwendet werden; einige mussten jedoch aussortiert werden, entweder weil das jeweilige Kind noch nicht sprach oder weil keine geeignete Sprechsituation zustande kam und somit keine NP produziert wurden.

Aus den verwendeten Transkripten wurden alle durch das Kind geäußerten NP manuell extrahiert, d. h. es wurden alle Transkripte gelesen und die NP aus den kindlichen Sprachsequenzen notiert. Es wurden dabei nur NP verwendet, die neben einem Nomen noch mindestens ein Attribut (dazu zählten auch Artikel) aufwiesen.[11] Insgesamt kam auf diese Weise eine Summe von 15221 NP zustande –

---

11 Als *Nomen* zählen in dieser Arbeit alle Konkreta, Eigennamen und Abstrakta, jedoch keine Nominalisierungen (z. B. *die blauen, die kleine*).

2040 von ihnen wiesen dabei ein pränominales Adjektiv auf, etwa 700 Adjektive pro Kind.

Der soziale Hintergrund der Kinder ist im Korpus nicht als Metainformation gegeben. Das ist zwar zum einen schade, da in nahezu allen sprachlichen Bereichen die soziale Schicht als Prädiktor gilt (Steinig et al. 2009: 369) und somit die Ergebnisse dieser Untersuchung evtl. unbekannten sozialen Einflüssen unterliegen. Zum anderen liegt jedoch auch ein Vorteil darin, dass die Ergebnisse aus einer diesbezüglich neutralen Perspektive heraus interpretiert werden.

4 Ergebnisse

Die erste Zählung bezieht sich auf das Verhältnis der Vorfeldattribute untereinander:

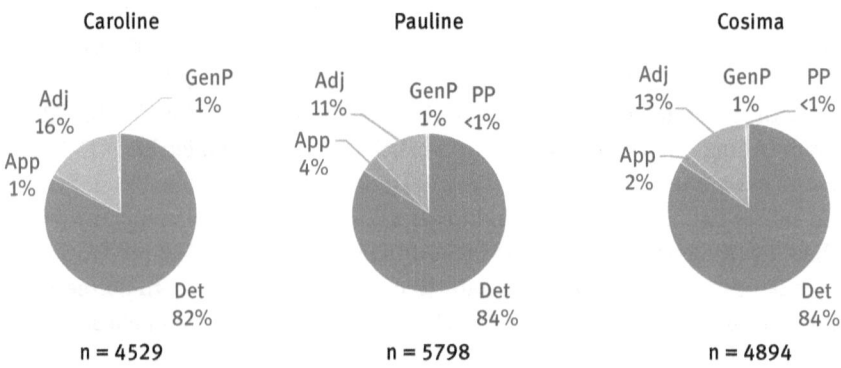

Abb. 3: Vorfeldbesetzungen in NP bei Caroline, Pauline und Cosima

Das Besetzungsverhalten der NP im Vorfeld weist bei allen drei Kindern starke Ähnlichkeiten auf. Im Fall von Caroline haben 82 % der attribuierten NP einen Determinierer, 16 % ein Adjektiv; Genitivphrasen (z. B. *Niklas' Teddy*) und Appositionen (z. B. *Tante Helga, Herr Schmidt*) sind eher selten und machen jeweils nur 1 % der Gesamtattribution aus. Bei Pauline ist die Häufigkeitsabfolge ähnlich: 84 % Determinierer > 11 % Adjektive > 4 % Appositionen > 1 % Genitivphrasen und weniger als 1 % Präpositionalphrasen, welche durch besondere Markierung ins Vorfeld verlegt wurden. Ähnlich verhält es sich auch bei Cosima: 84 % Determinierer > 13 % Adjektive > 2 % Appositionen > 1 % Genitivphrasen > weniger als 1 % Präpositionalphrasen.

Es wird also deutlich, dass der referentielle Ursprung in NP, welcher sich durch den Determinierer ausdrückt, eine besondere Rolle im Erwerb der Referenztechnik beim Sprechen spielt, da alle drei Kinder am häufigsten mittels des Determinierers attribuieren. Adjektivische Besetzung ist jedoch die zweithäufigste Besetzungsoption. Adjektive, und mehr noch Determinierer, sind also die wichtigsten Referenzerzeuger in der NP. Appositionen, Genitive und Präpositionalphrasen spielen dabei eher eine untergeordnete Rolle.

Auch die Reihenfolge, in der die einzelnen Vorfeldattribute erworben werden, ist bei den drei Kindern ähnlich. Alle Kinder verwenden anfangs nur einzelne Nomen, die erst später ergänzt werden durch Attribute. Caroline beginnt mit der Verwendung von Determinierern im Alter von 1;1, gefolgt von Adjektiven und Genitiven ab 1;9; als letztes erwirbt sie Appositionen im Alter von 1;10. Ihre Erwerbsreihenfolge lautet also Determinierer 1;1 → Adjektive/Genitive 1;9 → Appositionen 1;10. Paulines Erwerbsreihenfolge verläuft ähnlich: Determinierer 1;10 → Adjektive/Appositionen 1;11 → Genitive 2;1 → Präpositionalphrasen 5;0. Die Erwerbsreihenfolge von Cosima verläuft mit Determinierer 1;8 → Adjektive 2;2 → Appositionen 2;8 → Genitive 2;9 → Präpositionalphrasen 5;3 ebenfalls ähnlich zu den anderen Kindern. Grundsätzlich tritt das, was am häufigsten und dem referentiellen Ursprung am nächsten ist, auch als erstes auf.

Zwar stehen Nachfeldbesetzungen von NP nicht im Fokus einer Untersuchung zu pränominalen Adjektiven. Aber dennoch scheint es einen Zusammenhang zu geben, denn erste Nachfeldbesetzungen in den NP in Form von Relativsätzen und Präpositionalphrasen treten erst auf, nachdem Determinierer und Adjektive des Vorfelds erworben wurden. Caroline produziert erste Nachfeldattribute ab 1;9, Pauline ab 2;0 und Cosima ab 2;5. Es gilt also auch: Vorfeld vor Nachfeld.

Wie bereits erwähnt verwenden alle drei Kinder vor dem Auftreten der ersten Attribute bereits einige Monate einzelne, d. h. unattribuierte, Nomen. Das Auftreten der ersten Modifikatoren in Form von Determinierern findet erst im zweiten Schritt statt. Das Modifizieren einzelner Nomen mittels Attributen entwickelt sich demnach offensichtlich aus der situativen Sphäre heraus, denn bei allen drei Kindern werden den Nomen zuerst Determinierer hinzugefügt, bevor Adjektive und schließlich andere Attribute auftreten.

Im zweiten Schritt wurde die Häufigkeit und Erwerbsreihenfolge pränominaler Adjektive (quantitativ → situativ → evaluativ → altersangebend → formangebend → farbzuweisend → materialangebend → klassifizierend) gezählt. Folgende Ergebnisse konnten diesbezüglich ermittelt werden:

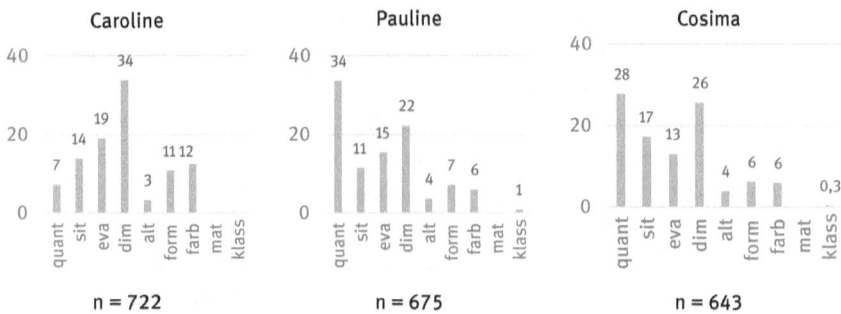

Abb. 4: Relative Häufigkeiten der Adjektive in NP mit Nomen bei Caroline, Pauline und Cosima nach Tokens

Die Auswertung zeigt, dass die adjektivischen Äußerungen aller drei Kinder, besonders aber bei Pauline und Cosima, überwiegend den Dimensions- und Evaluativadjektiven sowie quantifizierenden und situierenden Adjektiven zugeordnet werden können. Bei Carolines Adjektiven finden sich leichte Abweichungen gegenüber Pauline und Cosima, was vermutlich inputbedingt ist (Abb. 4). Carolines Häufigkeitsabfolge lautet 34 % Dimensionsadjektive > 19 % Evaluativa > 14 % situierende Adjektive > 12 % Farbadjektive > 11 % Formadjektive > 7 % quantifizierende Adjektive > 3 % Altersadjektive. Paulines Häufigkeitsabfolge lautet 34 % quantifizierende Adjektive > 22 % Dimensionsadjektive > 15 % Evaluativa > 11 % situierende Adjektive > 7 % Formadjektive > 6 % Farbadjektive > 4 % Altersadjektive > 1 % klassifizierende Adjektive. Cosimas Abfolge lautet 28 % quantifizierende Adjektive > 26 % Dimensionsadjektive > 17 % situierende Adjektive > 13 % Evaluativa > 6 % Farb-/Formadjektive > 4 % Altersadjektive > weniger als 1 % klassifizierende Adjektive.

Ein Grund für diese Verteilung scheint zu sein, dass Dimensionsadjektive und Evaluativa (z. B. *klein, groß, hübsch, schön*) häufig einsilbig und lexikalisiert sind, d. h. sie müssen nicht abgeleitet werden und erfordern nur wenig mentalen Speicherplatz. Quantifizierende und situierende Ausdrücke sind wahrscheinlich deshalb so häufig, weil das Einschätzen der Situation und der Menge aus Sicht des Sprechers besonders oft zutrifft, d. h. Adjektive wie *zwei* oder *anders* kommen grundsätzlich häufiger vor als *hölzern* oder *amerikanisch*.

Generell betrachtet wird in Abb. 4 auch deutlich, dass die Kinder offensichtlich Adjektive der situativen Sphäre häufiger produzieren als Adjektive der konzeptuellen Sphäre. Anders ausgedrückt kann auch behauptet werden, dass Kindern die subjektive Einschätzung von Gegenständen, also ob etwas *hübsch*, *klein* oder, noch stärker subjektiv, *anders* ist, näher liegt als die objektive Einschätzung, also ob etwas *amerikanisch, hölzern* oder *blau* ist. Bei den wenigen klassifizierenden Ausdrücken handelt es sich außerdem überwiegend um feststehende Begriffe wie *olympisches Feuer* und *Berliner Zoo*. Neben diesen Nachahmungen ist eine selbstständige Produktion solcher abgeleiteten Adjektive bei Kindern in diesem Alter von außerordentlicher Seltenheit.

Die subjektive Einschätzung eines Objekts hat darüber hinaus auch den Vorteil, dass sie sehr flexibel sein kann. Adjektive wie *hübsch, klein, anders* sind nie wirklich falsch, denn es steht Sprechern grundsätzlich frei, ein Objekt für *hübsch, klein, anders* zu befinden. Der im Volksmund verbreitete Spruch „Schönheit liegt im Auge des Betrachters" trifft also auch auf evaluative Adjektive zu, denn ob ein Objekt *schön* ist, entscheidet der Sprecher, nicht das Objekt. Im Gegensatz dazu stehen Adjektive, die sich eher am rechten Rand des Adjektivspektrums befinden. Es steht Sprechern nämlich ganz und gar nicht frei, ein Objekt für *blau, amerikanisch* oder *hölzern* zu befinden, denn diese Informationen sind festgelegt durch das Objekt und somit invariabel. Darüber hinaus erfordern sie lexikalisches und weltliches Wissen, d. h. um etwas als *hölzern* und *amerikanisch* bezeichnen zu können, muss das Kind mit den Konzepten *Holz* und *Amerika* (und evtl. auch mit morphologischen Ableitungsregeln) vertraut sein. Außerdem spielt noch eine gewisse Gebrauchsfrequenz eine Rolle: *Hübsche, kleine* und *andere* Objekte kommen im Input aufgrund ihrer Subjektivität häufiger vor als *blaue, amerikanische* und *hölzerne*. Das gehäufte Auftreten im Input spiegelt sich, wie so vieles, in der Sprachproduktion der Kinder wider[12].

Bei Caroline in Abb. 4 zeichnet sich zwar ein ähnliches Bild ab, d. h. auch sie verwendet überwiegend mittige, prototypische Adjektive. Allerdings verwendet sie weniger artikelähnliche Adjektive und etwas mehr nomennahe Adjektive als Pauline und Cosima. Die Präferenz für prototypische, also gewissermaßen echte Adjektive ist jedoch bei allen drei Kindern gleich stark vorhanden. Darüber hinaus gibt es Hinweise darauf, dass Kinder Dimensionsadjektive vor allem auch deshalb bevorzugen, weil diese das Merkmal der Antonymität aufweisen (*groß-klein, hübsch-hässlich, nass-trocken*) und somit eine Strukturierung des Lexikons ermöglichen (Rohde 1993: 71). Außerdem sind diese Adjektive im Gegensatz zu anderen Adjektiven der prädikativen Auslagerung fähig. Da prädikative Adjektive (z. B. *das Haus ist groß*) grundsätzlich früher erworben werden als attributive (Nelson 1976, Ramscar et al. 2011), ist es denkbar, dass das Kind mit diesen

---

[12] S. auch die Arbeit von Korecky-Kröll (2010), in der u. a. ausführlich gezeigt werden konnte, dass eine enge Korrelation zwischen Input und Output besteht und zwar in beide Richtungen: Die Kinder imitieren das, was die Mütter sagen, und gleichzeitig verfügen Mütter bei sprachverzögerten Kindern auch über eine Art sprachliches Feingefühl, sich den Kindern sprachlich anzupassen.

prädikativen Ausdrücken früher vertraut ist und diese somit souveräner auch attributiv gebrauchen kann.

Nicht wenige dieser Adjektive, besonders Evaluativa, sind aber auch auf mehr oder weniger feste Adjektiv-Nomen-Verbindungen zurückzuführen, wie etwa *die schöne Prinzessin, das hässliche Entlein, das kleine Baby* usw. Die häufigsten Adjektive wurden deshalb ebenfalls ausgezählt:

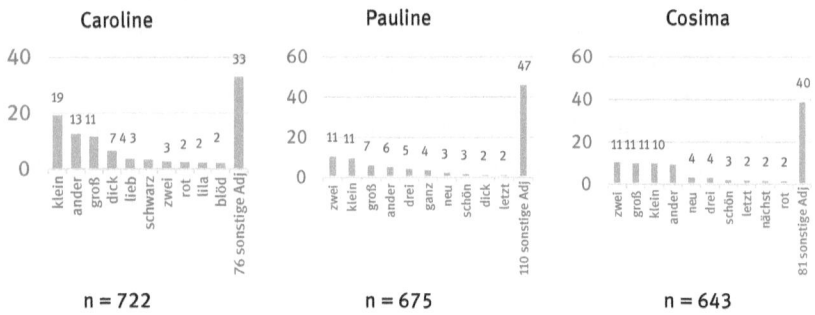

Abb. 5: Die relativen Häufigkeiten der zehn häufigsten Adjektivwörter in NP bei Caroline, Pauline und Cosima

Die Kinder produzieren insgesamt 722, 675 bzw. 643 Adjektivtokens in NP. Wie Abb. 6.5 zu entnehmen ist, besteht dabei ein hohes Maß an Repetition, denn im Fall von Caroline verteilen sich 67 % der Adjektiväußerungen auf nur 10 Adjektive (*klein, ander, groß, dick, lieb, schwarz, zwei, rot, lila* und *blöd*) und nur 33 % sind andere Adjektiväußerungen. Bei Pauline handelt es sich bei ca. 53 % um Adjektivwiederholungen (*zwei, klein, groß, ander, drei, ganz, neu, schön, dick* und *letzt*) und bei Cosima in ca. 60 % (*zwei, groß, klein, ander, neu, drei, schön, letzt, nächst* und *rot*). Die Adjektivwiederholungen in dieser Grafik sind überwiegend Dimensionsadjektive und situierende/quantifizierende Adjektive: *klein, ander, groß, dick, zwei*.

Von kleinen Unterschieden abgesehen zeigt sich bei den Kindern, dass die Adjektive *zwei, groß, klein* und *ander* die häufigsten Adjektive sind. Die Einschätzung der Dimension mithilfe des Antonympaars *groß* und *klein* scheint also für das Kind von großer Wichtigkeit zu sein. Eventuell spiegeln diese Adjektive den egozentrischen Sprecherstandpunkt der Kinder wider, denn beide Adjektive können immer nur in Relation zum Sprecher selbst gedeutet werden. Auch die Spielsituationen, in denen sich Bezugsperson und Kind häufig befinden, veranlasst sicherlich dazu, Dimensionen einzuschätzen (*große Bausteine, kleine Tiere, große Elefanten*), weshalb auch *ander* (häufig im Sinne von *neu*) oft gebraucht wird. Dazu berichtet außerdem Rohde (1993: 79), dass ein Kind in seiner Untersuchung mit den Adjektiven *groß* und *klein* alle Dimensionsadjektive ersetzt (z. B. auch für ein *leeres* und *volles* Glas), was dadurch zu begründen ist, dass *groß* und *klein* semantische Oberbegriffe für alle weiteren Dimensionen darstellt, d. h. dass beispielsweise *hoch* und *niedrig* eine semantische Untergruppe von *groß* und *klein* ist, die sich nur durch das Merkmal der Vertikalität von *groß* – *klein* unterscheidet. Caroline verwendet in Abb. 5 außerdem auch sehr häufig *dick*, was als Synonym zu *groß* verstanden werden muss. Allerdings bringt *dick* das Dimensionsmerkmal der Horizontalität mit ein (*dick* ist nicht nur *groß*, sondern auch gleichzeitig *breit*), weshalb es sich dadurch schon eher um eine semantische Untergruppe zu *groß* handelt. Die häufige Verwendung von *zwei* bei Pauline und Cosima kommt eventuell deshalb zustande, weil *zwei* in Opposition zum Default-Fall *eins* (und dem unbestimmten Artikel *eine*) genutzt wird.

Caroline gebraucht die Adjektivtypen in folgender zeitlicher Reihenfolge: Evaluativa/Dimensionsadjektive 1;9 → Farbadjektive/situierende Adjektive 1;10 → quantifizierende Adjektive/Formadjektive 1;11 → altersangebende Adjektive 2;2. Erwähnenswert ist hier, dass sie offenbar den Einstieg über Evaluativa findet, der anschließend von 1;10-2;0 abgelöst wird durch einen übermäßigen Gebrauch der Dimensionsadjektive *groß* und *klein*. Paulines Erwerbsverlauf verläuft Evaluativa/situierende Adjektive 1;11 → Dimensionsadjektive 2;0 → quantifizierende Adjektive/Formadjektive 2;1 → Farbadjektive 2;2 → altersangebende Adjektive 2;3 → klassifizierende Adjektive 5;10. Auch bei ihr lässt sich feststellen, dass der Einstieg über Evaluativa erfolgt, die anschließend für kurze Zeit komplett verschwinden (2;0-2;3), um nur zögerlich wieder aufzutreten ab 2;4. Währenddessen kommt es bei ihr zu einem vermehrten Gebrauch anderer Adjektive, v. a. lassen sich hier zwei Phasen eines gehäuften Auftretens von Dimensionsadjektiven (*groß*, *klein*) feststellen, einmal von 2;0-2;10 und ein zweites Mal von 3;4-5;0. Cosimas Erwerbsabfolge verläuft ein wenig anders, denn im Gegensatz zu Caroline und Pauline steigt sie nicht über Evaluativa ein, sondern über situierende Adjektive ab 2;2, gefolgt von quantifizierenden und altersangebenden Adjektiven 2;5 → Evaluativa 2;6 → Dimensionsadjektive 2;7 → Farbadjektive 2;9 → Formadjektive 3;4 und klassifizierende Adjektive 5;4. Auch bei ihr lässt sich sehr deutlich eine Phase der Dimensionsadjektive (auch hier *groß*, *klein*) ausmachen, von 2;7- ca 3;10.

Die Daten decken sich nur teilweise mit der Datenlage anderer Autoren, wonach mittige Adjektive i. d. R. früher erworben werden als am Rand gelegene Adjektive (z. B. Blackwell 2005). Zwar ist auch in den Daten dieser Arbeit zu erkennen, dass beispielsweise Evaluativa und Dimensionsadjektive zu den frühen Adjektiven gehören und klassifizierende Adjektive, wenn überhaupt, eher später erscheinen. Dennoch lässt sich aber auch beobachten, dass determiniererähnliche Adjektive (vor allem situierende) bei allen drei Kindern ebenfalls zu den frühen

Adjektiven gehören. Es haben jedoch alle drei Kinder gemeinsam, dass Form-, Farb- und Altersadjektive später erscheinen. Es lässt sich in den Daten somit recht gut zeigen, dass Adjektive, die einer subjektiven Sprechereinschätzung unterliegen und somit fast immer möglich sind, früher erscheinen als solche, die Objektwissen erforderlich machen. Darüber hinaus scheinen die Kinder phasenweise die Wörter *groß* und *klein* zu verwenden; evtl. dienen diese Wörter als Einstieg in den Gebrauch von Adjektiven, die ein stärkeres Objektwissen erfordern, da sie subjektive und objektive Aspekte in sich vereinen, indem sie den Referenten in Relation zum Sprecher und seinen Erwartungen setzen. Außerdem wurde, wie oben bereits erwähnt, von Rohde (1993:79) festgestellt, dass *groß* und *klein* anfangs häufig andere Dimensionen ersetzen, die sich erst nach und nach daraus konstituieren. Die phasenweise Verwendung von Dimensionsadjektiven in dieser Arbeit lässt sich zweifelsohne ebenfalls auf die gehäufte Verwendung von *groß* und *klein* als Türöffner in die Welt der Dimensionsadjektive und eventuell sogar weiteren Adjektivtypen verstehen. Dieser Türöffner lässt nach, sobald damit weitere Adjektive erkundet wurden, was sich daran zeigt, dass *groß* und *klein* später weniger gebraucht werden. Dass die Verwendung dieser beiden Adjektive typisch für das Kleinkindalter ist und später, sobald die Kinder größer werden, nachlässt, gehörte bereits zu den Beobachtungen des Ehepaares Stern (1928: 255).

5 Fazit

Der konventionelle Adjektivbegriff beschränkt sich überwiegend auf mittige, prototypische Adjektive. Die Erwerbsdynamik im Kindesalter zeigt aber, dass neben mittigen Adjektiven vor allem auch linke, determinierernahe Adjektive von hoher Relevanz sind. Darüber hinaus ist aber der Adjektivbegriff an sich schwer zu vereinheitlichen, da es einige Besonderheiten in syntaktischer, morphologischer und semantischer Hinsicht aufweist.

Am ehesten lassen sich pränominale Adjektive als Mikrokontinuum innerhalb des Nominalkontinuums beschreiben. Am linken Rand des Kontinuums befindet sich der referentielle Ursprung einer NP, der seine Informationen aus der Kommunikationssituation zwischen Hörer und Sprecher bezieht. Am rechten Rand der NP befindet sich das vom Nomen denotierte Konzept des Objekts, über das gesprochen wird. Anstelle des referentiellen Ursprungs und des Konzepts kann an dieser Stelle auch von der subjektiven und objektiven Sphäre gesprochen werden.

Grundsätzlich scheint es für Sprecher, aber besonders für Kinder, einfacher zu sein, die subjektive Sphäre einzuschätzen als die objektive. Das kommt dadurch zum Ausdruck, dass Kinder, nachdem sie einige Zeit einzelne Nomen produziert haben, wobei es sich um reines Benennen oder Imitationen handelt, anfangen, zusätzlich Determinierer zu verwenden. Erst anschließend werden Adjektive verwendet, wobei hier mit linken und mittigen Adjektiven begonnen wird und sich rechte Adjektive erst später ausbilden. Nach der Ausbildung der Adjektive erfolgt dann erstmalig die Besetzung des Nachfelds in Form von Präpositionalphrasen und Relativsätzen hinter dem Nomen. Die Erwerbsbewegung der Modifikatoren des Nomens vollzieht sich also von links nach rechts, aus der subjektiven zur objektiven Sphäre. Attribute der subjektiven Sphäre sind darüber hinaus auch häufiger als solche der objektiven Sphäre.

Eine besondere Rolle in der Adjektivverwendung spielen die Dimensionsadjektive *groß* und *klein*, sowie das quantitative Adjektiv *zwei* und das situierende Adjektiv *ander*. *Groß* und *klein* werden anfangs vermutlich übergeneralisiert und eingesetzt für Adjektive, die weitere Dimensionsmerkmale aufweisen, z. B. *hoch*, *niedrig*, *dick*. Somit gelten sie als Türöffner in die Welt der Dimensionsadjektive, vermutlich sogar in alle Adjektive. Dass darüber hinaus auch *ander* und *zwei* häufig verwendet werden, liegt eventuell daran, dass *ander* häufig im Sinne von *neu* gebraucht wird und *zwei* in Opposition zu *eins/eine*.

Es wird am Beispiel des Erwerbs pränominaler Adjektive innerhalb des Referenzkontinuums der NP deutlich, dass Kinder Sprache am einfachsten innerhalb kommunikativer Situationen erwerben, wie sie in klassischen Joint-Attention-Situationen, also Situationen geteilter Aufmerksamkeit, (Butterworth 1992: 224; Bruner 1995: 6) üblich ist.

Ferner erinnern die Ergebnisse daran, dass Grammatik und Interaktionssituation stets untrennbar miteinander verbunden sind.

Literatur

Abney, Steven P. (1987) *The English Noun Phrase in its Sentential Aspect*. Ph.D. Diss. Cambridge: MIT Press.

Adam, Séverine & Michael Schecker (2011): Position und Funktion: Kognitive Aspekte der Abfolge attributiver Adjektive. In Günter Schmale (Hrsg.), *Das Adjektiv im heutigen Deutsch. Syntax, Semantik, Pragmatik*, 157–172. Tübingen: Narr.

Behaghel, Otto (1930): Die Stellung des attributiven Adjektivs im Deutschen. *Zeitschrift für vergleichende Sprachforschung* 57, 161–173.

Braine, Martin D. S. (1963): The Ontogeny of English Phrase Structure. *Language* 39, 1–14.

Bruner, Jerome S. (1995): From Joint Attention to the Meeting of Minds: An Introduction. In Chris Moore & Philip J. Dunham (Hrsg.), *Joint Attention. Its Origins and Role in Development*, 1–14. Mahwah, New Jersey: Erlbaum Associates.

Butterworth, George (1992): The Ontogeny and Phylogeny of Joint Visual Attention. In A. Whiten *Natural Theories of Mind: Evolution, Development and Simulation of Everyday Mindreading*, 223–232. Oxford: Blackwell.
Childes-Datenbank: http://childes.psy.cmu.edu (Abrufdatum 1.9.2016)
Croft, William (2001): *Radical Construction Grammar*. Oxford: Oxford University Press.
Darwin, Charles R. (1877): A Biographical Sketch of an Infant. In Ernst Krause (1885), *Gesammelte kleinere Schriften von Charles Robert Darwin. Ein Supplement zu seinen größeren Werken*. Leipzig: Günthers.
Duden (2016): *Die Grammatik*, 9., vollständig überarbeitete und aktualisierte Auflage. Berlin: Dudenverlag.
Eichinger, Ludwig M. (2007): Adjektiv und Adkopula. In Ludger Hoffmann (Hrsg.), *Handbuch der deutschen Wortarten*, 143–188. Berlin: de Gruyter.
Eisenberg, Peter (2013): *Grundriss der deutschen Grammatik Band 2: Der Satz*. 4. Auflage. Stuttgart, Weimar: Metzler.
Engel, Ulrich (2004) *Deutsche Grammatik*. München: ibidem.
Frevel, Claudia & Clemens Knobloch (2005): Das Relationsadjektiv. In Clemens Knobloch & Burkhard Schaeder (Hrsg.), *Wortarten und Grammatikalisierung. Perspektiven in System und Erwerb*, 151-176. Berlin, New York: de Gruyter.
Glinz, Hans (1975): *Deutsche Grammatik II. Kasussyntax – Nominalstrukturen – Wortarten – Kasusfremdes*. Wiesbaden: Akademische Verlagsgesellschaft Athenaion.
Groba, Agnes (2014): *Der Erwerb von Adjektiven in der bilingualen und monolingualen Entwicklung aus psycho- und neurolinguistischer Perspektive*. Online-Veröffentlichung der Digitalen Bibliothek Thüringen, abrufbar unter http://www.dbthueringen.de/servlets/DerivateServlet/Derivate-29679/Dissertation_groba.pdf (Abrufdatum: 19.02.2015)
Helbig, Gerhard & Joachim Buscha (2013): *Deutsche Grammatik. Ein Handbuch für den Ausländerunterricht*. Berlin, München: Langenscheidt.
Knobloch, Clemens (1999): Kategorisierung, grammatisch und mental. In Angelika Redder & Jochen Rehbein (Hrsg.), *Grammatik und mentale Prozesse*, 31–50. Tübingen: Stauffenburg.
Korecky-Kröll, Katharina (2011): *Der Erwerb der Nominalmorphologie bei zwei Wiener Kindern: Eine Untersuchung im Rahmen der Natürlichkeitstheorie*. Dissertation, Universität Wien. Philologisch-kulturwissenschaftliche Fakultät.
Krüger, Josephine (2017). Der Erwerb der Nominalphrasensyntax. Attribution und Schematisierung als syntaktische Verfahren zur Konstruktion objektbezogener Referenz. Siegen: Universi Verlag.
MacWhinney, Brian & Catherine Snow (1985): The Child Language Data Exchange System (CHILDES). In *Journal of Child Language* 12, 271–296.
Mangold-Allwinn, Roland, Stefan Barattelli, Markus Kiefer & Hanns G. Koelbing (1995): *Wörter für Dinge. Von flexiblen Konzepten zu variablen Benennungen*. Opladen: Westdeutscher Verlag.
Nelson, Katherine (1976): Some Attributes of Adjectives used by Young Children. *Cognition* 4, 13–30.
Olsen, Susan (1991): Die deutsche Nominalphrase als ‚Determinansphrase'. In Susan Olsen & Gisbert Fanselow (Hrsg.), *>DET, COMP und INFL< Zur Syntax funktionaler Kategorien und grammatischer Funktionen*, 35–56. Boston, Berlin: de Gruyter.
Ramscar, Michael, Melody Dye, Hanna Muenke Popick & Fiona O'Donnell-McCarthy (2011): *How Children learn to value Numbers: Information structure and the acquisition of numerical*

understanding. Online verfügbar am 13.7.2015 unter http://psych.stanford.edu/~michael/ papers/2011_ramscar _numbers.pdf.

Rizzi, Silvana (2013): *Der Erwerb des Adjektivs bei bilingual deutsch-italienischen Kindern.* Tübingen: Narr.

Rohde, Andreas (1993): Die Funktion direkter Antonymie im Erwerb von Adjektiven. In Wolfgang Börner & Klaus Vogel (Hrsg.), *Wortschatz und Fremdsprachenerwerb*, 67–85. Bochum: AKS.

Seiler, Hansjakob (1978): Determination: A universal dimension for inter- language comparison. In Hansjakob Seiler (Hrsg.), *Language Universals*. Papers from the conference held at Gummersbach/Cologne, Germany, October 3–8, 1976, 301–328. Tübingen: Narr.

Steinig, Wolfang, Dirk Betzel, Franz Josef Geider & Andreas Herbold (2009): *Schreiben von Kindern im diachronen Vergleich*. Münster: Waxmann.

Stern, Clara & William Stern (1907): *Die Kindersprache. Eine psychologische und sprachtheoretische Untersuchung*. Leipzig: Barth. (weitere Auflagen der Jahre 1928/1965/1975 erschienen bei der Wissenschaftlichen Buchgesellschaft, Darmstadt).

Sternefeld, Wolfgang (2006): *Syntax. Eine morphologisch motivierte generative Beschreibung des Deutschen*. Tübingen: Narr.

Tomasello, Michael & Daniel Stahl (2004): Sampling Children's Spontaneous Speech: How much is Enough? In *Journal of Child Language* 31, 101-121.

Vogt, Swetlana (2004): *Farbwörter im Gehirn: Eine systematische sprachwissenschaftliche Untersuchung*. Dissertation, Ruhr-Universität Bochum.

Weinrich, Harald (2003): *Textgrammatik der deutschen Sprache*. 2. Aufl. Hildesheim: Olms.

Weinrich, Harald (1993): *Textgrammatik der deutschen Sprache*. Hildesheim u. a.: Olms.

Zifonun, Gisela, Hoffmann, Ludger, Strecker, Bruno et al. (1997): *Grammatik der deutschen Sprache,* 3 Bände. Boston, Berlin: de Gruyter.

Agnes Groba & Annick De Houwer
Einschätzungsdaten zum rezeptiven Erwerbsalter von 258 deutschen Adjektiven mit Implikationen für die kindliche Adjektiventwicklung

Abstract: In der vorliegenden Studie wurde das rezeptive Erwerbsalter von 258 deutschen Adjektiven durch 78 junge Erwachsene für sich selbst und durch 89 Erwachsene mit engem Kontakt zu Kindern in Orientierung an den ihnen bekannten Kindern eingeschätzt. Die Einschätzungsdaten zum rezeptiven Erwerbsalter der Adjektive können zur Stimulikontrolle in weiteren Studien sowie für sprachdiagnostische und -therapeutische Zwecke genutzt werden. Als indirektes Maß für die tatsächliche Adjektiventwicklung wurden die Daten hinsichtlich der Erwerbsabfolge der semantischen Adjektivklassen und der Entwicklung von morphologischer Komplexität analysiert. Die Ergebnisse stimmen mit Befunden aus Studien zur Analyse kindlicher Adjektivproduktionsdaten überein und lassen eine zusammenfassende Beschreibung der rezeptiven Entwicklung des kindlichen Adjektivlexikons in drei Phasen zu: In einer ersten Phase von etwa 1;10 bis 3;5 Jahren führen konkrete Adjektive zur Beschreibung sensorischer Eigenschaften die Adjektiventwicklung an. Im Übergang zur zweiten Phase von etwa 3;6 bis 5;5 Jahren nimmt der Anteil von neu hinzu gelernten Adjektiven zur Beschreibung menschlicher Dispositionen und Befindlichkeiten signifikant zu. In der dritten Phase von etwa 5;6 bis 7;0 Jahren dominiert diese Adjektivklasse schließlich den Adjektiverwerb und spezifische Adjektive zur wertenden Beschreibung erfahren einen deutlichen Zuwachs. Nachdem in der ersten Phase mehrheitlich monomorphematische Adjektive gelernt werden, steigt in der zweiten Phase der Anteil an neu hinzu gelernten morphologisch komplexen Adjektivformen und nähert sich dem Anteil an morphologisch einfachen Adjektiven an. In der dritten Phase werden schließlich mehrheitlich polymorphematische Adjektive hinzugelernt.

Dr. Agnes Groba, Universität Leipzig, Erziehungswissenschaftliche Fakultät, Pädagogik im Förderschwerpunkt Sprache und Kommunikation, Jahnallee 59, 04109 Leipzig, e-mail: agnes.groba@uni-leipzig.de
Prof. Dr. Annick De Houwer, Universität Erfurt, Spracherwerb und Mehrsprachigkeit, Nordhäuser Straße 63, 99089 Erfurt, e-mail: annick.dehouwer@uni-erfurt.de

https://doi.org/10.1515/9783110584042-014

1 Einleitung

Das *Erwerbsalter* ist eine wortbezogene psycholinguistische Variable zur Beschreibung des Zeitpunktes, zu dem ein Wort typischerweise gelernt wird. In der neuro- und psycholinguistischen Forschung sowie in der Spracherwerbsforschung wird es zur Kontrolle des Stimulimaterials eingesetzt, da das Erwerbsalter eines Wortes beispielsweise seine Abruflatenz in der gesunden und aphasischen Wortproduktion beeinflusst (z. B. Carrol & White 1973; Rochford & William 1962; vgl. für einen Überblick Brysbaert & Ellis 2015). Des Weiteren findet diese Variable im klinischen Bereich bei der Auswahl von Wörtern zur Konstruktion von Diagnostikverfahren für die Überprüfung des Wortschatzes (z. B. Kauschke & Siegmüller 2010) sowie zur Therapie von Sprachentwicklungsstörungen (z. B. Kauschke & Siegmüller 2012) oder Aphasien (z. B. Laganaro, Di Pietro & Schnider 2006; Schröder, Hausmann & Stadie 2014) Berücksichtigung.

In der Spracherwerbsforschung bisher noch unterrepräsentiert ist die Methode, das eingeschätzte Erwerbsalter von Wörtern als indirektes Maß zur Analyse der Wortschatzentwicklung zu nutzen (aber Rinaldi, Barca & Burani 2004; Davies et al. 2016). Wenn diese Vorgehensweise auch nicht mit der Güte von objektiv erhobenen, tatsächlichen Erwerbsalterdaten von Kindern gleichzusetzen ist, birgt sie den Vorteil, dass sich auf der Basis einer hohen Anzahl einschätzender Personen Aussagen über eine hohe Anzahl an Wörtern und eine weite Erwerbsalterspanne treffen lassen. Die Einschätzungsdaten können anhand von objektiven Erwerbsalterstudien, die eine geringere Wortanzahl untersuchen, validiert werden (vgl. z. B. Schröder, Kauschke & De Bleser 2003) und diese sinnvoll ergänzen. Ferner können sie Hypothesen für weiterführende Fragestellungen liefern, die sich wiederum in Erhebungen mit Kindern überprüfen lassen.

Die Wortart der Adjektive wurde in früheren Studien zur Erhebung des Erwerbsalters sowie zum kindlichen Spracherwerb häufig nicht berücksichtigt, erfreut sich jedoch in den letzten Jahren erhöhter Aufmerksamkeit (s. Kap. 2 & 3). Zum Zeitpunkt der Studiendurchführung existierten noch keine Erwerbsalterdaten für deutsche Adjektive und nur wenige Studien zur Entwicklung des Adjektivwortschatzes bei deutschsprachigen Kindern. Die vorliegende Studie soll dazu beitragen, diese Lücke zu schließen.

2 Methoden zur Erhebung des *Erwerbsalters*

Die Erwerbsaltervariable wird einzelsprachenspezifisch unter dem Begriff *Age of Acquisition* (AoA) erforscht. Erwerbsalterangaben existieren in vielen Sprachen für eine sehr hohe Anzahl an Substantiven und Verben.[1] Adjektive sind in den untersuchten Wortlisten häufig nicht enthalten, werden aber zunehmend im Rahmen größerer Datensets mit erfasst (Birchenough, Davies & Connelly 2016; Bird, Franklin & Howard 2001; Cameirao & Vicente 2010; Davies et al. 2016; Ferrand et al. 2008; Kuperman, Stadthagen-Gonzalez & Brysbaert 2012; Moors et al. 2013; Rinaldi, Barca & Burani 2004).

Die angeführten Studien unterscheiden sich sowohl in der angewandten Methodik zur Erhebung des Erwerbsalters als auch in der Definition der untersuchten Erwerbsaltervariable. Hinsichtlich der verschiedenen Methoden lässt sich im Wesentlichen zwischen den zeitintensiven objektiven Verfahren zur Erhebung tatsächlicher Erwerbsalterdaten bei Kindern und den effektiver umsetzbaren Einschätzungsverfahren unterscheiden.

Bei den objektiven Verfahren werden Kindern verschiedener Altersklassen Benennaufgaben präsentiert und es wird klassischerweise berechnet, in welcher Altersklasse ein repräsentativer Anteil (ca. 75 %) der getesteten Kinder das jeweilige Wort korrekt benennen konnte (z. B. Álvarez & Cuetos 2007; Barbarotto, Laiacona & Capitani 2005; Chalard et al. 2003; Grigoriev & Oshhepkov 2013; Lotto, Surian & Job 2010; Morrison, Chappell & Ellis 1997; Pérez & Navalón 2005; Pind et al. 2000; Schröder, Kauschke & De Bleser 2003). In einigen dieser Studien werden zusätzlich logistische Regressionsanalysen zur Bestimmung des Erwerbsalters für die einzelnen Wörter angeführt (z. B. Barbarotto, Laiacona & Capitani 2005).

Bei den Einschätzungsverfahren schätzen Erwachsene direkt oder anhand einer vorgegebenen Skala ein, in welchem Alter sie ein bestimmtes Wort vermutlich gelernt haben (Bird, Franklin & Howard 2001 u.v.m.). Im Vergleich zum objektiven Erwerbsalter weist das geschätzte Erwerbsalter zwar eine höhere Konfundierung mit anderen linguistischen Variablen wie z. B. Frequenz oder Familiarität auf (Álvarez & Cuetos 2007; Barbarotto, Laiacona & Capitani 2005; Chalard et al. 2003; Pérez & Navalón 2005; Pind et al. 2000), jedoch konnte die Validität der Einschätzungsmethode über Korrelationen mit objektiv bei Kindern erhobenen Verstehens- und Benenndaten vielfach belegt werden (De Moor, Ghy-

---

[1] z. B. *Deutsch*: Birchenough, Davies & Connelly 2016, Schröder et al. 2012, Schröder, Kauschke & De Bleser 2003; *Englisch*: Bird, Franklin & Howard 2001, Kuperman, Stadthagen-Gonzalez & Brysbaert 2012, Stadthagen-Gonzalez & Davis 2006; *Französisch*: Ferrand et al. 2008; *Italienisch*: Rinaldi, Barca & Burani 2004; *Niederländisch*: Moors et al. 2013; *Persisch*: Ghasisin et al. 2015; *Portugiesisch*: Cameirao & Vicente 2010, Marques et al. 2007; *Russisch*: Grigoriev & Oshhepkov 2013; *Spanisch*: Alonso, Fernandez & Díez 2015; Cuetos, Ellis & Álvarez 1999, Davies et al. 2016, Manoiloff et al. 2010; Moreno-Martínez, Montoro & Rodríguez-Rojo 2014; *Türkisch*: Raman, Raman & Mertan 2014

selinck & Brysbaert 2000; Grigoriev & Oshhepkov 2013; Lotto, Surian & Job 2010; Morrison, Chappell & Ellis 1997; Pérez & Navalón 2005; Pind et al. 2000; Schröder, Kauschke & De Bleser 2003). Dies gilt insbesondere für die eingeschätzte Abfolge des Erwerbs der Wörter, wohingegen die konkreten Zeitpunkte des geschätzten Erwerbsalters vom objektiven Erwerbsalter abweichen können (Pérez & Navalón 2005). In der Studie von Schröder, Kauschke und De Bleser (2003) unterschieden sich die geschätzten Daten jedoch nicht signifikant von dem objektiv erhobenen Benennalter von Kindern. Eine weitere Erhebungsmethode besteht darin, Eltern angeben zu lassen, ob ihr – einer bestimmen Altersgruppe zugehöriges – Kind bestimmte Wörter spontan produziert. Das in dieser Form erhobene Erwerbsalter fiel signifikant niedriger aus als das objektive Erwerbsalter. Schröder, Kauschke und De Bleser (2003) interpretieren dies im Rahmen des typischen Spracherwerbsverlaufs, in dem die Fähigkeit zur spontanen Produktion von Wörtern, welche in frühen Erwerbsphasen durch Über- und Untergeneralisierungen gekennzeichnet sein kann, der Fähigkeit zur konkreten Benennung eines Bildes auf Basis eines ausgereiften zielsprachlichen Konzeptes vorausgeht (vgl. für eine ähnliche Diskussion auch Brysbaert 2016). Noch ungeklärt ist jedoch, inwiefern erwachsene Personen, die in engem Kontakt mit Kindern stehen, die oben beschriebene Einschätzungsaufgabe lösen, bei der sie sich zwar an den ihnen bekannten Kindern orientieren können, nicht aber ein einzelnes Kind in seiner aktuellen Altersspanne bewerten. Eine solche Probandengruppe wurde in die vorliegende Studie auch deshalb involviert, weil bei einer Pilotierung viele TeilnehmerInnen rückgemeldet hatten, dass ihnen die Einschätzung, wann sie selbst ein bestimmtes Wort erstmalig verstanden hatten, sehr schwer gefallen war.

Als zweites Unterscheidungsmerkmal der angeführten Studien wurde auf divergierende Definitionen der Erwerbsaltervariable hingewiesen. Diese finden sich konkret in der Instruktion der Probanden wieder, die entweder dazu aufgefordert werden anzugeben, wann sie ein bestimmtes Wort erstmalig gesprochen oder aber verstanden haben (z. B. Moreno-Martínez, Montoro & Rodríguez-Rojo 2014 vs. Stadthagen-Gonzalez & Davis 2006), wobei teilweise auch der ambige Begriff „gelernt" verwendet wird (z. B. Cameirao & Vicente 2010). Analog existieren objektive Studien mit Kindern zur Erhebung des Erwerbsalters über Bildbenennaufgaben in der produktiven Modalität (Morrison, Chappell & Ellis 1997 u.v.m.) und deutlich seltener über Definitionszuordnungen in der rezeptiven Modalität (De Moor, Ghyselinck & Brysbaert 2000).

In der vorliegenden Studie wurde über die als valide bewertete Einschätzungsmethode (vgl. auch Brysbaert 2016) das in der Instruktion klar definierte *rezeptive* Erwerbsalter von deutschen und spanischen Adjektiven erhoben, da zum Zeitpunkt der Studiendurchführung noch keine Erwerbsalterwerte für Adjektive in diesen beiden Sprachen verfügbar waren. Die spanischen Einschätzungsdaten sind in Groba (2014) beschrieben und werden an dieser Stelle nicht berichtet. Die Auswahl der einzuschätzenden Adjektive beinhaltete ausschließlich Items, die Kinder vermutlich bis zu einem Alter von etwa sechs Jahren lernen (s. Abschn. 4.1). In diesem Aspekt unterscheidet sich die vorliegende Studie von anderen kürzlich publizierten Studien zur Erhebung des rezeptiven Erwerbsalters für verschiedene Wortarten (inkl. Adjektive): Davies et al. (2016) nutzten für die Einschätzung spanischer Wörter eine 7-Punkteskala von jünger als 2 bis älter als 13 Jahren und bei Birchenough, Davies und Connelly (2016) lag das frei angegebene geschätzte mittlere Erwerbsalter bei 7,01 Jahren (Spannweite: 1,67–15,83). Mit der Fokussierung auf eine jüngere Altersspanne eignen sich die vorliegenden Daten besonders gut für die Auswahl von Stimuli für sprachentwicklungsdiagnostische und -therapeutische Zwecke. Des Weiteren bieten sie eine indirekte Möglichkeit, die kindliche Adjektiventwicklung in ihrem zeitlichen Verlauf zu analysieren (s. Kap. 5).

3 Die kindliche Adjektiventwicklung

Adjektive sind in Relation zu Substantiven und Verben zu einem geringeren Anteil im kindgerichteten Input vertreten (Kauschke & Klann-Delius 2007: 193; Sandhofer, Smith & Luo 2000: 579). Korrelierend mit ihrer geringen Frequenz im Input (Blackwell 2005) fallen die Adjektivproduktionsraten von Kindern niedrig aus (Kauschke & Hofmeister 2002; Mariscal 2009). Wie für verschiedene Sprachen gezeigt wurde, macht der Anteil an Adjektiven im kindlichen Lexikon entsprechend nur etwa zwei bis acht Prozent des gesamten kindlichen Wortschatzes aus (*Deutsch*: Kauschke 2000, Kauschke & Hofmeister 2002; *Englisch*: Caselli et al. 1995; *Hebräisch*: Dromi 1987; *Italienisch*: Caselli et al. 1995; *Navajo*: Gentner & Boroditsky 2001; *Spanisch*: Jackson-Maldonado et al. 1993). Der Zusammenhang zwischen einem geringen kindgerichteten Inputanteil und einem geringen kindlichen Produktionsanteil von Adjektiven scheint die geringen Anteile dieser Wortart im kindlichen Lexikon schlüssig zu erklären (vgl. Krüger i.d.B.). Zusätzlich sind Adjektive im Input häufig schwierig als solche zu identifizieren, da sie isoliert auftreten (z. B. „Red!" in Sandhofer & Smith 2007: 242) oder in syntaktisch ambige Kontexte eingebettet werden, in welchen auch Eigennamen oder Massennomen erscheinen können (z. B. „This is red", Sandhofer & Smith 2007: 242). Neben diesen für das Adjektivlernen ungünstigen Inputcharakteristiken sind jedoch weitere Faktoren bekannt, die das Adjektivlernen zu einer anspruchsvollen Spracherwerbsaufgabe machen und zu dem geringen Adjektivanteil im kindlichen Lexikon beitragen könnten. Andere Faktoren helfen wiederum dabei, diese Erwerbsaufgabe zu lösen. Im Folgenden werden die herausfordernden sowie unterstützenden morphosyntaktischen (Abschn. 3.1) und semantisch-lexikalischen (Abschn. 3.2) Aspekte beim Adjektivlernen zusammengefasst. Hierbei wird auch auf einzelsprachspezifische Unterschiede eingegangen. Abschließend wird dargelegt, wie sich die Entwicklung verschiedener semantischer Adjektivklassen nach aktueller Befundlage vermutlich vollzieht (Abschn. 3.3).

3.1 Morphosyntaktische Aspekte im Adjektiverwerb

Erscheinen Adjektive in ihrer klassischen Funktion als Attribute in Adjektivphrasen (AP) von Nominalphrasen (NP; z. B. *[[kleines]$_{AP}$ Kind]$_{NP}$*), so müssen sie syntaktisch (und auch semantisch) in Abhängigkeit von der übergeordneten NP analysiert werden (vgl. Ninio 2004, Hartlmaier i.d.B.). Blickbewegungsmessungen zeigen zwar, dass drei- und fünfjährige Kinder in der Lage sind, solche Konstruktionen inkrementell unter Berücksichtigung beider Phrasen zu verarbeiten (Huang & Snedeker 2013; Tribushinina & Mak 2016), in Abhängigkeit der weiteren im Kontext gegebenen kognitiven Anforderungen scheint diese Leistung jedoch fragil zu sein (vgl. Ninio 2004; Sekerina & Trueswell 2012). Sprachenübergreifend erfolgt die Produktion dieser anspruchsvollen attributiven Konstruktionen tendenziell erst nach der prädikativen (z. B. *Das Kind ist klein.*) Verwendung von Adjektiven (Nelson 1976; Ravid et al.2010, Knobloch (Erwerb) i.d.B.).

Beim rezeptiven Lernen von neuen Adjektiven können attributive und prädikative Einbettungen prinzipiell als Hilfe dienen, um zu erkennen, dass es sich bei dem neu zu lernenden Wort um ein Adjektiv und somit um eine Bezeichnung für eine Eigenschaft handelt (vgl. für einen Überblick Groba 2014). Zwei- bis vierjährigen Kindern gelingt dies jedoch nur bei paralleler Unterstützung durch weitere Informationen, wie z. B. die Vertrautheit mit dem eigenschaftstragenden Objekts oder eine hohe Salienz der Eigenschaft (Hall, Waxman & Hurwitz 1993; Hall, Quantz & Persoage 2000; Sandhofer & Smith 2004; Smith, Jones & Landau 1992). Erst im Alter von fünf Jahren können englischsprachige Kinder diese syntaktische Information auch ohne begleitende Hinweise als Indiz für eine Adjektivinterpretation nutzen (Landau, Smith & Jones 1992). Deutschsprachigen Kindern dieser Altersklasse gelingt dies hingegen nicht (Groba 2014). Möglicherweise begründet sich dies in der unterschiedlichen morphologischen Komplexität der beiden Sprachen. Das Englische, welches über eine relativ fixe Wortstellung verfügt, wird als morphologisch arme Sprache klassifiziert, in welcher insbesondere Wortstellungshinweise zur Äußerungsinterpretation genutzt werden (vgl. Bates et al. 1984). Das Deutsche ist demgegenüber eine morphologisch reichere Sprache mit einer freieren Wortstellung, in welcher morphologischen Hinweisen eine höhere Gewichtung beigemessen wird (vgl. Dittmar et al. 2008). Somit könnte es sein, dass englischsprachige Kinder beim Lernen neuer Adjektive Wortstellungshinweise besser nutzen können als deutschsprachige Kinder, wohingegen letztere stärker davon profitieren können, wenn das neue zu lernende Wort über ein Derivationsmorphem verfügt, das für Adjektive charakteristisch ist.

Obwohl dem Englischen eine geringere Prominenz morphologischer Merkmale zugeschrieben wird (s. oben), konnte für fünfjährige englischsprachige Kinder gezeigt werden, dass das Lernen eines neuen Adjektivs als Bezeichnung für eine Eigenschaft leichter fällt, wenn die zu lernende Adjektivform über ein prototypisches Adjektivsuffix (z. B. -y) verfügt (z. B. „This is a *dax-y* one." vs. „This is a *dax* one.", Landau, Smith & Jones 1992:819). Song et al. (2010) berichten bereits bei dreijährigen englischsprachigen Kindern von einer Verarbeitung des Adjektivsuffixes als Hinweis auf eine eigenschaftsbeschreibende Funktion eines Wortes und verweisen aufgrund von beobachteten Differenzen zu französischsprachigen Kindern auf einzelsprachspezifisch geprägte Unterschiede. Experimentelle Studien, welche die Verarbeitung von Adjektivsuffixen als Hinweis auf die eigenschaftsbeschreibende Funktion des zu lernenden Wortes untersuchen, liegen nach Kenntnis der Autorinnen für deutschsprachige Kinder noch nicht vor. Die obige Argumentation zur morphologischen Komplexität verschiedener Sprachen fortführend sollte deutschsprachigen Kindern dieser Lernschritt sogar früher möglich sein als englischsprachigen Kindern. Die morphologischen Charakteristika deutscher Adjektive, welche für eine Überprüfung dieser Hypothese von Bedeutung sind, lassen sich wie folgt zusammenfassen: Adjektive können im Deutschen monomorphematische Formen darstellen, aus verbalen Partizipialformen entstanden sein oder mittels Konversion, Komposition oder Derivation von Verben, Substantiven oder Adverbien abgeleitet sein (Duden 2016: 754). Für die Derivation existiert im Deutschen eine Vielzahl von nativen und fremdsprachlichen Präfixen, Suffixen und Zirkumfixen, die unterschiedliche semantische Funktionen erfüllen (vgl. für eine Auflistung Duden 2016:762–763).

3.2 Semantisch-lexikalische Aspekte im Adjektiverwerb

Aus experimentellen Studien ist bekannt, dass Kindern im Alter von drei bis vier Jahren die Langzeitabspeicherung von Adjektiven zur Beschreibung von Eigenschaften gegenüber dem Abspeichern von Substantiven schwerer fällt (Holland, Simpson, & Riggs 2015). Die Aufnahme der semantischen Konzepte und korrespondierenden Wortformen von Adjektiven in das mentale Lexikon scheint somit besondere Anforderungen zu beinhalten. Hinsichtlich der semantischen Vernetzung ist die Antonymie-Relation ein wesentliches Strukturierungsmerkmal der Wortart Adjektiv. Der konzeptuelle Erwerb dieser Gegensatz-Relation birgt nach Clark (1973), Eilers, Oller und Ellington (1974) und Rohde (1993) zusätzlich besondere Schwierigkeiten. Die konkrete Benennung des *Kontrasts* zweier Adjektive im Input stellt daher eine effiziente Hilfe beim konzeptuellen Adjektivlernen dar (Tribushinina et al. 2013). Weiterhin müssen die Kinder den konzeptuell anspruchsvollen Lernschritt leisten, dass die Bedeutung graduierbarer Adjektive in Abhängigkeit ihres Bezugswortes variiert und sich somit beispielsweise die Bedeutung von *klein* in Bezug zu einer Maus gegenüber einem Elefanten unterscheidet (vgl. für einen Überblick Tribushinina 2008). Innerhalb der Wortart der Adjektive variiert die Erwerbsherausforderung zudem in Abhängigkeit der verschiedenen *semantischen Adjektivklassen*. Sofern Sprachen über die Wortart Adjektiv verfügen, lässt sich diese nach Dixon (1982) in die semantischen Adjektivklassen ‚Alter' („age", z. B. *new, young*), ‚Dimension' („dimension", z. B. *big, short*), ‚Farbe' („colour", z. B. *black, red*) und ‚Bewertung' („value", z. B. *bad, perfect*) unterteilen. Einzelsprachenspezifisch wird diese Taxonomie um die Klassen ‚Geschwindigkeit' („speed", z. B. *fast, slow*), ‚sensorische Eigenschaft' („physical property", z. B. *soft, sweet*) und ‚menschliche Disposition/Befindlichkeit' („human propensity", z. B. *happy, clever*) ergänzt (Dixon 1982) und ggf. in weitere Subkategorien unterteilt (vgl. Blackwell 2005; Tribushinina et al. 2014). Die genannten Klassen unterscheiden sich in ihrem Grad an Konkretheit bzw. Abstraktheit und somit perzeptueller Zugänglichkeit. Im folgenden Abschnitt zur Entwicklung der semantischen Adjektivklassen wird deutlich, dass dieser konzeptuelle Unterschied die Erwerbsabfolge wesentlich beeinflusst.

3.3 Entwicklung semantischer Adjektivklassen

Aufschluss über die Entwicklung der semantischen Adjektivklassen in ihrem zeitlichen Verlauf liefern die Ergebnisse von Blackwell (2005) sowie die sprachvergleichende Studie von Tribushinina et al. (2014) zu zwei bzw. zehn Kindern. Tribushinina et al. (2014) beobachten das Auftreten erster Adjektive in den spontansprachlichen Daten ihrer Kohorte mehrheitlich ab dem Alter von 1;8 Jahren. In dem von den Autoren untersuchten ersten Erwerbsjahr (1;8 bis 2;8 Jahre) fällt auf die perzeptuell gut zugängliche Klasse ‚sensorische Eigenschaft' der höchste Verwendungsanteil (*Token*-Frequenz) in den Äußerungen der Kinder und der zweitgrößte bei ihren Bezugspersonen. Letztere nutzen in dieser Entwicklungsphase ihres Kindes am häufigsten Adjektive des Typs ‚Bewertung' („evaluation")[2], die bei den Kindern zu einem geringeren Anteil vertreten sind. Eben dieses Muster mit einem dominierenden Anteil an Adjektiven zur Beschreibung sensorischer Eigenschaften bei den Kindern gegenüber einem höheren Anteil an bewertenden Adjektiven bei ihren Bezugspersonen berichtet Blackwell für den Anteil an Adjektiv-*Types* in einer Altersspanne zwischen 2;6 bis 5;0 Jahren.

Gemeinsam ist den Kindern und Bezugspersonen nach Tribushinina et al. (2014), dass sie im ersten Adjektiventwicklungsjahr der Kinder insbesondere semantische Klassen verwenden, die Adjektive zur Beschreibung konkreter Konzepte beinhalten: Hierunter fallen neben der Klasse ‚sensorische Eigenschaft' auch Adjektive zur Beschreibung von Farbe und Dimension („spatial"; im Gegensatz dazu Krüger i.d.B.). Konkret erfahrbare Beschreibungen menschlicher Zustände mit hoher Relevanz für die kindliche Lebenswelt sind ebenfalls vertreten (z. B. *tired, hungry*). Auch Blackwell (2005) findet in der jüngsten von ihr beschriebenen Altersspanne (2;3–2;11 Jahre), dass neben vielen Adjektiven zur Beschreibung sensorischer Eigenschaften auch die Farbklasse gut gefüllt ist und erste Dimensionsadjektive (z. B. *big, little*) in den kindlichen Sprachproduktionsdaten vorkommen. Adjektive mit abstrakteren Bedeutungen aus den Klassen ‚Alter', ‚Zeit' („temporal", z. B. *late*), ‚Konformität' („conformity", z. B. *similar*) sowie ‚Verhalten' („behavioural property", z. B. *funny*) oder ‚mentaler Zustand' („internal state", z. B. *angry*) werden von den Kindern und ihren Bezugspersonen in der frühen Entwicklungsphase (1;8–2;8 Jahre) gemäß Tribushinina et al. (2014) kaum produziert. Blackwell (2005) beobachtet, dass die zuletzt genannte Adjektivklasse zur Beschreibung mentaler Zustände insbesondere von 4;0 zu 5;0 Jahren anwächst. Diese Klasse bildet eine Unterklasse der Adjektive zur Beschreibung menschlicher Dispositionen und Befindlichkeiten, in welche auch Adjektive zur Beschreibung von Menschen im Hinblick auf ‚physisches Empfinden' („physical state", z. B. *sick*) und ‚Verhalten' („behaviour", z. B. *wild*) fallen. Die beiden zuletzt genannten Unterklassen erfahren nach Blackwell (2005) in der Spanne von 3;0 zu 3;11 Jahren einen besonderen Zuwachs. Erste Adjektive aus allen drei genannten Unterklassen zur Beschreibung menschlicher Dispositionen und Befindlichkeiten beobachtet die Autorin jedoch auch schon von 2;3 bis 2;11 Jahren. In Ergänzung zu Tribushinina et al. (2014) wird bei Blackwell (2005) ein qualitativer

---

[2] In den Studien von Dixon (1982), Blackwell (2005) und Tribushinina et al. (2014) werden teilweise unterschiedliche Begriffe zur Bezeichnung vergleichbarer Adjektivklassen benutzt, die in der vorliegenden Studie mit einer konstanten deutschen Bezeichnung übersetzt werden, z. B. ‚Bewertung' für „value" (Dixon 1982, Blackwell 2005) sowie „evaluation" (Tribushinina et al. 2014).

Umbruch der Entwicklung von Adjektiven der Klasse ‚Bewertung' beschrieben: Allgemeinere wertende Adjektive (z. B. *good, bad*) werden bereits in der frühesten Phase beobachtet, fortgeschrittene Varianten (z. B. *awful, favorite*) insbesondere in der Erwerbsphase von 4;0 bis 5;0 Jahren.

Die Studie von Tribushinina et al. (2014) zeigt weiterhin, dass die beschriebene Entwicklung der Adjektivklassen in den verschiedenen analysierten Sprachen (Deutsch, Französisch, Hebräisch, Niederländisch, Türkisch) vergleichbar verläuft und sich für die frühe Phase auch mit den Beobachtungen für das Englische deckt (Blackwell 2005). Somit bilden die sprachenübergreifenden Daten von Tribushinina et al. (2014) sowie die für das Englische gewonnenen Daten von Blackwell (2005) eine zuverlässige Vergleichsbasis für die vorliegende Studie zur Adjektiventwicklung im Deutschen. Von besonderem Interesse für die vorliegende Studie sind hierbei die dargelegten Entwicklungsverläufe der semantischen Adjektivklassen sowie die einzelsprachspezifisch geprägte Entwicklung von morphologischen Aspekten der Adjektive.

4 Studiendesign

Für die Erhebung des rezeptiven Erwerbsalters von deutschen Adjektiven wurde zunächst eine Auswahl an 258 einzuschätzenden Adjektiven getroffen. Dies erfolgte auf der Basis von kindlichen und kindgerichteten Spontansprachtranskripten sowie Diagnostikverfahren und Spracherwerbsstudien, die in Abschnitt 4.1 beschrieben sind. In Abschnitt 4.2 werden die Erhebungsmethode und die Probanden vorgestellt.

4.1 Material

Die Studie diente als Grundlage für die Entwicklung zweier diagnostischer Screenings zur Überprüfung des rezeptiven Adjektivlexikons bei Kindern zwischen drei und sechs Jahren (vgl. Groba 2014). Für die Auswahl der Stimuli wurden daher Adjektive mit einem typischen Erwerbsalter in dieser Altersspanne benötigt. Hierfür wurden zunächst alle Adjektive aus folgenden deutschsprachigen Diagnostikverfahren zur Überprüfung der Wortschatzentwicklung extrahiert: *Elternfragebogen für die Früherkennung von Risikokindern* (ELFRA, Grimm & Doil 2000), *Fragebogen zur frühkindlichen Sprachentwicklung* (FRAKIS, Szagun, Stumper & Schramm 2009), *Patholinguistische Diagnostik von Sprachentwicklungsstörungen* (PDSS, Kauschke & Siegmüller 2010) und *Wortschatz- und Wortfindungstest für*

6- bis 10-Jährige (WWT 6-10, Glück 2007). Ergänzend kamen Adjektive aus Studien zum deutschen Wortschatzerwerb zum Einsatz (Kauschke 1999, 2000; Klann-Delius & Kauschke 1996; Ravid et al. 2010).

Darüber hinaus trugen 316 deutschsprachige Spontansprachtranskripte aus der Datenbank *Child Language Data Exchange System* (CHILDES; MacWhinney 2000) zum Stimulusset bei. Diese stammten aus den folgenden Korpora: Leo (Behrens-Korpus), Kerstin und Simone (Miller-Korpus), Cosima, Pauline und Sebastian (Rigol-Korpus), Caroline (von Stutterheim-Korpus), Carsten und Gabi (Wagner-Korpus). Die entsprechenden Transkripte beinhalteten sowohl kindliche Produktionsdaten als auch kindgerichtete Inputdaten von Kindern im Alter von drei bis sechs Jahren und ihren Bezugspersonen. Mithilfe des Programms *Computerized Language Analysis* (CLAN; MacWhinney 2000) wurde eine Liste aller in diesen Transkripten auftretenden Wörter unter Angabe ihrer Auftretensfrequenz erstellt. Die anschließende Selektion der Adjektive erfolgte auf Basis folgender Exklusionskriterien: Ausgeschlossen wurden alle Adjektive, die nur einmal in den ausgewählten Transkripten auftraten, ethnische Bezeichnungen (z. B. *englisch, katholisch*), Quantoren (z. B. *viele*), (als Ausrufe genutzte) sozial-pragmatische Bezeichnungen (z. B. *super!*) und Adjektive mit Negationsaffixen, sofern sie bei Abtrennung des Negationsaffix ein eigenständiges Adjektiv darstellten (z. B. *un-glücklich*). Derivierte und partizipiale Adjektive verblieben in der Liste, sofern sie eine Bedeutungsdifferenzierung von ihrem Wurzelmorphem, eine inhaltliche Verselbständigung oder ein abgestorbenes Wurzelflexionsparadigma aufwiesen (z. B. *abgelaufen, spannend*). Als weiteres Inklusionskriterium für derivierte Adjektive galt, dass ihre Frequenz in den ausgewählten CHILDES-Korpora höher ausfiel als die entsprechende Wurzelfrequenz. Da für die Entwicklung des informellen diagnostischen Screenings die Überprüfung des semantisch-lexikalischen Adjektiverwerbs von Relevanz war, sollten auf diese Weise Adjektive ausgeschlossen werden, die vermutlich primär über die Bedeutung eines anderen früher gelernten Wortes abgeleitet wurden. Zum Beispiel wurde das Adjektiv *gefährlich* integriert, da aufgrund der selteneren substantivischen Verwendung *Gefahr* angenommen wurde, dass das entsprechende Konzept direkt über das Adjektiv erworben wurde. In Analogie wurden Partizipialformen nur dann in die Liste aufgenommen, wenn sie in den CHILDES-Korpora häufiger in Form von attributiven und/oder prädikativen Adjektiven gebraucht wurden (z. B. *die Tür ist geschlossen*) als in Form von verbalen Partizipien in Kombination mit Hilfsverben (z. B. *sie hat die Tür geschlossen*). Ein weiteres Einschlusskriterium bestand darin, dass ihre Frequenz höher ausfiel als jene der übrigen Flexionsformen des Paradigmas (z. B. *sie schließt die Tür*). Die resultierende Liste deutscher Adjektive enthielt 258 Stimuli.

4.2 Probanden und Erhebungsmethode

Zur Erhebung des rezeptiven Erwerbsalters der 258 ausgewählten Adjektive wurde die Methodik der Einschätzungen ausgewählt, welche von 167 deutschsprachigen erwachsenen Probanden ausgeführt wurde. Ein Teil der Probanden (n = 78; Mittelwert, M = 21,99 Jahre; Standardabweichung, SD = 3,09)[3], die mehrheitlich Studierende einer mitteldeutschen Universität waren, nahm eine *Selbst*einschätzung des Erwerbsalters vor (vgl. z.B. Bird, Franklin & Howard 2001). Bei den anderen Probanden (n = 89, M = 35,21 Jahre; SD = 9,52) handelte es sich um Eltern, ErzieherInnen, LehrerInnen und andere Personen aus je einer mittel-, ost- und westdeutschen Stadt mit intensivem Kontakt zu Kindern im Vorschulalter. Diese Gruppe der *Kind*einschätzer sollte sich in ihren Einschätzungen an der Entwicklung der Kinder orientieren, die sie betreuen. Die unausgewogene Geschlechterverteilung der Gesamtgruppe (144 w., 23 m) wurde toleriert, da in anderen Studien zur Einschätzung des Erwerbsalters kein Einfluss des Geschlechts gefunden wurde (Schröder, Kauschke & De Bleser 2003; Gilhooly & Hay 1977; aber Birchenough, Davies & Connelly 2016). Als Einschlusskriterium galt für die Probanden, dass sie selbst bzw. die Kinder, die sie betreuten, deutschmonolingual aufgewachsen waren. Die betreuten Kinder waren ferner nicht in sprachtherapeutischer Behandlung gewesen.

Die Adjektivliste wurde in zwei Sets mit 130 (Set A) bzw. 128 (Set B) Adjektiven unterteilt und in jeweils vierzig verschiedenen Randomisierungen der Itemabfolge präsentiert. Das Set A wurde von 43 Kind- und 43 Selbsteinschätzern bearbeitet, das Set B bewerteten 46 Kind- und 35 Selbsteinschätzer. In Anlehnung an Cuetos, Ellis und Álvarez (1999) sollten die Probanden das geschätzte rezeptive Erwerbsalter der Adjektive auf einer Sieben-Punkte-Skala mit einjährigem Abstand ankreuzen (1 = ‚1 Jahr', 2 = ‚2 Jahre' bis 7 = ‚7 Jahre & älter'). Auf Basis der deutschsprachigen Aufgabenstellung von Schröder, Kauschke und De Bleser (2003) und in Anlehnung an die für die Rezeption ausgelegte Instruktion von Ferrand et al. (2008) sowie Stadthagen-Gonzalez und Davis (2006) erhielten die Probanden die folgende Instruktion (Abb. 1):

---

[3] Der Mittelwert (auch „arithmetisches Mittel" genannt) kennzeichnet die zentrale Tendenz der Verteilung eines metrischen Merkmals und wird berechnet, indem die Summe aller Werte durch ihre Anzahl dividiert wird (Bortz & Schuster 2010: 25). Die Standardabweichung ist ein Variabilitätsmaß zur Beschreibung der repräsentativen Abweichung vom Zentrum der Verteilung (Bortz & Schuster 2010: 31).

> Kinder lernen im Laufe ihrer sprachlichen Entwicklung eine Vielzahl an Wörtern – darunter auch viele Wörter zur Beschreibung von Eigenschaften (Adjektive). Zum Lernen der Wörter gehört einerseits, dass die Kinder die Wörter selbst korrekt benutzen, und andererseits, dass sie die Bedeutung der Wörter richtig verstehen. (Zum Beispiel müssen sie also lernen, dass sich „schwarz" nur auf Dinge bezieht, die wirklich schwarz – nicht aber dunkelgrau – sind.)
>
> Wenn Sie selbst Kinder haben, deren Entwicklung Sie von 0–6 Jahren verfolgen konnten, oder Kinder im Vorschulalter (0–6 Jahre) betreuen, orientieren Sie sich in Ihrer Einschätzung bitte an diesen Kindern. Haben oder hatten Sie keinen regelmäßigen Kontakt zu jungen Kindern, so schätzen Sie bitte ein, wann Sie selbst die aufgelisteten Adjektive gemeinsam mit ihrer Bedeutung erstmalig verstanden haben.
>
> Versuchen Sie bitte so genau wie möglich einzuschätzen, in welchem Alter ein Kind die folgenden Adjektive zusammen mit ihrer richtigen Bedeutung erstmalig versteht. Ob das Kind das jeweilige Wort zu diesem Zeitpunkt schon selbst benutzt, ist hierbei unwichtig!
>
> Bitte kreuzen Sie das Kästchen an, das Ihrer Meinung nach dem Zeitpunkt des richtigen Wortverstehens am besten entspricht. Wenn Sie sich nicht sicher sind, schätzen Sie einfach!
>
> Beispiel:
> *süß* ☐ 1 Jahr ☐ 2 Jahre ☐ 3 Jahre ☐ 4 Jahre ☐ 5 Jahre ☐ 6 Jahre ☐ 7 J. & älter

Abb. 1: Instruktion zur Einschätzung des rezeptiven Erwerbsalters von Adjektiven

5 Ergebnisse

Als wesentliches Resultat der Einschätzungsstudie findet sich im Anhang eine Liste, in der das geschätzte rezeptive Erwerbsalter der 258 bewerteten Adjektive angegeben ist. Im Folgenden werden die Analysen zur Urteilerübereinstimmung der Einschätzungsdaten (Abschn. 5.1) und zum Vergleich der beiden Schätztypen (Abschn. 5.2) berichtet. Anschließend erfolgt auf Basis der itemspezifischen Erwerbsalterwerte eine Einteilung der Adjektive in verschiedene Erwerbsalterspannen (Abschn. 5.3). In Bezug zu diesen Spannen wird in Abschnitt 5.4 die Entwicklung der semantischen Adjektivklassen und in Abschnitt 5.5 die Entwicklung von morphologischer Komplexität im Adjektivlexikon analysiert. Der letzte Abschnitt (5.6) verbindet diese beiden Aspekte miteinander und fasst sie in Form eines Phasenmodells zusammen.

5.1 Urteilerübereinstimmung

Im ersten Auswertungsschritt wurden alle Ausreißer-Reaktionen, die im itemspezifischen Boxplot außerhalb der Whisker[4] erschienen, eliminiert (Set A: $n = 194$ von insg. 10929 Reaktionen; Set B: $n = 263$ von 10023 Reaktionen). Die Urteilerübereinstimmung konnte anhand des *Kendall-W*-Koeffizienten[5] belegt werden (Set A: $W = 0{,}69$, $p \leq {,}001$; Set B: $W = 0{,}78$, $p \leq {,}001$)[6]. Ferner fielen die Einschätzungsdaten von jeweils zwei zufällig gebildeten Subgruppen innerhalb der Selbst- bzw. Kindeinschätzer für Set A und Set B vergleichbar aus (Set A_{Selbst}: $t = 0{,}95$, $p > {,}05$, im Folgenden ‚nicht signifikant' (*ns*); Set A_{Kind}: $t = -0{,}62$, *ns*; Set B_{Selbst}: $t = 1{,}75$, *ns*; Set B_{Kind}: $t = 0{,}34$, *ns*)[7] und korrelierten hoch signifikant miteinander (Set A_{Selbst}: $r_P = 0{,}96$, $p \leq {,}001$; Set A_{Kind}: $r_P = 0{,}97$, $p \leq {,}001$; Set B_{Selbst}: $r_P = 0{,}98$, $p \leq {,}001$; Set B_{Kind}: $r_P = 0{,}98$, $p \leq {,}001$)[8].

5.2 Erwerbsalter für Adjektive bei Selbsteinschätzern vs. Kindeinschätzern

Für diese Analyse wurden die verschiedenen Probandengruppen innerhalb der einzelnen Sets und für beide Sets zusammengenommen miteinander verglichen. Im Set A fielen die Erwerbsalterschätzungen der Selbsteinschätzer im Mittel niedriger aus als jene der Kindeinschätzer ($M_{Selbst} = 4{,}14$; $M_{Kind} = 4{,}50$; $t = -2{,}21$, $p \leq .05$).

---

[4] Die Länge des oberen Whiskers entspricht dem oberen Rand des datenbezogenen Interquartilsbereichs (IQR: Länge des Bereichs, über den die mittleren 50 % der Daten einer Rohwertverteilung streuen) plus das 1,5-fache dieses Bereichs. Analog wird die Länge des unteren Whiskers über den unteren Rand des IQR berechnet. Werte außerhalb dieser Grenzen werden als Ausreißer betrachtet (Bortz & Schuster 2010: 32/44/45).

[5] Der Kendall-W-Koeffizient (*W*), der Werte zwischen 0 und 1 annehmen kann, misst den Grad der Urteilerübereinstimmung, wobei 1 eine vollkommene Übereinstimmung bedeutet (Bühl 2008: 335).

[6] Gemäß den üblichen Konventionen eines Signifikanzniveaus von 5% ($\alpha = {,}05$) zeigt ein *p*-Wert $\leq {,}05$ ein signifikantes Ergebnis an (Bortz & Schuster 2010: 101/107). Geringere *p*-Werte ($\leq {,}01$ oder $\leq {,}001$) werden auch als *sehr signifikant* ($\leq {,}01$) bzw. *hoch signifikant* ($\leq {,}001$) bezeichnet (Bortz & Döring 2006: 740).

[7] Der *t*-Wert ist ein statistischer Testwert, der auf der Basis der Mittelwertdifferenz zweier Stichproben ermittelt wird und der Überprüfung von Unterschiedshypothesen dieser Stichproben dient (Bortz & Döring 2006:496).

[8] Die Abkürzung r_P steht für den Korrelationskoeffizienten nach Pearson. Dieser liegt zwischen -1 und $+1$, wobei -1 einen negativen, $+1$ einen positiven und 0 keinen Zusammenhang zweier Merkmale anzeigt (Bortz & Schuster 2010:157).

Im Set B unterschieden sich die beiden Gruppen hingegen nicht voneinander (M_{Selbst} = 4,33; M_{Kind} = 4,16; t = 0,97, ns) und bei der Betrachtung der Gesamtliste an Adjektiven (Set A & Set B) bestanden ebenfalls keine signifikanten Unterschiede zwischen den beiden Schätztypen (M_{Selbst} = 4,23; M_{Kind} = 4,33; t = −0,82, ns). Das geschätzte Erwerbsalter der einzelnen Adjektive ist in der resultierenden Auflistung (s. Anhang) auf Basis des Mittelwertes der Gesamtgruppe (Kind- und Selbsteinschätzer) angegeben. Die Adjektive sind in dieser Liste nach ansteigendem Erwerbsalter angeordnet.

5.3 Einteilung der Adjektive in Erwerbsalterspannen

Wie in Kapitel 2 dargelegt wurde, ist das von erwachsenen Probanden geschätzte Erwerbsalter von Wörtern ein geeignetes Maß zur Beschreibung des tatsächlichen Erwerbsalters dieser Wörter. Die nach dem geschätzten Erwerbsalter gestaffelte Adjektivliste zeigt somit, zu welchen Zeitpunkten welche Adjektive vermutlich von Kindern verstanden werden. Dadurch bietet sie eine *indirekte* Möglichkeit, die Entwicklung des rezeptiven Adjektivlexikons von Kindern im Alter von knapp zwei bis etwa sieben Jahren weiterführend zu analysieren.

Zu diesem Zweck wurde die Adjektivliste in fünf Erwerbsalterspannen (EAS-2 bis EAS-6/7) unterteilt: Das mittlere geschätzte Erwerbsalter der einzelnen Adjektive wurde für die Zuordnung zu einer Erwerbsalterspanne jeweils auf den Jahreswert gerundet, sodass z. B. alle Adjektive mit einem mittleren geschätzten Erwerbsalter von 2,5 (2;6) bis 3,4 (3;5) Jahren[9] in die EAS-3 fielen. Die EAS-6/7 umfasste außer der Reihe alle Adjektive mit einem geschätzten Erwerbsalter von 5,5 (5;6) bis 7,0 (7;0) Jahren. Eine EAS-1 wurde nicht aufgestellt, da der niedrigste Schätzwert bei 1,82 (~1;10) Jahren (Adjektiv: *lieb*) und somit im Zuweisungsbereich der EAS-2 (1;10–2;5) lag. Die Tabelle 1 zeigt, wie sich die 258 eingeschätzten Adjektive auf die verschiedenen Erwerbsalterspannen verteilen.

---

9 In Analogie zur Auflistung der Schätzwerte im Anhang sind die Altersangaben hier zunächst in Dezimalstellen angeführt (z. B. 2,5 Jahre), werden aber ab dem folgenden Abschnitt ausschließlich in der Form *Jahr;Monat* (z. B. 2;6 Jahre) angegeben.

Tab. 1: Verteilung der 258 eingeschätzten Adjektive auf die fünf Erwerbsalterspannen (EAS)

	EAS-2 (1;10–2;5)	EAS-3 (2;6–3;5)	EAS-4 (3;6–4;5)	EAS-5 (4;6–5;5)	EAS-6/7 (5;6–7;0)
Anzahl	$n = 38$	$n = 48$	$n = 52$	$n = 61$	$n = 59$
Anteil	14,73%	18,60%	20,16%	23,64%	22,87%

5.4 Analysen zu den semantischen Adjektivklassen in den verschiedenen Erwerbsalterspannen

Die einzelnen Adjektive wurden hinsichtlich ihrer Zugehörigkeit zu semantischen Hauptklassen kodiert (s. Anhang). Diese Hauptklassen sind in der Tabelle 2 aufgelistet, mittels Beispielen verdeutlicht und ggf. durch Unterklassen weiter ausdifferenziert. Die angeführten quantitativen Beschreibungen und Analysen beziehen sich jedoch ausschließlich auf die semantischen Hauptklassen.

Tab. 2: Einteilung der semantischen Hauptklassen und deren Verteilung auf das Gesamtset der 258 untersuchten Adjektive

	Semantische Hauptklasse	Beispiele (ggf. für Unterklassen)	Anteil am Gesamtset	
1	Alter	*alt, neu*	1,6 %	($n = 4$)
2	Farbe	*rot, blau*	7,0 %	($n = 18$)
3	Bewertung	*schlimm, wichtig*	12,0 %	($n = 31$)
4	Sensorische Eigenschaft	*bunt* (Textur), *rund* (Form), *groß* (Dimension), *weich* (Konsistenz), *kaputt* (Funktionalität), *schmutzig* (Reinheit), *deftig* (Sinnesempfindung), *schnell* (Geschwindigkeit), *kalt* (Temperatur), *dunkel* (Erscheinung), *reif* (Genießbarkeit)	39,1 %	($n = 101$)
5	Menschliche Disposition/ Befindlichkeit	*satt, krank* (physisches Empfinden), *brav, faul* (Verhalten), *traurig, schlau* (mentaler Zustand)	32,6 %	($n = 84$)
6	Sonstige	u. a. *falsch* (Konformität), *früh* (Zeit), *selten, reich, voll* (Quantität)	7,8 %	($n = 20$)

Die Unterteilung erfolgte in Anlehnung an Dixon (1982) in die Hauptklassen ‚Alter', ‚Farbe', ‚Bewertung', ‚sensorische Eigenschaft' und ‚menschliche Disposition/

Befindlichkeit'. Abweichend von Dixons (1982) Einteilung, in der geschwindigkeitsbeschreibende Adjektive als Hauptklasse definiert sind, wurden diese Adjektive in Analogie zu Blackwell (2005) und Tribushinina et al. (2014) als Unterklasse zu ‚sensorische Eigenschaft' geführt. Auch die Dimensionsadjektive zur Beschreibung räumlicher Ausbreitungen und Positionen sind aufgrund ihrer semantischen Nähe in diese Hauptklasse integriert. Als sechste Hauptklasse sind unter ‚Sonstige' ähnlich wie bei Blackwell (2005) weitere Unterklassen subsummiert, die in Tabelle 2 aufgelistet sind. Hier sind darüber hinaus Unterklassen für die Hauptklassen ‚sensorische Eigenschaft' und ‚menschliche Disposition/Befindlichkeit' in Anlehnung an die Klassifizierungen nach Blackwell (2005) und Tribushinina et al. (2014) angeführt. Die Tabelle 2 enthält außerdem Angaben zur relativen Verteilung der semantischen Hauptklassen auf die 258 untersuchten Adjektive.

Für die einzelnen semantischen Adjektivklassen wird im Folgenden pro Erwerbsalterspanne ihr Anteil am Zuwachs des gesamten Adjektivlexikons berichtet, wie er in Abbildung 2 graphisch dargestellt ist. Dieser *Zuwachsanteil* einer bestimmten semantischen Klasse am gesamten Zuwachs im Adjektivlexikon ist in den folgenden Beschreibungen jeweils in Prozent angegeben. Wichtig ist, dass sich diese Angaben ausschließlich auf die in der entsprechenden Erwerbsalter-

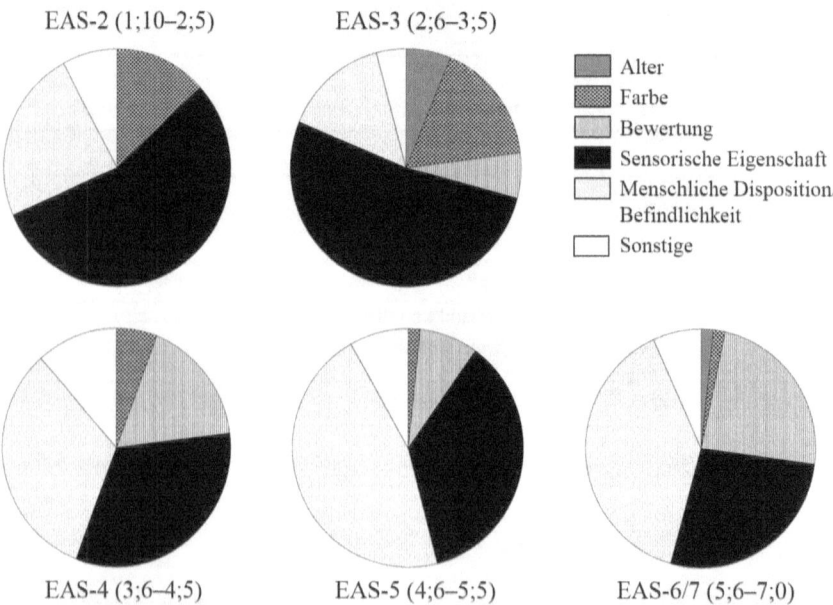

Abb. 2: Relative Verteilung des Zuwachses an Adjektiven auf die einzelnen semantischen Adjektivklassen pro Erwerbsalterspanne (EAS)

spanne neu hinzugelernten Adjektive beziehen. Somit stellen die Angaben keine Beschreibung der Zusammensetzung des bis dato insgesamt erworbenen Adjektivlexikons dar, sondern veranschaulichen pro Erwerbsalterspanne den Lernzuwachs im Adjektivlexikon für die verschiedenen Adjektivklassen.

Aus den Kreisdiagrammen (Abb. 2) ist ersichtlich, dass die semantische Hauptklasse *Alter* zum ersten Mal in der Erwerbsalterspanne von 2;6 bis 3;5 Jahren (EAS-3) auftritt. Zu diesem Zeitpunkt werden gemäß den Einschätzungsdaten die prototypischen altersbeschreibenden Adjektive *alt*, *neu* und *jung* rezeptiv erworben. Der Anteil der altersbeschreibenden Adjektive am Gesamtzuwachs aller in der EAS-3 neu hinzugelernten Adjektive (Zuwachsanteil) beläuft sich damit auf 6,5 %. In den anderen Erwerbsalterspannen findet sich mit einer Ausnahme (EAS-6/7: 1,7 %, $n = 1$, *modern*) kein weiterer Zuwachs von altersbeschreibenden Adjektiven.[10] Zusammenfassend handelt es sich bei der semantischen Klasse ‚Alter' um eine sehr begrenzte Klasse, die gemäß den Einschätzungsdaten in ihren Grundzügen bis zu einem Alter von etwa 3;5 Jahren rezeptiv erworben wird.

Die Klasse ‚Farbe' zeigt ebenfalls in der EAS-3 ihren größten Anteil am Gesamtzuwachs des Adjektivlexikons (16,7 %, $n = 8$). Erste Farbadjektive finden sich jedoch auch schon in den Einschätzungsdaten für die EAS-2 (13,2 %, $n = 5$), wohingegen ihre Zuwachsanteile in den folgenden Erwerbsalterspannen gering ausfallen (EAS-4: 5,8 %, $n = 3$; EAS-5: 1,6 %, $n = 1$; EAS-6/7: 1,7 %, $n = 1$). Somit entwickelt sich das Verständnis für Farbadjektive, beginnend mit dem Adjektiv *rot* gemäß den Einschätzungsdaten insbesondere in einem Alter von 1;10 bis 3;5 Jahren.

In diesen Altersstufen sind Adjektive, die der semantischen Klasse ‚Bewertung' zugehörig sind, unterrepräsentiert. Letztere zeigen ihren höchsten Anteil am Gesamtzuwachs ab 5;6 Jahren in der EAS-6/7 (23,7 %, $n = 14$), wobei dieser Zuwachsanteil signifikant höher ausfällt als in der EAS-5 (8,2 %, $n = 5$; $\chi^2_{(1)} = 5{,}43$, $p \leq {,}05$)[11].

Vergleicht man die Zusammensetzung der Zuwachsanteile zwischen der EAS-3 (2;6–3;5) und der EAS-4 (3;6–4;5) fallen einerseits eine deutliche Abnahme

---

10 Die Begriffe *frisch* und *reif*, die ebenfalls altersmarkierende Aspekte in ihrer Bedeutung tragen, in der aktuellen Kategorisierung jedoch den sensorischen Eigenschaften (‚Genießbarkeit') zugeordnet wurden, werden in der EAS-4 bzw. EAS-5 beobachtet.

11 Um den Zuwachsanteil einer semantischen Klasse zwischen zwei Erwerbsalterspannen zu vergleichen, wurde der Vierfelder-χ^2-Test eingesetzt. Hierbei wird für zwei dichotome Merkmale (z. B. (1) EAS: 5 vs. 6/7; (2) ‚Bewertung': zugehörig vs. nicht-zugehörig) eine bivariate Häufigkeitsverteilung aufgestellt und es wird überprüft, ob die beiden Merkmale gemäß der Nullhypothese voneinander unabhängig sind (bzw. die Anteile an Bewertungsadjektiven in beiden EAS gleich sind; Bortz & Schuster 2010:137/8). Bei einem signifikanten Unterschied wird diese Nullhypothese zugunsten der Alternativhypothese (Abhängigkeit bzw. Unterschied) aufgegeben.

der semantischen Klasse ‚sensorische Eigenschaft' und andererseits ein deutlicher Anstieg der Klasse ‚menschliche Disposition/Befindlichkeit' auf: In der EAS-3 (52,1 %, n = 25) bilden Adjektive zur Beschreibung sensorischer Eigenschaften ebenso wie in der EAS-2 (55,3 %, n = 21) jeweils die stärkste Klasse.[12] In der EAS-4 geht ihr Anteil am Gesamtzuwachs sprunghaft zurück und fällt hiermit signifikant niedriger aus als in der EAS-3 ($\chi^2_{(1)}$ = 3,85, $p \leq ,05$). Mit 32.7 % (n = 17) ist ihr Anteil am Gesamtzuwachs in der EAS-4 nun vergleichbar mit dem Zuwachsanteil von Adjektiven zur Beschreibung menschlicher Dispositionen und Befindlichkeiten (32,7 %, n = 17). Letztere machen in den beiden jüngeren Erwerbsalterspannen einen geringeren Anteil (EAS-2: 23,7 %, n = 9; EAS-3: 14,6 %, n = 7) und in den beiden älteren Erwerbsalterspannen wiederum einen höheren Anteil (EAS-5: 45,9 %, n = 28; EAS-6/7: 39,0 %, n = 23) am Gesamtzuwachs aus als in der EAS-4. Der sprunghafte Anstieg des Anteils an Adjektiven zur Beschreibung menschlicher Dispositionen und Befindlichkeiten im Gesamtzuwachs im Vergleich der EAS-3 und der EAS-4 fällt signifikant aus ($\chi^2_{(1)}$ = 4,49, $p \leq ,05$). Die beschriebene altersabhängige Abnahme des Zuwachsanteils von Adjektiven aus der Klasse ‚sensorische Eigenschaft' lässt sich über die signifikante negative Korrelation zwischen den Erwerbsalterspannen und relativen Häufigkeiten objektivieren (r_s = −0,90, $p \leq ,05$). Es besteht jedoch keine signifikante Korrelation zwischen den relativen Häufigkeiten an Adjektiven der Klasse ‚menschliche Disposition/Befindlichkeit' und den Erwerbsalterspannen (r_s = −0,23, ns).

Zusammenfassend zeigen die Klassen ‚sensorische Eigenschaft' und ‚menschliche Disposition/Befindlichkeit' entgegengesetzte Entwicklungsverläufe: Der Zuwachsanteil an Adjektiven zur Beschreibung sensorischer Merkmale nimmt mit zunehmendem Alter kontinuierlich und zwischen der EAS-3 (2;6–3;5) und der EAS-4 (3;6–4;5) zudem sprunghaft ab. Der Anteil an Adjektiven, die menschliche Dispositionen und Befindlichkeiten beschreiben, steigt demgegenüber zu diesem Zeitpunkt sprunghaft an, ohne jedoch in der Folge einen kontinuierlichen Zusammenhang zum Alter aufzuzeigen.

Adjektive der Klasse ‚Sonstige' zeigen auf Basis der Einschätzungsdaten über alle Erwerbsaltersspannen hinweg einen relativ konstanten Anteil am Gesamtzuwachs zwischen 4,2 % und 11,5 %. Hierunter fallen Adjektive, die eine Konformität hinsichtlich eines Standards ausdrücken und insbesondere in einer frühen Erwerbsalterspanne auftreten (EAS-2: *falsch, richtig*; EAS-4: *wahr*), temporale Adjektive (EAS-3: *früh*; EAS-4: *spät*; EAS-6/7: *ewig, abgelaufen*) sowie die anteilig größte Menge an Adjektiven zur Beschreibung quantitativer Merkmale. Letztere

---

[12] Hierunter fallen auch Adjektive der Unterklasse ‚Dimension', die bereits in der jüngsten Erwerbsalterspanne vertreten sind (z. B. EAS-2: 7,9 %, n = 3; *groß, klein, hoch*).

treten bis auf wenige Ausnahmen (z. B. EAS-2: *leer*, EAS-3: *voll*) insbesondere ab der EAS-4 (z. B. *arm*) auf.

Die beschriebenen Unterschiede in den Entwicklungsverläufen der einzelnen semantischen Klassen werden in einer Varianzanalyse zusätzlich durch einen statistisch signifikanten Haupteffekt der Adjektivklasse auf die abhängige Variable des geschätzten Erwerbsalters belegt ($F_{(5, 252)}$ = 7,52, p ≤ ,001). Bonferroni-korrigierte *post hoc* t-Tests (α-Level = ,003)[13] zeigen, dass sowohl die Adjektive der Klasse ‚menschliche Disposition/Befindlichkeit' (M = 4,64, SD = 1,24) als auch die Bewertungsadjektive (M = 5,07, SD = 1,06) ein im Mittel signifikant späteres Erwerbsalter aufweisen als Adjektive zur Beschreibung von Farben (M = 3,35, SD = 1,05) und sensorischen Eigenschaften (M = 3,93, SD = 1,37) (‚menschliche Disposition/Befindlichkeit' – ‚Farbe': $t_{(100)}$ = 4,11, p ≤ ,001; ‚menschliche Disposition/Befindlichkeit' – ‚sensorische Eigenschaft': $t_{(183)}$ = 3,66, p ≤ ,001; ‚Bewertung' – ‚Farbe': $t_{(47)}$ = 5,50, p ≤ ,001; ‚Bewertung' – ‚sensorische Eigenschaft': $t_{(130)}$ = 4,25, p ≤ ,001).

5.5 Analysen zur morphologischen Komplexität im Adjektivlexikon in den verschiedenen Erwerbsalterspannen

Alle Adjektive der Liste wurden hinsichtlich ihrer morphologischen Merkmale klassifiziert (s. Anhang): Es wurde kodiert, ob die Adjektive mono- oder polymorphematisch sind, aus wie vielen Morphemen sie zusammengesetzt sind und um welchen Typ es sich bei den dem Wortstamm zugefügten Morphemen handelt. Bei letzterem wurde zwischen Adjektivsuffixen (z. B. *traur-ig*, *lang-sam*), partizipialen Affixen (z. B. *ge-wag-t*) und Kompositionsgliedern (inkl. Affixoide, z. B. *erfolg-reich*) sowie Präfixen (unabhängig der Derivationsbasis) unterschieden (z. B. *vor-sichtig*). In Tabelle 3 sind die relativen (und absoluten) Häufigkeiten für den Zuwachs aller Adjektive für mono- und polymorphematische Adjektive für die einzelnen Erwerbsalterspannen angegeben. Die polymorphematischen Adjektive sind zusätzlich hinsichtlich ihrer Morphemanzahl aufgeschlüsselt.

---

13 Die Bonferroni-Korrektur stellt sicher, dass die Wahrscheinlichkeit des Fehlers 1. Art (fälschliche Entscheidung zugunsten der Alternativhypothese) für alle a posteriori durchgeführten Vergleiche das ursprüngliche α-Level nicht übersteigt (Bortz & Schuster 2010: 558). Hierfür wird das ursprüngliche α-Level durch die Anzahl der post hoc-Vergleiche dividiert (z. B. α = ,05/15 = ,003).

Tab. 3: Verteilung mono- und polymorphematischer Adjektive auf die 258 untersuchten Adjektive in den fünf Erwerbsalterspannen (EAS)

	EAS-2 (1;10–2;5)	EAS-3 (2;6–3;5)	EAS-4 (3;6–4;5)	EAS-5 (4;6–5;5 J.)	EAS-6/7 (5;6–7;0)
monomorphematisch	86,8 % ($n = 33$)	81,3 % ($n = 39$)	61,5 % ($n = 32$)	59,0 % ($n = 36$)	28,8 % ($n = 17$)
polymorphematisch	13,2 % ($n = 5$)	18,7 % ($n = 9$)	38,5 % ($n = 20$)	41,0 % ($n = 25$)	71,2 % ($n = 42$)
→ aus 2 Morphemen	13,2 % ($n = 5$)	16,7 % ($n = 8$)	30,8 % ($n = 16$)	27,9 % ($n = 17$)	45,8 % ($n = 27$)
→ aus 3 Morphemen	0,0 % ($n = 0$)	2,1 % ($n = 1$)	7,7 % ($n = 4$)	13,1 % ($n = 8$)	25,4 % ($n = 15$)

Die morphologische Komplexität der Adjektive in den verschiedenen Erwerbsalterspannen steigt gemäß der Einschätzungsdaten in zwei Stufen an: In den EAS-2 (1;10–2;5) und EAS-3 (2;6–3;5) dominieren monomorphematische Adjektive den Zuwachs mit einem Anteil von 86,8 % ($n = 33$) bzw. 81,3 % ($n = 39$). Durch einen signifikanten Anstieg an polymorphematischen Adjektiven ($\chi^2_{(1)} = 4{,}71$, $p \leq {,}05$) nähert sich der Anteil mono- und polymorphematischer Adjektive in der EAS-4 (3;6–4;5) und der EAS-5 (4;6–5;5) aneinander an (jeweils ca. 60 % monomorphematisch, 40 % polymorphematisch). Nach einem hoch signifikanten Anstieg der polymorphematischen Adjektive zwischen der EAS-5 (41,0 %, $n = 25$) und der EAS-6/7 ($\chi^2_{(1)} = 11{,}09$, $p \leq {,}001$) dominieren ab 5;6 Jahren in der EAS-6/7 (71,2 %, $n = 42$) polymorphematische Adjektive den Zuwachs.

Der Anteil an monomorphematischen Adjektiven korreliert negativ ($r_s = -1{,}0$, $p \leq {,}001$), jener von bimorphematischen ($r_s = 0{,}90$, $p \leq {,}05$) und trimorphematischen ($r_s = 1{,}0$, $p \leq {,}001$) Adjektiven jeweils positiv mit den Erwerbsalterspannen. Weiterhin besteht in Abhängigkeit des Erwerbsalters ein Haupteffekt für die Morphemanzahl der Adjektive ($F_{(2, 255)} = 28{,}03$, $p \leq {,}001$). Anhand von Bonferroni-korrigierten *post hoc* t-Tests (α-Level = ,017) lässt sich ein signifikant niedrigeres Erwerbsalter von mono- als bi- ($t_{(228)} = -5{,}32$, $p \leq {,}001$) sowie als trimorphematischen Adjektiven ($t_{(182)} = -6{,}06$, $p \leq {,}001$) nachweisen. Das mittlere geschätzte Erwerbsalter von bimorphematischen Adjektiven fiel wiederum signifikant niedriger aus als jenes von trimorphematischen Adjektiven ($t_{(100)} = -2{,}52$, $p \leq {,}01$).

Wie aus Abbildung 3 hervorgeht, wird der beschriebene stufenhafte Anstieg der morphologischen Komplexität neu hinzugelernter Adjektive in den Einschätzungsdaten durch Anstiege in den Zuwachsanteilen von Adjektiven mit Suffixen getragen. Zunächst handelt es sich mit nur zwei Ausnahmen ausschließlich um die Suffixe *-ig* und *-lich*, bevor ab etwa 4;9 Jahren zusätzlich Suffixe wie *-isch*,

-bar und *-sam* vertreten sind. Der geringe Anteil am Zuwachs von Adjektiven mit Präfixen (z. B. *auf-, vor-, neu-*) ist demgegenüber eher linear-ansteigender Art. Der niedrige Anteil von Adjektiven mit partizipialen Affixen zeigt über die Erwerbsalterspannen hinweg einen flacher ansteigenden Zuwachsanteil. Adjektive mit Kompositionsgliedern traten im gesamten Datenkorpus nur viermalig in der EAS-6/7 auf.

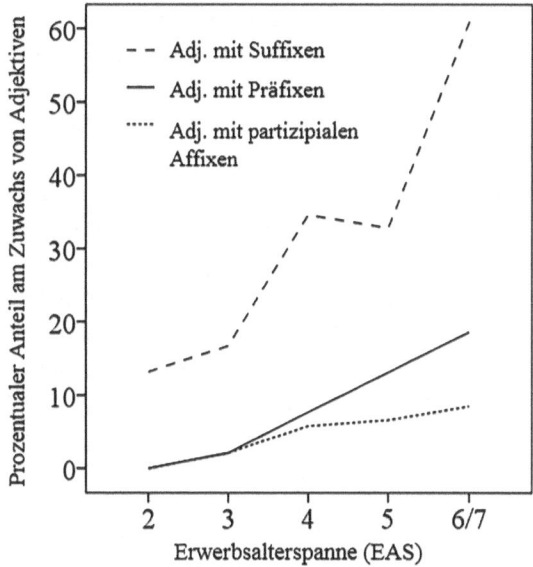

Abb. 3: Zuwachsanteil für verschiedene Derivationstypen der polymorphematischen Adjektive im Verlauf der fünf Erwerbsalterspannen (EAS)

Bei der Interpretation dieser Daten muss jedoch berücksichtigt werden, dass bei der ursprünglichen Stimuliauswahl aus oben genannten Gründen (s. Abschn. 4.1) Adjektive mit Negationsaffixen ausgeschlossen wurden, sofern sie ohne das Negationsaffix ein vollständiges Adjektiv darstellten, und derivierte Adjektive nur dann integriert wurden, wenn ihre Frequenz in den ausgewählten CHILDES-Korpora höher ausfiel als die entsprechende Wurzelfrequenz oder als die Frequenz einer verbalen Verwendung. Adjektive, die ein Kind womöglich infolge einer Derivation aus bereits erworbenen Wörtern seinem Adjektivlexikon hinzugefügt hat, sind demnach nicht enthalten. Diese würden die Aussagen zur Entwicklung der morphologischen Komplexität von Adjektiven, die auf Basis der vorliegenden Daten getroffen werden können, jedoch sinnvoll ergänzen.

5.6 Verbindende Darstellung der Analysen zu semantischen und morphologischen Aspekten der Adjektiventwicklung

Zusammengefasst legen die vorliegenden Einschätzungsdaten für die morphologische Adjektiventwicklung einen altersabhängigen Zuwachs an morphologischer Komplexität nahe, der sich in drei Phasen über zwei stufenförmige Anstiege im vierten (EAS-3 vs. 4) und sechsten (EAS-5 vs. 6/7) Lebensjahr vollzieht und insbesondere von den wortartbildenden Adjektivsuffixen getragen wird. Der stufenförmige Anstieg von Adjektiven mit Suffixen unterscheidet sich hierbei qualitativ von dem linear-ansteigenden Verlauf der Adjektive mit Präfixen. Die geringeren Anteile im Zuwachs an Adjektiven mit Präfixen und partizipialen Affixen könnten durch die Exklusionskriterien bei der Stimuliauswahl der Adjektivliste mit bedingt sein.

Für die semantische Entwicklung wurden ebenfalls zwei stufenartige Anstiege beschrieben, die sich mit den Zeitpunkten der morphologischen Entwicklungssprünge decken: Einerseits steigt der Anteil an Adjektiven zur Beschreibung von menschlichen Dispositionen und Befindlichkeiten im vierten Lebensjahr (EAS-3 vs. EAS-4) signifikant an und geht mit einer signifikanten Reduzierung des Zuwachsanteils an Adjektiven zur Beschreibung von sensorischen Eigenschaften einher. Die Klasse der Adjektive ,sensorische Eigenschaft' im gesamten Dataset besteht nur zu 18,8 % aus polymorphematischen Adjektiven, wohingegen die Klasse der Adjektive zur Beschreibung menschlicher Eigenschaften zu 60,7 % polymorphematische Adjektive enthält. Somit könnte der beobachtete Anstieg der morphologischen Komplexität im vierten Lebensjahr in einem logischen Zusammenhang mit den Entwicklungsverläufen dieser semantischen Klassen stehen. Eine Interaktion der Faktoren *semantische Klasse* und *Morphemanzahl* für das Erwerbsalter von Adjektiven bestand hierbei jedoch nicht ($F_{(5, 245)} = 0{,}62$, ns). Innerhalb der semantischen Klasse ,menschliche Disposition/Befindlichkeit' wurde weiterhin kein sprunghafter Anstieg in der Zunahme des Anteils an polymorphematischen Adjektiven zwischen der EAS-3 (42,9 %, $n = 3$) und der EAS-4 (47,1 %, $n = 8$) gefunden ($\chi^2_{(1)} = 0{,}35$, ns), wie er für das Gesamtset an Adjektiven berichtet wurde. Das im gesamten Dataset gefundene Abnehmen des Zuwachsanteils monomorphematischer Adjektive ließ sich ferner nicht innerhalb der Klasse ,sensorische Eigenschaft' beobachten (EAS-3: 80,0 %, $n = 20$; EAS-4: 82,4 %, $n = 14$).

Der zweite stufenartige Anstieg in den Analysen der semantischen Klassen betrifft den signifikant höheren Anteil an Bewertungsadjektiven in der EAS-5 (4;6–5;5) als in der EAS-6/7 (5;6–7;0). Im gesamten Dataset verfügt diese semantische Adjektivklasse über den numerisch höchsten Zuwachsanteil an polymorphematischen Adjektiven (80,6 %), was sich wiederum schlüssig mit dem hoch signifikanten Anstieg an morphologischer Komplexität verbinden lässt. Innerhalb der semantischen Klasse ‚Bewertung' besteht jedoch kein signifikanter Unterschied im Zuwachsanteil an polymorphematischen Adjektiven zwischen der EAS-5 (80,0 %, $n = 4$) und der EAS-6/7 (78,6 %, $n = 11$; $\chi^2_{(1)} = 0{,}005$, ns).

In Abbildung 4 sind die Ergebnisse zu den Analysen der Adjektiventwicklung nach semantischen und morphologischen Kriterien in den beschriebenen Phasen zusammengefasst. In Phase 1 (EAS-2 und EAS-3: 1;10–3;5) dominiert die Gruppe der Adjektive zur Beschreibung sensorischer Eigenschaften den Zuwachs im Adjektivlexikon, zudem wird die Klasse der Farbadjektive erworben und im zweiten Teil der Phase 1 (EAS-3: 2;6–3;5) wird die Klasse ‚Alter' für ihre prototypischen Vertreter ausgebildet. Mehr als 80 % der in dieser Phase erworbenen Adjektive sind monomorphematisch (für ‚Farbe' und ‚Alter' jeweils 100 %). In Phase 2 (EAS-3 und EAS-4: 3;6–5;5) erfolgt eine qualitative Umstrukturierung des Adjektivlernens: Der Zuwachsanteil an Adjektiven aus der Klasse ‚menschliche Disposition/Befindlichkeit' steigt (bei vorher und nachher relativ konstanten Werten) sprunghaft an und der Zuwachsanteil an Adjektiven der Klasse ‚sensorische Eigenschaft' fällt. Der Anteil am Zuwachs monomorphematischer Adjektive sinkt nun auf etwa 60 %. In der dritten Phase (EAS-6/7: 5;6–7;0) erfährt die Klasse ‚Bewertung' eine signifikante Erhöhung ihres Zuwachsanteils und mit 71,2 % werden nun mehrheitlich polymorphematische Adjektive hinzugelernt.

Abb. 4: Phasenmodell (mit Erwerbsalterspannen, EAS) zur Entwicklung semantischer Klassen und morphologischer Komplexität im Adjektivlexikon. Je kleiner bzw. größer der Name einer semantischen Klasse geschrieben ist, desto geringer bzw. höher fällt ihr Zuwachsanteil in der entsprechenden Phase angenähert aus. Die Bezeichnung „menschliche Disposition" ist eine Abkürzung für die semantische Klasse ‚menschliche Disposition/Befindlichkeit'.

6 Diskussion

Nachdem zahlreiche Studien die Validität von Erwerbsalterschätzungen erwachsener Probanden belegt haben (s. Kap. 2), zeigt diese Studie, dass die Einschätzungen von jungen Erwachsenen (mehrheitlich Studierende) trotz subjektiv empfundener Schwierigkeiten bei der Aufgabenbewältigung mit jenen von Personen in intensivem Kontakt zu Kindern (Eltern, ErzieherInnen und LehrerInnen) vergleichbar sind.

Die Ergebnisse der vorliegenden Studie zu lexikalisch-semantischen und morphologischen Entwicklungsaspekten des kindlichen Adjektivlexikons lassen sich schlüssig mit Studien in Verbindung bringen, die mit objektiven Sprachproduktionsdaten arbeiten (Blackwell 2005; Tribushinina et al. 2014) oder das Erwerbsalter von morphologisch einfachen und komplexen Wörtern in anderen Sprachen haben einschätzen lassen (Davies et al. 2016). Obwohl für den Vergleich mit Blackwell (2005) und Tribushinina et al. (2014) leichte Abweichungen aufgrund der unterschiedlichen untersuchten Modalitäten (Rezeption vs. Produktion) zu erwarten waren, lassen sich viele Übereinstimmungen beobachten, welche die Validität der erhobenen Einschätzungsdaten unterstützen. Beispielsweise liegt das niedrigste geschätzte rezeptive Erwerbsalter mit 21,85 Monaten (ca. 1;10 Jahre) sehr nah an dem Zeitpunkt von 20 Monaten, an dem im Datenkorpus von Tribushinina et al. (2014) die meisten Kinder ihre ersten Adjektive produzieren. Im Abschnitt 6.1 werden die Übereinstimmungen für die Entwicklung der semantischen Adjektivklassen im Detail dargestellt und im Abschnitt 6.2 anhand des aufgestellten Phasenmodells mit den morphologischen Entwicklungsaspekten verknüpft.

6.1 Diskussion der Entwicklung von semantischen Adjektivklassen

Ebenso wie bei Tribushinina et al. (2014) und Blackwell (2005) bilden Adjektive zur Beschreibung sensorischer Merkmale in frühen Erwerbsalterspannen (EAS-2, EAS-3) auch in den erhobenen Einschätzungsdaten dieser Studie die anteilig größte Klasse. Die Dimensionsadjektive, welche in der vorliegenden Untersuchung unter die Adjektive zur Beschreibung sensorischer Eigenschaften subsumiert wurden, treten in Entsprechung zu Tribushinina et al. (2014) und Blackwell (2005) ebenfalls bereits in der frühesten Erwerbsalterspanne auf. Für die Gesamtklasse ‚sensorische Eigenschaft' nimmt der Zuwachsanteil in den vorliegenden Daten korrelierend mit dem Anstieg des Alters ab. Dieses Abnehmen zeigt sich besonders stark zwischen der EAS-3 (2;6–3;5) und EAS-4 (3;6–4;5).

Zu den früh beobachteten Adjektiven zählen bei Tribushinina et al. (2014) auch Adjektive des Typs ‚physisches Empfinden', die eine Unterklasse der Adjektive zur Beschreibung menschlicher Dispositionen und Befindlichkeiten bilden. Ein deutliches Anwachsen dieses Adjektivtyps sowie von Adjektiven aus der Unterklasse ‚Verhalten' beobachtet Blackwell (2005) insbesondere von 3;0 bis 3;11 Jahren. Adjektive der Unterklasse ‚mentaler Zustand' nehmen bei Blackwell (2005) insbesondere in der Phase von 4;0 bis 5;0 Jahren zu. Für die Unterklassen ‚mentaler Zustand' und ‚Verhalten' konstatieren Tribushinina et al. (2014), dass sie in der Erwerbsphase zwischen 1;8 und 2;8 Jahren eine untergeordnete Rolle spielen. Für die Gesamtklasse dieser drei verschiedenen Adjektivtypen zur Beschreibung menschlicher Dispositionen und Befindlichkeiten kann auf Basis der vorliegenden Analysen geschlussfolgert werden, dass sie ähnlich wie bei Blackwell (2005) von Beginn an im kindlichen Adjektivlexikon vertreten sind und ihr Zuwachsanteil zwischen der EAS-3 (2;6–3;5) und der EAS-4 (3;6–4;5) signifikant zunimmt. Eine Sichtung der drei genannten Untertypen zeigt, dass diese bereits in der EAS-2 (1;10–2;5) zu etwa gleichen Anteilen gelernt werden (z. B. ‚physisches ‚Empfinden': *müde, satt, krank*; ‚Verhalten': *brav, lustig*; ‚mentaler Zustand': *traurig, lieb*) und der signifikante Anstieg im Übergang zur EAS-4 durch die Zunahme an Adjektiven zur Beschreibung von Verhalten und mentalen Zuständen getragen wird, die auch in den höchsten beiden Erwerbsalterspannen den größten Anteil ausmachen. Insgesamt dominieren zu diesen beiden Zeitpunkten (EAS-5 & EAS-6/7: 4;6-7;0) die Zuwachsanteile der Hauptklasse ‚menschliche Disposition/ Befindlichkeit' gegenüber den anderen Adjektivklassen im kindlichen Adjektivlexikon. Das mittlere Erwerbsalter dieser Klasse ist signifikant höher als jenes der Adjektive für sensorische Eigenschaften. Dies lässt sich schlüssig in einen Entwicklungsverlauf von Konkreta hin zu Abstrakta einordnen, wie er im Vergleich zwischen Nomen und Verben (Gentner 1982) sowie auch innerhalb der Wortart der Nomen belegt wurde (Kauschke, Nutsch & Schrauf 2012). Nachdem Kinder somit zunächst insbesondere Adjektive zur Beschreibung sensorischer Eigenschaften lernen, die als solche perzeptuell gut wahrnehmbar sind, lernen sie erst später viele Adjektive zur Beschreibung menschlicher Dispositionen und Befindlichkeiten hinzu, die perzeptuell schwieriger fassbar sind.

Der Anstieg an Adjektiven zur Beschreibung menschlicher Dispositionen und Befindlichkeiten, welcher nicht kontinuierlich, sondern sprunghaft verläuft, könnte zusätzlich auch im Zusammenhang mit einem wesentlichen Erkenntnisschritt in der Entwicklung der *Theory of Mind* stehen. Die *Theory of Mind* beschreibt das Begreifen von Menschen als Wesen mit jeweils eigenen Bewusstseinszuständen, die ihre eigenen Gedanken, Bedürfnisse und Gefühle haben (Astington & Edward 2010:17). Nachdem Kinder bereits im Alter von zwei Jahren (s. EAS-2) ein intuitives Verständnis von inneren Zuständen haben und dieses auch verbalisieren können (vgl. auch Klann-Delius & Kauschke 1996), entwickeln sie im Alter von etwa vier Jahren ein expliziteres Verständnis von mentalen Zuständen anderer Personen (vgl. für einen Überblick Astington & Edward 2010; Saxe 2013). Dieses Alter, ab dem Kinder zusätzlich ein Verständnis davon entwickeln, dass eine Person nach ihrem Kenntnisstand handeln wird, auch wenn dieser nicht der Realität entspricht (sog. *false belief*), gilt als Kernpunkt in der Entwicklung der *Theory of Mind* (vgl. z. B. Saxe 2013). Die Fähigkeit, einen solchen „falschen Glauben" zu erkennen und das Verhalten der Person entsprechend vorherzusagen, steht im Zusammenhang mit dem sprachlichen Entwicklungsstand des Kindes (Milligan, Astington & Dack 2007). In Analogie hierzu könnte der beobachtete sprunghafte Anstieg an Adjektiven zur Beschreibung der mentalen Zustände und Verhaltensweisen von Menschen schlüssig mit einem wesentlichen Erwerbsschritt im Rahmen der *Theory of Mind*-Entwicklung in Verbindung gebracht werden.

Farbadjektive, die eine sehr kleine Adjektivklasse bilden, sind in den Einschätzungsdaten ebenso wie bei Tribushinina et al. (2014) von Beginn an vertreten (EAS-2) und erleben ihre Phase des höchsten Zuwachses in der EAS-3 (2;6–3;5), welche hiermit leicht langgezogener ausfällt als bei Blackwell (2005). In Entsprechung zu ihrem Ausbleiben bei Blackwell (2005) in der Phase von 4;0 bis 5;0 Jahren werden sie in späteren Erwerbsalterspannen (EAS-4 bis EAS-6/7) jedoch kaum im Zuwachsanteil beobachtet. Studien zum Erwerb der Farbklasse legen hierzu nahe, dass die Farblexeme zumeist vor dem Erwerb der zielsprachlichen Farbkonzepte erworben werden (z. B. Sandhofer & Smith 1999; Wagner, Dobkins & Barner 2013). Dies könnte das leicht spätere Erwerbsalter des eingeschätzten korrekten Verstehens gegenüber den Sprachproduktionsdaten von Blackwell (2005) erklären.

Adjektive zur Beschreibung von Alter werden gemäß den Einschätzungsdaten insbesondere in der EAS-3 (2;6–3;5) dem Lexikon hinzugefügt, was sich mit Blackwells (2005) Daten deckt und zu den Beobachtungen von Tribushinina et al. (2014) passt, dass sie in der Altersspanne von 1;8 bis 2;8 Jahren nur vereinzelt verwendet werden. Anstelle der begrenzten Menge an Adjektiven zur Beschreibung von Alter treten ab der EAS-4 (3;6–4;5) vermehrt Adjektive zu Beschreibung quantitativer Merkmale auf, welche in der EAS-2 (*leer*) und der EAS-3 (*voll*) nur vereinzelt beobachtet werden. Die semantisch verwandten temporalen Adjektive, die ähnlich den altersbeschreibenden Adjektiven eine sehr kleine Klasse im Datenkorpus bilden, treten ebenfalls erst ab der EAS-3 (2;6–3;5) auf. Nachdem in der EAS-3 und EAS-4 die grundlegenden zeitbeschreibenden Begriffe *früh* und *spät* gelernt werden, kommen in der EAS-6/7 spezifischere Begriffe hinzu. Den soeben beschriebenen Adjektivklassen (‚Alter', ‚Zeit', ‚Quantität') ist gemeinsam, dass sie eine kognitiv anspruchsvolle abstrakte Orientierungsskala zum konzeptuellen Verständnis erfordern. Hierin könnte ein Grund für ihr sehr geringes Auftreten bis etwa 2;6 Jahren liegen.

Bewertungsadjektive haben in den vorliegenden Daten im Mittel ein signifikant späteres Erwerbsalter als Adjektive zur Beschreibung von Farben und sensorischen Merkmalen. Bevor somit das Vokabular zur wertenden Beschreibung erworben wird, enthält das kindliche Adjektivlexikon insbesondere Wörter zur Beschreibung konkret wahrnehmbarer Eigenschaften von Entitäten. Bewertungen sind in der frühsten Erwerbsalterspanne nur hinsichtlich der Konformität mit einem Standard möglich (z. B. *falsch, richtig*). Ein signifikanter Anstieg der Bewertungsadjektive wurde zwischen der EAS-5 (4;6–5;5) und der EAS-6/7 (5;6–7;0) beobachtet, der sich chronologisch in die Beobachtung von Blackwell (2005) einfügt, dass sich diese Klasse in der Phase von 4;0 bis 4;11 Jahren im Hinblick auf den Gebrauch von fortgeschrittenen Varianten zum Ausdruck verschiedener Wertegrade qualitativ verändert. In der EAS-6/7 befinden sich die Kinder im Vorschul- bzw. frühen Schulalter. Möglicherweise erhalten Adjektive zur bewertenden Evaluation in dieser Phase in der Umgebung und in den Erfahrungen der Kinder eine tragendere Bedeutung als zuvor.

6.2 Diskussion von semantischen und morphologischen Entwicklungsaspekten des Adjektivlexikons in drei Erwerbsphasen

Die in der vorliegenden Studie erhobenen Einschätzungsdaten zum rezeptiven Erwerbsalter von Adjektiven liefern Belege dafür, dass die Entwicklung des kindlichen Adjektivlexikons in drei Phasen verläuft (s. Abb. 4), die durch qualitative semantische Umbrüche gekennzeichnet sind und mit jeweils einem signifikanten Anstieg der morphologischen Komplexität der neu erworbenen Adjektive einhergehen. In der ersten Phase (EAS-2, EAS-3) dominieren Adjektive des Typs ‚sensorische Eigenschaft' bzw. monomorphematische Adjektive den Zuwachs. In der zweiten Phase (EAS-3, EAS-4) sinkt der Anteil an Adjektiven der Klassen ‚sensorische Eigenschaft', während jener der Klasse ‚menschliche Disposition/ Befindlichkeit' steigt. Die Anteile mono- und polymorphematischer Adjektive gleichen sich in dieser Phase aneinander an, bevor in der dritten Phase (EAS-6/7) Adjektive zur Beschreibung menschlicher Dispositionen und Befindlichkeiten bzw. polymorphematische Adjektive dominieren und der Zuwachs an Bewertungsadjektiven deutlich zunimmt.

Innerhalb der semantischen Klassen ‚menschliche Disposition/Befindlichkeit', ‚sensorische Eigenschaft' und ‚Bewertung' zeigen sich jedoch keine entsprechenden Umbrüche in der morphologischen Komplexität. Es liegt daher nahe, dass die beschriebenen sprunghaften Veränderungen der semantischen und morphologischen Merkmale des Adjektivlexikons insbesondere durch den

Wechsel im relativen Zuwachsanteil der verschiedenen semantischen Adjektivklassen angetrieben werden und die morphologische Entwicklung innerhalb der Klassen davon unabhängig verläuft.

Der beschriebene Anstieg der morphologischen Komplexität korreliert mit dem Erwerbsalter und das geschätzte rezeptive Erwerbsalter polymorphematischer Adjektive fällt hierbei signifikant später aus als jenes von monomorphematischen Adjektiven. Ebendies fanden auch Davies et al. (2016) für die Erwerbsaltereinschätzungen von englischen und spanischen morphologisch einfachen bzw. komplexen Wörtern verschiedener Wortarten. Anglin (1993) zeigte in diesem Sinne, dass der Anteil an derivierten Wörtern im Lexikon von Schülern zwischen der ersten und fünften Klasse deutlich zunimmt. Dieser Befund führt die vorliegenden Ergebnisse hinsichtlich des altersabhängigen Anstiegs von morphologischer Komplexität im Adjektivlexikon bis zum beginnenden Schulalter schlüssig für das Schulalter fort.

In den vorliegenden Daten wird dieser Anstieg an morphologischer Komplexität insbesondere durch einen Zuwachs an Adjektiven mit wortartbildenden Adjektivsuffixen getragen. Die wenigen erworbenen morphologisch komplexen Adjektive in der EAS-2 (1;10–2;5) verfügen fast ausschließlich über das Suffix *-ig*. In der folgenden Erwerbsalterspanne werden diese um Adjektive ergänzt, die auf *-lich* enden, bevor erst ab etwa 4;9 Jahren weitere Suffixe hinzukommen. Hierzu zählen z. B. das Suffix *-isch*, welches häufig mit exogenen Basen kombiniert wird (Fleischer, Barz & Schröder 2012: 341/342), sowie das nur noch schwach produktive Suffix *-sam* (Fleischer, Barz & Schröder 2012: 348). In der Einleitung wurde dargelegt, dass die Kennzeichnung einer Adjektivform mittels eines prototypischen Adjektivsuffixes das Lernen neuer Adjektive unterstützen kann (vgl. Landau, Smith & Jones 1992; Song et al. 2010). Für das Lernen deutscher Adjektive legen die vorliegenden Daten nahe, dass insbesondere dem Adjektivsuffix *-ig* hierbei eine tragende Bedeutung zukommen könnte. Dieses gilt als sehr produktives Hauptsuffix der deutschen Adjektivableitungen (Duden 1995: 514). Die beobachteten unterschiedlichen Verläufe des Zuwachsanteils für Adjektive mit Suffixen versus Präfixen und partizipialen Affixen lassen weiterhin vermuten, dass dem Erwerb dieser verschiedenen polymorphematischen Adjektive qualitativ unterschiedliche Lernprozesse zugrunde liegen.

7 Zusammenfassung

Die vorliegende Studie liefert geschätzte rezeptive Erwerbsalterdaten für 258 deutsche Adjektive, die für weitere wissenschaftliche Erhebungen und klinische

Zwecke, wie z. B. die Auswahl von Wörtern in der Sprachtherapie oder die Konstruktion von Testverfahren zur Überprüfung des Wortschatzes, von Relevanz sind. Die beschriebenen Übereinstimmungen zwischen den erhobenen semantischen Entwicklungsaspekten und den objektiven Sprachproduktionsdaten aus den Studien von Blackwell (2005) und Tribushinina et al. (2014) sowie zwischen den verschiedenen untersuchten Gruppen an Schätztypen sprechen für eine hohe Validität der erhobenen Einschätzungsdaten.

Auf Basis der geschätzten Erwerbsalterdaten wurden indirekte Aussagen über die Entwicklung von semantischen Klassen und morphologischer Komplexität im kindlichen Adjektivlexikon getroffen. Anhand der Ergebnisse lässt sich der Adjektiverwerb bis zu einem Alter von etwa sieben Jahren in drei verschiedene Phasen mit ansteigendem Abstraktionsgehalt und ansteigender morphologischer Komplexität unterteilen. Die qualitativen Umbrüche zwischen den einzelnen Phasen sind insbesondere im Hinblick auf die Entwicklung der *Theory of Mind* mit etwa vier Jahren sowie in Bezug zu einem veränderten Stellenwert von bewertenden Adjektiven und morphologischer Bewusstheit im Vorschul- bis Schulalter erklärbar. Dies macht deutlich, dass sich in der Entwicklung des Adjektivlexikons sowohl Aspekte der perzeptuellen (Konkretheit), kognitiven (Abstraktion), sprachlichen (morphologische Prozesse) und sozial-pragmatischen (*Theory of Mind*) Entwicklung widerspiegeln. Nicht zuletzt sei der tragende Einfluss des Umfelds und des Inputs (Blackwell 2005; Tribushinina et al. 2014) auf die Entwicklung des kindlichen Adjektivlexikons betont.

Literatur

Alonso, María Angeles, Angel Fernandez & Emiliano Díez (2015): Subjective age-of-acquisition norms for 7,039 Spanish words. *Behavior research methods*, 47 (1), 268–274.

Álvarez, Bernardo & Fernando Cuetos (2007): Objective age of acquisition norms for a set of 328 words in Spanish. *Behavior Research Methods*, 39 (3), 377–383.

Anglin, Jeremy M. (1993): Vocabulary development: A morphological analysis. *Monographs of the society for research in child development*, 58 (10), 1–66.

Astington, Janet W. & Margaret J. Edward (2010): The development of theory of mind in early childhood. In P. D. Zelazo (Hrsg.), *Encyclopedia on Early Childhood Development – Social Cognition*, 16–20. Montreal: Centre of Excellence for Early Childhood Development.

Barbarotto, Riccardo, Marcella Laiacona & Erminio Capitani (2005): Objective versus estimated age of word acquisition: A study of 202 Italian children. *Behavior Research Methods*, 37 (4), 644–650.

Bates, Elizabeth, Brian MacWhinney, Cristina Caselli, Antonella Devescovi, Francesco Natale & Valeria Venza (1984): A cross-linguistic study of the development of sentence interpretation strategies. *Child Development*, 55, 341–354.

Birchenough, Julia, Robert Davies & Vincent Connelly (2016): Rated age-of-acquisition norms for over 3,200 German words. *Behavior research methods*, 1–18.

Bird, Helen, Sue Franklin & David Howard (2001): Age of acquisition and imageability ratings for a large set of words, including verbs and function words. *Behavior Research Methods, Instruments, & Computers*, 33 (1), 73–79.

Blackwell, Aleka Akoyunoglou (2005): Acquiring the English adjective lexicon: relationships with input properties and adjectival semantic typology. *Journal of Child Language*, 32 (3), 535–562.

Bortz, Jürgen & Nicola Döring (2006). *Forschungsmethoden und Evaluation für Human- und Sozialwissenschaftler*. 4., überarbeitete Auflage. Heidelberg: Springer.

Bortz, Jürgen & Christof Schuster (2010). *Statistik für Human- und Sozialwissenschaftler*. 7., vollständig überarbeitete und erweiterte Auflage. Berlin, Heidelberg: Springer.

Brysbaert, Marc (2016): Age of acquisition ratings score better on criterion validity than frequency trajectory or ratings "corrected" for frequency. *The Quarterly Journal of Experimental Psychology*, 1–11.

Brysbaert, Marc & Andrew W. Ellis (2015): Aphasia and age of acquisition: are early-learned words more resilient? *Aphasiology*, 1-24.

Bühl, Achim (2008). *SPSS 16: Einführung in die moderne Datenanalyse*. 11., aktualisierte Auflage. München: Pearson Studium.

Cameirao, Manuela L. & Selene G. Vicente (2010): Age-of-acquisition norms for a set of 1,749 Portuguese words. *Behavior Research Methods*, 42 (2), 474–480.

Carrol, John & Margaret N. White (1973): Word frequency and age of acquisition as determiners of picture-naming latencies. *Quarterly Journal of Experimental Psychology*, 25, 85–95.

Caselli, Maria Cristina, Elizabeth Bates, Paola Casadio, Judi Fenson, Larry Fenson, Lisa Sanderl & Judy Weir (1995): A crosslinguistic study of early lexical development. *Cognitive Development*, 10 (2), 159–199.

Chalard, Marylène, Patrick Bonin, Alain Méot, Bruno Boyer & Michel Fayol (2003): Objective age-of-acquisition (AoA) norms for a set of 230 object names in French: Relationships with psycholinguistic variables, the English data from Morrison et al. (1997), and naming latencies. *European Journal of Cognitive Psychology*, 15 (2), 209–245.

Clark, Eve V. (1973): What's in a word? On the child's acquisition of semantics in his first language. In T. E. Moore (Hrsg.), *Cognitive development and the acquisition of language*, 65–110. New York: Academic Press.

Cuetos, Fernando, Andrew W. Ellis & Bernardo Álvarez (1999): Naming times for the Snodgrass and Vanderwart pictures in Spanish. *Behavior Research Methods, Instruments, & Computers*, 31 (4), 650–658.

Davies, Shakiela K., Cristina Izura, Rosy Socas & Alberto Dominguez (2016): Age of acquisition and imageability norms for base and morphologically complex words in English and in Spanish. *Behavior research methods*, 48 (1), 349–365.

De Moor, Wendy, Mandy Ghyselinck & Marc Brysbaert (2000): A validation study of the age-of-acquisition norms collected by Ghyselinck, De Moor, & Brysbaert. *Psychologica Belgica*, 40 (2), 99–114.

Dittmar, Miriam, Kirsten Abbot-Smith, Elena Lieven & Michael Tomasello (2008): German children's comprehension of word order and case marking in causative sentences. *Child Development*, 79 (4), 1152–1167.

Dixon, Robert M. (1982): *Where have all the adjectives gone? And other essays in semantics and syntax*. Berlin: Mouton.

Dromi, Esther (1987): *Early lexical development*. London, UK: Cambridge University Press.

Duden (1995): *Duden – Die Grammatik,* 5. überarbeitete Auflage. Mannheim, Leipzig, Wien, Zürich: Dudenverlag.

Duden (2016): *Die Grammatik,* 9., vollständig überarbeitete und aktualisierte Auflage. Berlin: Dudenverlag.

Eilers, Rebecca E., D. Kimbrough Oller & Judy Ellington (1974): The acquisition of word-meaning for dimensional adjectives: The long and short of it. *Journal of Child Language,* 1 (2), 195–204.

Ferrand, Ludovic, Partick Bonin, Alain Méot, Maria Augustinova, Boris New, Christophe Pallier & Marc Brysbaert (2008): Age-of-acquisition and subjective frequency estimates for all generally known monosyllabic French words and their relation with other psycholinguistic variables. *Behavior Research Methods,* 40 (4), 1049–1054.

Fleischer, Wolfgang, Irmhild Barz & Marianne Schröder (2012): *Wortbildung Der Deutschen Gegenwartssprache.* Berlin [u. a.]: de Gruyter.

Gentner, Dedre (1982): Why nouns are learned before verbs: linguistic relativity versus natural partitioning. In S. A. Kuczaj (Hrsg.), *Language development, Vol. 2,* 38–62. Hillsdale, NJ: Lawrence Erlbaum Associates.

Gentner, Dedre & Lera Boroditsky (2001): Individuation, relativity, and early word learning. In M. Bowerman & S. C. Levinson (Hrsg.), *Language acquisition and conceptual development,* 215–256. Cambridge, UK, New York, USA: Cambridge University Press.

Ghasisin, Leila, Fariba Yadegari, Mehdi Rahgozar, Ali Nazari & Niloufar Rastegarianzade (2015): A new set of 272 pictures for psycholinguistic studies: Persian norms for name agreement, image agreement, conceptual familiarity, visual complexity, and age of acquisition. *Behavior research methods,* 47 (4), 1148–1158.

Gilhooly, Kenneth J. & D. Hay (1977): Imagery, concreteness, age-of-acquisition, familiarity, and meaningfulness values for 205 five-letter words having single-solution anagrams. *Behavior Research Methods & Instrumentation,* 9 (1), 12–17.

Glück, Christian W. (2007): *Wortschatz-und Wortfindungstest für 6-bis 10-Jährige: WWT 6–10.* München: Elsevier, Urban & Fischer.

Grigoriev, Andrei & Ivan Oshhepkov (2013): Objective age of acquisition norms for a set of 286 words in Russian: Relationships with other psycholinguistic variables. *Behavior research methods,* 45 (4), 1208–1217.

Grimm, Hannelore & Hildegard Doil (2000): *Elternfragebögen für die Früherkennung von Risikokindern: ELFRA.* Göttingen: Hogrefe.

Groba, Agnes (2014): *Der Erwerb von Adjektiven in der bilingualen und monolingualen Entwicklung aus psycho- und neurolinguistischer Perspektive.* Dissertationsschrift, http://www.db-thueringen.de/servlets/DocumentServlet?id=24065.

Hall, D. Geoffrey, Darryl H. Quantz & Kelley A. Persoage (2000): Preschoolers' use of form class cues in word learning. *Developmental Psychology,* 36 (4), 449–462.

Hall, D. Geoffrey, Sandra R. Waxman & Wendy M. Hurwitz (1993): How two- and four-year-old children interpret adjectives and count nouns. *Child Development* 64 (6), 1651–1664.

Holland, Amanda, Andrew Simpson & Kevin J. Riggs (2015): Young children retain fast mapped object labels better than shape, color, and texture words. *Journal of experimental child psychology,* 134, 1–11.

Huang, Yi Ting & Jesse Snedeker (2013): The use of lexical and referential cues in children's online interpretation of adjectives. *Developmental psychology,* 49 (6), 1090–1102.

Jackson-Maldonado, Donna, Donna Thal, Virginia Marchman, Elizabeth Bates & Vera Gutiérrez-Clellen (1993): Early lexical development in Spanish-speaking infants and toddlers. *Journal of Child Language*, 20 (3), 523–549.
Kauschke, Christina (1999): Früher Wortschatzerwerb im Deutschen: eine empirische Studie zum Entwicklungsverlauf und zur Komposition des kindlichen Lexikons. In Meibauer, J. & Rothweiler, M. (Hrsg.), *Das Lexikon im Spracherwerb*, 128–157. Tübingen: Francke.
Kauschke, Christina (2000): *Der Erwerb des frühkindlichen Lexikons – Eine empirische Studie zur Entwicklung des Wortschatzes im Deutschen*. Tübingen: Narr.
Kauschke, Christina & Christoph Hofmeister (2002): Early lexical development in German: a study on vocabulary growth and vocabulary composition during the second and third year of life. *Journal of Child Language*, 29 (4), 735–757.
Kauschke, Christina & Gisela Klann-Delius (2007): Characteristics of maternal input in relation to vocabulary development in children learning German. In I. Guelzow & N. Gagarina (Hrsg.), *Frequency effects in language acquisition*, 181–204. Berlin: de Gruyter.
Kauschke, Christina, Cornelia Nutsch & Judith Schrauf (2012): Verarbeitung von konkreten und abstrakten Wörtern bei Kindern im Schulalter. *Zeitschrift für Entwicklungspsychologie und Pädagogische Psychologie*, 44 (1), 2–11.
Kauschke, Christina & Julia Siegmüller (2010): *Patholinguistische Diagnostik bei Sprachentwicklungsstörungen* (2. Aufl.). München: Elsevier.
Kauschke, Christina & Julia Siegmüller (Hrsg.) (2012): *Materialien zur Therapie nach dem Patholinguistischen Ansatz – Syntax und Morphologie*. München: Elsevier.
Klann-Delius, Gisela & Christina Kauschke (1996): Die Entwicklung der Verbalisierungshäufigkeit von inneren Zuständen und emotionalen Ereignissen in der frühen Kindheit in Abhängigkeit von Alter und Affekttyp: eine explorative, deskriptive Längsschnittstudie. *Linguistische Berichte*, 161, 68–89.
Kuperman, Victor, Hans Stadthagen-Gonzalez & Marc Brysbaert (2012): Age-of-acquisition ratings for 30,000 English words. *Behavior Research Methods*, 44 (4), 978–990.
Landau, Barbara, Linda B. Smith & Susan Jones (1992): Syntactic context and the shape bias in children's and adults' lexical learning. *Journal of Memory and Language*, 31 (6), 807–825.
Laganaro, Marina, Marie Di Pietro & Armin Schnider (2006): What does recovery from anomia tell us about the underlying impairment: The case of similar anomic patterns and different recovery. *Neuropsychologia*, 44 (4), 534–545.
Lotto, Lorella, Luca Surian & Remo Job (2010): Objective age of acquisition for 223 Italian words: Norms and effects on picture naming speed. *Behavior Research Methods*, 42 (1), 126–133.
MacWhinney, Brian (2000): *The CHILDES project: Tools for analyzing talk* (3. Aufl.). Mahwah, NJ: Lawrence Erlbaum Associates.
Manoiloff, Laura, Marcela Artstein, María Belén Canavoso, Laura Fernández & Juan Segui (2010): Expanded norms for 400 experimental pictures in an Argentinean Spanish-speaking population. *Behavior Research Methods*, 42 (2), 452–460.
Mariscal, Sonia (2009): Early acquisition of gender agreement in the Spanish noun phrase: starting small. *Journal of Child Language*, 36(1), 143–171.
Marques, J. Frederico, Francisca L. Fonseca, Sofia Morais & Inês A. Pinto (2007): Estimated age of acquisition norms for 834 Portuguese nouns and their relation with other psycholinguistic variables. *Behavior Research Methods*, 39 (3), 439–444.
Milligan, Karen, Janet W. Astington & Lisa A. Dack (2007): Language and theory of mind: meta-analysis of the relation between language ability and false-belief understanding. *Child development*, 78 (2), 622–646.

Moors, Agnes, Jan De Houwer, Dirk Hermans, Sabine Wanmaker, Kevin van Schie, Anne-Laura Van Harmelen, Maarten De Schryver, Jeffrey De Winne & Marc Brysbaert (2013): Norms of valence, arousal, dominance, and age of acquisition for 4,300 Dutch words. *Behavior research methods*, 45 (1), 169–177.

Moreno-Martínez, F. Javier, Pedro R. Montoro & Inmaculada C. Rodríguez-Rojo (2014): Spanish norms for age of acquisition, concept familiarity, lexical frequency, manipulability, typicality, and other variables for 820 words from 14 living/nonliving concepts. *Behavior research methods*, 46 (4), 1088–1097.

Morrison, Catriona M., Tameron D. Chappell & Andrew W. Ellis (1997): Age of acquisition norms for a large set of object names and their relation to adult estimates and other variables. *The Quarterly Journal of Experimental Psychology: Section A*, 50 (3), 528–559.

Nelson, Katherine (1976): Some attributes of adjectives used by young children. *Cognition*, 4, 13–30.

Ninio, Anat (2004): Young children's difficulty with adjectives modifying nouns. *Journal of Child Language*, 31 (2), 255–285.

Pérez, Miguel & Conrado Navalón (2005): Objective-AoA norms for 175 names in Spanish: Relationships with other psycholinguistic variables, estimated AoA, and data from other languages. *European Journal of Cognitive Psychology*, 17 (2), 179–206.

Pind, Jörgen, Halla Jónsdóttir, HjördÄ¥s Gissurardóttir & Frosti Jónsson (2000): Icelandic Norms for the Snodgrass and Vanderwart (1980) Pictures: Name and Image Agreement, Familiarity, and Age of Acquisition. *Scandinavian Journal of Psychology*, 41 (1), 41–48.

Raman, Ilhan, Evren Raman & Biran Mertan (2014): A standardized set of 260 pictures for Turkish: Norms of name and image agreement, age of acquisition, visual complexity, and conceptual familiarity. *Behavior research methods*, 46 (2), 588–595.

Ravid, Dorit, Elena Tribushinina, Katharina Korecky-Kröll, Aris Xanthos, Marianne Kilani-Schoch, Sabine Laaha, Iris Leibovitch-Cohen, Bracha Nir, Ayhan Aksu-Koç, Wolfgang Dressler & Steven Gillis (2010): The first year of adjectives: A cross-linguistic study of the emergence of a category. Präsentiert auf der Konferenz *Child Language Seminar, London, UK*.

Rinaldi, Pasquale, Laura Barca & Cristina Burani (2004): A database for semantic, grammatical, and frequency properties of the first words acquired by Italian children. *Behavior Research Methods, Instruments, & Computers*, 36 (3), 525–530.

Rochford, Gerard & Moyra Williams (1962). Studies in the development and breakdown of the use of names. *Journal of Neurology, Neurosurgery, and Psychiatry*, 25, 222–228.

Rohde, Andreas (1993): Die Funktion direkter Antonymie im Erwerb von Adjektiven. In W. Börner & K. Vogel (Hrsg.), *Wortschatz und Fremdsprachenerwerb*, 67–85. Bochum: AKS-Verlag.

Sandhofer, Catherine M. & Linda B. Smith (1999): Learning color words involves learning a system of mappings. *Developmental Psychology*, 35 (3), 668–679.

Sandhofer, Catherine M. & Linda B. Smith (2004): Perceptual complexity and form class cues in novel word extension tasks: How four- year-old children interpret novel adjectives and count nouns. *Developmental Science*, 7 (3), 378–388.

Sandhofer, Catherine M. & Linda B. Smith (2007): Learning adjectives in the real world: How learning nouns impedes learning adjectives. *Language Learning and Development*, 3 (3), 233–267.

Sandhofer, Catherine M., Linda B. Smith & Jun Luo (2000): Counting nouns and verbs in the input: Differential frequencies, different kinds of learning? *Journal of child language*, 27 (3), 561–585.

Saxe, Rebecca (2013): The new puzzle of theory of mind development. In M. R. Banaji & S. A. Gelman (Hrsg.), *Navigating the social world: What infants, children, and other species can teach us*, 107–112. Oxford Scholarship Online: DOI:10.1093/acprof:oso/9780199890712. 001.0001.

Schröder, Astrid, Teresa Gemballa, Steffie Ruppin & Isabell Wartenburger (2012): German norms for semantic typicality, age of acquisition, and concept familiarity. *Behavior research methods*, 44 (2), 380–394.

Schröder, Astrid, Nadin Hausmann & Nicole Stadie (2014): Semantisches Wiederholungspriming in der Therapie von Wortabrufstörungen bei Aphasie – Eine Pilotstudie. *Aphasie und verwandte Gebiete*, 2, 27–38.

Schröder, Astrid, Christina Kauschke & Ria De Bleser (2003): Messungen des Erwerbsalters für konkrete Nomina. *Neurolinguistik*, 17 (2), 83–114.

Sekerina, Irina A. & John C. Trueswell (2012): Interactive processing of contrastive expressions by Russian children. *First language*, 32 (1–2), 63–87.

Smith, Linda B., Susan S. Jones & Barbara Landau, B. (1992): Count nouns, adjectives, and perceptual properties in children's novel word interpretations. *Developmental Psychology*, 28 (2), 273–286.

Song, Lulu, Thierry Nazzi, Sanaa Moukawane, Roberta M. Golinkoff, Aimee Stahl, Weiyi Ma, Kathy Hirsh-Pasek & Meaghan Connell (2010). Sleepy vs. sleeping: Preschoolers' sensitivity to morphological cues for adjectives and verbs in English and French. In *Proceedings of the 34th Annual Boston University Conference on Language Development*, 409–420.

Stadthagen-Gonzalez, Hans & Colin J. Davis (2006): The Bristol norms for age of acquisition, imageability, and familiarity. *Behavior Research Methods*, 38 (4), 598–605.

Szagun, Gisela, Barbara Stumper & Satyam A. Schramm, A. S. (2009): *Fragebogen zur frühkindlichen Sprachentwicklung (FRAKIS) und FRAKIS-K (Kurzform)*. Frankfurt: Pearson Assessment.

Tribushinina, Elena & Willem M. Mak (2016): Three-year-olds can predict a noun based on an attributive adjective: evidence from eye-tracking. *Journal of child language*, 43 (2), 425–441.

Tribushinina, Elena (2008): *Cognitive reference points: semantics beyond the prototypes in adjectives of space and colour*. Utrecht: LOT.

Tribushinina, Elena, Huub van den Bergh, Marianne Kilani-Schoch, Ayhan Aksu-Koç, Ineta Dabašinskienė, Gordana Hrzica, Katharina Korecky-Kröll, Sabrina Noccetti & Wolfgang Dressler (2013): The role of explicit contrast in adjective acquisition: A cross-linguistic longitudinal study of adjective production in spontaneous child speech and parental input. *First Language*, 1–23.

Tribushinina, Elena, Huub van den Bergh, Dorit Ravid, Ayhan Aksu-Koç, Marianne Kilani-Schoch, Katharina Korecky-Kröll, Iris Leibovitch-Cohen, Sabine Laaha, Bracha Nir, Wolfgang Dressler & Steven Gillis (2014): Development of adjective frequencies across semantic classes: A growth curve analysis of child speech and child-directed speech. *Language, Interaction and Acquisition/Langage, Interaction et Acquisition*, 5 (2), 185–226.

Wagner, Katie, Karen Dobkins & David Barner (2013): Slow mapping: color word learning as a gradual inductive process. *Cognition*, 127 (3), 307–317.

Anhang: 258 deutsche Adjektive unterteilt nach Erwerbsalterspannen mit Angabe des geschätzten rezeptiven Erwerbsalters, der semantischen Adjektivklasse und der morphologischen Merkmale

EAS-2 (1;10–2;5 Jahre)

Adjektive	Erwerbsalter			Sem	Mor
	Rang	Monate	Jahre		
lieb	1	21,85	**1,82**	M	1
müde	2	22,11	**1,84**	M	1
groß	3	22,70	**1,89**	S	1
kalt	4	24,00	**2,00**	S	1
heiß	5	24,28	**2,02**	S	1
klein	6	25,23	**2,10**	S	1
warm	7	25,27	**2,11**	S	1
kaputt	8	25,37	**2,11**	S	1
nackt	9	25,39	**2,12**	S	1
leise	10	25,50	**2,13**	S	1
lecker	11	25,54	**2,13**	S	1
laut	12	25,86	**2,15**	S	1
rund	13	26,29	**2,19**	S	1
nass	14	26,40	**2,20**	S	1
satt	15	26,71	**2,23**	M	1
süß	16	26,82	**2,24**	S	1
wach	17	26,84	**2,24**	M	1
böse	18	27,15	**2,26**	M	1
dunkel	19	27,19	**2,27**	S	1
hell	20	27,23	**2,27**	S	1
traurig	21	27,49	**2,29**	M	2s
leer	22	27,66	**2,30**	X	1
weich	23	27,80	**2,32**	S	1
rot	24	27,85	**2,32**	F	1
hoch	25	28,20	**2,35**	S	1
krank	26	28,41	**2,37**	M	1

Adjektiv	Rang	Monate	Jahre	Sem	Mor
falsch	27	28,52	**2,38**	X	1
richtig	28	28,58	**2,38**	X	2s
blau	29	28,64	**2,39**	F	1
brav	30	28,77	**2,40**	M	1
schmutzig	31	28,83	**2,40**	S	2s
schnell	32	28,83	**2,40**	S	1
gelb	33	29,02	**2,42**	F	1
lustig	34	29,12	**2,43**	M	2s
weiß	35	29,41	**2,45**	F	1
hart	36	29,43	**2,45**	S	1
langsam	37	29,78	**2,48**	S	2s
grün	38	29,79	**2,48**	F	1

EAS-3 (2;6–3;5 Jahre)

Adjektive	Erwerbsalter			Sem	Mor
	Rang	Monate	Jahre		
schwer	39	30,08	**2,51**	S	1
schwarz	40	30,21	**2,52**	F	1
voll	41	30,24	**2,52**	X	1
alt	42	30,83	**2,57**	A	1
trocken	43	30,94	**2,58**	S	1
lang	44	30,96	**2,58**	S	1
sauber	45	31,17	**2,60**	S	1
still	46	31,26	**2,60**	S	1
offen	47	31,50	**2,63**	S	1
leicht	48	31,75	**2,65**	S	1
braun	49	32,24	**2,69**	F	1
neu	50	32,30	**2,69**	A	1
bunt	51	32,68	**2,72**	S	1
heil	52	35,03	**2,92**	S	1
nett	53	35,54	**2,96**	M	1
schlimm	54	35,69	**2,97**	B	1
stark	55	35,85	**2,99**	S	1
gesund	56	36,15	**3,01**	M	1
rosa	57	36,16	**3,01**	F	1
spitz	58	36,42	**3,04**	S	1

Adjektive	Rang	Monate	Jahre	Sem	Mor
dick	59	36,91	**3,08**	S	1
gefährlich	60	37,22	**3,10**	B	2s
lila	61	37,30	**3,11**	F	1
riesig	62	37,32	**3,11**	S	2s
froh	63	37,42	**3,12**	M	1
frech	64	37,50	**3,13**	M	1
kurz	65	37,54	**3,13**	S	1
vorsichtig	66	38,15	**3,18**	M	3sp
fest	67	38,17	**3,18**	S	1
grau	68	38,30	**3,19**	F	1
gemein	69	38,31	**3,19**	B	1
orange	70	38,34	**3,19**	F	1
dünn	71	38,73	**3,23**	S	1
jung	72	39,16	**3,26**	A	1
hübsch	73	39,27	**3,27**	S	1
flüssig	74	39,27	**3,27**	S	2s
gold	75	39,35	**3,28**	F	1
freundlich	76	39,58	**3,30**	M	2s
nah	77	39,68	**3,31**	S	1
scharf	78	39,71	**3,31**	S	1
breit	79	39,95	**3,33**	S	1
geschlossen	80	40,13	**3,34**	S	2v
tief	81	40,41	**3,37**	S	1
pink	82	40,41	**3,37**	F	1
giftig	83	40,55	**3,38**	S	2s
witzig	84	40,74	**3,39**	M	2s
früh	85	41,14	**3,43**	X	1
eklig	86	41,29	**3,44**	S	2s

EAS-4 (3;6–4;5 Jahre)

Adjektive	Erwerbsalter			Sem	Mor
	Rang	Monate	Jahre		
eng	87	42,22	**3,52**	S	1
schwach	88	43,01	**3,58**	S	1
spät	89	43,69	**3,64**	X	1
neugierig	90	44,20	**3,68**	M	3sp

niedrig	91	44,59	**3,72**	S	2s
feucht	92	44,66	**3,72**	S	1
fremd	93	44,71	**3,73**	X	1
winzig	94	44,71	**3,73**	S	2s
mutig	95	44,75	**3,73**	M	2s
weit	96	45,43	**3,79**	S	1
blond	97	45,69	**3,81**	F	1
schief	98	45,69	**3,81**	S	1
schwierig	99	46,14	**3,85**	B	2s
ordentlich	100	46,15	**3,85**	M	2s
wahr	101	46,27	**3,86**	X	1
gruselig	102	46,78	**3,90**	B	2s
krumm	103	46,80	**3,90**	S	1
schick	104	47,01	**3,92**	S	1
ehrlich	105	47,23	**3,94**	M	2s
wichtig	106	47,44	**3,95**	B	2s
geheim	107	47,71	**3,98**	X	1
faul	108	47,72	**3,98**	M	1
streng	109	47,95	**4,00**	M	1
fleißig	110	48,57	**4,05**	M	2s
tapfer	111	48,57	**4,05**	M	1
albern	112	48,91	**4,08**	M	1
frisch	113	49,06	**4,09**	S	1
heimlich	114	49,45	**4,12**	M	2s
klug	115	49,55	**4,13**	M	1
schlau	116	49,80	**4,15**	M	1
schrecklich	117	50,00	**4,17**	B	2s
blind	118	50,10	**4,18**	M	1
fett	119	50,31	**4,19**	S	1
flach	120	50,40	**4,20**	S	1
silbern	121	50,85	**4,24**	F	1
strubbelig	122	51,15	**4,26**	S	2s
anstrengend	123	51,43	**4,29**	B	3pv
spannend	124	51,67	**4,31**	B	2v
unheimlich	125	51,69	**4,31**	B	3sp
rau	126	51,95	**4,33**	S	1

Adjektive	Rang	Monate	Jahre	Sem	Mor
tot	127	52,19	**4,35**	M	1
arm	128	52,29	**4,36**	X	1
locker	129	52,36	**4,36**	S	1
schmal	130	52,41	**4,37**	S	1
gemütlich	131	52,41	**4,37**	B	2s
teuer	132	52,80	**4,40**	X	1
zart	133	52,89	**4,41**	S	1
zornig	134	53,00	**4,42**	M	2s
ernst	135	53,14	**4,43**	M	1
aufregend	136	53,32	**4,44**	B	3pv
schwindelig	137	53,92	**4,49**	M	2s
türkis	138	53,93	**4,49**	F	1

EAS-5 (4;6–5;5 Jahre)

Adjektive	Erwerbsalter			Sem	Mor
	Rang	Monate	Jahre		
sanft	139	54,08	**4,51**	M	1
reich	140	54,14	**4,51**	X	1
übel	141	54,23	**4,52**	M	1
steil	142	54,49	**4,54**	S	1
stumm	143	54,59	**4,55**	M	1
zufrieden	144	55,20	**4,60**	M	2p
schlank	145	55,38	**4,62**	S	1
platt	146	55,48	**4,62**	S	1
blass	147	55,57	**4,63**	S	1
stolz	148	56,00	**4,67**	M	1
höflich	149	56,05	**4,67**	M	2s
lahm	150	56,33	**4,69**	S	1
erschöpft	151	56,53	**4,71**	M	3v
gerecht	152	56,96	**4,75**	M	2s
hohl	153	57,14	**4,76**	S	1
reif	154	57,25	**4,77**	S	1
interessant	155	57,29	**4,77**	B	2s
einsam	156	57,85	**4,82**	X	2s
scheu	157	57,98	**4,83**	M	1
friedlich	158	58,05	**4,84**	M	2s

schlapp	159	58,1	**4,84**	M	1
verrückt	160	58,78	**4,90**	M	3pv
selten	161	58,87	**4,91**	X	1
grimmig	162	59,29	**4,94**	M	2s
grob	163	59,44	**4,95**	S	1
anhänglich	164	59,54	**4,96**	M	3sp
feige	165	59,57	**4,96**	M	1
schüchtern	166	59,58	**4,96**	M	1
rein	167	59,68	**4,97**	S	1
roh	168	59,86	**4,99**	S	1
heiser	169	60,14	**5,01**	S	1
schwanger	170	60,44	**5,04**	M	1
kariert	171	60,71	**5,06**	S	1
aufmerksam	172	60,87	**5,07**	M	3sp
neidisch	173	61,25	**5,10**	M	2s
billig	174	61,43	**5,12**	X	2s
dürr	175	61,46	**5,12**	S	1
grausam	176	61,59	**5,13**	B	2s
stumpf	177	62,49	**5,21**	S	1
steif	178	62,68	**5,22**	S	1
grell	179	63,18	**5,27**	S	1
automatisch	180	63,27	**5,27**	S	2s
pünktlich	181	63,29	**5,27**	M	2s
kahl	182	63,33	**5,28**	S	1
vertraut	183	63,38	**5,28**	B	3pv
behutsam	184	63,47	**5,29**	M	2s
empfindlich	185	63,53	**5,29**	M	2s
starr	186	63,61	**5,30**	S	1
trüb	187	63,63	**5,30**	S	1
geschickt	188	63,80	**5,32**	M	2v
komplett	189	64,05	**5,34**	X	1
brutal	190	64,11	**5,34**	M	1
übermütig	191	64,46	**5,37**	M	3sp
anständig	192	64,52	**5,38**	M	3sp
beige	193	64,62	**5,38**	F	1
peinlich	194	64,77	**5,40**	B	2s

Adjektive	Rang	Monate	Jahre	Sem	Mor
berühmt	195	64,83	**5,40**	M	3pv
stabil	196	65,22	**5,44**	S	1
mild	197	65,37	**5,45**	S	1
mächtig	198	65,61	**5,47**	M	2s
perfekt	199	65,71	**5,48**	B	1

EAS-6/7 (5;6–7;0 Jahre)

Adjektive	Erwerbsalter			Sem	Mor
	Rang	Monate	Jahre		
kompliziert	200	66,15	**5,51**	B	2s
gescheckt	201	66,59	**5,55**	S	2v
kostbar	202	66,64	**5,55**	X	2s
elektrisch	203	66,73	**5,56**	S	2s
heftig	204	66,79	**5,57**	S	2s
schusselig	205	67,08	**5,59**	M	2s
heilig	206	67,11	**5,59**	M	2s
merkwürdig	207	67,32	**5,61**	B	3sk
sorgfältig	208	67,57	**5,63**	M	3sk
vernünftig	209	67,83	**5,65**	M	3sp
großzügig	210	67,95	**5,66**	M	3sk
nervös	211	68,05	**5,67**	M	1
zäh	212	68,29	**5,69**	S	1
schlaff	213	68,30	**5,69**	S	1
bescheiden	214	68,32	**5,69**	M	2v
matt	215	68,37	**5,70**	S	1
behindert	216	68,40	**5,70**	M	3pv
lächerlich	217	68,88	**5,74**	B	2s
geizig	218	69,00	**5,75**	M	2s
ewig	219	69,11	**5,76**	X	2s
hektisch	220	69,19	**5,77**	M	2s
lästig	221	69,25	**5,77**	B	2s
abgelaufen	222	69,28	**5,77**	X	3pv
vornehm	223	69,32	**5,78**	M	2p
stickig	224	69,54	**5,80**	S	2s
kniffelig	225	69,69	**5,81**	B	2s
edel	226	69,82	**5,82**	X	1

stramm	227	70,07	**5,84**	S	1
wirr	228	70,15	**5,85**	S	1
unverschämt	229	70,27	**5,86**	M	3sp
ocker	230	70,87	**5,91**	F	1
modern	231	70,89	**5,91**	A	1
brüchig	232	70,99	**5,92**	S	2s
elend	233	71,11	**5,93**	B	1
künstlich	234	71,11	**5,93**	S	2s
praktisch	235	71,12	**5,93**	B	2s
erfolgreich	236	71,20	**5,93**	M	3pk
oll	237	72,00	**6,00**	B	1
misstrauisch	238	72,32	**6,03**	M	3sp
aufwendig	239	72,72	**6,06**	B	3sp
ausführlich	240	72,88	**6,07**	B	3sp
pingelig	241	73,01	**6,08**	M	2s
logisch	242	74,63	**6,22**	B	2s
aufmüpfig	243	74,81	**6,23**	M	3s
begabt	244	76,48	**6,37**	M	3pv
gewagt	245	77,04	**6,42**	B	2v
elegant	246	77,23	**6,44**	M	2s
deftig	247	77,42	**6,45**	S	2s
kreativ	248	77,57	**6,46**	M	1
widerspenstig	249	77,91	**6,49**	M	3sp
raffiniert	250	78,17	**6,51**	B	2s
forsch	251	78,70	**6,56**	M	1
flexibel	252	78,72	**6,56**	S	1
ranzig	253	78,93	**6,58**	S	2s
heikel	254	79,03	**6,59**	B	1
herb	255	79,36	**6,61**	S	1
vorwitzig	256	79,74	**6,64**	M	3sp
hysterisch	257	80,33	**6,69**	M	2s
solide	258	84,00	**7,00**	S	1

EAS = Erwerbsalterspanne; Rang = Rangwert für die einzelnen Adjektive auf Basis der Einschätzungen des rezeptiven Erwerbsalters; Monate/Jahre = Rezeptives Erwerbsalter in Monaten bzw. Jahren (gerundet auf 2 Dezimalstellen) auf Basis des Mittelwertes der Einschätzungen aller Probanden; Sem = Semantische Klasse: A=Alter, F=Farbe, B=Bewertung, S=Sensorische Eigenschaft, M=Menschliche Befindlichkeit/Disposition, X=Sonstige; Mor = Morphemanzahl (1–3) und Morphemtyp: s= mit Suffix, p= mit Präfix, v= departizipial deriviert, k= Kompositionsglied

www.ingramcontent.com/pod-product-compliance
Lightning Source LLC
Chambersburg PA
CBHW031412230426
43668CB00007B/283